國家社科基金重大項目（10&ZD104）

上海師範大學古籍整理研究所編
項目首席專家、主編　戴建國
主編　朱易安　傅璇琮　周常林

全宋筆記

第十編 七

国家出版基金项目
NATIONAL PUBLICATION FOUNDATION

大象出版社

顧　　問　王水照　朱瑞熙　徐　規　李裕民

項目首席專家、主編　戴建國

主　　編　朱易安　傅璇琮　周常林

編纂委員會（以姓氏筆畫爲序）

王劉純　朱易安　李亞娜　周常林　俞　鋼　查清華

徐時儀　陳　新　張劍光　傅璇琮　虞雲國　戴建國

目録

黄氏日抄（二）

黄震撰

〔宋〕黄震 撰

黄氏日抄（二）

王廷洽 整理

校勘記

目録

卷十二

讀春秋六

昭公

名裯，襄公之子，母齊歸。謚法：威儀恭明曰昭。

元年春王正月，公即位

行即位禮也。

叔孫豹會晉趙武、楚公子圍、齊國弱、宋向戌、衛齊惡、陳公子招、蔡公孫歸生、鄭罕虎、許人、曹人于虢

《左氏》載楚公子圍昏于鄭，因會虢以尋宋之盟。昔宋之盟，楚已先晉，今懼晉之先也。讀舊書加于牲上而已。木訥謂趙文自爲宋之盟以弭天下之兵，于今六年，内外無干戈之役。今又盟于虢，以申前好，此雖出於大夫而爲天下之利大矣。岷隱則謂楚公子以僭侈、無君之心，偃然欲專中國之盟會，尋宋之盟復居晉上。趙武無以辭，雖偷安數年，亦可謂無策者矣。王氏又謂虢之會，次楚而先書晉者，趙武專尚實德，不事虛爭，損諸侯之幣，受子産之責，九年之中再合諸侯，三合大夫，師徒不頓，民無怨讟，皆武子之力，而聖人善之也。愚謂：晉不得已而與楚共盟，誠爲無策，一時天下賴之以安，則不可少之也。尚論其世，則諒之可也。然楚自此專中國，流弊實始此也。

三月，取鄆

《傳》載季武子伐莒取鄆，蓋取以附益其私。莒愬於楚，叔孫豹代之被執，以辨得歸，怨季武子，久而後出見也。

夏，秦伯之弟鍼出奔晉

鍼有寵於桓如二君。於景公故，母使之出奔，有車千乘。

六月丁巳，邾子華卒

邾悼公立十五年卒。

晉荀吴帥師敗狄于大鹵【一】

夾漈曰：晉既盡赤狄之餘，復有事乎群狄。大鹵即太原也【二】。華曰太原，夷曰大鹵。胡康侯曰：太原在禹服之内，攘斥宜矣。其過在毁車，崇卒詐誘而敗之。襄陵許氏曰：亂世逐爭，奇變滋起，兵車重遲，寖廢兆此。

秋，莒去疾自齊入于莒，莒展輿出奔吴

【一】帥師　「師」原作「帥」，據文淵閣本改。

【二】太原　「太」原作「大」，據文淵閣本改。

前歲莒子密州見弒，其二子長曰去疾，次曰展輿。展輿立，去疾奔齊，至是展輿奪群公子秩。公子召去疾入莒，而展輿乃奔。

叔弓帥師疆鄆田

叔弓，叔老之子，季氏私黨也。乘莒之亂，春取鄆而秋疆之，必用師者，鄆民不順也，叔弓爲季氏植私也。

葬邾悼公

僅四月而葬。

冬十有一月己酉，楚子麇卒，楚公子比出奔晉

《經》書卒而《左傳》稱公子圍縊殺之，《經》、《傳》不同，當以《經》爲正。木訥曰：楚麇卒而比出奔，則比者必麇之子【三】，有所不容於嗣君耳。

二年春，晉侯使韓起來聘。夏，叔弓如晉

起，韓宣子也，新得政，其來聘，以昭公初立也。觀《易象》與《魯春秋》之時也。叔弓如晉報聘也。

秋，鄭殺其大夫公孫黑

黑，即子晳也。《傳》載其將作亂而疾，子産數其伐伯有，兄弟爭室，薰隧之盟矯君位凡三罪，不速死，大刑將至。乃縊。

【三】必麇之子 「子」原作「孚」，據文淵閣本改。

冬，公如晉，至河乃復。季孫宿如晉

《左氏》載晉少姜卒，公弔之。晉辭以非伉儷，乃還。季孫宿致襚焉。泰山孫氏曰：公不能以禮自重，取困辱也。《穀梁》則謂公如晉不得入，而季孫得入，書惡季孫也。孫氏又謂待昭公，反季孫之不若，亦晉侯之惡也。

三年春王正月，滕子原卒。夏叔弓如滕。五月葬滕成公

《左氏》曰：叔弓如滕，葬成公。杜氏曰：魯葬襄公，滕子來會，故魯厚報之。

秋，小邾子來朝

邾穆公來朝，以公即位故也。季武子欲卑之，穆叔不可，乃止。

八月，大雩

旱祭也，雩以大則僭也。

冬，大雨雹

書，災。

北燕伯欵出奔齊

《傳》載燕簡公欲去諸大夫而立其嬖寵，故燕大夫比而殺其外嬖。公懼，奔齊。

四年春王正月，大雨雹

雹，戾氣也，陰脅陽，臣脅君之象也。去冬大雨雹，今又大雨雹，災之甚也。

夏，楚子、蔡侯、陳侯、鄭伯、許男、徐子、滕子、頓子、胡子、沈子、小邾子、宋世子佐、淮夷會于申。楚人執徐子。秋七月，楚子、蔡侯、陳侯、許男、頓子、胡子、沈子、淮夷伐吴，執齊慶封殺之。遂滅賴

《傳》載楚使椒舉求諸侯於晉，晉不敢爭而許之。遂主諸侯之會。愚按：晉王夏盟，正以抗楚也。楚日以强，而晉通吴於會，正結之以掎楚也。自宋向戌謀弭兵，合晉、楚之成，宋之盟楚已先晉，虢之盟楚用舊書，至今申之會，晉遂不敢復出而盡遜之楚矣。皆宋之盟啓之也。楚昔之所仇者在晉，今晉既遜之爲盟主，則所仇者吴耳，故一出而執徐子者，以徐子爲吴之出也。伐吴而殺慶封，以慶封吴所封也。而又滅賴，亦以示威於吴也。春秋之有霸主，正以楚之害中國，今反遜楚爲中國霸主，此莫大之變也。

九月，取鄫

岷隱曰：魯嘗屬鄫，未幾而莒滅鄫。今者莒人有亂，魯遂乘勢而取之。

冬十有二月乙卯，叔孫豹卒【四】

《傳》載豹遇庚宗之婦，生子，長而歸之，曰竪牛。竪牛讒殺其二子孟與仲，亦絶豹之食，豹以餒死。竪牛乃立昭子。昭子朝其家臣，曰：竪牛殺嫡立庶，必速殺之。竪牛奔，孟仲之子殺之。王氏曰：穆子見微知幾，歷事二公，執政三十二年，出入晉、楚間，常觀國之盛衰、人之情僞，而預爲之備，其識固遠矣。然不能早救竪牛之禍，豈非天歟！

【四】叔孫豹卒　「孫」字原脱，據《春秋》補。

五年春王正月，舍中軍

魯初二軍，襄十一年季氏始作中軍爲三軍，與孟孫、叔孫三分公室。今又舍中軍，分公室爲四，而季氏取其二。蓋乘叔孫穆子之死也，反以書使杜洩告叔孫之殯。杜洩投其書，既葬而行。張氏洽曰：季孫自行父爲政，即城費以保障私室，爲竊兵權之計，自作三軍。叔孫豹已知其必改而以盟詛要之。今豹卒而更改前制，蔑公室歸私家矣。岷隱曰：名雖爲舍，實增之也。《公羊》以爲復古，《穀梁》以爲復正，惑其名，不察其實也。

楚殺其大夫屈申

《傳》謂疑其貳於吴也。然此楚之無策也，時吴方張。

公如晉

《傳》載其自郊勞至贈賄無失禮。女叔齊言是儀也，不可謂禮。

夏，莒牟夷以牟婁及防兹來奔。

魯三歲之間取莒之鄆，取莒之鄫，今又納其叛臣之二邑，莒日削而季氏日强矣。

秋七月，公至自晉

《傳》載晉侯以莒之愬欲止公。范獻子不可，乃歸之。是幾爲季孫所累也。

戊辰，叔弓帥師敗莒師于蚡泉蚡，扶粉反。

《傳》載莒人來討而敗之蚡泉。蚡泉，魯地也。

秦伯卒

秦景公立四十年卒。高氏《集註》曰：史失其名。

冬，楚子、蔡侯、陳侯、許男、頓子、沈子、徐人、越人伐吴

高氏曰：楚再合諸侯伐吴也。越始見於《經》。趙氏曰：吴自襄十四年至是凡四受楚兵，吴養鋒戢鋭，栢舉之役，一戰及郢。愚按：自合晉、楚之成，諸侯雖不爲晉伐楚，而常爲楚伐吴，未見兵之可弭，徒爲夷狄役耳。

六年春王正月，杞伯益姑卒

此杞文公，蓋晉平公母之兄弟也。

葬秦景公

秦入春秋至此始書葬，蓋往會葬也。

夏，季孫宿如晉

《傳》謂拜莒田也。高氏《集註》謂謝前年取莒牟夷叛邑也。然則宿之營私，無禮甚矣。《左氏》以其辭加籩爲知禮，何哉？

葬杞文公

往會葬也。

宋華合比出奔衛

《傳》載太子佐惡寺人柳，華合比曰：我殺之。柳乃坎用牲埋書，誣合比將納亡人之族，既盟矣。公使視之，有焉。乃逐華合比。按宋平信寺人伊戾之譖，殺太子而亨伊戾矣。今不知戒，復信寺人柳之讒。

秋九月，大雩

旱祭而僭。

楚薳罷帥師伐吴

楚於是伐吴者凡五，《傳》載其敗于房鍾。

冬，叔弓如楚

木訥曰：諸侯兩事晉、楚，季孫宿如晉，則不得不以叔弓如楚。愚按：弓即宿私人，兩事晉、楚，皆季孫專之。此時公已無預乎魯政矣。

齊侯伐北燕

將納北燕伯，然取賂而還。

七年春王正月，暨齊平

《左氏》謂燕與齊平，承上文也。自《穀梁》以後諸家皆謂魯與齊平。岷隱以定十年及齊平爲比。木訥以下文叔孫婼如齊涖盟爲證。高郵孫氏謂襄二十四年我侵齊，二十五年齊伐我，齊、魯之好遂絶。至是和平之後，叔孫婼如齊涖盟，足明齊、魯爲此平也。武夷胡氏謂是時昭公結婚强吴，外附荆楚，其與齊平，蓋齊求之而許之平也。説皆有理。惟陳止齊説同《左氏》姑兩存之。

三月，公如楚

《傳》載楚子欲諸侯落成章華臺，薳啓疆召公而往。

叔孫婼如齊涖盟

《集註》謂以暨齊平，故往涖盟。

夏四月甲辰朔，日有食之

陰干陽也，記災。

秋八月戊辰，衛侯惡卒

衛襄公立九年卒，衛孫林父以戚叛歸晉，晉嘗爲林父執襄公。今襄公卒，晉恐失諸侯，乃還其田。

九月，公至自楚

三月而往，九月方歸。此行也，《傳》載孟僖子不能相禮。

冬十有一月癸未，季孫宿卒

宿者，季友之孫，季孫行父之子。友以賢稱，行父以儉稱，至宿横矣。自友受費而始封，及行父城莒之諸、鄆二邑，而費始大。至宿四分公室取其二，傳其子，意如逐昭公，廢國儲而魯幾皆爲季孫之有矣。

十有二月癸亥，葬衛襄公

五月而葬。

八年春，陳侯之弟招殺陳世子偃師。夏四月辛丑，陳侯溺卒

《左氏》載陳哀公元妃生偃師，二妃生公子留，下妃生公子勝。哀公疾，二妃屬司徒招與公子過殺偃師而立留，公憂恚而縊。

叔弓如晉

《左氏》稱賀晉成虒祁之宫也，史趙曰可弔也，而又賀之。岷隱云：時楚師滅陳，晉不復問，乃成虒祁之宫，而魯復遣賀，甚矣中國之不競也。

楚人執陳行人干徵師殺之。陳公子留出奔鄭

干，氏也，徵師，名也。陳使以哀公之死赴于楚。陳公子勝愬于楚，楚詰哀公死之故而殺之。然於行人無預，楚殺之，將求釁以滅陳爾。公子留越次而立，懼討故奔。

秋，蒐于紅

《左氏》載秋大蒐于紅，自牟根至于商衛，革車千乘。諸儒多言春蒐也，而秋興之，非時也。木訥曰：此三家既分公室，故藉蒐田之禮以數軍實也。春蒐者獵之淺，秋獮者獵之深，姑淺獵而寡獲以示不貪於弋獵，其實則數軍而已【五】。

【五】實則數軍而已　「軍」下原衍「實」，據文淵閣本删。

陳人殺其大夫公子過

招與過同殺太子偃師，今歸罪於過而殺之，招自洗也。

大雩

旱祭之僭者。

冬十月壬午，楚師滅陳，執陳公子招放之于越，殺陳孔奂，葬陳哀公

楚乘陳之亂而滅之。公子招殺偃師，致亂者也，反放之。陳孔奂不聞其罪也，反殺之。既滅其國而又葬其君，是其君無罪也。楚之不道甚矣，皆始於向戌謀弭兵，中國不得復問而恣夷狄之爲也。

九年春，叔弓會楚子于陳

《左氏》載叔弓、宋華亥、鄭游吉、衛趙黶會楚子于陳。許氏曰：楚既滅陳，威震諸夏，故無所號召，而諸國之大夫自往會之。

許遷于夷

《傳》稱楚遷之也，蓋避鄭也，自葉又遷。

夏四月，陳災

陳既亡矣，火作其國。陳雖滅而名存，故曰陳災。《左氏》載鄭裨竈謂此陳復興之祥也。

秋仲孫貜如齊 貜，俱縛反。

木訥曰：貜，蔑之子，速之弟，速無適子，以弟貜後，貜幼，速庶子羯攝之，襄三十一年羯卒，貜乃嗣爵，今始見《經》。齊既平魯，故貜修聘。杜氏註：自叔老聘齊至今二十年始修聘。

冬，築郎囿

桓四年狩于郎，莊三十一年築臺于郎，今又築爲囿。許氏謂危辱已兆而築囿，非時，見公之志荒。張氏謂季孫意如逢君以耳目之娛，而日竊其權也。郎在魯南門。

十年春王正月。夏，齊欒施來奔

《傳》稱欒、高、陳、鮑皆齊大族，至是欒、高二氏以嗜酒信内取敗，爲陳、鮑所逐。欒施、高彊來奔。陳、鮑二氏分其室。陳氏始大。註云：高彊不書，非卿也。

秋七月，季孫意如、叔弓、仲孫貜帥師伐莒

此季孫欲自封殖也。諸家以三卿並出，多謂魯舍中軍，止存三軍。惟陳止齋曰：此四分公室，叔弓爲意如貳也【六】。木訥亦謂叔弓别族，乃叔老之子，叔肸之孫，不在三家之數。伐莒之師，季孫將上軍，叔弓佐之，貜爲戎右爾。魯乘莒亂取鄆田，納牟夷，而得牟婁及防兹，無怪莒有蚡泉之師也。叔弓且乘其不備而敗之矣，今又三大夫並出，此固皆意如之爲也。

【六】意如　原作「如意」，據文淵閣本乙正。

戊子，晉侯彪卒。九月，叔孫婼如晉，葬晉平公

晉平公立二十六年卒。

十有二月甲子，宋公成卒

宋平公立四十四年卒。

十有一年春王二月，叔弓如宋葬宋平公

《集註》謂卿會諸侯之葬爲過禮，禮惟使大夫。

夏四月丁巳，楚子虔誘蔡侯般殺之于申，楚公子棄疾帥師圍蔡

按《傳》蔡般雖弑立，而楚虔在申誘至般，醉而殺之，刑其士七十人，卒圍之，滅其國。夷狄行無道已甚。先儒謂《春秋》所以各斥其名，此理曉然，不待言凡例也。

五月甲申，夫人歸氏薨

註：昭公母，胡女，歸姓。

大蒐于比蒲 比，音毗。

諸家皆以大蒐爲越禮。木訥曰：非也。天子六軍，魯安得六軍以僭天子哉！大閲大蒐皆田獵教兵之名，天子諸侯所同。特論其所以蒐之故，蓋三家數軍實以傾民心，非爲田獵以共宗廟賓客，充君之庖也。愚按：説者譏昭公居母喪而蒐，亦非也，兵已不屬昭公矣。

仲孫貜會邾子，盟于祲祥 祲，子鳩反。

初，邾悼公屢困於魯，不得已而襄二十八年來朝。昭元年悼公卒，莊公立，未通於魯。故貜與之修好。

秋，季孫意如會晉韓起、齊國弱、宋華亥、衛北宮佗、鄭罕虎、曹人、杞人于厥慭 魚靳反。

《傳》謂謀救蔡也。晉使狐父請蔡于楚，弗許。許氏曰：遣使請命，示之不能，使楚益驕，此韓起之罪也。趙氏曰：于時楚實暴横。晉久不振，聖人不責其不能救，譏其無實而取名也。愚謂晉一切遜楚，楚屢滅國而晉不問，此平公之爲也。今昭公初立，猶知蔡之當救而力未能。其志可念，未必以此取救之名。其弊蓋自盟宋弭兵來矣。惜哉！

九月己亥，葬我小君齊歸

齊，謚也。

冬十有一月丁酉，楚師滅蔡，執蔡世子有以歸，用之

《傳》載楚子滅蔡，用隱太子于岡山。師氏曰：《春秋》書滅國多矣，未有如此其暴者。愚謂滅人之國，執其人以代牲，豈有人道而可責也哉！

十有二年春，齊高偃帥師納北燕伯于陽

高偃，高傒之孫也。陽，燕邑也。齊桓公昔嘗爲燕闢地，燕伯今失國【七】，謂齊爲大

【七】燕伯今失國　「失」原作「大」，據文淵閣本改。

國，故來奔也。石氏曰：以三年奔齊，六年納之，弗克，受燕賂也，至此又六年矣，再納之，不曰于燕未能得燕也。然則燕伯十年于外，不知其所終也。

三月壬申，鄭伯嘉卒

鄭簡公背楚歸晉，子產相之。弭兵之後兩事晉、楚，在位三十六年，民不被兵，春秋之賢諸侯也。

夏，宋公使華定來聘

通嗣君也，亦報叔弓之會葬也。

公如晉，至河乃復

《穀梁》曰：季孫氏不使遂乎晉也。木訥曰：昭公如晉者七，至河而復者五，說者皆謂得罪於晉，蓋昭公之世政出季氏。季氏疑公如晉有以議己，故以公待命于河。晉辭公而已如晉，此季氏之奸也。至五年公如晉，公必有以言其故，自五年之後季氏亦不敢如晉，疑晉聽公以治己也。然晉實不治季氏，以魯貢出於季氏也。故其後公如晉，晉皆却之，及公末年，迫於季氏，則寧奔齊而不敢奔晉。

五月，葬鄭簡公

三月而葬，速。子產知禮而若此，不知何也。

楚殺其大夫成熊

《傳》謂其爲若敖之後而殺之，以宣四年鬭椒之亂也。然成熊於得臣爲四世孫，雖與鬭氏同出若敖，已遥遠矣。楚之淫刑乃如此。

秋七月。冬十月，公子慭出奔齊 慭，魚靳反。

慭與南蒯謀出季氏而歸其室於公，慭告公而遂從公如晉。南蒯懼不克，以費叛，如齊。慭還及衛，聞亂，遂奔齊。劉氏《權衡》曰：此則季氏之仇，而魯忠臣矣。止齋曰：然則季氏之出其君有以也，慭惟有奔焉耳。

楚子伐徐

楚謂徐，吴姻也，怨吴之深，故既執徐子，今又伐之。

晉伐鮮虞

《傳》載荀吴僞會齊師，假道於鮮虞，遂入昔陽。木訥曰：晉昭嗣伯，楚滅蔡不救，鮮虞未嘗犯晉而懷詐伐之，何爲者哉？

十有三年春，叔弓帥師圍費 音祕。

費，季氏邑也。南蒯欲去季氏以强公室，以其費歸晉。叔弓，季氏之黨，故爲季氏圍取之。據《傳》，費人皆叛季氏，季氏欲見費人皆殺之。治區夫教季氏懷費人以德，三年然後復得費。以知南蒯之謀雖踈而欲去季氏，雖季氏之邑人亦同此心也。岷隱曰：公山弗擾以費叛，召，子欲往，蓋弗擾叛季氏，非叛魯也。凡叛季氏者，皆以張公室爲名，其意雖未必，然其辭則正。夫子之告子路曰「夫召我者而豈徒哉！」是蓋《春秋》書圍費、墮費之意也。愚又按南蒯之初奔晉也，子韓晳曰「家臣而欲張公室，罪莫大焉」。竊意此時大夫皆執國命，晉大夫亦惡南蒯之言害己，故非之爾。

夏四月，楚公子比自晉歸于楚，弒其君虔于乾谿。楚公子棄疾殺公子比

《傳》載楚靈王虔初弒君自立，其弟公子比出奔晉，公子黑肱出奔鄭，公子棄疾亦其弟也。虔滅蔡以棄疾爲蔡公。虔無道，棄疾因觀從召公子比歸立，黑肱爲令尹。使觀從師于乾谿，曰「君立矣，先歸者復其田里，後者罪」。故衆潰而虔自殺。棄疾乃又殺比而自立，是爲平王。按靈王虔立十二年，嘗欲得天下，卜天不吉而詬天，滅陳、滅蔡，遷六小國於荆山，無歲不兵。天若不假手以除之，中國之患未央也。

秋，公會劉子、晉侯、齊侯、宋公、衛侯、鄭伯、曹伯、莒子、邾子、滕子、薛伯、杞伯、小邾子于平丘。八月甲戌，同盟于平丘。公不與盟，晉人執季孫意如以歸。公至自會

《傳》載晉成虒祈而諸侯貳。叔向謂「不可以不示威」，乃治革車四千乘以徵會諸侯。齊不服，脅而盟之。魯以邾、莒訴其侵伐，則辭公而執意如，皆示威也。木訥曰：晉平公不出，楚用横行天下。今天剿其惡，内自魚肉，晉昭公乘其機以復收諸侯，會十三國之君于平丘，而以劉子令之。夾漈曰：晉以城杞之役，于今十六年不得齊，自雞澤之盟，于今四十二年不勤王，是盟也，晉昭公欲修文、襄之業，帥諸侯以承天，且服齊也。止齋曰：晉之合諸侯止此。鄢陵之後，參盟復作，晉非盟主矣。愚按：晉久替之餘，猶幸有此。然叔向始謀，不過欲威諸侯，烏能復霸？其辭魯昭而執意如，不過因邾、莒缺貢由魯之故，初非以公義治意如之罪。故岷隱謂桓、文之霸，先屈意交魯；今平公欲復霸，最先治魯爲非。晉之主盟，止於此，亦理勢然也。

蔡侯廬歸于蔡，陳侯吴歸于陳

楚滅蔡在十一年，今蔡侯廬即太子有之子。楚滅陳在八年，今陳侯吴即世子偃師之子。《左氏》以楚平王復陳、蔡爲有禮。《穀梁》以晉會平丘，復陳、蔡爲有功。木訥曰：陳、蔡之復，雖楚復之，實晉之力。晉乘楚亂而合諸侯于平丘，故楚懼而復陳、蔡。陳、蔡之廟復血食者，晉也。然愚按：聖人但書曰歸，蓋國本其國，失而復得曰歸。盡之矣。

冬十月，葬蔡靈公

蔡滅五年，今廬復國，故靈公始得葬。廬者，靈公般之孫。

公如晉，至河乃復

高氏《集註》曰：晉不與公盟，又執其卿，公復朝之，無恥甚矣。豈欲因晉之執而請季氏之罪乎？然季氏在晉，宜其不見納也。木訥曰：公將請意如乎？抑將除意如也？晉將釋意如，所以卻公也。愚按：先是公子憖欲去季氏以告公，而從公如晉，事雖不遂，公之欲除季氏明矣。季氏見執而公復如晉者，非無恥也，謂此除季氏之機也。然晉之執季氏，特以邾、莒告缺貢之故，志在利而已耳。晉之大夫、亦魯之季氏，同惡相芘，豈有爲魯除季氏之事哉？

吴滅州來

注州來，楚邑也。劉氏《權衡》曰：非也，滅之名施於國，非縣邑所得亢也。州來，小國，世服於楚，趙氏曰：州來近楚，吴乘楚亂，平王新立，而滅之耳。《傳》載平王謂未撫民人不敢爭，其後吴以州來封季札。

十有四年春，意如至自晉

《傳》載子服惠伯私於中行穆子而得歸。胡氏曰：其始執之，爲乏邾、莒之供，其終歸之，爲土地猶大，所命能具。晉惟以利，故平丘之後，諸侯不合二十餘年，至于召陵，又以賄敗。愚按：平丘之會，叔向主之也，乃以威始之，以利終之，惜夫！

三月，曹伯滕卒。夏四月。秋，葬曹武公

曹武公立二十七年卒。

八月，莒子去疾卒。冬，莒殺其公子意恢

《傳》載莒著丘公卒，其子郊公不慼，國人欲立著丘公之弟庚輿，以意恢爲郊公所善，先殺之，故郊公奔齊。庚輿既立，虐而好劍，立十年，國人逐之，齊人納郊公。

十有五年春王正月，吴子夷末卒

夷末立十七年卒，欲授其弟札，札逃去，乃立其子僚。吳以兄弟相及，正欲致國於札，札當君矣而逃，故僚立，而夷末之子弑之，吳遂以亂，札之爲也。

二月癸酉，有事于武宫。籥入，叔弓卒，去樂卒事

高郵孫氏曰：武宫者，廢廟也。成六年立之，於是有事焉。而大夫卒，去樂卒事，則合禮矣。然武宫之事則不當有者，《春秋》因變禮而推言之。岷隱曰：禮有出於變者，可以義起，若此去樂卒事是也。故《三傳》皆以爲得禮。然《公》、《穀》皆以爲叔弓卒在外，當祭而告，則君有祭祀，大夫之喪不以告，禮也。《左氏》以爲叔弓涖事，籥入而卒，是也。

夏，蔡朝吳出奔鄭

朝吳，蔡大夫也。費無極譖於楚而逐之。

六月丁巳朔，日有食之

記災。

秋，晉荀吳帥師伐鮮虞

《傳》載晉伐鮮虞圍鼓，鼓人或欲以城叛，荀吳使鼓人殺叛人而繕守備，圍之三月，鼓人請降，亦不許，必待其食竭力盡而後取之。胡氏謂以殄滅爲期而無惻隱之心。愚意：不納叛可也，不許其降，必剿之至盡者，忍也。且其不納叛，亦知鼓可必得，既欲得鼓之利，又欲得不納叛之名也。荀吳僞會齊，假道鮮虞而就伐之，此盜賊之行而又欲竊君子之稱,荀吴真小人之尤者也。

冬,公如晉

木訥曰:公屢如晉,晉却之,以季氏故也。今晉方執季氏而釋之,公無所憚,晉無所芘,故許公一朝焉。

十有六年春,齊侯伐徐

《傳》載齊師取甲父鼎之賂而還。孫昭子歎諸侯無霸而齊君無道。張氏曰:齊景公立二十餘年矣,崔、慶相殘,欒、高復敗,不能自强其國,而爭霸圖,宜國爲陳氏之有也。晏子雖隨事諷諫,所謂以其君顯者,抑末矣。趙氏曰:徐自齊桓之霸,内從中國,宣、成、襄之世不見於《經》,蓋從楚爾。昭四年申之會,爲楚所執,爲其貳於吴也,自是比於楚。今齊乘楚亂而伐之,僥倖其或從,不自量爾。

楚子誘戎蠻子殺之

楚子號賢而誘殺蠻戎,此其爲夷狄也。

夏,公至自晉

踰年而返。《左氏》謂其爲晉所止。

秋八月己亥,晉侯夷卒

晉昭公立六年卒。

九月，大雩

《左氏》曰：旱也。

季孫意如如晉。冬十月，葬晉昭公

三月而葬，速，蓋六卿不忌其君也。

十有七年春，小邾子來朝

《傳》載小邾穆公來朝，公與之宴。

夏六月甲戌朔，日有食之

書，記災。

秋，郯子來朝

《傳》載公與宴，而昭子問其以鳥名官。

八月，晉荀吴帥師滅陸渾之戎

《傳》載晉請於周，僞稱祭雒與三塗，而潛師襲陸渾，滅之。幸萇弘覺而使劉子爲備，不然周室亦危也。木訥曰：辛有見伊川被髮之祭曰「不百年，此其戎乎？」其後爲陸渾之戎，逼近成周，然俘而投之海外可也，滅之亦酷矣。夾漈曰：陸渾本惠公自西裔遷之周，世世事晉，今貳於楚，故滅之。先師謂陸渾本瓜洲之戎，秦、晉遷之伊川，世爲周患。愚謂晉非爲周除害，蓋討其貳己，而反驚周也。

冬，有星孛于大辰

《左氏》謂彗除舊布新。大辰，火星。宋、衛、陳、鄭皆火。《公羊》謂大火爲大辰，伐爲大辰，北辰亦爲大辰。先師謂孛非星名，沴氣所發，孛孛然。大辰非火，蓋角宿正屬辰，天道起東方，用宿尊，故曰大辰。辰爲鄭，旁及卯，卯爲宋，餘氣及漢，爲陳、衛，故四國當之。

楚人及吴戰于長岸

《傳》載楚大敗吴師，獲其乘舟餘皇。吴公子光又大敗楚人，取餘皇以歸。木訥曰：長岸，楚地。此吴伐楚也，吴屢受楚兵。襄二十五年，吴雖伐楚，門于巢，卒，兵亦未及楚也。今王僚始爲長岸之戰，其後楚日削而吴日張矣。

十有八年春王三月，曹伯須卒

曹平公立四年卒。

夏五月壬午，宋、衛、陳、鄭災

同日災，記異也。

六月，邾人入鄅音與。

鄅，妘姓小國。《傳》載鄅人藉稻，邾人襲鄅。木訥謂邾失鄆、失鄫、失漷東田，而僥倖於鄅，以此償彼蜂蠆毒也。愚按：《左氏》稱六月藉稻，則《春秋》用夏正也。若改四月稱六月，則四月安有稻之可藉乎？

秋，葬曹平公

五月而葬。

冬，許遷于白羽

避鄭也。白羽一名析【八】，楚邑也。《傳》謂楚遷之也，許遷葉、遷夷，今又遷白羽，是楚不足芘之，楚亦忌鄭也。

十有九年春，宋公伐邾

《傳》載邾入郳，郳夫人宋向戌之女也，故向戌請於宋伐之而返其俘。

夏五月戊辰，許世子止弑其君買

《經》書「弑」，《三傳》皆謂世子非弑。趙木訥曰：學者不信《經》而信《傳》，反從爲之辭。若果《傳》實，是《春秋》誣人以大逆矣。歐陽子固嘗攻之。西疇崔氏曰：不嘗藥之過小，而加弑君之罪大，豈先王法哉？且《春秋》所以爲法也，向使聖王在上，豈遂以弑君之罪殺止耶？其不然明矣。夾漈鄭氏曰：是何言哉？臣弑君，子弑父，何容易加人乎？止齋陳氏曰：世子誠不嘗藥爾，何罪而奔晉？愚按：《三傳》雖皆以爲非弑，而其説亦不同。《左氏》曰飲太子之藥卒，太子奔晉。《公羊》曰止進藥而藥殺也。《穀梁》曰世子不知嘗藥，君卒而哭泣歠粥，未踰年死。竊意《左氏》、《公羊》之説皆是也。世子藥殺

【八】名析　「析」原作「折」，據文淵閣本改。

其君。《春秋》故書「弑」。《穀梁》晚出，因二氏有藥之語，增附不嘗藥之説。凡後來爲之辭者，又皆惑於《穀梁》，故因鑿之以飾義例耳，本無可疑也。《春秋》書「弑」而《左氏》、《公羊》稱藥殺，亦弑也。

己卯，地震

地道安靜，震乃其異。

秋，齊高發帥師伐莒

齊景乘晉、楚之弱，侵欺小國，志在代興。

冬，葬許悼公【九】

木訥曰：書葬，初不計討賊，不討賊及實弑與否。

二十年春王正月。夏，曹公孫會自鄸出奔宋 鄸，莫公反。

會，子臧之後也。鄸，會之邑也，舍邑而出奔，劉氏謂其待放，賢於臧武仲之據防遠也。

秋，盜殺衛侯之兄縶 張立反。

縶，以廢疾不立，蓋衛靈公之兄也。盜，指齊豹。《傳》稱縶奪豹之司徒與鄄，而豹殺縶也。任公輔曰：齊豹非卿故曰「盜」。《春秋》於非卿者皆書「盜」，尉止也，齊豹也，公孫翩也，陽虎也，皆大夫也。張洽曰：靈公受國於有疾之兄，而盜殺其兄。書盜殺衛侯之

【九】許悼公 「許」原作「莒」，據文淵閣本、《春秋左傳注疏》卷四八改。

兄，深罪之也。趙鵬飛曰：責在衛侯而不在盜，則盜在不必名。《左氏》謂求名而不得，未聞殺人犯上以求名者。

冬十月，宋華亥、向寧、華定出奔陳

《傳》載宋元無信多私而惡華、向，華、向殺公之黨八人而劫公交質。公殺華、向之質而攻之，故三子奔。

十有一月辛卯，蔡侯廬卒

鄭夾漈曰：蔡平公歸立八年卒，明年費無極取貨於公之弟東國，逐公之子朱而立東國，是爲悼公。

二十有一年春王三月，葬蔡平公

五月而葬。

夏，晉侯使士鞅來聘

註晉頃公即位，通嗣君。木訥曰：即位今五年，霸業既隳，無求於諸侯，聘好所不急也。

宋華亥、向寧、華定自陳入于宋南里以叛

註南里，宋城内里名。《傳》載華登以吴師至賴。齊戍烏枝鳴與厨邑大夫濮力戰，及晉以諸侯兵至，始大敗華氏。蓋三叛入宋之都，期於得宋，非以邑叛者比也。王、霸兩微，叛臣横行如此。

秋七月壬午朔，日有食之

記災也。《傳》載梓慎言，日食分至，非災者。星翁語爾。

八月乙亥，叔輒卒

注叔弓之子伯張。

冬，蔡侯朱出奔楚

《傳》載費無極取貨於東國，謂蔡人曰：楚將立東國。蔡人懼出朱。

公如晉，至河乃復

《傳》載晉有鮮虞之役，故辭公。岷隱曰：晉豈無以待賓乎？季氏之强，昭公之弱，晉助其臣而不有其君久矣。

二十有二年春，齊侯伐莒

齊再伐莒，莒子行成。

宋華亥、向寧、華定自宋南里出奔楚

《傳》載楚助叛，諸侯之戍怠於守而懼楚，故逸之使得奔。

大蒐于昌間 如音。

許氏曰：凡書蒐，刺大夫强而公失其政。木訥之説見十一年比蒲之蒐。

夏四月乙丑，天王崩。六月，叔鞅如京師葬景王

景王立二十五年崩。叔鞅者，叔弓之子，輒之弟也。葬景王，以卿行。木訥謂猶愈乎不會者。三月而葬，速。杜氏謂亂故。

王室亂，劉子、單子以王猛居于皇。秋，劉子、單子以王猛入于王城。冬十月，王子猛卒

木訥曰：周景王太子壽早夭，壽之母弟曰猛，次嫡也。王寵長庶子朝而立之。景王崩，二子角立。劉子、單子挾猛，尹氏、召氏立朝，參、商交抗，迄五年而後定，實景王爲之也。岷隱曰：自入春秋以來，周室蓋三亂矣。其禍皆生於父子、兄弟、嫡庶不明。惠王寵子帶，幾危世子。齊桓公盟世子于首止而位定。襄王復寵帶，出居于鄭，晉文公納王，王室遂定。向微二霸【一〇】，周室之亂豈減敬王之時。然則《春秋》書王室亂者，憫周室之微弱，嘆桓、文之不復有也。悲夫！

十有二月癸酉朔，日有食之

書，災。

二十有三年春王正月，叔孫婼如晉。癸丑，叔鞅卒。晉人執我行人叔孫婼勅略反。

《傳》載武城人斷木不殊，推而蹷之，取邾師。邾愬于晉，故婼如晉見執。然取邾者，武城人，於婼何罪？故書曰「執我行人」。鞅，則叔弓之次子也。

【一〇】向微二霸　「向」原作「白」，據文淵閣本改。

晉人圍郊

王子朝在郊，晉爲敬王圍之也。郊，周邑也。

夏六月，蔡侯東國卒于楚

東國賂費無極而得立，今卒于楚，或役於楚而卒。

秋七月，莒子庚輿來奔

庚輿好劍，劍成試之人。故烏存帥國人逐之。

戊辰，吴敗頓、胡、沈、蔡、陳、許之師于雞父。胡子髡、沈子逞滅，獲陳夏齧父音甫。

楚帥六國之師救州來，爲吴所敗，見滅者二國而陳大夫見獲。夏齧者，徵舒玄孫。

天王居于狄泉，尹氏立王子朝

天王者，王猛之弟名匄，敬王也，亦次嫡也，當立。其居狄泉，避子朝也。天王立矣，尹氏又立庶長之子朝。亂也

八月乙未，地震

地再震。

冬，公如晉，至河有疾，乃復

將請叔孫婼，以疾不果。

二十有四年春王二月丙戌，仲孫貜卒貜，俱縛反。

孟獻子之曾孫孟僖子也，嘗屬二子事夫子學禮。

婼至自晉

婼見執，婼不受辱，不以貨免，晉不能屈，禮而歸之也。《公羊》作叔孫舍，胡氏從之，嫌其以罪去氏也。吕氏曰婼不言叔孫，前見也。此説得之，不惑於凡例去氏之説矣。

夏五月乙未朔，日有食之

記災。

秋八月，大雩

旱祭之僭者。

丁酉，杞伯郁釐卒 釐，力之反，又音來。

杞平公立十八年卒，自城杞以來，倚晉獲安者也。

冬，吴滅巢

《傳》載楚爲舟師略吴，吴踵之，滅巢及鍾離。沈尹戌曰「幾如是而不及郢」。註巢，楚邑。劉氏謂書云「巢伯來朝」，則國也。愚意古雖國而今屬楚爾。又按吴子遏伐楚，門于巢，卒，則巢乃吴之讎也。見滅亦勢矣。木訥曰：吴將謀楚，先滅其與國，滅州來、滅巢、滅徐、滅沈、滅頓，皆楚之與也。

葬杞平公

雖不書月，自八月至冬，計亦五月而葬。

二十有五年春，叔孫婼如宋

《傳》言往聘，且爲季氏逆女也。然婼爲正卿，而爲季氏逆女，非禮。

夏，叔詣會晉趙鞅、宋樂大心、衛北宮喜、鄭游吉、曹人、邾人、滕人、薛人、小邾人于黄父

謀王室也。然王室之亂已四年，趙鞅感鄭子太叔嫳不恤緯之言，始爲此會，又約明年將納王。卒墮空言。後二年敬王始入成周，王自入也。劉、單之功也。時列國諸大夫各謀弱公室以爲己私，姑爲草次之會，息人言爾。

有鸜鵒來巢

《周官》「鸜鵒不踰濟」，魯未嘗有來巢爲異。說者謂飛鳥得氣之先，世將亂，氣自北而南【一一】。

秋七月，上辛大雩，季辛又雩

《左氏》曰再雩，旱甚也。

九月己亥，公孫于齊次于陽州。齊侯唁公于野井。冬十月戊辰，叔孫婼卒。十有一月己亥，宋公佐卒于曲棘。十二月，齊侯取鄆孫音孫。

凡皆昭公謀去季氏不克而棄國之事也。時魯兵已屬三家。鬷戾謂去季氏，亦非叔孫

【一一】氣自北而南　「北」原作「比」，據明本、文津閣本改。

氏之利。叔、孟二氏皆釋甲，公遂孫于齊，次于陽州，待齊命也。唁于野井，齊返之境上而後逆之也。叔孫婼之卒，方公與季氏戰，叔孫婼在闞，歸而責季孫。季孫有異志，媿不能返公而祈死也。宋公佐之，卒如晉謀，納公而卒于行也。齊侯取鄆，鄆者，魯邑，齊取之以處公，蓋無心納公而然也。《春秋》先五書公如晉至河乃復，蓋晉以政不在公，不若厚季氏之爲利。其後兩書公如齊，三書公如晉，三書齊、晉唁公，五書居鄆，四書在乾侯，以至于薨。嗚呼！悲夫。

二十有六年春王正月，葬宋元公

元公立十五年卒。

三月，公至自齊，居于鄆。夏，公圍成。秋，公會齊侯、莒子、邾子、杞伯，盟于鄟陵。

公至自會，居于鄆 鄟，音專。

齊取鄆以處公，故至齊不可而居焉。成者，孟氏私邑，與季氏爲黨。公圍之者，以齊師圍之也。盟于鄟陵，齊謀納昭公也。《傳》稱季氏使申豐賂齊之子，猶沮齊侯不行。公至自會，居于鄆者，謀之不遂，復退處鄆邑也。

九月庚申，楚子居卒

平王立十三年卒，信費無極，殺伍奢父子而逐太子，亂萌兆矣。

冬十月，天王入于成周。尹氏、召伯、毛伯以王子朝奔楚

天王，敬王也。成周，王城之下邑，今洛陽也。子朝之亂，王居狄泉，今以劉、單之力，借晉師得入而王朝奔楚矣。亂蓋五年乃定。

二十七年春，公如齊。公至自齊，居于鄆

自鄆求齊，不遂而復歸于鄆。

夏四月，吴弑其君僚

吴壽夢諸子，長諸樊，次餘祭，次夷末，次札。札賢欲立之，不肯。自諸樊、餘祭、夷末以次相授，必欲致國于札。札終不肯而夷末傳之子僚。諸樊之子光曰「札不立，則我也。」使鱄設諸殺僚而自立。

楚殺其大夫郤宛 於阮反。

《傳》載郤宛直而和，國人説之。費無極辭令飲令尹子常酒，且辭之。出甲因譖于子常，使殺之而滅其族。國人不和，亦滅無極而後定。

秋，晉士鞅、宋樂祁犂、衛北宫喜、曹人、邾人、滕人會于扈

《傳》載令戌周，且謀納公也。宋、衛皆固請納之，士鞅取貨於季氏，辭小國而還。岷隱謂樂祁犂、北宫喜其在宋、衛，非華向、孫甯比也，故猶欲納公，士鞅專晉，同惡相濟，宜乎不肯。木訥謂鞅方有分晉之心，特未得其間，其會諸侯，姑以是感季氏而結死黨爾。愚按：鞅之譽季氏以辭小國者甚悉，則木訥之論非刻也，得其情也。

冬十月，曹伯午卒

曹悼公立九年卒。

邾快來奔

木訥曰：邾來奔者四，竊邑來者二。季氏實利之爲逋逃主也。

公如齊，公至自齊，居于鄆

《傳》載齊飲公酒，以宰獻而卑，公明年遂如晉。

二十有八年春王三月，葬曹悼公

註六月而葬，緩。

公如晉，次于乾侯

乾侯，晉邑。子家子勸公待于竟，不從，晉使還竟上而後逆之。次于乾侯，不得入也。岷隱曰：公之在國也，屢如晉猶不得入，今出亡欲至晉，其可得乎？木訥曰：晉之六卿即魯之三家也。前日扈之盟，既乞貨于季氏，今其忍背賂以傷其類哉！故徒次于乾侯而不得入。

夏四月丙戌，鄭伯寧卒。六月，葬鄭定公

鄭定公立十五年卒。註三月而葬，速。

秋七月癸巳，滕子寧卒。冬，葬滕悼公

滕悼公立二十五年卒。

二十有九年春，公至自乾侯，居于鄆

求晉不得入，又退而歸魯之邑。

齊侯使高張來唁公，公如晉，次于乾侯

不納公而來唁公，已非矣，況又稱之以主君，是辱之也，非唁之也。豈以其舍齊求晉，晉不偶而復歸，故憾之耶？然使齊能納公，公何辱於晉。

夏四月庚子，叔詣卒

高氏《集註》曰：叔詣欲納公而卒。季孫意如曰，叔詣無病而死【一二】，此無公也，非我罪也。觀意如此言，逆節甚矣。宜公之不能忍也。先師席亦嘗謂昭子之卒，則曰「天之弃魯」，叔詣之卒，又曰「無公，天命也」。季氏之無君無天，於斯爲甚！

秋七月。冬十月，鄆潰

岷隱曰：昭公棄一國而居其邑，猶不能容，相率而叛之，豈非畏季氏之暴而不顧乎？西疇曰：公適去鄆而鄆潰，見魯之民皆畏季氏而不敢寧公也。先師謂齊取鄆居公，鄆畏齊不敢叛，既舍齊而之晉，故鄆亦叛之。自此一邑亦無有，而終于乾侯矣。悲夫！

三十年春王正月，公在乾侯

向於鄆書居，以鄆猶魯邑也。今於乾侯書「在」，以鄆潰而適晉之乾侯，則公已無魯，

【一二】 叔詣　「詣」原作「倪」，據文淵閣本及《春秋》經文改。

特於歲首書其所在以存公，實悲之也。岷隱曰：《坤·上六》「嫌於無陽，故稱龍焉」，公在乾侯，固嫌於無耶？

夏六月庚辰，晉侯去疾卒。秋八月，葬晉頃公

晉頃公立十四年卒，未嘗親盟會，會黄父謀周，會扈謀魯，皆大夫具文爲之。晉以是衰，三月而葬，亦大夫之簡其君也。

冬十有二月，吴滅徐，徐子章羽奔楚

《傳》載楚受吴掩餘、燭庸二公子之奔，吴故怒而滅徐。徐，楚之出也。伍員教吴爲三師，更迭肄楚以罷之，楚遂病。

三十一年春王正月，公在乾侯。季孫意如會晉荀躒于適歷 躒，力狄反。適，丁歷反。

公在乾侯，晉地也。季氏會晉，恐晉之納公也。季氏與晉大夫同惡相濟，蔑公而植私。《傳》載晉侯欲納公，范獻子召季氏如晉，使納公。然《經》書「會于適歷」，則非晉都，謂季氏請罪於晉侯，恐未可信。果如所載，亦晉定公初立，有意納公，而士鞅、荀躒輩姑爲和君臣之説，以款之耳。

夏四月丁巳，薛伯穀卒

高氏《集註》曰入春秋以來，惟莊三十一年書薛伯，及此始書名。

晉侯使荀躒唁公于乾侯

《穀梁》曰：“喑公不得入於魯也。曰既爲君言之矣，不可者意如也。”

秋，葬薛獻公

亦始書葬。

冬，黑肱以濫來奔

黑肱，邾之别子也。濫，邾之别封也。以濫來奔，竊其邑以叛也。邾庶其、莒牟夷與今黑肱爲三叛臣。

十有二月辛亥朔，日有食之

書，災。

三十有二年春王正月，公在乾侯

存公所以誅季氏。

取闞 口暫反。

註謂公取之。《公羊》謂魯取之，則季氏也。蓋如取鄟、取邿之比，二説未知孰是。夾漈曰：魯群公之墓在闞，公將見先君取之。木訥曰：闞，魯群公墓隧之所在。公在乾侯，不得祭于廟，姑取墓隧之地以寓孝思。定元年葬昭公，季氏使役如闞，將溝焉，則昭公亦葬於闞。昭公無乃知其將終於乾侯，取闞以爲死所乎？愚按此説考究爲精。

夏，吴伐越

木訥謂：吴將報楚。越，楚之與也，故先伐越。然不若姑結其心，以離楚黨。今先伐越，故入郢，未反而越亦入吴矣，其結怨連禍始此。

秋七月。冬，仲孫何忌會晉韓不信、齊高張、宋仲幾、衛世叔申、鄭國參、曹人、莒人、薛人、杞人、小邾人，城成周

岷隱曰：周營洛邑，其居九鼎者曰王城。其遷頑民者曰成周。平王遷于王城，至敬王入于成周，晉率諸侯之大夫以城之。蓋於是周再遷矣，既而爲東周、西周，則又遷矣。

十有二月己未，公薨于乾侯

昭公立三十二年，攻季氏不克，而在外者八年卒，客死乾侯。蓋季氏之專政四世矣，民知有季氏而不知有君矣。事至此極，豈不悲夫？然史墨對趙簡子，反譽季氏而謂君臣無常位，此非君子之言，蓋借季氏以逢趙氏之惡爾。

昭公十九歲猶有童心，既立事晉，晉以政不在公，寧失公而不可失其大夫。七如晉而五不得入，及不勝其憤而攻季氏，寧如齊而不如晉。卒之齊、晉皆莫救，而客死乾侯。嗚呼！悲夫。

卷十三

讀春秋七

定公

名宋，襄公子、昭公弟。謚法：安民大慮曰定

元年春王

獨不書正者，昭公去年十二月薨于乾侯，定公今年六月方立，時無國君，正朔無所承也。

三月，晉人執宋仲幾于京師

《傳》載諸侯城成周，宋不受功也。先儒謂執人於天子之側，罪反大於不受功者矣。

夏六月癸亥，公之喪至自乾侯。戊辰，公即位。秋七月癸巳，葬我君昭公

木訥曰：昭公死於乾侯凡六月而後喪至。喪至六日而後定公立，存没之命皆制於季氏。定公，襄之子，昭之弟。季氏廢昭公之世子衍及務人而立之，宜其久而不決也。昭公

八月而葬，其故可知矣。愚按：《左氏》載季氏葬昭公於墓道南。孔子爲司寇，始溝而合諸墓。

九月大雩，立煬宫

岷隱曰：甚矣，小人之誣也！昭公之出也，以宋公之薨，叔孫之卒歸之天。及昭公之薨也，季氏大雩以爲媚，立煬宫以爲報，蓋昔者昭公之逐季氏，兩嘗大雩而不克濟。季氏嘗致禱于煬公，故小人得藉口以求媚而致報焉。愚按：岷隱之説，雩雖祈雨古禮，春秋世變，往往非時而雩，或者轉而爲祈福之祀歟。若今季氏之雩，又類淫祀，神之所吐，名雖雩而實則非矣。木訥曰：小人爲惡，内有不安則謟鬼神以要福。季氏逐君，天地所不容，何有於煬公？煬公，伯禽之子，自煬至昭二十二世矣，神靈何在？季氏疑得罪於周公伯禽，故爲之祀其子，所謂媚竈者也。宗廟有常制，魯之廟已異矣。成公立武宫，固已違制，今又立煬宫，是魯祀八世也。天子七廟，而魯之廟八，其可訓乎？愚意季氏果以私禱而立煬宫，未必增附群公昭穆之廟。或者武宫、煬宫皆非禮創立，亦同淫祀耳，名雖煬而實亦非矣。

冬十月，隕霜殺菽

記災。

二年春王正月。夏五月壬辰，雉門及兩觀災

註雉門，公宫之南門；兩觀者，闕也。門其主闕，其飾皆天子之制，而魯僭之。天火曰災。

秋，楚人伐吴

《傳》載吴誘楚致師而敗之，克巢。

冬十月，新作雉門及兩觀

魯習而不知其僭也，天既災之，又新作之。

三年春王正月，公如晉至河乃復

伊川曰：晉以季氏上不告天子，下不告方伯，而私立公，故辭其朝。愚恐待晉之過厚也。不獨晉無此意，當世亦未嘗有此説也。夾漈曰：晉以昭公之子已長，而定公不應立，且朝事有稽，故辭公。愚謂此以其事而度之也。岷隱曰：晉之不仁甚矣。昭公屢如晉不得入，故有季氏之難。定公新立，至河而復不得入，使定何以自立於魯乎？愚謂此以其義而責之也。木訥曰：晉以魯權在季氏，得公之朝不若得大夫之聘，故寧屢却昭公。定公即位，非不知之，徒以三年一朝之禮不可不講，晉果卻公，故終定公之世不復如晉者，懲此之辱也。定公之爲人知恥，於昭公遠矣。愚謂此以其情而察之也。合此三説，其理乃備，而伊川之陳理尤高，亦所當知。

二月辛卯，邾子穿卒。夏四月。秋，葬邾莊公

《傳》載其好潔，以夷射姑旋于廷命，執之不得，怒而墮爐炭死。蓋立三十有三年，以好潔而褊急自殞。註云：六月而葬，緩。

冬，仲孫何忌及邾子盟于拔 皮八反。

《左氏》謂修舊好也。先儒謂邾隱新立，居喪而出盟。非也。

四年春王二月癸巳，陳侯吳卒

陳惠公得國於已滅之餘，幸晉、楚交病，立二十二年，無事而卒。

三月，公會劉子、晉侯、宋公、蔡侯、衛侯、陳子、鄭伯、許男、曹伯、莒子、邾子、頓子、胡子、滕子、薛伯、杞伯、小邾子、齊國夏于召陵，侵楚。夏四月庚辰，蔡公孫姓帥師滅沈，以沈子嘉歸，殺之。五月，公及諸侯盟于皋鼬 由又反。

《左氏》載楚子常求蔡昭侯一佩不得，拘之三年，既獻佩得歸，如晉請伐楚，故晉爲是會以侵楚。沈者，楚之與國，既滅而復封。蔡憾楚，故滅而殺之，蓋遷怒也。盟于皋鼬，即會于召陵之諸侯，前目後凡，故不再序。

戴岷隱曰：自鄢陵之後，晉、楚不復有大戰。一旦有召陵之役，六七十年間無此舉也。天子之老，元戎啓行，中國諸侯大抵皆在，未有若此其盛者，僅侵楚而退，自相盟于皋鼬。當是時，楚有可亡之勢，失此機會，使吳人乘其後而收入郢之功，傾天下之勢折而入於吳，中國之霸於是絶矣。悲夫！

趙木訥曰：桓、文以還，會盟侵伐未有如此之衆且盛者。晉定公非健主也，一會而十有八國從之。楚昭昏庸，四鄰不親，諸侯叛之於内，吴議之於外，故晉定一揮而諸侯雲合，一舉而清南服，誠反掌矣。然晉政已移於六卿，晉定公直一偶人，六卿懼公勝楚而歸，功冠五伯而權不及己。故乞賂以離蔡，假髦以賤鄭，用散諸侯之心以隳其君之功，而固其私。至以十八國之衆纔侵楚而已，齊桓以八國伐楚而楚來盟，晉文以四國戰楚而楚大敗。今三倍於桓、五倍於文，纔一侵而退，定公蓋制於六卿而不能進也。卒之救蔡、敗楚之功乃歸於吴。終春秋之世，諸侯不振，吴、越爭長，其機實失於此。

胡康侯曰：所惡於前，無以先後，蔡侯視楚，猶沈視蔡也。沈雖不會召陵，未有大罪惡也，而恃强殺之，甚矣！木訥又曰：昭公庸懦，權出季氏，未嘗得一會諸侯。今皐鼬之盟，定公得預，聖人特書公及諸侯，幸魯侯之復得及盟也。

杞伯成卒于會

杞悼公立十二年卒。

六月，葬陳惠公

陳懷公以劉文公之命，衰絰從戎，反役而後葬。

許遷于容城

高氏《集註》曰：至是四遷，微弱可知。

秋七月，公至自會

至自召陵之會。

劉卷卒

註即劉蚡，蓋文公也，獻公之子，定敬王，伐楚，不竟而卒。蓋公忠者也。

葬杞悼公

卒於行役，以喪歸葬。

楚人圍蔡

爲其滅沈而報之也。

晉士鞅、衛孔圉帥師伐鮮虞

木訥曰：晉伐楚，諸侯之利而六卿之害，故忌其成功。晉伐鮮虞，晉之害而六卿之利，故荀氏、士氏、趙氏交伐以顯其績。註：鮮虞，中山也。

葬劉文公

《集註》謂魯往葬之而書。

冬十有一月庚午，蔡侯以吴子及楚人戰于柏舉，楚師敗績。楚囊瓦出奔鄭。庚辰，吴入郢

晉合十八國不能救蔡，蔡求於吴而吴救之，大敗囊瓦之師而囊瓦奔。囊瓦，即子常也。已而入郢，鞭平王之尸，無禮備至。蓋又子胥用於吳，爲父伍奢報私仇也【一】。申包胥初與子胥言：子能復之，我必能興之。至是乞師於秦，七晝夜哭不絶聲，秦師乃出。岷隱曰：楚陵犯中國二百年，中國不能制，假手於吳，國幾亡。然去楚而吳繼之，此聖人之所傷也。

五年春王三月辛亥朔，日有食之

《公羊》作正月。《集註》曰：正月亦辛亥朔。

夏，歸粟于蔡

杜氏註：蔡爲楚所圍，飢乏，故魯歸之粟。趙氏曰：歸粟于蔡，懼吳也。十八國諸侯不能救蔡而吳救之，蔡圍既解，魯南逼於吳，以徐爲障。昭三十年吳已滅徐，蔡若有言於吳，吳兵一出，直指魯郊，此魯不得不賑蔡以悦於吳也，不然，蔡無一日之好於魯，魯何乃踰宋、陳二國輸粟以餽之？高氏《集註》曰：魯非濟其難，而賙其無也。蔡與吳爲援而敗楚，故魯畏而賂之也。

於越入吳

杜氏註於，發聲也。范甯註於越，夷言也。劉氏曰：於越，其自稱也。高郵孫氏曰：越，見於《經》凡六，其三在昭公時，皆稱越，其二在定公時，其一在哀公時，皆稱於越。蓋越有數種，有東越、南越、閩越、甌越。木訥趙氏曰：於越，從其國之稱，如於餘丘之類是

【一】爲父伍奢報私仇也　「報」原作「執」，據明本、文津閣本改。

也。先師嘗以於爲發語聲者爲是。蓋前説雖知越有數種，不知孰爲於越也。先是昭三十年吴嘗伐越以賈怨，故今吴入楚，而越亦乘虚入吴。

六月丙申，季孫意如卒

此季平子，逐昭公者也。凡例之説，以書「卒」爲盛事。因謂定公以上卿葬之，書「卒」以罪定公。愚謂死則書「卒」，魯諸卿皆然，意如之惡於逐君自見，未必於書「卒」有褒貶，且自昔君有明昏，未嘗不書「崩」書「薨」。士大夫有賢不肖，未嘗不書「卒」，此乃其常爾。

秋七月壬子，叔孫不敢卒

叔孫婼之子叔孫成子也。

冬，晉士鞅帥師圍鮮虞

木訥曰：士鞅前日伐鮮虞，今復圍之。鞅欲立功，鮮虞何罪？

六年春王正月癸亥，鄭游速帥師滅許，以許男斯歸

隱十一年鄭莊公嘗滅許，其後得復，凡四遷以避鄭，常依楚自存。今鄭獻公復乘楚之亂而滅之，甚矣！鄭之不仁也。哀公元年許復從楚圍蔡，則楚又復之歟。

二月，公侵鄭，公至自侵鄭

《左氏》載周儋翩率王子朝之徒因鄭人作亂，鄭伐周六邑，晉於是戍周。公之侵鄭，爲晉討也。止齋曰：自宣公季年，凡伐不言公，魯無君將者八十年，至是書「公侵鄭」，則以公山不狃、侯犯、陽虎之專歟。木訥曰：魯自舍中軍之後，三軍皆隸三家，公無一旅之衆。今意如死，定公粗有立，後自將而一侵鄭，其後侵齊、會晉、圍城皆以師行，收兵之原蓋始於此。愚合二説觀之，則魯君之無兵，三家之專也，魯君之再有兵，陪臣又强，而三家不得專也，其暫復兵權，正其下陵上替，魯之變愈降爾。

夏，季孫斯、仲孫何忌如晉

斯者，季孫意如之子桓子也。何忌者，孟孫貜之子懿子也。《傳》稱斯之如晉，爲獻鄭俘；何忌之如晉，爲陽虎强之往報夫人之幣也。岷隱謂季、孟不相下，同倫相介。《意林》謂二子爲陽虎脅，請於霸國。

秋，晉人報宋行人樂祁犂

《傳》載祁犂賂趙簡子楊楯六十，范獻子忌而執之。

冬，城中城

木訥曰：魯既侵鄭，聘晉而不與齊，懼有齊警，故城中城，備齊也。中城，在海州。海州，齊境。

季孫斯、仲孫何忌帥師圍鄆

齊取魯鄆以處昭公，今魯圍鄆，欲取之齊也。

七年春王正月。夏四月。秋，齊侯、鄭伯盟于鹹。齊人執衛行人北宮結以侵衛。齊侯、衛侯盟于沙【二】

齊景乘鄭之怨晉，而摟鄭與盟，又乘衛欲叛晉，僞執其行人侵衛，假求平之迹而竊與衛盟。時景公即位幾五十年，歷晉平、晉昭、晉頃，未嘗敢出爭諸侯。今見晉定庸弱，六卿擅政，而耄年妄作。凡再盟而得二國，適開禍端爾。止齋曰：此相盟也，諸侯無主盟矣，故石門始相盟，志諸侯之合，鹹再相盟，志諸侯之判。蓋石門之後，鹹之前，皆有盟主，非參盟則同盟，無兩君相盟者也。

大雩

旱祭。

齊國夏帥師伐我西鄙

蘇氏曰：魯事晉而齊叛之，故伐我。許氏曰：東夏諸侯，惟魯事晉，故齊伐之。然則齊不自量，欲諸侯前日之事晉者皆事齊，以繼伯業也。

九月，大雩

一時而再雩，趙氏以爲瀆。

冬十月

書，備四時。

【二】齊侯衛侯盟于沙　「盟」字原脱，據《春秋》補。

八年春王正月，公侵齊，公至自侵齊。二月，公侵齊。三月，公至自侵齊

註曰：報前年侵我西鄙，未得志，再侵。木訥曰：非苟報西鄙之伐，亦以鄆之在齊也。然今日侵齊，明日侵齊，何益哉？深其怨而已。

曹伯露卒

高氏《集註》曰：此曹靖公也，自曹悼公卒，其弟聲公野立，五年而其弟通弒聲公代立【三】，隱公立四年而弟露又弒隱公代立，是爲靖公，幸保首領，餘皆略不書。靖公子陽立，遂爲宋所滅。

夏，齊國夏帥師伐我西鄙。公會晉師于瓦，公至自瓦。

齊報公之再侵，晉師救我而公會之也。

秋七月戊辰，陳侯柳卒

陳懷公立四年卒。此陳再復國之第二世也，能聽逢滑之諫，不從吴子之召。

晉士鞅帥師侵鄭，遂侵衛

鄭、衛叛晉從齊故也。木訥曰：臯鼬一盟之後，晉不能一出而主諸侯，及齊乘隙盟鄭與衛，晉方以兵爭，故雖受兵而叛晉益堅。冬，又爲曲濮之盟，不事晉也。

葬曹靖公。九月，葬陳懷公

曹五月而葬，陳三月葬，速。

【三】通弒聲公代立　「弒」原作「試」，據明本、文津閣本改。

季孫斯、仲孫何忌帥師侵衛。冬，衛侯、鄭伯盟于曲濮

魯事晉，爲晉侵衛。衛、鄭叛晉，益堅事齊之盟。然齊未必能爲謀主，特諸侯散而私相歃耳。

從祀先公

《公》、《穀》及《左傳》註皆曰：從者，順也。謂文公躋僖公於閔公之上爲逆祀，至陽虎爲政，改而順之。諸儒多從其説，惟馮山曰：昭公至是始得從祀於太廟，蓋季氏逐昭公，公薨于乾侯，及歸葬又絶其兆域，不得同於先君而在墓道之南，則其主雖久未得從昭穆祔祭宜矣。及季孫意如卒，陽虎專季氏，將殺季孫斯，始以昭公之主從祀太廟，蓋欲著季氏之罪以取媚於國人。此惟胡康侯、趙木訥從其説。二説未知孰是。然馮山之説不必改從爲順，《公》、《穀》之説不獨改字，於事情亦遠，若杜註特述《公》、《穀》者耳。

盜竊寶玉、大弓

《左氏》載陽虎將殺季孫，不克，説甲如公宫，取寶玉、大弓入讙陽關以叛。《穀梁》謂寶玉者，封圭也；大弓者，武王之戎弓，周公受賜，藏之魯者也。非其所取而取之謂之盜。杜預註：盜，謂陽虎家臣，賤，故曰盜。寶玉，夏后之璜；大弓封父之繁弱。

九年春王正月。夏四月戊申，鄭伯蠆卒

鄭獻公立十三年卒。嘗黨儋翩以伐周邑，罪人也。

得寶玉大弓

《公羊》曰：國寶也，喪之書，得之書。崔氏曰：不索而獲曰「得」。陽虎竊之，無所用，故復歸之也。

六月，葬鄭獻公

三月而葬。

秋，齊侯、衛侯次于五氏

五氏，晉地。欲伐晉而次者，自疑也。或曰謀魯也。張氏曰：晉實大國，未可輕伐，始盟于沙中，次于五氏，又次于垂葭，至哀公元年而後伐。趙氏曰：景公欲脅區區之衛以干大國，亦見其非所以謀霸，妄圖而已。

秦伯卒，冬，葬秦哀公

秦哀立三十六年，救楚、吴，歷晉三霸不犯中國。

十年春王三月，及齊平。夏，公會齊侯于夾谷，公至自夾谷

平者，平其前日侵伐之怨也。既平而會，以禮相與也。《左氏》載是會也，孔子相，却萊夷，辭野享，齊人謝過，歸其侵疆。

晉趙鞅帥師圍衛

以其前日與齊師次于五氏而圍之也。晉得其勇士涉佗，執之以求成於衛。衛人不許，晉殺涉佗。衛之從齊於是愈堅。

齊人來歸鄆、讙、龜陰田

鄆，齊所取以居昭公者也；讙，陽虎所挾以入齊者也；龜陰，則龜山之陰也。三田皆魯之有而齊所侵，齊既與魯平而歸之也。《左氏》謂孔子却萊夷所致。葉石林云：夾谷之事，匹夫之勇，智者所不爲，而謂孔子爲之乎？晦庵先生亦嘗力辯此事爲附會。

叔孫州仇、仲孫何忌帥師圍郈。秋，叔孫州仇、仲孫何忌帥師圍郈 音后。

郈，叔孫氏邑也。州仇，叔孫武叔也。何忌，孟懿子也。《傳》載叔孫成子欲立武叔，公若藐嘗固諫。公若爲郈宰，武叔既立，遂使郈馬正侯犯殺公若。既殺之，侯犯以郈叛武叔。懿子圍郈，不克，秋，復圍郈，不克。賴郈工師駟赤以計紿侯犯以地易於齊。侯犯奔齊。齊乃致郈。愚按：郈，叔孫邑；費，季氏邑；成，孟氏邑。皆自封植於魯，而其邑皆叛之。昭十三年費叛，至是郈叛，明年成叛。出乎爾者反乎爾也。

宋樂大心出奔曹。宋公子地出奔陳

《傳》載宋公使大心往盟晉，而逆樂祈之喪，僞辭以疾。樂祈之子譖其將亂而見逐。宋公入，奪公子地之馬以予向魋。地抶魋而奪之。公弟辰使地出竟，以爲君禮，於是皆奔。

冬，齊侯、衛侯、鄭游速會于安甫

《集註》曰三國皆叛晉而會此，蓋結謀也。

叔孫州仇如齊

州仇，叔孫武叔也。侯犯以其郈邑奔齊，而齊歸之，故往致謝。

宋公之弟辰暨仲佗、石彄出奔陳 彄，苦侯反。

宋公嬖魋，奪公子地與公弟辰，先使公子地出境而辰爲之請。公弗止。地乃奔。辰曰：「是我迋吾兄也。」【四】乃及其二大夫亦出奔。宋景以一向魋而失二弟二大夫。

十有一年春，宋公之弟辰及仲佗、石彄、公子地自陳入于蕭以叛。夏四月。秋，宋樂大心自曹入于蕭

《左氏》曰：宋公母弟辰暨仲佗、石彄、公子地入于蕭以叛。秋，樂大心從之，大爲宋患，寵向魋故也。

冬，及鄭平，叔還如鄭涖盟

崔氏曰：平六年伐鄭之怨，既平然後涖盟。趙氏曰：昔魯親晉而鄭附齊，故爲晉侵鄭。今魯與齊平而鄭睦於齊，故爲齊平鄭。魯雖反覆齊、晉之間，然能塞怨窒忿，平齊平鄭以成鄰國之好，蓋亦休焉。注叔還，詣曾孫。

十有二年春，薛伯定卒，夏，葬薛襄公

薛襄公立十三年卒。

【四】是我迋吾兄也　「迋」原作「廷」，據《左傳·定公十年》改。

叔孫州仇帥師墮郈

《左氏》載仲由爲季氏宰，將墮三都，於是叔孫氏墮郈。

衛公孟彄帥師伐曹 彄，苦侯反。

高氏《集註》曰諸侯叛晉，而齊不能一之，故衛伐曹。木訥曰：霸主不作，小國相侵。曹與衛何憾。二年之間凡再伐曹，其後宋出而乘之。哀八年宋人入曹，以曹伯歸，衛實啓之也。

季孫斯、仲孫何忌帥師墮費

《左氏》載季氏將墮費，公山不狃、叔孫輒帥費人以襲魯。公與三子入于季氏之宫，登武子之臺。費人攻之，弗克，入及公側。仲尼命申句須、樂頎下伐之。費人北，國人追之，敗諸姑蔑。二子奔齊，遂墮費。

秋，大雩

旱祭之僭者也。

冬十月癸亥，公會齊侯，盟于黄

杜氏註：盟結叛晉。黄，齊地。

十有一月丙寅朔，日有食之

記災。

公至自黄

與齊侯會畢而歸

十有二月，公圍成，公至自圍成

《左氏》載將墮成，公斂處父謂孟孫墮成，齊人必至于北門，且成，孟氏之保障也，無成是無孟氏也。子僞不知，我將不墮。冬十二月，公圍成，不克。張氏洽曰：墮三都，毁其所恃以爲固者，所以制陪臣，抑私家，而復强榦弱枝之勢也。仲由之舉，此議蓋因南蒯、侯犯之叛，而爲三家忠謀，使强臣不敢恃强以叛君，陪臣不敢負固以跋扈，而上下皆順。然侯犯、南蒯皆以叛，爲季氏、叔氏之害，故郈、費皆墮，獨公斂處父方恃强以敗陽虎，而孟孫用之，故二邑雖墮而成獨不服，雖定公圍之而卒不克也。聖人雖用於魯，而季氏三月之餘，受女樂而違孔子。孟孫惑於僞不知之説，陰與公斂處父比，成既方命而聖人去魯，豈非天哉！

戴氏溪曰：《公羊》謂孔子行乎，季氏三月不違，於是墮郈墮費，學者承舛，皆言夫子欲墮三都，嗟夫！使聖人而欲墮三都也，成卒不墮，費幾生變，則聖人之謀疏矣。綏來動和之功果安在乎？《左氏》言仲由爲季氏宰，將墮三都，是果出於仲由之謀，無可疑也。由勇而無謀，率意所爲，不顧其難也，故幾於亂。當費人攻公及于臺下，微夫子命申句須、樂頎下伐之，豈不甚危哉？説者猶以墮三都爲聖人之謀，過矣。

趙氏鵬飛曰：三都之叛，三家患之，則墮三都，固三家之利也。是以季路一言而叔孫墮郈，季氏墮費，而説者乃以爲孔子爲之。噫！聖人豈如是之謬哉？公山不擾以費叛召，子欲往，蓋將教公山氏臣於季氏，教季氏臣於公，教公朝於天子。以魯先之，天下皆然，是東周之從而興也。豈苟爲季氏墮費而滋季氏之勢乎？此好勇不顧之謀，蓋出於季路審矣。故夫墮三都者爲三家除患爾，何益於魯？三家病則魯之利，三家之患除則勢復張。墮郈、墮費謂之忠，於三家則可，謂之忠於魯則不可。至於圍成則失計大矣。得之未必歸公，失之實損於魯。郈、費之墮，説者以爲孔子，此豈亦孔子爲之歟？

愚按：叔孫邑郈，季孫邑費，孟孫邑成，此三家植私以弱公室也。侯犯以郈叛，公山弗狃以費叛，此又家隸效尤以背三家，出乎爾者反乎爾也。仲由乘其機，建議墮三都，故叔孫、季孫樂於墮郈、墮費，不幸成之公斂處父私於孟孫，孟孫亦中覺而不受其墮。墮三都之事於是乎不及竟。三都若盡墮，豈惟三家除跋扈之臣，公室亦除三家之窟，所謂惟禮可以已之。若善行之，公室可復張也。郈、費之墮，非公之能也，叔孫、季孫憤家臣之叛己而自欲除之也。成之不果墮，非公之不能也，家臣與孟孫比而孟孫自不欲墮之也。墮三都，固子路之謀。三都果墮，亦孔子之願。不幸事不竟，世因以責子路，譏定公，而力言非孔子之心，皆以成敗論也。

十有三年春，齊侯、衛侯次于垂葭

註：二君將使師伐晉，次垂葭爲援。木訥曰：九年次五氏，今又次垂葭，晉實大國，齊不敢犯，而必爲是，次何益哉？

夏，築蛇淵囿

許氏曰：圍成弗克，歸而力此，何振之有？趙氏曰：成公築鹿囿，昭公築郎囿，定公築蛇淵囿，一國而爲囿者三，且築而虞之，芻蕘雉兔者何爲哉！

大蒐于比蒲 比音毗。

三家分軍，蒐閱軍實以自固，詳見昭公八年。

衛公孟彄帥師伐曹

《集註》曰：衛比伐曹，以其不叛晉故也。靈公志在軍旅，不知以禮爲國，故亟戰如此。詳見十二年。

秋，晉趙鞅入于晉陽以叛

《左氏》載趙鞅以求貢不獲，殺鄲邯午。午，荀寅之甥，寅，范吉射之姻也。故二氏伐趙氏，而鞅奔晉陽。木訥曰：晉至定公，六卿益横，勢醜力齊，互相併吞。趙鞅與荀氏、士氏交惡而相攻，懼不敵，入私邑，據甲以抗之。據邑取甲，是乃爲叛。聖人書叛，傳者乃以爲非叛，吾所不曉。

冬，晉荀寅、士吉射入于朝歌以叛

高氏《集註》曰：二子因攻趙氏，幾亂公室。鞅既奔晉陽，荀躒言於晉侯，請皆逐之，二子反以兵攻公，不勝，遂入朝歌以叛。

晉趙鞅歸于晉

荀、士者，鞅之仇也。二子既叛鞅，遂以歸。木訥謂鞅之歸非善也，機也。按韓、魏爲請而鞅歸，三晉兆矣。

薛弑其君比

薛襄之後比立，不二年見弑，必有得罪於國者。

十有四年春，衛公叔戍來奔，衛趙陽出奔宋

《傳》載公叔戍以富見惡於靈公，戍又將去夫人之黨。夫人誣其將爲亂，故衛侯逐戍與其黨，戍奔魯而趙陽奔宋。

二月辛巳，楚公子結、陳公孫佗人帥師滅頓，以頓子牂歸

頓世役於楚。定四年，晉乘楚亂合諸侯，頓亦背楚而從之，故今楚滅頓。

夏，北宫結來奔【五】

公叔戍之黨也。木訥謂于時諸大夫紛擾，三五而奔，三五而叛。宋華亥、向寧、華定奔陳，復相率而叛。邾庶其畀我及黑肱相踵來奔，或竊邑以來。欒大心一出，四子從之，其叛也五子爲旅。趙鞅一叛而三大夫角立，其歸也二子出叛。今衛之亂，叔戍、趙陽，歧

【五】北宫結來奔　「結」原作「缟」，據《春秋》改。

途而奔，繼而北宫結奔魯，公孟彄奔鄭，是豈一一得罪於君？相抗不勝，魚貫而出，又風俗之一變也。

五月，於越敗吴於檇李。吴子光卒

檇李，吴地。吴伐越，爲越所敗。《傳》載吴王闔閭傷將指而卒，其子夫差使人立於庭，出入必謂己曰「而忘越王之殺而父乎？」哀公元年，吴遂入越，棲越於會稽。

公會齊侯、衛侯于牽，公至自會。秋，齊侯、宋公會于洮

張氏曰：齊景公欲求霸，合謀以救晉之叛臣范中行氏。趙氏曰：欲伐晉則不敢，欲因荀、士以攻晉，則畏諸侯之譏，首鼠不前，徒會而返。許氏曰：齊、宋、魯、衛崇獎亂逆，大義亡矣。

天王使石尚來歸脤 市軫反。

《公羊》曰熟曰膰，生曰脤。劉氏曰膰脤以親兄弟之國，受脤，禮也。歸脤，非禮也。蓋魯不助祭，而天王反遠使人歸脤，王室益微矣。

衛世子蒯聵出奔宋

蒯聵，靈公之子也。以靈公之妻南子辱國，欲使戲陽速殺之，不果而奔。此《左氏》所載也。劉氏《權衡》謂夫人惡其斥己之淫，則啼而走，言太子將殺余耳。宋者，南子之家也。使真有其事，蒯聵何敢奔宋。常山劉氏曰：靈公聽南子之譖，致其出奔。張氏洽曰：自古讒婦之誣其子多矣。考二劉之言，知《左氏》所記乃南子之讒言，非當時之實録也。木訥曰：不幸而爲蒯聵，亦難矣。其奔也，雖違父之命，而不遺父之惡。

衛公孟彄出奔鄭

蒯聵奔宋，衛盡逐其黨，故公孟彄亦奔。

宋公之弟辰自蕭來奔

辰及四子皆入蕭以叛，亂謀不遂，是以來奔。

大蒐于比蒲，邾子來會公

凡魯之蒐，皆三家自數軍實。郈、費既墮，今蒐而邾來會，知公在行也。

城莒父及霄

《集註》曰公叛晉而反助范中行氏，故懼而城此二邑。木訥曰：一時而城二邑，勞民甚矣。不書冬，缺文。

十有五年春王正月，邾子來朝

此邾隱公即去冬會公于比蒲者，或謂欲來朝正，故先會。或云以會爲未盡敬，故來朝。然此皆不可知。

鼷鼠食郊牛，牛死，改卜牛

高氏《集註》曰：魯不當郊，郊牛死傷，廢牛可也，而改卜牛，是違天也。戴岷隱曰：

魯之僭郊自僖公始。其説蓋可信，僖公之前，《春秋》未嘗書郊，此其證也。觀季孫行父請命于周而史克作頌，則知請郊于天子亦如其作頌也。然而魯之先公猶畏天災，故因災而不郊者，間有之，若定之終、哀之始，連年鼷鼠食郊牛，宜可以不郊矣，而卒不免郊。蓋玩習既久，雖天災亦不知所畏矣。張氏曰：唐趙伯循言：上元二年因避地，旅於會稽，時牛災，小鼠噬牛，纔傷皮膚輒死。

二月辛丑，楚子滅胡，以胡子豹歸

《左氏》載楚之入吴，胡子盡俘楚之近胡者。楚既定，豹又不事楚，曰「存亡有命」，故楚滅胡。高氏《集註》曰：昭二十四年胡爲楚伐吴，吴敗其師，殺胡子髡，於是豹立而背楚，楚之入郢也，胡又俘楚邑。楚人以是滅之，而以其君歸。先師亦嘗謂以小事大，謂之畏天。胡以小犯大，而反諉存亡於命，是紂謂「我生不有命在天」也，紂且不免，況胡乎。

夏五月辛亥，郊

木訥曰：五月非郊之時，以改卜牛也。帝牛在滌三月，至是養牲始成，故五月而郊。

壬申，公薨于高寢

高寢，宫名，非正寢也。路寢則正寢也。木訥曰：定公承昭公之後，政在季氏，粗能攬國柄，親盟、親會、親兵，魯民粗知有君，賢於昭公遠矣。一用孔子相夾谷之會，齊人沮屈來歸侵疆。惜乎用之不久，抑亦天未欲平治天下乎？孔子既行，三家復張，蓋權移於下，已奕四世，定公安能一旦而取之？然比襄、昭之世已十得三四，不爲無益於魯也。

鄭罕達帥師伐宋。齊侯、衛侯次于渠蒢 直居反。

《左氏》曰：鄭罕達敗宋師于老丘。齊、衛次渠蒢，謀救宋也。許氏曰：宋大國也，資王霸之遺業，至於景公而鄭能困之，則桓魋之爲也。齊、衛救之而次渠蒢，不誠於救也。木訥曰：宋、鄭未嘗有隙，今鄭伐宋，《左氏》以爲宋之公子地在鄭，故鄭爲公子地伐之也。然地果叛宋而奔鄭，宋不伐鄭幸矣，鄭反醜正黨惡而伐宋乎？終春秋之世，宋、鄭交兵自罕達之師始也。齊、衛欲救之而不前，蓋齊景初求諸侯，鄭先附之，既而得衛、得魯，皆鄭媒之，最後宋亦附齊，前年洮之盟是也。今鄭伐宋，欲救宋則失久好之鄭，欲勿救則失新附之宋，故觀望二國之間，待其勝負而隨爲之媚。此齊侯之姦謀也。不然渠蒢之次，勿救不伐，欲何爲哉？聖人惡其佞也，故書次不書救，不予其無實而求名也。

邾子來奔喪

木訥曰：諸侯奔天子之喪，子奔父之喪，邾奔魯喪，過矣。然邾自昭公之世爲魯所虐，定公爲拔之盟，終其世不犯邾，邾人德之，故來會來朝、又來奔喪。禮雖過，而情則真也。大之比小，春秋鮮能，定公行之，而邾子奔喪，滕侯會葬，推此以達之天下，文王之事也。說者皆責邾子之非，吾於此見定公之仁也。

秋七月壬申，姒氏卒

木訥曰：定公之妾哀公之母也。母以子貴，哀未踰年，未成君，故母不稱夫人、不以小君禮治之，故葬不稱小君。

八月庚辰朔，日有食之

記災。

九月，滕子來會葬

使大夫會葬，禮也。諸侯親會之，非禮也。是以事天子之禮事鄰國也。

丁巳，葬我君定公，雨，不克葬。戊午，日下昃，乃克葬

高氏《集註》曰：葬不爲雨止，而不克葬者，無備也。宣八年雨，不克葬，日中葬。今日下昃，乃葬，則僅葬而失虞之時也，禮以葬日虞。

辛巳，葬定姒

子未成君，母不稱小君。

冬，城漆

漆，蓋邾邑，庶其以來奔者也。今城之，疑其貳於邾也。

定公當昭公失國之後，親征伐、親會盟，用孔子以相夾谷，用子路以墮三都，三桓爲之稍戢。公薨而哀公立，三桓復横。然則定公其十二公之自立者歟。

哀公

名蔣，定公子，母定姒。謚法：恭仁短折曰哀。

元年春王正月，公即位

繼正，行即位禮。

楚子、陳侯、隨侯、許男圍蔡

柏舉之役，蔡以吳師伐楚入郢，今楚圍蔡，報之也。隨自楚武王見伐之後，不復見者一百四十餘年，柏舉之敗，楚王逃隨，而隨芘之，故楚今復列之諸侯。定六年，許已爲鄭所滅，此復見者，亦楚封之也。

鼷鼠食郊牛，改卜牛。夏四月辛巳，郊

神不歆其僭，而魯强用之也。

秋，齊侯、衛侯伐晉

齊景晚年挾衛，欲抑晉以代興，次五氏、次垂葭，會于牽，又次于渠蒢，皆不敢伐晉。今助晉之叛臣范氏而伐之，圖回數年而行之，又不以正，可羞也。許氏曰：晉受衆伐，霸統亡矣。春秋之變，至是而窮。

冬，仲孫何忌帥師伐邾

木訥曰：定公之世，撫邾甚厚，邾亦事魯甚勤。邾、魯之好，實出定公，諸大夫不欲也。故公未瞑目而城漆。哀公即位，席未温而何忌伐邾，明年三大夫並出而取其田，以邾近於魯，利其土地也。

二年春王二月，季孫斯、叔孫州仇、仲孫何忌帥師伐邾，取漷東田及沂西田。癸巳，叔孫州仇、仲孫何忌及邾子盟于句繹 上，古侯反，下音亦。

斯，季桓子也。州仇，叔孫武叔也。何忌，孟懿子也。木訥曰：哀公懦庸，三家復張，季孫將上軍，叔仲佐之，取邾、漷、沂之田，田既入魯，疑邾告於大國以加討，故復要以盟之。三卿將兵而盟，止二卿者，季氏强，不屑與邾盟，惟叔仲與盟也。

夏四月丙子，衛侯元卒

衛靈公立四十二年卒。

滕子來朝

公新立故也。

晉趙鞅帥師納衛世子蒯聵于戚

衛世子蒯聵，以南子之譖出奔宋。靈公卒，南子欲立公子郢，郢辭，立蒯聵之子輒。趙鞅納蒯聵于戚，而不得入衛者，輒以子拒父也。孔子必欲正名者此也。

秋八月甲戌，晉趙鞅帥師及鄭罕達帥師戰于鐵。鄭師敗績

鄭既叛晉從齊，故轉粟以餉范氏，以抗晉。晉趙鞅者，范之仇也，遇鄭于鐵，敗之，獲齊粟千車。書「鄭師敗績」者，晉本世伯，藉文、襄、悼公之遺烈，喜其勝也。

冬十月，葬衛靈公

七月而葬，父子爭國，故緩。

十有一月，蔡遷于州來，蔡殺其大夫公子駟

元年蔡以楚之圍請遷于吴，中悔，吴因聘，將襲之，蔡故殺公子駟以説。言不時遷者，駟之爲也。許氏曰：蔡自殺駟，上下危疑，遂以禍敗。

三年春，齊國夏、衛石曼姑帥師圍戚

衛輒以子拒父而又圍其邑，大逆也。此衛事也，而先齊人，罪齊人之主之也。木訥曰：晉爲盟主而納蒯聵，齊爲盟主反助子輒以圍戚，逆順判矣。

夏四月甲午，地震

記災。

五月辛卯，桓宫、僖宫災

木訥曰：自桓至定十世，自僖至定七世，諸侯二昭二穆與太祖凡五廟，則桓、僖當祧久矣，久而不祧，三家之意也。季、仲、叔皆桓公之子而季友實相僖公。叔仲之後皆僖公立之，故三家尊桓而德僖，宜毁而不毁，而天譴以災，非譴桓、僖也，譴三家也。

季孫斯、叔孫州仇帥師城啓陽

高氏《集註》曰：魯懼晉，故城啓陽，自是連年四城。木訥曰：晉越齊、衛而後至魯，魯何虞而備晉？蓋地在今沂州，地近邾，元年伐邾取邾田，疑邾之伐我，故帥師城邑以脅之。此備邾也，非備晉也。

宋樂髡帥師伐曹

曹介於宋、衛之間，前年衛兩伐曹而不能克。宋虞其卒併之也，故亦伐曹。其後宋再伐而圍之，卒入其國，執其君。

秋七月丙子，季孫斯卒

季桓子也。庶子肥嗣，是爲康子。

蔡人放其大夫公孫獵于吴

以其爲公子駟之黨而放之也。木訥曰：蔡能保其止於吴乎？保吴之爲蔡拘獵乎？不保也。

冬十月癸卯，秦伯卒

秦惠公立九年卒，國無諸侯之事。

叔孫州仇、仲孫何忌帥師圍邾

前年伐其國，奪其地，盟其君，今又圍之，虐邾甚矣。

四年春王二月庚戌，盜殺蔡侯申，蔡公孫辰出奔吴

《左氏》載蔡昭侯將如吴，諸大夫恐其又遷也。公孫翩逐而射之。文之鍇後至，射翩殺之。逐公孫辰而殺公孫姓、公孫盱。或疑蔡殺公子駟，放公孫獵，翩必駟、獵之黨也。殺駟放獵，諸大夫又恐其再遷，則左右前後皆盜也。木訥曰：宣十七年書蔡侯申卒，葬蔡文公。至是方五世，不宜與五世祖同名，恐傳者誤也。

葬秦惠公

五月而葬。

宋人執小邾子

宋景公乘齊、晉之衰，陰有求諸侯之志，故伐曹執邾。

夏，蔡殺其大夫公孫姓、公孫霍

公孫辰之黨也。

晉人執戎蠻子赤歸于楚

岷隱曰：中國之不競，未有如是甚者也。執夷狄之君而歸之楚，是京師楚也。是晉爲楚役也，是率中國而聽命於夷狄也。

城西郛

註：備晉也。木訥曰：備邾也。義見三年。

六月辛丑，亳社災

范氏註：亳，即殷也。殷都于亳，武王克殷，班其社於諸侯，以爲亡國之戒。記曰：喪國之社，屋之不受天陽，然則惟其屋，所以有災也。孫覺曰：諸侯建國，皆立兩社，其一國社，其一亡國之社。故《左氏》曰：間于兩社，爲周室輔。

秋八月甲寅，滕子結卒

滕頃公立二十三年卒。

冬十有二月，葬蔡昭公，葬滕頃公

蔡亂故葬緩，滕五月葬。

五年春，城毗

註曰：備晉也。木訥曰：備邾也。義見前，蓋晉未嘗伐魯。

夏，齊侯伐宋

先師嘗言宋景伐曹，執小邾，欲圖伯也。齊景伐宋，欲抑宋而代晉爲伯也。然齊景耄矣，安圖何能爲？

晉趙鞅帥師伐衛

《集註》曰：衛不受蒯聵，且助范中行氏故也。

秋九月癸酉，齊侯杵臼卒

齊景公立五十八年，晚年因晉、楚之衰，勞於圖伯。然助范中行氏，則以臣而制君。偕衛圍戚，則以子而制父，悖理甚矣。世子蚤死，及疾屬陳乞立其少子荼，致群公子皆出奔，家亦不理矣。此景公問政於孔子，孔子對以君君、臣臣、父父、子子歟。木訥曰：齊景之世，崔氏、田氏、高氏、國氏皆横，而田氏尤專。景公之爲景公，特魯昭爾。景公得一晏子而任之，故能忍。昭公有一子家子而不能用，故以忿而失國。張氏曰：景公身死國亂，未十年陳氏移其社稷。

冬，叔還如齊。閏月，葬齊景公

叔還會葬也。自九月併理閏月，爲五月而葬。木訥曰：喪以年計者，言朞不言閏；以月計者，閏亦月也。

六年春，城邾瑕

邾瑕者，邾之瑕邑而魯城之也。木訥曰：魯城邾邑，奪其險以要其服，如城鄭虎牢之類也。今城邾瑕，而冬伐邾，明年又伐邾，以邾子來。邾失其險，無以抗魯也。

晉趙鞅帥師伐鮮虞

高氏《集註》曰：鮮虞納荀寅于柏人，故趙鞅伐之，治范中行之亂也。木訥曰：晉之伐鮮虞者五，未見鮮虞之病晉也。鮮虞逼於晉，晉利其土地耳，然五伐而卒不得，則鮮虞亦非弱國也。

吴伐陳

《左氏》載吴之入楚也，嘗召陳，陳以逢滑之言不從。及夫差克越，嘗修舊怨而侵之，今又伐之，以其在楚也，故楚救之于城父。趙氏曰：吴固仇楚，未嘗伐中國。雞父之敗，敗楚也。今伐陳，與楚爭陳也。

夏，齊國夏及高張來奔

蘇氏曰：齊景無適子，使國夏及高張立荼，公卒，陳乞將立陽生，乃與諸大夫謀，先逐國、高。許氏曰：必奔國、高，而後陳乞弑君之謀得肆。高氏《集註》曰：國、高從先君之亂命，廢長立幼，既又不能全其嗣君。張氏亦曰：力不足衛，委君而出奔。

叔還會吴于柤

趙氏曰：吴既伐陳，魯懼兵之及我也，故往會之。按叔還聘吴，吴伐陳，還至柤。叔還遂致命于柤也。許氏曰：以魯政之不修而與吴親，君子知魯之將有吴患矣。

秋七月庚寅，楚子軫卒

楚昭王立二十七年卒，其初委政囊瓦，寵費無極，使賢人誅戮，諸侯怨畔，入郢之禍，宫汙冢發。賴申包胥之忠，鬬辛、由于之力，迄得返國，社稷再安。及其死也，不移疾股肱，不越望祭河，且兄弟多賢，不以國爲利，命公子申爲王，不可，則命公子結，亦不可，則命公子啓，五辭而後許。蓋其初子西先讓國於昭王，故今昭王復讓國於三弟，然公子啓亦終不取，與申結立昭之子，是爲惠王，亦盛事也。

齊陽生入于齊。齊陳乞弒其君荼

陽生雖長而荼少，然荼已受景公之命爲君矣。陳乞乃召陽生立之而弒荼。伊川謂此景公廢長立少，以啓亂也。陳乞即陳僖子，陽生則齊悼公也。

冬，仲孫何忌帥師伐邾

元年伐邾，三年圍邾，今又伐邾，三家同利邾而何忌爲甚。蓋何忌雖受其父僖子之命，學禮於孔子，彼其所志在威儀進退，所謂此儀也，非禮也，初志已非，雖親聖人而無益。

宋向巢帥師伐曹

三年宋先以樂髡伐之，未服，故今又伐之。曹在宋、衛之間，衛先伐曹，宋乘齊、晉之衰，又妄意霸圖，恐曹爲衛所得，故再伐曹以逞，後竟入其國。

七年春，宋皇瑗帥師侵鄭瑗，于眷反。

鄭罕達侵宋七年矣。齊次蕖蒢，不伐不救。宋知齊之不我救，爲厚於鄭也，故不敢報。今齊景既没，宋妄意霸圖，故既伐曹而又侵鄭，報罕達之師，且求諸侯也。

晉魏曼多帥師侵衛

晉納蒯聵于戚，衛輒以子而拒之，今六年矣。晉不能正其名納之，而徒以兵侵，非伯略也。

夏，公會吳于鄫

《傳》載公會吳，吳徵百牢予之。蓋邾，吳之與也，魯將伐邾而會之，然自是吳伐我矣。

秋，公伐邾。八月己酉，入邾，以邾子益來

《傳》載入邾，晝夜掠，以邾子獻于亳社，囚諸負瑕。邾茅夷鴻請救於吳，吳伐我，齊亦取讙及闡。木訥曰：失讙失闡，岌岌乎懼齊兵之臨其城也，而亟歸之，則不若初不滅邾之無是辱也。

宋人圍曹。冬，鄭駟弘帥師救曹

木訥曰：宋伐曹者再，今復圍之，利其土地也。鄭於曹無隻介之好，今遽救之，報宋侵鄭之役也。然則宋固爲利，鄭亦非爲義也。

八年春王正月，宋公入曹，以曹伯陽歸

《左氏》曰曹伯陽好田弋，曹鄙人公孫彊獻白鴈，言田弋之説，説之言政，大説之，使爲司城。言霸説，從之。乃背晉而奸宋，宋伐之，晉不救，宋將還。曹人詬之，反滅曹。蘇氏曰：此滅曹也，其不書滅，言自滅也。猶虞之滅，言晉人執虞公而不言滅也。止齋曰：檜亡，東周之始也，曹亡，春秋之終也。夫子删《詩》也，係《曹》、《檜》於《國風》之後，於《檜》之卒篇曰「思周道也，傷天下之無王也」。於《曹》之卒篇曰「思治也，傷天下之無伯也」。

吴伐我

《左氏》曰吴爲邾故伐我。景伯造萊門，吴人盟而還。孫氏曰：直曰「我」者，兵加於都城也。胡氏曰：盟于城下也。使有華元、國佐之臣，則不至此矣。

夏，齊人取讙及闡

齊之取讙、闡及歸讙、闡。《左氏》皆以爲季姬適齊悼公之故。《公》、《穀》以爲因伐邾之故。諸儒多從《公》、《穀》。胡氏曰：邾子益，齊出也。魯以邾子益來，則齊人取讙及闡，及歸邾子益于邾，則齊人歸讙及闡。葉石林嘗辨《左氏》説非人情，而《公》、《穀》爲近實。

歸邾子益于邾

魯取邾，吴既伐之，齊又取其二邑。魯得不償失，故復歸邾子于邾。

秋七月。冬十有二月癸亥，杞伯過卒

杞僖公立十九年卒。

齊人歸讙及闡

齊爲邾故而取魯邑，魯既歸邾子，齊亦歸其邑。

九年春王二月，葬杞僖公

三月而葬，速。

宋皇瑗帥師取鄭師于雍丘 雍，於勇反。

《傳》載鄭罕達嬖許瑕，欲外取邑以與之，圍宋雍丘。宋皇瑗圍鄭師，每日遷舍壘合，鄭師哭。鄭罕達救之，又大敗，故宋取鄭師。趙子曰：凡悉俘之曰取。劉氏曰：覆而敗之，不遺一人之辭也。岷隱曰：隱公時三國之師伐戴，鄭莊伐取之，《左氏》以爲取三師。《公》、《穀》以爲取戴，由《春秋》書法觀之，取戴爲是。入春秋以來書「取師」者，獨於哀公兩見之。蓋春秋用師，微有節制，故不至大敗，及其末年用師無法，彼此得以襲取，愈變愈下矣。

夏，楚人伐陳

《左氏》曰：陳即吴故也。蓋時吴與楚爭陳，頃吴伐陳，楚嘗救之。楚子卒，陳無所依而即吴，楚又伐之也。

秋，宋公伐鄭

鄭圍宋雍丘，宋已取其師，今又伐之，甚矣。

冬十月

書首月，備四時也。

十年春王二月，邾子益來奔

《傳》載邾子益無道，吴人討而囚之，使大夫奉太子革爲政，益遂來奔。益，齊甥也，故遂奔齊。

公會吴伐齊

高氏《集注》曰：吴欲求霸，怒齊不服，故伐之。公會夷狄伐親鄰之國，是助吴爲虐而致齊之亂也。先師王宗諭嘗言：魯爲吴伐，盟于城下，今又會吴伐齊，是不能令而受命也。僖與宣嘗用楚伐齊，今哀又會吴伐齊，用楚伐齊，猶借之以釋憾。今會吴伐齊，直爲吴之役而已。助夷賊夏，魯周公伯禽之風於是掃地。

三月戊戌，齊侯陽生卒

齊悼公立四年卒，子壬立，是爲簡公。悼公之卒，《左傳》以爲齊人弑之。孫覺、葉石林、趙木訥皆不信其説。蓋既謂吴伐齊，齊人弑悼公以説于吴，則吴子安得三日哭？無此理也。凡《經》、《傳》不同者，但當信《經》。

夏，宋人伐鄭

宋取鄭師，又再伐鄭，不義愈甚。

晉趙鞅帥師侵齊

趙鞅以齊嘗黨范中行氏，故侵之，然伐喪，甚矣。

五月，公至自伐齊

會吴伐齊而歸也。

葬齊悼公

不及五月而葬,國有兵寇而簡也。

衛公孟彄自齊歸于衛

公孟彄以蒯聵之黨見逐。晉納蒯聵于戚,十年未得歸衛。而公孟彄反先自齊歸衛,木訥疑其叛黨事仇。先師嘗言彄歸,則蒯聵歸之漸也。

薛伯夷卒。秋,葬薛惠公

薛惠公立十二年卒。

冬,楚公子結帥師伐陳,吴救陳

陳,間於吴、楚。爭陳,故楚再伐陳而吴救之。《傳》載吴之救陳者,季札也。札謂楚子期曰「民何罪?我請退,以爲子名」,乃還。杜氏註:札者,壽夢少子。壽夢以襄十二年卒,已七十七年,札此時能讓國,至今當九十餘矣。劉敞曰推驗其年,札僅百歲。以彼清高,寧肯將亂國之兵耶?似異時事,《傳》附着爲説耳。

十有一年春,齊國書帥師伐我

齊報去年春魯伐齊之役也。《傳》載冉有用矛,故能入齊師,及孟之反奔而殿,皆在焉。

鼎也。

夏，陳轅頗出奔鄭　頗，破可反。

《傳》載轅頗賦封田以嫁公女，有餘以爲己大器，國人逐之，故出。註：大器，鍾鼎也。

五月，公會吴伐齊。甲戌，齊國書帥師及吴戰于艾陵。齊師敗績，獲齊國書

《傳》載國書師敗身亡，及公孫夏、閭丘明、陳書、東郭書皆亡。子胥諫吴王，得齊猶石田。而越之乘吴亦基於此。木訥曰：魯再會吴伐齊，招夷以戕中國，爲惡大矣。然公與會而不與戰，吴强魯弱也。

秋七月辛酉，滕子虞母卒。冬十有一月，葬滕隱公

滕隱公立六年卒。

衛世叔齊出奔宋

世叔齊，《傳》謂之太叔疾，云疾娶而嬖其娣。孔文子使疾出其妻而妻之，疾又誘其初妻之娣，寘於犂，如二妻。文子怒，遂奪其妻，將攻之，訪於仲尼。仲尼退而行，曰「鳥則擇木，木豈能擇鳥」。然則文子攻太叔，使出奔，已甚也。初使出其妻而妻之，既又奪之，曲皆在文子也。高氏《集註》曰：時政在大夫，各欲自專，故相攻相逐。

十有二年春，用田賦

《左氏》載季孫欲以田賦，使冉有訪諸仲尼，三發不對，而私於冉有曰：「君子之行也，度於禮；施取其厚，事舉其中，斂從其薄。如是，則以丘亦足矣。若不度於禮而貪冒無厭，則雖以田賦，將又不足，且子季孫若欲行而法，則周公之典在；若欲苟而行，又何訪焉？」弗聽。葉石林曰：賦不以田，用田而賦，舉丘之賦而加之田，非正也。陳止齋曰：以丘賦一乘爲未足，又以田賦之也，故曰「斂從其薄，以丘亦足矣」。田賦之者，家一人也。家一人，《管子》内政之法也。諸侯之益兵自齊始，晉次之。事在僖十五年。襄陵許氏曰：先王之法：九夫爲井，四井爲邑，井邑未有賦也。四邑爲丘，丘十六井，乃有牛馬之賦。今以丘賦爲不足，於是更用田賦，籍井而取之，不待及丘，此非禮也。蓋古者田有税，丘有賦，税以足食，賦以足兵。

愚按《經》書田賦，而《三傳》不言其詳。諸家之説甚多，惟前三説與《左氏》所載仲尼稱以丘亦足，以田將又不足之説合，故録之。

泰山孫氏謂賦者斂其財。木訥趙氏謂賦以斂泉貨，當馬牛車甲之入。東萊吕氏謂哀公之用田賦，又改法而重賦，甚於税畝、丘甲之爲。凡此三説亦可與前三説參考。何休註謂田謂一井之田。賦者，斂取其財物，若今漢家斂民錢以田爲率。不言井者，城郭里巷亦有井，嫌悉賦之。禮税民，公田不過什一，軍賦十井不過一乘，哀公外慕强吴，空盡國儲，故復用田賦過什一。

愚按此三説可與前三説參考。蓋賦本車甲，而《左氏》載仲尼之言云「若貪冒無厭」，是于財貨而言，不于車甲而言。或者一井不能自備車甲馬牛之類，而計田以率其泉貨歟？

西疇崔氏曰：賦與税異，税以田爲差，賦以人爲等，《鄉大夫》謂國中自七尺以及七十，野自六尺以及六十有五皆征之。鄭康成亦謂賦者，口率出泉，若漢之筭民泉，是以人爲差也。哀公用田賦，以見古之不以田爲賦，而今以田爲賦也。此説與前大略亦通，併録之以俟來者考焉。東萊吕氏曰：自宣公初税畝，井田之法由此而壞，故言初。至成公作丘甲、丘甸之賦，益以改作，而民病甚矣。至哀公用田賦，又改法而重賦，重於税畝、丘甲之爲也。此又通言魯加賦之始末。

夏五月甲辰，孟子卒

子者，宋之姓。昭公娶於吴，同姬姓。故諱而謂之子。崔氏曰：不稱夫人而曰孟子者，當時之辭也。《春秋》從而書之，以見其實焉。

公會吴于橐皋。秋，公會衛侯、宋皇瑗于鄖　橐，章夜反。

高氏《集註》曰會于橐皋，尋鄫之會也。會于鄖，亦爲吴故也。木訥趙氏曰：吴夫差躬敗齊師于艾陵，魯故也。魯以爲惠，故會吴于橐皋，修鄫之好也。鄖在今泰州，吴地。公既睦於吴，而吴將圖伯，故爲之會宋、衛于鄖，合宋、衛以從吴也。齊固晉之仇，今魯、宋、衛亦折而從吴，晉其殆哉。故明年爲黄池之會，晉好於吴，非爭霸也，紓吴患也。然晉之屈，吴之雄，諸侯東嚮事吴者皆魯爲之也。四書「公會吴」，繼書「公會宋、衛」，明年公會晉侯及吴子于黄池，則魯之罪著矣。

宋向巢帥師伐鄭

《傳》載宋、鄭之間有隙地曰嵒、戈、錫。子産與宋人爲成，曰「勿有是」。及宋平、元之族自蕭奔鄭，鄭爲之城嵒、戈、錫以處之。九月，宋向巢伐鄭，取錫，殺元公之孫，遂圍嵒。十二月，鄭罕達救嵒，圍宋師。木訥曰：宋、鄭之怨，於是十有三歲矣。雖其兵端啟於鄭罕達，然六年之間，宋四伐鄭，明年鄭罕達遂取宋師于嵒。逞兵不戢，亦可戒哉！

冬十有二月，螽

木訥曰：《春秋》書螽十有八，皆在夏秋之交，獨哀公之世書螽者二，皆在閉蟄之後。禮仲秋行夏令，則蟄蟲不藏；孟冬行夏令，則方冬不寒。蟄蟲復出，此常燠之證也，燠而螽生，災異兩興也。

十有三年春，鄭罕達帥師取宋師于嵒

《傳》載宋桓魋救其師，罕達狗曰「得魋者賞」，魋逃歸。遂取宋師于嵒。泰山孫氏曰：報雍丘之師也。二國覆師以相償報，其惡如此。石林葉氏曰：鄭取宋師，獲其二大夫，以六邑爲虚。則宋之免者無幾矣。

夏，許男成卒

許元公立二十二年卒。

公會晉侯及吴子于黄池

黄池之會，《左氏》曰先晉，《國語》曰先吴，《公羊》曰吴主會，先言晉侯，不與夷狄之主中國也。胡康侯、吕東萊皆曰：言「及」者，會兩霸之辭也。陳止齋曰：書「公會晉侯及吴子」，雖兩霸之辭，不書吴、晉之盟，終不以吴、晉同主盟也。愚按：晉自定四年召陵之會，合十七國不能救蔡，不見《經》者已二十四年。吴自是年冬救蔡入楚，既而救陳伐齊，得志中國，亦已二十四年。是時晉弱吴强，固也。然吴方在會，而於越入吴之報倏至。吴子倉荒刎其報者七人，則内惕而不復固爭其先。晉人恐誠有如《左氏》之言，《春秋》所書之次第，乃其實也。不必求之《春秋》之外也。木訥趙氏曰：晉侯嫚然在會，諸侯無一介從之，而吴亦纔得魯而已，何以霸爲？晉之所以會吴者，非以爲霸也，忌吴之强也。吴之所以會晉者，亦非爲霸也，交中國也。黄池之會，固中國之辱，然會以交華夷之歡，弭兵革之苦，是亦無患焉。故内外皆以爵書，無貶辭也。愚按：趙氏之説是也。《春秋》不列敘諸侯，不書盟，此特晉、吴二大國結好，而魯預焉耳，非霸也【六】。黄池，晉地，《地譜》東京開封縣有黄池。

楚公子申帥師伐陳

楚嘗以子期伐陳，而吴救之，故陳與楚絶，而楚畏吴强，無如之何。今乘吴之出會，又

【六】「著矣」至「而魯預焉耳非霸」　此段文字原脱，據文淵閣本補。

使子西伐焉。

於越入吳

吳出會黃池，越乘其國之無備而入之也。是年冬，雖及越平，二十年圍吳【七】，二十二年滅吳矣。吳自棲越於會稽，越日夜思報。子胥勸吳伐越，弗聽而反殺之，故及也。胡康侯曰：吳嘗破越，遂有輕楚之心；及既破楚，又有驕齊之志。既勝齊師，復與晉人爭長，自謂莫之敵也，而越已入其國都矣。吳侵中國而越滅之，越又不監而楚滅之，楚又不監而秦滅之，秦又不監而漢滅之。曾子曰：戒之戒之，出乎爾者反乎爾。《老子》曰「佳兵，不祥之器。」其事好還，豈欺也哉。

秋，公至自會

至自黃池之會也。

晉魏曼多帥師侵衛

高氏《集註》曰：蒯聵在戚十二年矣，晉不能致討以納，乃以范中行故而數侵之。襄陵許氏曰：師雖數出，能侵而已，益玩而頓矣。此王霸道盡之時。

葬許元公

卒於夏，葬於秋，不書月日，略也，或史缺也。

九月，螽

【七】二十年圍吳　「吳」原作「兵」，據明本、文津閣本改。

書，災。

冬十有一月，有星孛於東方

泰山孫氏曰：光芒四出曰孛。不言所在之次者，見于旦也。文十四年有星孛入于北斗，昭十七年有星孛入于大辰，此不言所在之次者，見于旦可知也。

盜殺陳夏區夫 區，烏侯反。

高氏《集註》曰：夏區夫者，徵舒之後也，凡書盜者，以人皆可得而執之也。盜殺蔡侯申，盜殺陳區夫，當春秋之季世變之甚，至於盜興而專殺國君、卿大夫，則亂已極矣。區夫，《公羊》作彄夫。

十有二月，螽

高氏《集註》曰：去歲十有二月螽，今年九月螽，十二月又螽，爲災甚矣。愚按：《左氏傳》凡十二月螽皆以爲司曆之過，若以此月，爲蟲，猶未蟄，則以秋爲冬，差一時也。民時亂而農功失矣。司曆之過一至此乎？天下寧有此理哉？況螽乃災異，非候蟲之常，以時而蟄者也。螽即蝗也。蝗蝻在地，冬雪乃深入。今冬燠而有螽將蔓延，爲來歲之災，尤災之甚者也。

十有四年春，西狩獲麟

《左氏》載西狩于大野，叔孫氏之車子鉏商獲麟，以爲不祥，以賜虞人。仲尼觀之，曰麟也。然後取之。杜氏注：大野在魯西，故曰西狩。麟者，仁獸，聖王之嘉瑞。時無明王，出而遇獲，仲尼傷周道之不興，感嘉瑞之無應，故因魯《春秋》而修中興之教，絶筆於獲麟之一句，所感而作，固所以爲終也。張氏曰麒麟之於走獸，猶聖人之於人，出類拔萃，爲人物之法則者也。故聖人之生，必以四靈爲畜，包犧畫卦而龍馬出，大舜作樂而鳳凰儀。周公告召公曰：耇造德不降，我則鳴鳥不聞。孔子曰「鳳鳥不至，河不出圖，吾已矣夫。」然則夫子生于周末，而麟出於大野，以仁聖之君子，天錫仁獸之應，乃理之當然，無足疑者。韓愈氏曰：麟爲聖人出也。聖人必知麟，是以西狩之獲，必夫子觀之而知爲麟也。然氣數之不偶，固異於堯、舜之盛，而王霸之道方窮，亦非文王麟趾之時，是以麟雖爲夫子出，然獲於鉏商，而謂爲不祥，以賜虞人，然後取之。其與明王不興，而天下不能宗夫子，何以異哉？鄭夾漈曰：麟，獸之異者，麕身、犍尾、狼題、馬蹄、五彩黄腹、一角、肉腮。《春秋》何以終獲麟？適終也。仲尼以哀公十一年自衛反魯，而後述成舊章，猶有《詩》、《書》、《禮》、《樂》之事，《春秋》其後及者也。於是魯史之記適至獲麟爾。仲尼取而述之，踰一年而卒，故於獲麟之後不及他事焉。

右哀公十有四年《經》終，十六年仲尼卒，二十有七年哀公薨。杜氏注《春秋》止於獲麟，故小邾射以句繹來奔，不在三叛人之數。自此以下至十六年，皆魯《史記》之文。弟子欲存孔子卒，故併録以續孔子所修之《經》。蘇氏曰：自隱以來，諸侯始專，而五霸之形成。獲麟之歲，田常弑簡公專齊，後二十八年韓、趙、魏滅智伯分晉，而戰國之形成。左氏傳《春秋》止於智伯之亡。東萊吕氏云：《左傳》終此，温公《通鑑》始此。《通鑑》繼《左氏傳》而作也。

程子曰：《春秋》因魯國之史，而天地四時之無窮，所以察其變遷而紀其差忒者，無一略也。中國夷狄之廣莫，所以紀其交際而别其典禮者，無一遺也，以區區一魯史，兼紀周、齊、晉、宋諸國之事，其尊卑小大【八】，統屬之序秩然，無毫髮之不順，盡書治忽失得，陵替賊亂之變，森然一循乎條理而無一之非法。故曰非聖人誰能修之也。蘇氏曰：《春秋》始於隱終於哀，何也？自周之衰，天下三變，而《春秋》舉其中焉爾。始也，雖幽、厲失道，而禮樂征伐猶出於天子，諸侯猶不敢肆。《春秋》將何施焉。其中也，平王東遷而周不競，諸侯國自爲政，陵夷至隱公之世，習以成俗矣。然而文、武、成、康之德在人心未忘也，故齊、晉相繼而起，秉大義以尊周室，合盟征伐以王命爲首，世雖無王，法猶在也，故夫子作《春秋》以繩之。及其終也，定、哀以來，齊、晉既衰，政出於大夫，繼之以吴、越横行中國，天下靡然，日入於戰國，是以《春秋》終焉。由此觀之，《春秋》作於五伯之始，止於戰國之初，隱、哀適其時耳。

右先儒論《春秋》之大指也。朱文公嘗謂十二公各不同，隱、桓時王室新遷，號令不行，天下皆無所主。莊、僖時伯政自諸侯出，天下始有統一。宣公時楚莊盛强，

【八】「乎天下寧有此理者」至「其尊卑」　此段文字原脱，據文淵閣本補。

夷狄主盟。成公時晉悼公出,楚始退聽,繼而吴、楚又入爭伯。定、哀時政自大夫出,終春秋之世無如之何。愚按此言十二公之時世變也,若十二公之交於世者。隱公初與宋伐鄭,後因齊之求,反受鄭賂而伐宋,此反覆以摟諸侯之始也。桓公成宋督之弑亂,助鄭突之篡奪,又不自量,六求宋以平鄭,宋卒不許,復轉而仇宋,其所交於當世者,顛倒滋甚矣。莊公忘父事讎以求昏於齊,致哀姜復踵文姜之惡,身死國亂,二子殲焉,固無足道。閔公八歲而爲慶父所立,再歲而爲慶父所弑,真可閔而無可議者也。僖公遭值齊桓、晉文之霸,會盟征伐一惟霸主是從。文公昏怠,凡霸主之會,鄰國之好,皆委之大夫。魯於是始衰。宣公以公孫遂賂齊立己之私恩,終身事齊,絶不與諸侯交。成公以行父有歸父謀去三桓之私怨,大舉伐齊,盡反前人之事齊者以事晉。襄公困於齊與邾、莒之師,晉悼公爲之伐齊,執邾、莒,晉平公與楚弭兵,魯又兩事晉、楚。昭公伐季氏不克,如齊、如晉,皆莫之救。卒死乾侯。定公用孔子會夾谷,用子路墮三都,盟伐皆親之,差强人意,惜其事之不克終。哀公時楚衰吴强,魯又始改事吴。凡十二公之交於世者如此,而其强弱始終之變,亦可考焉。

卷十四

讀禮記一

吴郡衛湜集《禮記》解，自鄭康成而下得一百四十六家，惟方氏、馬氏、陸氏有全書，其餘僅解篇章。凡講義論説嘗及之者，皆取之以足其數。其書浩瀚，惟嚴陵郡有官本，岳公珂集解亦然，皆未易徧觀。天台賈蒙繼之，始選取二十六家，視衛、岳爲要，而其采取亦互有不同，其書又惟儀真郡學有録本，世罕得其傳。今因并合各家所集而類抄之。昔吕氏《讀詩記》簡要而文，爲姓氏所隔。高氏《春秋集注》文成一家，而不知元注之姓氏爲誰。僭竊參用其法，使諸家注文爲一而各出姓氏於下方。間亦節録或附己意，然所謂存十一於千百，不過老眼便於觀省，後生志學之士自當求之各家全書云。

曲禮上第一

《曲禮》曰：毋不敬，儼若思，安定辭，安民哉。

曲禮，禮之細也。所謂曲禮三千者也。毋，禁止辭。主一之謂敬。儼，矜莊貌，人之坐思貌必儼然。安定，審也。哉，歎美辭。毋不敬，正其心也。儼若思，正其貌也。安定辭，正其言也。安民哉，正己而物正也。毋不敬總言主宰處。儼若思，敬之貌。安定辭，敬之言；安民哉，敬之效。右本呂氏及晦庵説。

敖不可長，欲不可從，志不可滿，樂不可極。 敖，五報反。樂音洛。

矜己凌物爲敖，逐物縱己爲欲。志指其虚大而言。樂指其逸樂而言。四者敖尤凶德。敖不可長，欲消而絶之也。欲不可從，欲窒而止之也。志不可滿，欲損而抑之也。樂不可極，欲約而歸於禮也。四者皆克己之事，克己始能復禮。右本馬氏及戴氏説。

賢者狎而敬之，畏而愛之。愛而知其惡，憎而知其善。積而能散，安安而能遷。

近而習之曰狎，心服曰畏。積謂蓄積，散謂賙救。安安謂己今安此之安，遷謂圖後有患，則不敢安今之安。狎而敬之，則交可久。畏而愛之，則情可親。愛憎私情也，善惡，公義也。不以一己之愛憎易天下之善惡，故是是非非，兩不相奪。積而能散者，以財發身。安安而能遷者，義之與比。舊説謂君子之於賢者如此。晦庵謂此正主賢者而言，六句皆蒙賢者二字爲文，言唯賢者能之耳。舊註非是。

臨財毋苟得，臨難毋苟免。狠毋求勝，分毋求多。疑事毋質，直而勿有。 難，乃旦反。分，扶問反。

狠，忿爭；分，所分之物初與人共者。質，謂臆決而果言之。直，謂理在我。毋禁詞。勿，戒詞。毋苟得，見得思義也；毋苟免，見危授命也；毋求勝，懲忿；毋求多，平施；疑事毋質，缺疑也；直而勿有者，理雖在我，一有恃直之心，是亦好己勝，故戒之也。右本《論語》及胡氏説而補其餘。

若夫坐如尸，立如齊。禮從宜，使從俗。

若夫，發語辭。尸，謂祭祀之尸。齊，謂祭前之齊。宜，謂酌時之中以義起。使，謂使於他邦。俗，謂風俗不同。坐如尸，立如齊，盡其敬也。禮從宜，使從俗，適其時也。古之君子律己甚嚴，而酬酢萬物不爲崖異之行。右集吕氏、戴氏説。

夫禮者，所以定親疏，決嫌疑，别同異，明是非也。

葉氏曰：親疏，位也；嫌疑，情也；同異，事也；是非，理也。陳氏曰：兩物相似爲疑，以此兼彼爲嫌。禮主乎辨參差而不齊，疑似而難明，可否而莫之定者，皆取證於禮。禮者，理也。右集戴氏、費氏説。

禮不妄説人，不辭費。禮不踰節，不侵侮，不好狎。説音倪。

妄説，謂佞媚。辭費，如躁人之辭多。節謂理之則不可過。侵，陵也。侮，慢也。狎，親褻也。不妄説人，説人以道。不辭費，辭達而已，所以養其正大簡易。不踰節，不狎侮，於人所以致其謹審莊敬。右本毛氏、葉氏、應氏説。

脩身踐言，謂之善行。行脩言道，禮之質也。

踐，履也。言道，言合於道。質猶本也。言無不善，身未必能行，能脩身以踐其言，則善行矣。行脩而言合乎道，言行相顧，是爲禮之質。苟徒禮文，外焉而已。

禮聞取於人，不聞取人。禮聞來學，不聞往教。取，七樹反。下如字。取於人謂就師求道，取人，謂屈人從己。禮聞取於人，不聞取人，主學者言。禮聞來學，不聞往教，主教者言。學者當屈己從人，教者不當枉己就人。右本呂氏說。

道德仁義，非禮不成；教訓正俗，非禮不備；分爭辨訟，非禮不決；君臣上下，父子兄弟，非禮不定；宦學事師，非禮不親；班朝治軍，涖官行法，非禮威嚴不行；禱祠祭祀，供給鬼神，非禮不誠不莊。是以君子恭敬、撙節、退讓以明禮。成謂節文以成之。宦謂學爲仕。學謂學道藝。求福曰禱，求得曰祠。撙有自抑之意。此七者皆有待於禮。恭敬，明禮之實；撙節，明禮之文；退讓，明禮之用。七者之禮必備此三者，然後可明。右呂氏說。

鸚鵡能言，不離飛鳥；猩猩能言，不離禽獸。今人而無禮，雖能言，不亦禽獸之心乎！夫唯禽獸無禮，故父子聚麀。是故聖人作爲禮以教人，使人以有禮，知自別於禽獸。

此章言人而無禮，與禽獸無異。所以甚言禮之不可無也。聚麀，父子之配無別。補。

太上貴德，其次務施報。往而不來，非禮也；來而不往，亦非禮也。

此章言世非太古，人之交際，不可無禮。

人有禮則安，無禮則危。故曰：禮者，不可不學也。夫禮者，自卑而尊人，雖負販者必有尊也，而況富貴乎！富貴而知好禮，則不驕不淫；貧賤而知好禮，則志不懾。

此章言有禮者能自立，而以自卑爲本。負販者必有尊。古者班白不負戴於道路，老者先而少者後，老者輕而壯者重，是負販者必有尊也，況富貴之人乎！

人生十年曰幼，學；二十曰弱，冠；三十曰壯，有室；四十曰强，而仕；五十曰艾，服官政；六十曰耆，指使；七十曰老，而傳；八十、九十曰耄。七年曰悼，悼與耄雖有罪，不加刑焉。百年曰期，頤。

幼、學，陸農師點幼字爲讀。幼言時，學言事也。其餘弱、壯、强、艾、耆、期字倣此。艾，髮蒼白色如艾也。耆，稽久之稱【一】稽久而將入于老也。指使，指事使人也。耄，昏忘；悼，憐愛。期者，人生以百年爲期。頤，養也。晦庵曰：期，當音當宜反，與朞字同，周匝之義也。此章備舉自幼至老，每十年一變之節，每十年必異其名，至其時必異其事，自始至終，未没之前，皆行道之日。壯者服其勞，老者安其逸，未用者無躁進之心，當退者無不知足之戒，耄者，敬而安之，悼者，矜而懷之。孝弟之風形天下。右吕氏、方氏、毛氏、戴氏説。

大夫七十而致事，若不得謝，則必賜之几杖。行役以婦人，適四方乘安車。自稱曰老

【一】稽久之稱　四字原脱，據文淵閣本補。

夫，於其國則稱名。越國而問焉，則必告之以其制。

致事，老而致其職事還於君。几，坐所憑。杖，行所扶。安車，坐乘小車。越國而問，謂有事越在他國，問之也。制，法度。此專爲在官者言，人君優老尚賢，不許其謝事以几杖。婦人、安車，安養其氣體，在國及出，皆得用之。本鄭氏、孔氏説。

謀於長者，必操几杖以從之。長者問，不辭讓而對，非禮也。長，丁丈反。

從，就。操，執持。長者處，未必無几杖，操以從之，敬之至也。少當問長，今長者反問之，不辭讓而對，則非禮。曾子曰「參不敏」，辭讓也。右吕氏説。

凡爲人子之禮，冬温而夏清，昏定而晨省，在醜夷不爭。清，七性反。

醜，衆也。夷，猶儕也。人子事親之禮，冬則温之以禦其寒，夏則清之以辟其暑。昏則定之以奠其居，晨則省之以問其安。此心常存，雖在醜夷，所以不爭。蓋貴賤相臨，則有畏憚，等夷最易起爭，而爭者危。父母之事惟孝子頃刻不敢忘親，雖易爭之地，亦不爭也。本方氏、吕氏注。

夫爲人子者，三賜不及車馬。故州閭鄉黨稱其孝也，兄弟親戚稱其慈也，僚友稱其弟也，執友稱其仁也，交遊稱其信也。見父之執，不謂之進不敢進，不謂之退不敢退，不問不敢對。此孝子之行也。

三賜，鄭氏按《周禮》一命受爵，再命受服，三命受車馬。石林謂君賜無不受之理，此蓋爲父之未爲大夫者，不受車馬，不敢受大夫之位也。叔孫婼，叔孫豹之子也。豹已死，其四從兄。季平子未三命，而婼先之，叔仲子曰：婼三命踰父兄，非禮也。晦庵謂叔孫豹王賜之路，豹以上卿無路，而不敢乘。疑此不及車馬，亦受之而不敢用耳。不敢受重賜者，仁心也。而五者備有焉，五者之稱不同，各以其所見言之也。州閭鄉黨見其敬親，故稱孝；兄弟親戚尤切近，見其愛，故稱慈，僚友與同處，見其氣象和順，故稱弟；執友與同心，知其孝心之本原，故稱仁；交游泛交，故見其信。父執者，父之同心，見之進退，問答不敢專焉。况於父乎？廣孝也。右吕氏説。

夫爲人子者，出必告，反必面。所遊必有常，所習必有業。恒言不稱老。

爲人親者，無一念而忘其子，故有倚門，倚閭之望。爲人子者無一念而忘其親，故有出告、反面之禮。有常、有業，緣親之意欲知之，不敢自老，恐傷親心也。用戴氏説補。

年長以倍，則父事之；十年以長，則兄事之；五年以長，則肩隨之。群居五人，則長者必異席。

長以倍，與吾父之年相若，所以父事。長十年，與吾兄之年相若，所以兄事。肩隨者，與之行而差退，不敢與先生並行也。出不可與並行，居可與同席乎？故群居五人，必推其長者，異席以敬之。古者地敷横席，容四人，若五人會，則推長者異席。張氏、馬氏、孔氏。

爲人子者，居不主奧，坐不中席，行不中道，立不中門。食饗不爲槩，祭祀不爲尸。

奧，室之西南隅。槩，量也，裁食饗之饌具。尸，祭祀代神居尊位。奧、中席，皆尊者所居。中道、中門，皆尊者所由。爲槩爲尸，皆尊者之事，人子皆不敢當。蓋無往不寓敬親之意。邵氏、應氏。

聽於無聲，視於無形。不登高，不臨深，不苟訾，不苟笑。

視聽於無聲形，常若親之有教使然，專心致志也。登高臨深，危道也。苟訾苟笑，辱道也。孝子常以父母爲心，故每事謹戒如此。本鄭氏、孔氏。

孝子不服闇，不登危，懼辱親也。父母存，不許友以死，不有私財。

服事於闇冥之中，爲卒有非常。許友以死，雖父母不在亦不可。蓋記禮者漢人，雜取後世豪俠之言。人子膚髮以上，皆親之有，豈敢私其財？取鄭氏、呂氏、戴氏而補其餘。

爲人子者，父母存，冠衣不純素。孤子當室，冠衣不純采。純，諸允反。

純，緣也。孤子謂年未三十，雖除喪不忘哀。鄭氏。

幼子常視毋誑，童子不衣裘、裳，立必正方，不傾聽。

視，今之示字，常視無誑，自幼習之，正也。童子體熱，不宜着裘。又應給役，不便着裳。故惟緇布襦袴，未成人，故服亦未備也。立必正鄉一方，不傾聽，左右習之，正其容也。鄭氏、孔氏、呂氏。

長者與之提攜，則兩手奉長者之手。負劍辟咡而詔之，則掩口而對。奉，芳勇反。辟，匹亦反。咡，如志反。

鄭曰：負，謂置之於背。劍謂挾之於旁；辟咡詔之，謂傾頭與語口旁曰咡。吕曰：負劍即佩劍。或旁挾之如負劍然。掩口，避口氣。就而攜之，則捧其手近而詔之，則掩口而對。皆事長之禮。馬氏。

從於先生，不越路而與人言。遭先生於道，趨而進，正立拱手。先生與之言則對，不與之言，則趨而退。從，才用反。

先生，齒長而有德之稱。從之而不越路與人言，一其敬也。遭之而趨進，拱立，恐其有教令也。與之言則對，不與言則趨而退。進退應答，不敢專也。馬氏、吕氏。

從長者而上丘陵，則必鄉長者所視。登城不指，城上不呼。

鄉長者所視，敬長，且備或有問也。不指、不呼，爲惑人。本鄭氏、戴氏説。

將適舍，求毋固。將上堂，聲必揚。户外有二屨，言聞則入，言不聞則不入。將入户，視必下。入户奉扃。視瞻毋回。户開亦開，户闔亦闔。有後入者，闔而勿遂。毋踐屨，毋踖席。摳衣趨隅，必慎唯諾。聞音問。踖，在亦反。唯，于癸反。

舍主人家，固，固必之固。單下曰屨。聞，聲聞于外。扃，關户之木，一云門扇上環鈕。戴曰：入户而扃墜，則慢心實爲之。陸曰：奉扃，謂小啓之，以兩手奉户置扃處也。踐，踏；踖，躐。隅，角也。唯，應；諾，許也。適舍求毋固，隨主人有無。上堂聲必揚，警内言聞。入視必下，不干掩人之私。奉扃，敬也。亦開亦闔，不以後來變，先闔而勿遂，止作闔勢，示不拒後入。後入者不得踏先入者履【二】。不踖席者，從下而升，摳提前裳，趨席下角。慎唯諾者，不先舉，見問乃應。鄭氏、孔氏、及黄氏説。

大夫、士出入君門，由闑右【三】，不踐閾。

闑，門橛；閾，門限。臣統於君，故由闑右，不敢爲賓也【四】。不踐閾，不敢履高也。孔子之於事君也，立不中門，行不履閾。鄭氏、馬氏。

凡與客入者，每門讓於客。客至於寢門，則主人請入爲席，然後出迎客，客固辭，主人肅客而入。主人入門而右，客入門而左。

爲席，敷席也。肅客，俯手以揖之也。及門而遜入，及階而遜登，交相辭遜退辟，不皇於此乎？可以觀禮矣。

主人就東階，客就西階，客若降等，則就主人之階。主人固辭，然後客復就西階。

降等，卑客也，不敢亢禮，故就主人階。復就西階，復其正。鄭氏、孔氏。

主人與客讓登，主人先登，客從之。拾級聚足，連步以上。上於東階，則先右足，上於西階，則先左足。

【二】後入者不得踏先入者履　「踏」原作「蹈」字，據文津閣、文淵閣本改。

【三】由闑右　「闑」原作「闌」，據文淵閣本改。

【四】不敢爲賓也　「賓」原作「實」，據文淵閣本、《禮記集説》卷四改。

鄭曰拾當爲涉，聲之誤也。吕曰拾，更也。拾級者，左右足更上也。射者拾發，投壺者拾投，哭踊者拾踊，皆更爲之也。拾級聚足，此等事但敬事，自至如此非著心安排，先右先左，以相鄉爲敬也。横渠及鄭氏説。

帷薄之外不趨，堂上不趨，執玉不趨。堂上接武，堂下布武，室中不翔。並坐不横肱，授立不跪，授坐不立。

帷，幔也。薄，簾也。行而張足曰趨。武，迹也。文上武下，足在體下故曰武，緌在冠下亦曰武。接武謂迹相躡。行而張拱曰翔。凡見尊者，以趨爲敬。帷薄之外不見尊者，故不趨。堂上迫近，故不趨。執玉慮失跌，故不趨。接武者行遲，堂上不趨，故接武。布武者行速【五】，堂下必趨，故布武。室中不翔，亦以迫也。授立不跪，爲煩其俯。本吕氏、戴氏。

凡爲長者糞之禮，必加帚於箕上。以袂拘而退，其塵不及長者。以箕自鄉而扱之。

爲，于僞反。拘，古侯反。扱，許急反。

除物之棄曰糞，本作撲。袂，袖也。扱，歛取也。鄭氏讀曰吸。藍田吕氏曰：扱，謂箕扱於糞中以糞也。讀如口扱以柶，祭羊鉶之扱。謂箕扱於糞，如柶扱於鉶也。加帚於箕，得兩手捧箕，謂初執往將糞時也。以袂擁帚之前，且掃且遷，使塵不及長者。謂糞時也，以箕自向，不以棄穢鄉長者，謂收糞時也，皆恭也。人有血氣，未有安於事人者，古之童子未冠，爲長者役而安焉，所以存其良心，折其傲慢之氣，然後可與進德矣。鄭氏、孔氏、

【五】布武者行速　「速」原作「踈」，據明本、文津閣本改。

吕氏。

奉席如橋衡，請席何鄉？請衽何趾？席南鄉、北鄉，以西方爲上；東鄉、西鄉，以南方爲上。 橋，居廟反。鄉音向。

橋，古之井上桔槔。胡氏、應氏謂即橋梁。而衡即横。席，坐席也。衽，卧席也。鄉，面也。趾，足也。上謂席端也。奉席如橋之衡，左昂右低，請席請衽，順尊者所安。坐問鄉，坐爲陽，面亦陽也。卧問趾，卧爲陰，足亦陰也。布席無常，四方異鄉，蓋堂室之面勢或不同，故隨時之設張亦不一，所以酌地宜也。凡坐隨陰陽，坐在陽則貴左，坐在陰則貴右。南坐是陽，其左在西；北坐是陰，其右亦在西。故南鄉、北鄉皆以西爲上。東坐是陽，其左在南；西坐是陰，其右亦在南。故東鄉、西鄉皆以南爲上。本鄭氏、孔氏及應氏説。

若非飲食之客，則布席，席間函丈。主人跪正席，客跪撫席而辭。客徹重席，主人固辭，客踐席乃坐。 函，胡南反。

函，容也。《文王世子》云「遠近間三席」，席三尺三寸三分之一，則三席是一丈。撫謂以手按止之。再辭曰固辭。席間函丈地寬，足以揖遜回旋，講授亦足以指畫。惟飲食之客欲便於勸酬而促近耳。主人爲客正席而客辭。客徹主人所爲客設之重席，而主人辭。客坐主人乃坐，賓主之相敬如此。合鄭氏、孔氏、應氏説，而補其餘。

主人不問，客不先舉。將即席，容毋怍，兩手摳衣，去齊尺。衣毋撥，足毋蹶。 齊音咨。撥，半末反。蹶，居衛反。

怍，愧赧不安，失之野也。摳，提挈。齊謂裳下緝。撥，發揚貌。蹶，行遽貌。客自外來，主人宜先問。客初就席，顔色宜莊，將就席時，以兩手挈裳使起，令裳下緝去地一尺，恐衣長而躡履之也。衣毋撥者，收斂不使旁有觸也。足毋蹶者，不匆遽使之躓也。本鄭氏、孔氏、吕氏説。

先生書策，琴瑟在前，坐而遷之，戒勿越。虚坐盡後，食坐盡前。坐必安，執爾顔。長者不及，毋儳言。正爾容，聽必恭，毋勦説，毋雷同，必則古昔，稱先王。盡，津忍反。儳，化鑒反。勦，初交反。

儳，儳互不齊，蓋雜之也。勦，擥取也；則，法也。先生書策，琴瑟或當己前，跪坐而遷移之，戒勿踰越，虚坐必就其後之盡處，欲其寬廣，且不敢近前，謙也。食坐必就其前之盡處，欲其親近，且免濺汙席也。坐毋動摇，執守其顔，長者言未及，不得乘其未及而雜之。惟正容而謹聽，毋擥取其説，毋雷同其説。必法則古昔，稱述先王，勦説徇己，雷同徇人，惟古與稽可也。取孔氏、應氏説而補其餘。

侍坐於先生，先生問焉，終則對。請業則起，請益則起。父召無諾，先生召無諾，唯而起。

諾者，應之緩。唯者，應之速； 諾者，許而未行，唯恭於諾。終則對，不敢錯亂尊者之言也。請業、請益則起，尊師重道也。父召、先生召，皆無諾，事師如事父也，唯而起，聞召即往也。本鄭氏、呂氏説。

侍坐於所尊敬，毋餘席。見同等不起，燭至起，食至起，上客起。燭不見跋。尊客之前不叱狗，讓食不唾。 見，賢遍反。

跋，趾也。毋餘席，必盡其所近尊者之端。見同等不起，無二尊也。燭至起，未卜夜也。食至起，爲盛饌變也。上客起，不敢專其席也。五者于客侍所尊而言也。燭不見跋，將至跋而更示不厭倦也。不叱狗，嫌若風去之也。不唾，嫌有穢惡也。三者于主人侍客而言也。用鄭氏、孔氏、方氏説，而補其餘。

侍坐於君子，君子欠伸，撰杖屨，視日蚤莫，侍坐者請出矣。侍坐於君子，君子問更端，則起而對。侍坐於君子，若有告者曰：「少間願有復也。」則左右屏而待。 欠，一斂反。撰，仕轉反。莫音暮，間音閑也。

志疲則欠，體疲則伸，撰，持也。間，舊音間，呂氏謂間隙也。屏者，退而自隱之謂。欠伸、撰杖屨、瞻視庭影，皆尊者倦而欲起，故請出不敢勤君子也。問更端，起而對，因事有所變而起其敬也。人俟間而有復，則屏以待，不敢于其私也。鄭氏、孔氏、呂氏。

毋側聽，毋噭應，毋淫視，毋怠荒。遊毋倨，立毋跛，坐毋箕，寢毋伏，斂髮毋髢，冠毋免，勞毋袒，暑毋褰裳。 噭，古弔反。跛，彼義反。髢，徒細反。

嗷，聲高急也。淫視，睇盼也。怠荒，放散身體也。跛謂挈舉一足，一足蹋地。箕謂舒展兩足，狀如箕舌。髢，髮也。以纚韜之，不使垂餘如髮也。毋側聽，頭容直。毋嗷應，聲容靜。毋淫視，目容端。毋怠荒，氣容肅。遊毋倨，足容重。立毋跛，立如齊。坐毋箕，坐如尸。斂髮毋髢，冠毋免，勞毋袒，暑毋褰裳，正其衣冠也。人患徇其意之所安，此於視、聽、游行、坐立、卧起、衣冠之際而自克。蓋禮者，筋骸之束也。本吕氏、游氏說。

侍坐於長者，屨不上於堂。解屨不敢當階，就屨跪而舉之，屏於側。鄉長者而屨，跪而遷屨，俯而納屨。

屨，云解屨有繫也。就猶著也。解屨必屏於側，取屨必隱辟。納屨而鄉長者，遷之必跪，納之必俯，則屨之脱納皆有儀矣。陳氏。

離坐離立，毋往參焉。離立者不出中間。

兩相麗之謂離，三相成之謂參。併坐併立，恐密有所論，故戒往參預。當己行路，則避之，不干人之私也。

男女不雜坐，不同椸枷，不同巾櫛，不親授。嫂叔不通問，諸母不漱裳。外言不入於梱，内言不出於梱。女子許嫁，纓，非有大故不入其門。姑、姊、妹女子子已嫁而反，兄弟弗與同席而坐，弗與同器而食。 椸，羊支反。枷音嫁。本又作架。梱，苦本反。本又作閫。

椸，可以枷衣者。諸母，謂父之諸妾有子者。梱，門限也。纓，女子許嫁繫纓，以五采爲之。姑，尊行，姊妹，同行，女子子，卑行。已嫁而反，不過是三等，故舉以爲言。女子子重言子者，鄭云别於男子。胡氏謂云女子已别於男子，重云子者衍文也。愚意重云子者，豈又云女子之子乎？若然，則姑也，姊妹也，女子也，女子之子也，通四世，廣言之矣。凡皆遠别也。

父子不同席。男女非有行媒，不相知名，非受幣，不交不親。故日月以告君，齊戒以告鬼神，爲酒食以召鄉黨僚友，以厚其别也。取妻不取同姓，故買妾不知其姓則卜之。寡婦之子非有見焉，弗與爲友。取，七住反。見，賢遍反。

父子不同席，尊卑異行而前後各席也。男女有行媒，至召鄉黨僚友，重婚姻也。取必問姓，妾不知姓則卜，重宗也。寡婦之子非卓有著見者弗友，避嫌也。

賀取妻者，曰「某子使某，聞子有客，使某羞。」

羞，進也。昏禮，有嗣代之序，故不賀。作記者因俗之名稱賀。舍曰昏禮，而謂之有客，則所以羞者，佐其具之費，以待鄉黨僚友而已，非賀也。孔氏、吕氏。

貧者不以貨財爲禮，老者不以筋力爲禮。

不責人之所不能備，不貴人之所不能行。鄭氏。

名子者不以國，不以日月，不以隱疾，不以山川。

爲後之人難諱也。

男女異長，男子二十冠而字，父前子名，君前臣名。女子許嫁，笄而字。冠，古亂反。

異長，亦示別也。字以尊名。男冠女笄，皆成人而字，惟君父之前則名。

凡進食之禮，左殽右胾。食居人之左，羹居人之右，膾炙處外，醯醬處内。葱渫處末，酒漿處右。以脯脩置者，左朐右末。胾，則吏反。炙，章夜反。渫，以制反。朐，其俱反。

殽，骨體也。胾，切肉也。食，飯屬也。外内，殽胾之外内也。渫，蒸葱也。屈中曰朐，以中屈處置左，以末邊處置右，取右手便擘食也。左右内外之設，皆便手食，因以寓陰陽之義，骨是陽，故在左，肉是陰，故在右。飯燥爲陽，故在左，羹濕是陰，故居右。吕氏、孔氏。

客若降等，執食興辭。主人興，辭於客。然後客坐，主人延客祭，祭食，祭所先進，殽之序，徧祭之。三飯，主人延客食胾，然後辨殽。主人未辨，客不虚口。飯，符晚反。辨音徧。

祭，祭先食也。食，惟祭所先進，殽則以次第，皆祭之也。客敵己者先祭，降等則主人延之祭也。三飯，三食也。禮，三餐而告飽。主人延客食胾，然後辨殽也。辨，匝也。虚口，古謂食竟蕩口使清潔，以水曰漱，以酒曰酳。酳音胤。訓演。廬陵胡氏謂主人食殽未徧，客不空口爾，非酳也。此據卑客食至，則必興辭，以祭則不敢先舉，以胾則不敢先嘗，殽之徧不敢先飽。然客之謙，惟恐先乎主人。主人之厚於客，惟恐有所不足，雍容揖遜，愛敬有餘，孰得而少之哉？用王氏。

侍食於長者，主人親饋，則拜而食；主人不親饋，則不拜而食。

凡稱侍者，少賤之。於其長，毋敢視賓客，親饋之則拜。呂氏。

共食不飽，共飯不澤手。毋摶飯，毋放飯，毋流歠，毋咤食，毋齧骨，毋反魚肉，毋投與狗骨，毋固獲，毋揚飯，飯黍毋以箸，毋嚃羹，毋絮羹，毋刺齒，毋歠醢。客絮羹，主人辭不能亨。客歠醢，主人辭以窶。濡肉齒決，乾肉不齒決。毋嘬炙。摶，徒端反。歠，川悦反。咤，陟嫁反。飯，黍之飯，扶晚反。箸，直慮反。嚃，他答反。絮，尺慮反。刺，七亦反。嘬，初怪反。

澤手，挼莎也。禮，飯以手，共飯而摩手，人將惡之也。放飯謂去其黏手餘飯，拂放本器中也。流歠謂開口大，歠汁入口如水流，貪肆而無容也。咤食，謂嫌薄之，以口舌作聲也。齧骨，謂有聲，且似嫌其食之無肉也。反魚肉，謂已歷口反還器中，人所穢也。投骨，謂其賤飲食，以人食而食獸也。固獲，謂與人共食，專固而必得之也。揚飯，不待冷而揚去熱氣，貪快也。飯黍當以匕，箸非所當用也。嚃，不嚼菜而歠吞之，欲速而多又有聲也。絮，猶調，謂就食器調足鹽梅。呂氏謂讀如漂絮之絮，玩之而不食，必調飪失節，故主人辭不能亨也。刺齒，取齒間之餘也。醢味厚，非可歠而歠之，故主人辭以窶。窶，貧也，言貧而不能備厚味也。濡肉，濕軟可齒決。乾肉，腊屬，齒決則費力而失容也。嘬，謂一舉臠炙肉濡當嚌之，反于俎若嘬，則爲貪食甚也。凡與人共者，必先人而後己，厚人而薄己，則不爭矣。否則貪也，犯人之所惡也，薄主人之飲食也，聲容之不敬也，終食之間而小人之情狀畢見。故君子於觴酒、豆肉之間，未嘗不致謙而養廉。集吕氏、游氏、馬氏説。

卒食，客自前跪。徹飯齊，以授相者。主人興，辭於客，然後客坐。卒，子恤反。相，息亮反。齊，將兮反。

卒食，食已也。齊，醬、菹通名。相者，主人贊饌之人。興辭，不聽其親徹。

侍飲於長者，酒進則起，拜受於尊所。長者辭，少者反席而飲。長者舉未釂，少者不敢飲。釂，子妙反。

尊所，謂陳尊之所。飲盡爵曰釂。古之飲酒，少者無不及，故此侍飲者亦長者親酌授之，然必長者卒爵，然後飲。吕氏。

長者賜，少者、賤者不敢辭。

此明凡受賜，禮所謂不敢辭者，義所可受不敢以辭之也。禮有一辭、再辭，各稱其事。孔氏、吕氏。

賜果於君前，其有核者懷其核。御食於君所。君賜餘，器之溉者不寫，其餘皆寫。

御食，侍御也。溉者，謂陶梓之器。寫謂傾於別器。懷核，嫌於棄尊者物也。器之不可溉者，傳己器中乃食之，重汙君之器也。其可溉滌者，就器食訖，滌以還君。鄭氏、孔氏、呂氏。

餕餘不祭，父不祭子，夫不祭妻。 餕，子閏反。

餕者，食餘，故不以祭先。雖妻、子至卑，父與夫亦不以祭之也。晦庵。

御同於長者，雖貳不辭，偶坐不辭。

御，侍也。貳，重殽膳也。侍食於長者而盛饌與同，及因彼有賓而與之偶坐，懼妨尊容，皆不敢辭。蓋本不爲己設也。用孔氏、呂氏、黃氏説。

羹之有菜者用梜，其無菜者不用梜。 古協反。

梜，箸也。有菜謂鉶羹，無菜謂大羹湆也，直歠之而已。鄭氏。

爲天子削瓜者副之，巾以絺；爲國君者華之，巾以綌。爲大夫累之，士疐之，庶人齕之。 爲，于僞反。副，普逼反。華，古瓜反。累，力果反。疐，音帝。齕，恨没反。

副，四析之，既削，又四析之，而巾覆焉。華，中裂之，不四析。累，倮也。謂去其皮，不巾覆。疐，謂脱華處去其疐而已。齕以口。此削瓜等級，亦以辨上下也。微之不敢忽，所以爲大之必謹也。呂氏、戴氏。

父母有疾，冠者不櫛，行不翔，言不惰，琴瑟不御，食肉不至變味，飲酒不至變貌，笑不至矧，怒不至詈。疾止復故。

食肉多，則變味。齒本曰矧。大笑則見。孝子之事親也，病則致其憂，不櫛不翔，憂不爲容也。不惰，憂而知謹也。不御，憂不在樂也。不變味變貌，憂不在飲食也。不矧不詈，憂常在心而動有節也。疾止則憂散，皆如故矣。用鄭氏説。

有憂者側席而坐，有喪者專席而坐。

側席坐，不安也。專席，不與人共坐也。呂氏。

水潦降，不獻魚鼈。獻鳥者佛其首，畜鳥者則勿佛也。獻車馬者執策綏，獻甲者執冑，獻杖者執末，獻民虜者執右袂，獻粟者執右契，獻米者操量鼓，獻孰食者操醬齊，獻田宅者操書致。畜，許六反。操，七刀反。量，音亮。齊，子兮反。

佛，戾也。爲小竹籠以冒之，使喙不害人。畜，養也。畜鳥馴，故勿佛。執與操皆謂手所舉以告。策，馬杖。綏，登車之繩。車馬不上於堂，策綏易呈，呈之則知有車馬也。甲，鎧也。名甲者，言如龜鼈之有甲也。冑，兜鍪也。甲大冑小，小者易舉，故執以呈，杖之末者，地有坌汙，故自執之，且便於受獻者之執。民虜，謂征伐所獲。右袂，右邊袖也。左手操其右袂，右手以防其異心。粟，稻粱之屬，未爲米者。右契，契，合同之物，以右爲上。左契無用，所以老子云執左契以涖天下。故獻人以右契。量，斗斛之數。量鼓，器名，容十二斛。米可即食爲急，故獻者執量。粟可久儲爲緩，故獻者執契。醬與齊所用以食。書致謂圖書於板，丈尺委曲書之，而致於尊者，獻田宅者然也。水潦降，魚鼈易得，不必獻，則獻魚鼈必視其時也。獻鳥者佛其首，畜者勿佛，則獻鳥必視其性也。獻車馬、獻甲、獻粟、獻米、獻食、獻田宅，此六者皆不可手執，則執一物以舉其要也。集呂氏、陳氏說。

凡遺人弓者，張弓尚筋，弛弓尚角。右手執簫，左手承弣，尊卑垂帨【六】。**若主人拜，則客還辟辟拜。主人自受，由客之左，接下承弣，鄉與客並然後受。**遺，干貴反。附音撫。還辟之辟，扶亦反。辟拜之辟音避。

敵體相贈曰遺。弓張之時鄉內，筋在上，弓身曲鄉下。弛之時反張鄉外，筋在曲內，角在曲外，弓身亦曲鄉下。弓有弛、張，遺人者皆令其下曲，隤然順。簫，弓頭，頭稍剡差邪似簫，故謂簫。又謂鞘，簫、鞘聲相近。右執簫，客覆右手執弓下頭也。弣弓把，把音霸，以左手承中央之把，使受者便於執也。帨，佩巾，垂帨至地，授受之儀，尊卑皆稍罄折，故皆垂帨也。還辟，猶逡巡退却也。辟拜，不答，執弓不得拜也。受由客之左，尚右以尊賓也。接下承弣，下就客所承之弣，敬受之也。鄉並客然後受，敵體相遺皆南鄉也。射以觀德，故弓之授受必謹。爲禮者親其勞而不以勞施於人，躬其辱而不以辱及於人，受賤受惡，而以貴者、善者委於人，以不安者自與，而以安者與人。惟其如此，則可事上、事長、事君親、事師友，可以群居，可以行世。邵氏、游氏。

進劍者左首，進戈者前其鐏，後其刃。進矛、戟者前其鐓，進几杖者拂之。效馬效羊者右牽之，效犬者左牽之，執禽者左首，飾羔鴈者以繢。受珠玉者以掬，受弓劍者以袂。飲玉爵者弗揮。凡以弓劍、苞苴、簞笥問人者，操以受命，如使之容。鐏，在

【六】垂帨　「垂」原作「重」，據文淵閣本改。

困反。鐓，其對反。繢，其對反。苴，子于反。

進者，以物供尊上之用。效者，呈見於尊上之前，而非進也。問者，問安否。因有物遺之，以表其意。首謂劍鐶，客在右，主人在左。劍以首爲尊，以尊處進之也。戈，鉤子戟也，刃當頭而利，故不以向人。鐏，在前而鈍，嚮人爲敬。矛，如鋋而三廉。戟，兩邊皆安横刃。鐓，矛戟柄尾，以平嚮人，敬也。鋭底曰鐏，平底曰鐓。拂者去其塵。馬羊多力，人右手亦有力，故用右手牽制之。犬，吠囓，故左牽，而右手防禦之。大曰犬，未成毫爲狗。禽，首陽也，故左其首，謂横捧之。主人在左而以鳥首授之。飾，覆也。繢，畫也。畫布爲雲氣以覆羔鴈爲飾。掬，手中受珠玉以掬，恐墜落也。受弓劍者不露首，取之承以衣袂。玉爵，玉杯也。揮，振去餘酒，弗揮爲其寶而脆。苞以草苞裹魚肉。苴以草藉器而貯物。箪盛食，笥盛衣裳，皆竹器。使受命而往，將操以遺人，先習其威儀進退如使之容。進兵者後其刃，敬也。效物者細别其宜，一物必有一宜也。自飾羔鴈至飲玉爵，又敘其飾物之文也。終而總之曰：凡以弓劍、苞苴、箪笥問人，舉其凡以該上文所列之目也。集吕氏、應氏。

凡爲君使者，已受命君言，不宿於家。君言至，則主人出拜君言之辱。使者歸，則必拜送于門外。若使人於君所，則必朝服而命之。使者反，則必下堂而受命。

受君命而不宿於家，主將君命者而言。君言至而拜受、拜送，主被君命者而言。使人於君所而拜送、拜受，主臣下使人於君所者而言。三者不同而敬君命之心一也。補。

博聞强識而讓，敦善行而不怠，謂之君子。君子不盡人之歡，不竭人之忠，以全交也。

多能而守之以謙，篤行而繼之以勤，君子之成德如此，故能不盡人之歡，不竭人之忠，以全其交。反己常若不足，則與人常能有餘也。補。

禮曰「君子抱孫不抱子」，此言孫可以爲王父尸，子不可以爲父尸。爲君尸者，大夫士見之，則下之，君知所以爲尸者，則自下之。尸必式，乘必以几。齊者不樂不弔。

乘繩證反

禮曰：述舊禮語也。此言作記者釋舊禮之言也。王父，祖也。尸，祭時代神者也。神主之位東向，尸在神主之北。下，下車也。式，車中俯首處也。車箱長四尺四寸而三分之，前一後二，横一木下去車牀三尺三寸，謂之式。於式上二尺二寸横一木，謂之較，較去車牀五尺五寸。乘車者立則憑較，有所敬則俯而憑式。几者，所憑以養安。尸之乘車則用之。齊者，祭之前，散齋七日，致齋三日。齊一其心，以交神明也。孫與祖同昭穆，昭與穆間一世，祖昭則孫亦昭，祖穆則孫亦穆。故孫爲祖之尸，孫幼亦抱之爲尸。尸在車則君與大夫士皆下之，尸在車以式爲敬，几爲安。齊者不樂，不弔，不以憂樂動其齊之志也。

本孔氏、吕氏説。

居喪之禮，毁瘠不形，視聽不衰，升降不由阼階，出入不當門隧。居喪之禮，頭有創則

沐，身有瘍則浴，有疾則飲酒食肉，疾止復初。不勝喪，乃比於不慈不孝。五十不致毀，六十不毀，七十惟衰麻在身【七】，飲酒食肉處於内。 隧音遂。創初良反。瘍音羊。勝音升。衰七雷反。

形，謂毀瘠而骨見。隧，道也。致，極也。不形、不衰，毀不滅性也。升降、出入常若親存，沐浴飲酒食肉皆以權制，否而不勝喪，則比於不慈不孝矣。不致毀以下皆所以養老人，人五十始衰也。集鄭氏、吕氏説，補其餘。

生與來日，死與往日。

與，猶數也，一曰許也，猶期也。生與來日，三日成服，以死之來日爲始，生者之事也。死與往日，如三日而殯，以死之日爲始，死者之事也。孔氏、吕氏。

知生者弔，知死者傷。知生而不知死，弔而不傷。知死而不知生，傷而不弔。

人恩各施其所知也。鄭氏。

弔喪弗能賻，不問其所費；問疾弗能遺，不問其所欲；見人弗能館，不問其所舍。

惡口惠而實不至也。王氏。

賜人者不曰來取，與人者不問其所欲。

非所以惠人之道也。吕氏。

適墓不登壟，助葬必執紼。臨喪不笑，揖人必違其位。望柩不歌，入臨不翔。當食不

【七】六十不毀七十惟 原作「瘠不形」，據《禮記·曲禮上》改。

歎。鄰有喪，舂不相；里有殯，不巷歌。適墓不歌，哭日不歌，送喪不由徑，送葬不辟塗潦，臨喪則必有哀色。執紼不笑，臨樂不歎。介胄則有不可犯之色。故君子戒慎，不失色於人。紼音弗。臨，力鴆反。相，息亮反。辟音避。

壟，冢。紼，引棺索。相，送杵聲。介，甲。《雜記》吉凶、舉動、威儀之事，各有攸當。鄭氏、馬氏。

國君撫式，大夫下之。大夫撫式，士下之。

撫，猶據也。乘車而俯憑式者，示敬也。下，下車也。下車之敬重於憑式，所敬遞降一等。用吕氏説。

禮不下庶人，刑不上大夫。刑人不在君側。

庶人，愚且賤，不可以待君子之事責之。大夫賢且貴，不可以待小人之法辱之。故制禮自士始，而大夫有罪則議以八法。刑人而在君側，輕身之道也。吕氏。

兵車不式，武車綏旌，德車結旌。

建戈刃曰兵車，取威猛曰武車，皆謂革路。德車謂玉路、金路、象路、木路。旌，車上旗旛。綏，垂舒之結，收斂之。兵車不式，猶介胄不拜，尚威也。發揚者，武之事，故旌之垂曳象之。斂藏者，德之事，故旌之收結象之。游氏、吕氏。

史載筆，士載言。前有水，則載青旌；前有塵埃，則載鳴鳶；前有車騎，則載飛

鴻；前有士師，則載虎皮；前有摯獸，則載貔貅。 載音戴

史，國史。筆，書具。士，史之有司。有司藏書，故載言以備討論。師行宜警衛，人衆難傳道。前有變異，則爲物色。旌旗之上，舉類示之，使爲之戒。載，謂建之於車。孔氏、呂氏、方氏。

行，前朱雀而後玄武，左青龍而右白虎。招摇在上，急繕其怒，進退有度，左右有局，各司其局。 繕，古音勁。

行，師行也。朱雀、玄武、青龍、白虎，四方宿名。以是四物畫之于旗，立于軍之左右前後，以象天體之周旋。招摇，北斗第七星，指四方之宿不差者，軍中舉之，以指正四方。旗本並作七星，而獨云招摇者，舉指者爲主也。急繕其怒者，作而致其怒。進止有法，部分不亂。孔氏、呂氏。

父之仇，弗與共戴天。兄弟之仇，不反兵。交遊之仇，不同國。

不反兵，謂常執殺之備，不待反家取兵。此論親疏復仇之法，謂無故而殺人者，君誅之。君誅之不得，則子報之。子報之不得，則兄弟報之。兄弟報之不得，交游報之。報兄弟之仇，則殺於父。報交遊之仇，又殺於兄弟，各稱其情義也。游氏、呂氏。

四郊多壘，此卿大夫之辱也。地廣大荒而不治，此亦士之辱也。

壘，軍壁。此明食其禄，所宜任其事。孔氏。

臨祭不惰。祭服敝則焚之，祭器敝則埋之，龜筴敝則埋之，牲死則埋之。凡祭於公者，必自徹其俎。

祭主敬，故不惰。祭器、祭服以其嘗用於鬼神，不敢褻用，故埋、焚之。祭服，人所御，故焚。器惟鬼神所用，故埋。祭於公者，助君祭。自徹俎者，不敢勤君之職事。張氏、吕氏。

卒哭乃諱，禮不諱嫌名，二名不偏諱。逮事父母，則諱王父母，不逮事父母，則不諱王父母。

諱，辟也。卒哭乃諱，敬鬼神之名也。嫌名，聲相近。死而不諱，則安忍而忘親。二名而均諱，則易犯而難辟。卒哭而諱，所以盡愛敬之心。不諱嫌，不偏諱，所以適言語之便。父之所諱，子亦諱之，故逮事父母，則諱王父母。本陳氏、吕氏説。

君所無私諱，大夫之所有公諱。《詩》、《書》不諱，臨文不諱，廟中不諱。夫人之諱，雖質君之前，臣不諱也。婦諱不出門，大功小功不諱。入竟而問禁，入國而問俗，入門而問諱。竟音境。

質，猶對也。無私諱，有公諱，尊歸於君也。《詩》、《書》、臨文不諱，爲其失事正也。廟中有事於高祖，則不諱曾祖。吕氏謂君前臣名，父前子名也。婦諱不出門，故夫人之諱，雖對君之前亦不諱也。大功、小功之親不諱，恩殺也。問禁、問俗、問諱，皆爲敬主人也。集鄭氏、吕氏。

外事以剛日，内事以柔日。凡卜筮日，旬之外曰遠某日，旬之内曰近某日。喪事先遠日，吉事先近日。

外事，郊外之事。内事，郊内之事。剛日：甲、丙、戊、庚、壬，陽日也。柔日：乙、丁、巳、辛、癸，陰日也。卜，用龜。筮，用蓍。吉事，人情之所欲，故先近日。喪事，人事之所不忍，故先遠日。集孔氏、馬氏。

曰爲日，假爾泰龜有常，假爾泰筮有常。卜筮不過三，卜筮不相襲。龜爲卜，筴爲筮。卜筮者，先聖王之所以使民信時日、敬鬼神、畏法令也。所以使民決嫌疑，定猶與也。故曰疑而筮之，則弗非也。日而行事，則必踐之。踐，古作善，今如字。

曰爲日而下，命龜、筮辭。假，因也。爾，指蓍、龜也。泰，大中之大也。褒美龜、筮爲泰也。有常，言吉凶不僭也。不過三，不敢瀆鬼神也。不相襲，不敢疑鬼神也。猶與，皆獸名，二獸進退多疑，人之多疑者似之，故謂之猶與。弗非，無非之者。日而行事則必踐之者，卜日而行事，則必踐用其日。集鄭氏、陳氏、吕氏説。

君車將駕，則僕執策立於馬前。已駕，僕展軨效駕。奮衣由右上，取貳綏，跪乘，執策分轡，驅之五步而立。君出就車，則僕并轡授綏，左右攘辟，車驅而騶至于大門，君撫僕之手，而顧命車右就車。門閭、溝渠必步。軨，力丁反。乘，繩證反。并，必政反。辟，扶亦反。騶，仕救反。

僕，御車者也。執策立馬前，監駕車也。展，省視也。軨，轄頭轊也。效，白於君也。貳綏者，僕登車授綏有二：正綏君所執以登車；貳綏則御與車右所執以登車也。跪乘者，僕試車，時君未出，未敢依常而立，故跪也。執策分轡者，御者六轡在手，今以一手執馬杖，以三轡置空手中，以三轡置杖手中也。驅之五步，調試之也。并轡、授綏者，并六轡置一手中，以一手取正綏，授君使登車也。左右攘辟，君登車而使左右從者避之也。車驅而騶者，君已登車而行，左右疾趨從之也。至大門而君撫止御者，令車右登車。車右，勇力之士，立車之右以衛君，備非常者也。門閭必步。防衝突；溝渠必步，防傾仆。步者，古謂車右至此下車而步。新安王氏謂馬緩行爲步。僕御君車，其節有五：將駕車，執策立馬前，一也；已駕，展軨效駕，二也；先上車，執策分轡驅之五步，三也；君出就車，并轡授綏，四也；車至大門，君撫僕手顧命車右就車，五也。吕氏。

凡僕人之禮，必授人綏。若僕者降等，則受，不然則否。若僕者降等，則撫僕之手，不然則自下拘之。拘，古侯反。

僕人，爲人御車也。故授登車者以綏。然必御者降等，乃受若敵體，則主人宜謙而不敢受其綏。又御者雖降等，亦必撫其手，少止之，示若不敢受，以示謙。若敵體不受而御者必以授，則當却手從御者手，下自拘取之，示終不敢受也。用孔氏説。

客車不入大門，婦人不立乘，犬馬不上於堂。

大門，最外之正門。客車不入大門，敬主人也。婦人不立乘，從安也。犬馬不上於堂，賤畜也。呂氏。

故君子式黃髮，下卿位。入國不馳，入里必式。

式黃髮，敬老也。下卿位，尊賢也。入國不馳，馳則人不得而辟也。入里必式，先人之居在焉也。合鄭氏、呂氏説。

君命召，雖賤人，大夫士必自御之。

奉君命而召，雖所召者賤，使者當親御之。横渠。

介者不拜，爲其拜而蓌拜。

蓌，猶言有所枝拄，謂着甲而拜，不利屈伸也。晦庵。蓌，子卧反。

祥車曠左，乘君之乘車，不敢曠左，左必式。

祥車，葬之乘車。曠左，空神位也。乘君之車者，王者五輅，君乘其一，餘四輅皆臣下乘之。不敢曠左，君存，惡空其位也。左必式，不敢安君之位也。集孔氏、呂氏、馬氏説。

僕御婦人，則進左手，後右手。御國君，則進右手，後左手而俯。

進左後右，使形微相背，遠嫌也。進右後左，以相鄉而俯，以敬也。合鄭氏、孔氏説。

國君不乘奇車，車上不廣欬，不妄指，立視五嶲。式視馬尾，顧不過轂。國中以策彗卹勿驅，塵不出軌。奇，居宜反。嶲，惠圭反。彗音遂，勿音没。

奇車，奇邪不正之車。廣欬，高聲大欬，驕矜驚衆。巂，規也，車輪轉一周爲巂。策彗，策取竹帚帶葉者。晦庵云疑謂策之彗，若今時鞭末韋帶耳。今從其説。蓋未必國中別易一策之帶竹葉者也。衈勿，搔摩狀，謂以策微近馬體，不欲令疾。軌，車轍也。不廣欬，爲驕矜。不妄指，爲惑衆。立視五巂，不至於逾遠。式視馬尾，不至於偪下。顧不過轂，不掩後人之私，驅車衈勿，不使塵飛，示國中以氣象閒暇也。集孔氏、方氏而補其餘。

國君下齊牛，式宗廟；大夫、士下公門，式路馬。乘路馬，必朝服，載鞭策，不敢授綏，左必式。步路馬，必中道。以足蹙路馬芻，有誅，齒路馬有誅。齊，側皆反。

齊牛，祭牲也。路馬，君之馬也。步路馬，習之也。齒謂量其年。誅，罰也。君敬宗廟，臣敬君。乘路馬、步路馬，教敬。蹙其芻誅，齒其年誅，預遠不敬。補。

曲禮下第二

凡奉者當心，提者當帶。奉，芳勇反。

奉者承以二手，提者挈以一手。奉必仰手當心，提必屈臂當帶。

執天子之器則上衡，國君則平衡。大夫則綏之，士則提之。綏音妥。

衡謂與心平，上衡則高於心，彌敬。綏之謂下於心，提之又在綏之下。人愈貴則執其器愈恭。方氏。

凡執主器，執輕如不克。執主器，操幣圭璧，則尚左手，行不舉足，車輪曳踵。立則磬折垂佩，主佩倚則臣佩垂，主佩垂則臣佩委。

主器，君之器也。尚左手以爲容，以右手在下，防失墜也。車輪曳踵，不舉足而如車輪之曳地而行也。磬折，身曲折如磬也。倚，謂佩附於身，小俛則垂大，俛則委於地。此明持奉手足之儀。及授受時禮，臣常愈恭於君也。本鄭氏、孔氏。

執玉，其有藉者則裼，無藉者則襲。

左袒曰裼，掩而不開曰襲。玉之用雖殊，其有藉則一。禮言有藉則裼，無藉則襲。何也？玉有以繅爲藉，有以束帛爲藉。繅藉所以飾之，束帛藉所以將之。此説特施於束帛之藉。裼者尚文，與有藉相稱。襲者尚質，與無藉相稱。用馬氏説補。

國君不名卿老、世婦，大夫不名世臣、姪、娣，士不名家相、長妾。

卿老，上卿也。世婦謂兩媵，次於夫人，貴於諸妾。世臣，父時老臣。姪，妻之兄女。娣，妻之妹。皆從妻來爲妾者。家相，助知家事者。長妾，士有二妾，長妾當爲娣。臣妾之長者不名，别貴賤也。蓋以禮敬之而不敢慢。吕氏。

君大夫之子，不敢自稱曰「予小子」。大夫、士之子，不敢自稱曰「嗣子某」，不敢與世子同名。

國君與大夫之子不敢稱「予小子」，避嗣天子之稱也。大夫與士之子不敢稱「嗣子」，避嗣諸侯之稱也。不與諸侯之世子同名，避僭儗也。合王氏、吕氏、鄭氏。

君使士射，不能則辭以疾，言曰「某有負薪之憂」。

射，男子之事，古者人人能之。偶不能，則以疾辭，不敢以不能辭。負薪，賤者事。士云者，謙辭。言疾而憂，無力負薪。用吕氏、范氏補。

侍於君子，不顧望而對，非禮也。

顧望，坐中。不敢率爾先對。孔氏。

君子行禮，不求變俗。祭祀之禮，居喪之服，哭泣之位，皆如其國之故。謹脩其法而審行之。

因其俗之故常而行禮，則不煩而易爲力。所謂國之故者，言其故之所自來，皆有祖述，特在乎謹修其法而審行之，使不失其故爾。游氏。

去國三世，爵禄有列於朝，出入有詔於國。若兄弟宗族猶存，則反告於宗後。去國三世，爵禄無列於朝，出入無詔於國。唯興之日，從新國之法。

有列於朝，謂已雖去國已久，而君不絶其祖祀，復立其後也。詔，猶告，謂與卿大夫凶吉往來猶赴告也。宗後，大宗之後，有事反告于宗後，不忘親也。興謂起爲卿大夫，若本國已無列無詔，亦必仕於新國，而後從新國之制，厚之至也。皆所以重其本也。用鄭氏、孔氏説。

君子已孤不更名，已孤暴貴，不爲父作謚。

名，父所命，已孤更之不忍也。謚者，列平生德行作美號，暴貴不爲父謚者，子事父無貴賤，忽爲父謚，似鄙父賤，非所以敬親也。合鄭氏、孔氏、吕氏説。

居喪未葬，讀喪禮；既葬，讀祭禮；喪復常，讀樂章。居喪不言樂，祭事不言凶，公庭不言婦女。

各於其時。鄭氏。

振書、端書於君前有誅，倒筴、側龜於君前有誅。

振，去塵也。端，正也。筴有本末，故曰倒。龜有背面，故曰側，皆謂甫省視之。臣不豫事，皆宜誅責。孔氏。

龜筴、几杖、席蓋、重素、袗絺綌不入公門。苞屨、扱衽、厭冠不入公門。書方、衰、凶器不以告不入公門。苞，白表反。扱，初洽反。厭，於涉反。衰，七雷反。

龜筴，嫌問國家吉凶。几杖，嫌自長老。席所以坐，蓋所以禦日與雨，皆燕安之具。重素，衣裳皆素。袗，單也。袗絺綌，肉露見爲不敬，故不入公門。苞，藨也。扱上衽，孝子未成服之飾。厭，猶伏也。吉冠有纚有梁，而喪冠無之，曰厭冠，皆喪具也，故不入公門。書，謂條録送死之物，用方板書之，曰書方。衰，謂喪服。凶器，謂棺。凡謂臣妾有死於宮者，不告於君，則不以入公門。

公事不私議。

公事公言。補。

君子將營宫室，宗廟爲先，廐庫爲次，居室爲後。凡家造，祭器爲先，犧賦爲次，養器爲後。無田禄者不設祭器，有田禄者先爲祭服。君子雖貧，不粥祭器；雖寒，不衣祭服。爲宫室不斬於丘木。養，羊尚反。粥音育。衣，於既反。

家造，大夫始造家事也。犧賦，古注謂以税出牲。胡氏謂總言牲爾。竊意養犧牲所賦用之器具，故總於家造，次於祭器歟。粥，賣也。丘，冢也。言禮者，必以祭祀爲先。營宫室者，必以宗廟爲先。造器者，必以祭器爲先。始有田禄者，必以祭服爲先，此言富貴首念祖先。不粥祭器，不衣祭服，不斬丘木，此言雖貧亦堅忍，而不敢違祖先。用吕氏説補。

大夫、士去國，祭器不踰竟。大夫寓祭器於大夫，士寓祭器於士。

覬己復還。鄭氏。

大夫、士去國，踰竟，爲壇位，鄉國而哭。素衣，素裳，素冠，徹緣，鞮屨，素簚，乘髦馬，不蚤鬋，不祭食，不説人以無罪。婦人不當御，三月而復服。緣，悦絹反。鞮，都兮反。簚，莫曆反。髦音毛，蚤音爪。鬋，子淺反。

鞮屨，無絇之菲，絇，求俱反，絇之言拘，用繒一寸，屈之着屨，爲行戒也。素簚以白狗皮爲覆笭也。髦馬，不鬊落也。蚤，讀爲爪，治手足爪也。鬋，剔治鬚髮也。大夫、士失位去國，無禄以祭，故以喪禮處之，爲壇位而哭，衣、冠、裳以素，輿馬不飾，食不祭，内不御，心喪之禮也。以己無罪而説於人，則君有罪矣。君子不忍爲，厚之至也。吕氏。

大夫、士見於國君，君若勞之，則還辟再拜稽首；君若迎拜，則還辟不敢答拜。辟，婢亦反。

還辟，逡巡也。嫌與君亢賓主之禮。鄭氏。

大夫、士相見，雖貴賤不敵，主人敬客則先拜客，客敬主人則先拜主人。

相見貴於相下，相下貴於相先。馬氏。

凡非弔喪，非見國君，無不答拜者。大夫見於國君，國君拜其辱；士見於大夫，大夫拜其辱；同國始相見，主人拜其辱。君於士，不答拜也，非其臣則答拜之。大夫於其臣，雖賤必答拜之。男女相答拜也。

非弔喪及見國君，凡拜皆答。又惟非其臣及男女，則相答拜。

國君春田不圍澤，大夫不掩群，士不取麛卵。

麛，鹿子。此明貴賤，田獵不同，皆禁盡物，位愈卑者，禁愈嚴。春方字乳之時，尤在所禁。孔氏、方氏。

歲凶，年穀不登，君膳不祭肺，馬不食穀，馳道不除，祭事不縣；大夫不食粱，士飲酒

不樂。 縣音玄

膳,美食名。盛食必祭,周人重肺,故先祭肺。馳道,如今御路。除,謂除治草萊也。縣,樂器,鍾磬之屬,縣之而擊者也。粱,加食也。大夫食黍稷,以粱爲加。不祭肺不殺也。不食穀,芻秣而已也。不除道,爲妨民示簡省也。祭不縣,食不加粱,雖飲酒而不用樂。凡謂君、大夫、士皆爲歲凶自貶損,憂民也。合鄭氏、孔氏説。

君無故玉不去身,大夫無故不徹縣,士無故不徹琴瑟。

玉謂佩,縣謂樂。故,謂災患、喪病。憂樂不相干。鄭氏。

士有獻於國君,他日君問之,曰「安取彼」?再拜稽首而后對。大夫私行出疆,必請,反必有獻。士私行出疆,必請,反必告。君勞之則拜,問其行,拜而后對。

私行,謂以己事。問其行,謂道中無恙及所經過。雖士有獻,皆所以達臣子共養君親之誠,必請必告,猶子於親出必告,反必面,止言告者,不必有獻也。君勞問,必拜,亦起敬也。呂氏、陳氏、鄭氏。

國君去其國,止之曰「奈何去社稷也」!大夫曰「奈何去宗廟也」!士曰「奈何去墳墓也」!國君死社稷,大夫死衆,士死制。

衆謂軍帥,制謂君教令,所使爲之。臣民各止其君使勿去,忠厚之至也。以社稷、宗廟、墳墓爲言者,皆指其所本也。君之有社稷,受命於天子。大夫之衆,士之制,受命於君，故皆以死守之。呂氏。

君天下曰「天子」，朝諸侯、分職、授政、任功，曰「予一人」。踐阼，臨祭祀，內事曰「孝王某」，外事曰「嗣王某」。臨諸侯，畛於鬼神曰「天王某甫」。畛，之忍反。

畛，古注致也。呂氏曰：畛於鬼神，猶畦畛之相接然，言交際也。方氏：畛，蓋田間道。祭於畛謂之畛，猶祭於郊謂之郊。蓋若巡守，望秩山川也。君天下曰「天子」，言天無所不覆也。朝見諸侯，分人以職，任人以政，任人以功，曰「予一人」，謙抑自卑，猶言孤與寡人也。內事宗廟故云「孝」，外事郊社故云「嗣」。某爲天子名，鬼神在諸侯竟內，天子不親祀，曰「天王某甫」者，有司不敢名君也。呂氏、孔氏。

崩，曰「天王崩」，復曰「天子復矣」。告喪，曰「天子登假」。措之廟，立之主，曰「帝」。假音遐。

復，始死時招魂辭。遐，遠也。呂曰：假，至也。猶《詩》謂來假。《莊子》亦云「登假於道」。先儒以假爲遐音，恐未然也。立主曰「帝」，同之天神。鄭氏、呂氏。

天子未除喪，曰「予小子」。生名之，死亦名之。

適嗣於初喪，未忍即受天王之稱，生死皆名之曰小子王。孔氏、呂氏。

天子有后，有夫人，有世婦，有嬪，有妻，有妾。

后，後也。廣後嗣也。后以配天子。夫，扶也，扶持於君也。夫人視三公，故名與諸侯之妃同。婦，服也，服事君子也。世婦視大夫，故名與大夫妻同。妻，齊也，進御有齊同之義也。御妻視元士，故名與士之妻同。嬪，婦人美稱，九嬪於昏義視九卿，位在世婦上，此在世婦下者，異代之制也。妾，接也，得接見於君子也。孔氏、呂氏。

天子建天官，先六大，曰大宰、大宗、大史、大祝、大士、大卜，典司六典。天子之五官曰司徒、司馬、司空、司士、司寇，典司五衆。天子六府曰司士、司木、司水、司草、司器、司貨，典司六職。天子之六工曰土工、金工、石工、木工、獸工、草工，典制六材。五官致貢曰享。

此殷制也。殷人尚神，大宗以下皆事鬼神。奉天時之官，總謂之天官。大宰代天工者也，大宗掌事鬼神者也，太史掌正歲年者也，大祝所以接神，大士即周之司巫，所以降神，大卜主問龜，所以求神者也。又置地官，以象地之五行。司徒之衆六鄉、六遂也，司馬之衆六軍也，司徒之衆百工也，司寇之衆士師、司隸也。司士於周爲夏官之屬，此別出司士爲一官，以掌群臣之版，及卿大夫、庶子之數，所統亦衆也。而承之以六府、六工，則變化養吾民者，莫不備矣。六府與藏六者之入，六工飭六者之材，以爲器貢功也。享，獻也。歲終則司徒以下五官各致其功以獻於王，故謂之享。然則六府、六工皆屬於五官者也。用鄭氏、呂氏、劉氏、之說補。

五官之長曰伯，是職方。其擯於天子也，曰天子之吏。天子同姓謂之伯父，異姓謂之伯舅，自稱於諸侯曰天子之老，於外曰公，於其國曰君。

伯，長也。二伯爲内外官之長，雖主治諸侯而處於内。是職方者，言二伯於是職主當方之事，如周公左，召公右，各主治其方也。二伯即唐、虞之四岳。此云「五官之長曰伯，是職方」者，乃殷人之制，猶周官立三公三孤於六卿之上者也。擯者，傳辭於天子之人。吏者，治事之稱，謙辭也。天子謂之伯父、伯舅，尊辭也。老者，年長之稱，亦謙辭也。公以爵稱，君以位稱，内外之辨也。用孔氏、方氏、吕氏而補其餘。

九州之長入天子之國曰牧。天子同姓謂之叔父，異姓謂之叔舅，於外曰侯，於其國曰君。

每一州之中，天子選諸侯之賢者以爲之牧，牧，養也。言能養一州之人，實一州之長也。内之長五官者，統爲之長。外之長九州者，各爲之長。稱曰叔父、叔舅，次於内之伯也。侯其本爵，君其臨本國之稱。集鄭氏、孔氏、方氏之説。

其在東夷、北狄、西戎、南蠻，雖大曰子，於内自稱曰不穀，於外自稱曰王老。

此謂九州之外之長也，故雖疆域之大，爵不過子。自稱不穀者，謙辭，穀，猶長也。不稱寡人，辟中國諸侯也。自稱王老，榮中國之命以鎮乎四夷也。鄭氏、吕氏、劉氏。

庶方小侯，入天子之國曰某人，於外曰子，自稱曰孤。

亦九州之外也。以其非長，故曰庶方，以其非大，故曰小侯，於外曰子者，稱之以爵。出外則伸故也。自與其臣民言曰孤，孤者，特立無德能之稱，謙辭也。用方氏、孔氏說。葉氏以爲附庸，恐非。恐附庸不自達於天子，亦無子男之爵。

天子當依而立，諸侯北面而見天子，曰覲。天子當宁而立，諸公東面，諸侯西面，曰朝。依，於豈反。見，賢遍反。宁，珍吕反。

依，狀如屏風，以絳爲質，高八尺東西當户牖之間，繡爲斧文，亦曰斧依。依即扆也。宁者，正門内兩塾間曰宁。於門外宁立以待諸侯之至，故曰宁。宁即著也。當依而立，秋覲也。秋主揫歛，故入而當依。諸侯一於北面，不布散也。當宁而立，春朝也。春主發散，故出而當宁。公侯分於東西，布散兩處也。公位尊，故立於西，以賓禮待也。侯位卑，立於東，臣統於君也。孔氏、陳氏、方氏、慮氏。

諸侯未及期相見曰遇，相見於郤地曰會。諸侯使大夫問於諸侯曰聘，約信曰誓，涖牲曰盟。卻，丘逆反。

郤，謂竟上閑郤之地，會於此，不以病主國之人也。遇不期而會，其禮略。會，期而會，其禮詳。久無事則聘，聘問也。誓約之淺，盟約之深。盟非治世事也。凡皆諸侯交鄰之禮，似言春秋之世。本孔氏、吕氏、方氏說。

諸侯見天子曰臣某侯某。其與民言，自稱曰寡人。

臣，君前之稱。上某指國言，下某指名言，臣某侯某如曰臣齊侯小白也。寡人，寡德之人，謙辭。用孔氏、呂氏說。

其在凶服曰適子孤。臨祭祀内事曰「孝子某侯某」，外事曰曾孫某侯某。適音的。

適子，明其嗣。孤，明在喪。外事謂社稷山川，曾孫，謂是父祖重孫。孔氏、呂氏。

死曰薨。復曰某甫復矣。既葬，見天子曰類見，言謚曰類。

復曰某甫，呼其字以招魂，冀復生也。既葬見天子與請謚，皆曰類。以非朝聘之常，故謂之類。如祀天而非郊者曰類于上帝之類，故古注以類爲象。本陳氏說。

諸侯使人使於諸侯，使者自稱曰寡君之老。使於使者，並色吏反。

老以年長稱，比於家臣之長，亦謙詞。本呂氏說。

天子穆穆，諸侯皇皇，大夫濟濟，士蹌蹌，庶人僬僬。濟，子禮反。蹌，七良反。僬，子妙反。

穆穆，雍容深厚貌。濟濟，修飾齊一貌。蹌蹌，翔舉舒揚貌。僬僬，卑盡而不爲容止之貌。凡行容，尊者重且舒，卑者輕且遽。呂氏。

天子之妃曰后，諸侯曰夫人，大夫曰孺人，士曰婦人，庶人曰妻。妃，芳非反。

妃，配也。諸侯以下通有配義，故以妃字冠之。后有君道，夫人有爲小君而人事之義。孺言屬，婦言服，妻言齊。合孔氏、方氏說。

公、侯有夫人，有世婦，有妻，有妾。夫人自稱於天子曰老婦，自稱於諸侯曰寡小君，

自稱於其君曰小童。自世婦以下，自稱曰婢子。子於父母，則自名也。

公、侯貶於天子，無后與嬪。去上中，降殺以兩。自稱於天子，謂畿內諸侯之夫人助祭，若時事見。自稱於諸侯，謂饗來朝之時。小童，若云未成人。婢之言卑，於父母自名，似亦主婦人而言名，自幼名，父母所名，故不敢有他稱。用鄭氏、吕氏説補。

列國之大夫入天子之國，曰某士，自稱曰陪臣某。於外曰子，於其國曰寡君之老，使者自稱曰某。

陪，重也。天子臣諸侯，諸侯臣大夫，故諸侯之大夫於天子曰陪臣某，士之某，國名也。某士如云晉士起也。外，謂他國使者自稱曰某，以其爲陪臣之使，故所稱如此。孔氏、陳氏、吕氏、方氏

天子不言出，諸侯不生名，君子不親惡。諸侯失地，名；滅同姓，名。

此《春秋傳》凡例之説，而漢儒祖之，於《春秋》經不盡合。補。愚按：趙鵬飛《春秋》僖公二十五年衛侯燬滅邢，解云：《春秋》滅同姓者有矣，未嘗名。楚子虔、蔡侯殺之，此非同姓，何以反名。《春秋》書名自有褒貶，非謂滅同姓也。且書滅，其惡自著，而同姓非同姓，後世自辨，不在書名而後知。此傳授之誤，而後世沿之。《曲禮》遂曰諸侯失地，名；滅同姓，名。蓋《小戴禮》多漢儒雜説，其書出於三傳之後，有援《春秋》三傳而立文者。如《王制》稱東夷、北狄、西戎、南蠻，雖大曰「子」，彼見吳、楚之強，《春秋》皆書子爾。

而北燕在北狄，秦本西戎，何以書伯？此附《春秋》以立文，而不合者一也。《曲禮》稱諸侯失地，名。彼見穀伯綏來朝，鄧侯吾來朝，傳曰失地之君也。而郕伯來奔，郜子來朝，傳亦曰失地之君，何以不名？此附三傳以立文，而不合者二也。又稱天子不言出，彼見天子居于狄泉不書出，而天王出居于鄭何以書出？此附《春秋》以立文，而不合者三也。又曰諸侯不生名，彼見蔡侯考父、鄭伯寤生之類皆卒而稱名，而衛侯朔、鄭伯突何以未死而書名？此附《春秋》而不合者四也。又曰諸侯未及期相見曰遇。彼見傳釋書遇之説曰，遇者不期也。而公會衛侯于桃丘，弗遇，亦可謂未及期乎？又曰相見於郤地曰會，彼春秋之會無常地，因曰郤地。而會于齊、于宋，亦郤地乎？況《春秋》會遇非治世之禮，非《周禮》所謂因朝而會遇者也。特侯度不謹，時出以謀其私，而豈可以《春秋》諸侯會遇爲法哉？此附《春秋》而不合者五也。其他固不殫舉。今衛燬滅邢，而《曲禮》舉以爲典訓，又誤之大者。

爲人臣之禮，不顯諫，三諫而不聽，則逃之。子之事親也，三諫而不聽，則號泣而隨之。

君臣義合，不可則去。父子天合，不可逃，號泣而隨，以冀改悟。鄭氏、孔氏。

君有疾飲藥，臣先嘗之；親有疾飲藥，子先嘗之。醫不三世，不服其藥。

愼疾也。

儗人必於其倫。 儗，魚起反。

儗，猶比。倫猶類，不以其類則褻。鄭氏。

問天子之年，對曰：「聞之，始服衣若干尺矣。」問國君之年，長曰「能從宗廟社稷之事矣」。幼曰「未能從宗廟社稷之事也」。問大夫之子，長曰「能御矣」。幼曰「未能御也」。問士之子，長曰「能典謁矣」。幼曰「未能典謁也」。問庶人之子，長曰「能負薪矣」。幼曰「未能負薪也」。

若干，數未定之辭。孔氏謂若如也；干，求也，言事不定，常如此求之也。方氏謂干猶數也，數其多少。故曰干；方約其數，故曰若。御，射御之御，古註以爲主其事。典謁，典主請謁。天子不可斥言，故言衣之長短，則知其年之長幼。國君以下皆言其能，凡皆謂幼小新立，遠人未知，而有問者設。本鄭氏、吕氏、孔氏。

問國君之富，數地以對山澤之所出。問大夫之富，曰「有宰食力，祭器、衣服不假」。問士之富，以車數對。問庶人之富，數畜以對。 數，色主反。畜，許六反。

有宰，謂有采邑之宰。食力，謂食民之賦税。數地以對山澤所出，蓋國君制賦有常，惟山澤所産無常，故數其所出以對。曰有宰，見其不親猥務。曰食力，見其不爭民利；曰祭器、衣服不假，見其不侈於奉己而厚於奉先。士以車數，見命賜之厚。庶人數畜，見畜牧之勤。君子不苟於求富，問對之間有深意寓焉。應氏。

天子祭天地，祭四方，祭山川，祭五祀，歲徧。諸侯方祀，祭山川，祭五祀，歲徧。大夫祭五祀，歲徧。士祭其先。

四方，句芒在東，祝融、后土在南，蓐收在西，玄冥在北。方祀，各祀其方。五祀，春祭户，夏祭竈，季夏祭中霤，秋祭門，冬祭行。

凡祭，有其廢之，莫敢舉也；有其舉之，莫敢廢也。非其所祭而祭之，名曰「淫祀」。淫祀無福。

謹常祀而毋瀆禮。陳氏。

天子以犧牛，諸侯以肥牛，大夫以索牛，士以羊豕。索，於白反。

犧，純毛。肥，養於滌。索，求得而用之。以肥則不必犧。索取具而已，又不必肥。以羊、豕者，或以羊或以豕。鄭氏、方氏説補。滌養，牲官也。

支子不祭，祭必告于宗子。

所以嚴宗廟，合族屬。呂氏。

凡祭宗廟之禮，牛曰一元大武，豕曰剛鬣，豚曰肥腯，羊曰柔毛，雞曰翰音，犬曰羹獻，雉曰疏趾，兔曰明視；脯曰尹祭，槀魚曰商祭，鮮魚曰脡祭；水曰清滌，酒曰清酌，黍曰薌合，粱曰薌萁，稷曰明粢，稻曰嘉蔬，韭曰豐本，鹽曰鹹鹺；玉曰嘉玉，幣曰量幣。腯，徒忽反。翰，户旦反。脡，他頂反。量音亮。

元，頭也。武，迹也。腯，充貌也。翰音，飛鳴也。羹獻者，犬，下牲，其形聲不足言，羹之而獻則犬之肥也。疏趾者，雉肥則兩足疏開也。明視者，兔肥則目開而視明也。自牛至兔八物，皆取其肥。尹祭者，脯截，截方正而用之。尹，正也。商祭者，乾魚商度燥濕得中而用之。槀，乾也。脡祭者，鮮魚煑熟直陳之也。合，言氣；萁，言幹；粢，言實；蔬，言苗。大鹹曰鹺，量者，度量。禽獸之獻以肥腯爲美，魚腊鮮槀以得宜爲美，水與酒以清潔爲美，黍稷稻粱以馨香明潔爲美，韭以苗之盛爲美，鹽以味之厚爲美，玉以不瑕爲美，幣以可制爲美。祝辭皆舉其美而言，言於物，不敢不盡。呂氏。

天子死曰崩，諸侯曰薨，大夫曰卒，士曰不禄，庶人曰死。在牀曰尸，在棺曰柩。音舊。

崩者，若天形墜下之名。薨者，崩之餘聲。卒，終也。全而歸之之義。不禄，傷其不幸之辭。死之言澌，精神澌盡。死本尊卑之所同，尊者嫌褻而異其名，至庶人窮矣，不可有異名而直曰死。尸，陳也。柩，究也。合鄭氏、孔氏、呂氏説。

羽鳥曰降，四足曰漬。死寇曰兵。

降，落也。鳥，飛物，死則降落。漬謂相染漬而死。兵者，死於寇難之稱。

祭王父曰皇祖考，王母曰皇祖妣；父曰皇考，母曰皇妣；夫曰皇辟。婢亦反

王父，祖父也。王母，祖母也。皇，君也，尊之有君道。考成也，言德行之成也。妣，

比於考。辟，法夫者，妻所取法也。

生曰父，曰母，曰妻。死曰考，曰妣，曰嬪。壽考曰卒，短折曰不禄。折，市設反。

嬪，婦人有法度者之稱。蚤死曰短，中絶曰折。生主親，死主敬。老而死則盡也。少而死不幸。用陳氏補。

天子視，不上於袷，不下於帶。國君綏視，大夫衡視，士視五步。凡視，上於面則敖，下於帶則憂，傾則姦。袷音劫，綏音妥。

袷，交領也。綏視，下於面上於袷。衡視，平面。視以下爲柔。天子至尊，故臣視之目不過袷。國君則上於袷，大夫平視，士則可旁視五步。凡視，仰則敖，俯則憂，傾則心不正。鄭氏、孔氏。

君命，大夫與士肄，在官言官，在府言府，在庫言庫，在朝言朝。肄，以二反。

肄，習也。言，議也。官，公家。府，九府。庫，武庫。朝，朝廷。肄習所行之事，各有其處，志無所分，政無不舉。鄭氏、陳氏、吕氏。

朝言不及犬馬。輟朝而顧，不有異事，必有異慮。故輟朝而顧，君子謂之固。在朝言禮，問禮，對以禮。

朝者，人臣早見君之稱。受朝之所，必有廷，故謂之朝廷。固謂野陋。朝言惟在政，朝事惟敬在君。朝言無所不用禮。本吕氏、鄭氏説。

大饗不問卜，不饒富。

大饗，冬至日祀天，夏至日祭地。日月素定，故不問卜。掃地而祭，陶匏秸席，故不饒富。用吕氏説。方氏謂饗賓客。葉氏謂饗明堂。

凡摯，天子鬯，諸侯圭，卿羔，大夫鴈，士雉，庶人之摯匹。童子委摯而退。野外軍中無摯，以纓、拾矢可也。婦人之摯，椇、榛、脯、脩、棗、栗。 摯音至。匹依注音。鶩，鴨也。椇，俱羽反。

摯，至也。以物告至也。鬯，釀黑黍爲酒，芬芳調暢也。圭者，玉有圭有璧，圭鋭以象天之用；璧圓以象天之體。諸侯惟公、侯、伯用圭，不言璧，該之也。纓，馬鞅。拾，射韝矢箭也。椇，白石李。脯，腊肉。脩，肉加薑桂乾之。天子無客禮，惟用鬯於鬼神以告。至諸侯執圭朝王，及相朝聘以表至。羔羊群而不黨，卿執之。鴈飛翔有列，大夫執之。雉以死守，士執之。匹爲鶩，鶩不能飛騰，庶人執之。童子之摯束脩，委而退，不與成人爲禮也。野外軍中或纓或拾或矢，隨所有。婦人惟初嫁有摯，以見舅姑，椇、榛取其循法度，脯脩取其治己齊家，棗栗取其夙夜在公而謹肅。禮云：無辭不相接也，無禮不相見也，欲民之無相瀆也。故貴至於邦君，賤至於庶人，以至婦人童子，相見不依贄，不足以爲禮。贄而不稱德，不足以爲義。鄭氏、吕氏、孔氏、陳氏。

納女於天子，曰備百姓；於國君，曰備酒漿；於大夫，曰備埽灑。 埽，悉報反。灑，所買反。

姓之言生也。天子皇后以下百二十人，廣子姓也。不敢以伉儷自期，願備媵妾之數，謙辭也。於諸侯惟酒食是議，於大夫願爲箕帚妾。愈降愈自卑。備者，備其乏。凡皆致女於人之辭。鄭氏、孔氏、吕氏、方氏。

卷十五

讀禮記二

檀弓上第三

公儀仲子之喪，檀弓免焉。仲子舍其孫而立其子。檀弓曰：「何居？我未之前聞也。」趨而就子服伯子於門右，曰：「仲子舍其孫而立其子，何也？」伯子曰：「仲子亦猶行古之道也。昔者文王舍伯邑考而立武王，微子舍其孫腯而立衍也。夫仲子亦猶行古之道也。」子游問諸孔子，孔子曰：「否，立孫。」免音問，舍音捨，居音姬，陸如字。

免，五世親之服，以布廣一寸從項中而前交於額上，又御向後繞於髻。居，齊、魯間語助。子服伯子，魯仲孫蔑之玄孫子服景伯。古者死他邦，無親則朋友爲之袒免。仲子舍嫡孫立庶子，檀弓譏其父兄不能正，猶無親也，故爲之服以示其親而問焉。伯子爲其親隱，故謂行古道，以武王、微子爲證。然文王立武王，權也；微子適子死，立其弟衍【一】，

校勘記

【一】立其弟衍　「衍」原作「行」，據《禮記·檀弓上》改。

殷禮也。孔子曰「立孫」，據周禮。用鄭氏、馬氏説。

事親有隱而無犯，左右就養無方，服勤至死，致喪三年。事君有犯而無隱，左右就養有方，服勤至死，方喪三年。事師無犯無隱，左右就養無方，服勤至死，心喪三年。養以尚反

隱，謂不言其過。犯，謂犯顔而諫。方，猶所。致喪，盡其至也。方喪，比方於父也。於親致喪，恩厚而服重也。於君方喪，資於事父而敬同也。於師心喪，如父喪而無服也。於養言左右，則養無所不至矣。於勤言至死，則勤無時或已矣。民生於三，事之如一。事親幾諫，事君直諫。父師之養無方，隨其所至。君之養有方，以事之者非一人，不可侵官。此則各稱其情而不同。本鄭氏、陳氏、方氏補。

季武子成寢，杜氏之葬在西階之下，請合葬焉，許之。入宮而不敢哭。武子曰：「合葬，非古也。自周公以來，未之有改也。吾許其大而不許其細，何居？」命之哭。

武子，魯公子季友之曾孫季孫夙。許其大，謂聽其葬階下。許其細，謂命之哭。季武子夷人冢墓以爲宅，及杜氏欲合葬，則文過，謂合葬非古。我成寢之時，以此冢墓，不須合葬，故平之以爲寢。今合葬，則許之，許其葬矣，亦許其哭。本鄭氏、孔氏説。

子上之母死而不喪。門人問諸子思，曰：「昔者子之先君子喪出母乎？」曰：「然。」「子之不使白也喪之，何也？」子思曰：「昔者吾先君子無所失道，道隆則從而隆，

道汙則從而汙。伋則安能？爲伋也妻者，是爲白也母；不爲伋也妻者，是不爲白也母。」故孔氏之不喪出母，自子思始也。

子上名白，孔子曾孫子思名伋之子。汙，猶下。禮爲出母期，爲父後者不服。孔子許伯魚喪出母，子思不許子上喪出母。聖人則處情，子思則守禮。子思答門人之問，自諉於道有隆汙，不能及聖人。鄭氏、橫渠。

孔子曰：「拜而后稽顙，頽乎其順也。稽顙而后拜，頎乎其至也。三年之喪，吾從其至者。」頎音懇，又音畿。

稽顙，頭觸地，無容。拜而后稽顙，先致敬也。稽顙而後拜，先致哀也。三年之喪，當先稽顙。用陳氏説。

孔子既得合葬於防，曰：「吾聞之，古也墓而不墳。今丘也，東西南北之人也，不可以弗識也。」於是封之，崇四尺。孔子先反，門人後，雨甚至，孔子問焉，曰：「爾來何遲也？」曰：「防墓崩。」孔子不應。三，孔子泫然流涕，曰：「吾聞之，古不脩墓。」泫，胡犬反。

土高曰墳，聚土曰封。先反，脩虞祭也。孔子以不常在鄉，慮久而還不知葬處，故封之高四尺以記。偶雨而崩，故傷之而流涕。用孔氏説。

孔子哭子路於中庭，有人弔者，而夫子拜之。既哭，進使者而問故。使者曰：「醢之

矣！」遂命覆醢。

衛出公輒之變，子路死之。事見《左傳》哀公十五年。有弔者而拜之，孔子爲之主也。聞子路醢而命覆醢，不忍食也。鄭氏。

曾子曰：「朋友之墓，有宿草而不哭焉。」

宿草，陳根，謂經年。生物既變，慕心可已。爲師心喪三年，爲朋友期也。方氏、鄭氏。

子思曰：「喪三日而殯，凡附於身者，必誠必信，勿之有悔焉耳矣。三月而葬，凡附於棺者，必誠必信，勿之有悔焉耳矣。喪三年，以爲極，亡則弗之忘矣。故君子有終身之憂，而無一朝之患。故忌日不樂。」

三日殯，三月葬，送終之具無不備盡。喪三年而極，而死者之形雖亡，生者之心終其身弗忘，故忌日不樂。無一朝之患，謂毀不滅性。鄭氏、方氏。

孔子少孤，不知其墓，殯於五父之衢。人之見之者，皆以爲葬也。其慎也，蓋殯也。問於郰曼父之母，然後得合葬於防。父音甫。慎，古作羊刃反。山陰陸氏讀如字。郰，側留反，又作鄹。

鄭氏讀慎爲引，謂葬時引柩飾棺以柳翣，殯引以輴。孔子父叔梁紇與顔氏女徵在野合而生孔子，徵在恥焉，不告以父之墓處。孔子殯於衢，如葬而引，則用殯之引。使人怪而問之，以得其父之墓處。愚按《家語》明載顔父擇壻而妻叔梁紇。叔梁紇魯賢大夫，豈有野合之事？史明言禱於尼丘山，生孔子。豈有野合而禱神求子之事？此篇亦明言問於郰曼父之母，亦豈有外人反怪而問孔子之事？況徵在不恥爲叔梁紇之妻，反恥言叔梁紇之墓，豈人情乎？竊意古者墓而不墳，與山地俱平。孔子少孤，莫識其父墓之所在，故母死先殯之，問鄰母得墓所在而後合葬之。陸農師以慎讀如字，訓誠。張横渠亦謂其殯周密如葬，皆得之矣。鄭氏改慎爲引，蓋惑於野史鄙説，不知孔子決無飾僞爲鈎鉅之術，以不言餂人，反揚父母之過也。補。

鄰有喪，舂不相；里有殯，不巷歌。喪冠不緌。 相去聲。緌又作綏，耳佳反。

相，以聲相助。緌，冠纓，所謂蟬有緌，亦作綏。不相，不歌助哀，不緌去飾。鄭氏。

有虞氏瓦棺，夏后氏堲周，殷人棺椁，周人牆置翣。周人以殷人之棺椁葬長殤，以夏后氏之堲周葬中殤、下殤，以有虞氏之瓦棺葬無服之殤。 堲，子栗反。椁音郭。翣，所甲反。長，丁丈反。

火熟曰堲，堲周謂燒土冶以周於棺。以木爲椁周於棺，如城之有郭。牆，柳衣也。牆以帷柩而周圍如牆。翣，羽扇也。翣以飾棺而翼蔽如羽。蚤死者，十六至十九爲長殤，十二至十五爲中殤，八歲至十一爲下殤，七歲以下爲無服之殤。《易·繫辭》云：「古之葬者，厚衣之以薪。」有虞氏始用瓦棺，至夏后氏廼以堲周。殷人尚梓，始以木爲棺椁，周人又飾之以牆，置翣爲美觀。蓋世愈久而禮愈備，長殤而下，死者愈少則禮愈殺。鄭氏、孔氏、馬氏、方氏。

夏后氏尚黑，大事斂用昏，戎事乘驪，牲用玄。殷人尚白，大事斂用日中，戎事乘翰，牲用白。周人尚赤，大事斂用日出，戎事乘騵，牲用騂。斂，力驗反。驪，力知反。翰，胡旦反。騂，息營反。

大事，謂喪。翰，白色馬。三代所尚色不同，夏尚黑，殷尚白，周尚赤，喪與戎祀皆大事，色各如之。用孔氏補。

穆公之母卒，使人問於曾子曰：「如之何？」對曰：「申也聞諸申之父曰：『哭泣之哀，齊、斬之情，饘粥之食，自天子達。布幕，衛也。縿幕，魯也。』」齊音咨。饘，之然反。縿音綃，與消同音。

穆公，魯哀公曾孫。曾子名申，曾參之子。有聲曰哭，無聲曰泣。爲母齊，爲父斬。厚曰饘，希曰粥。幕，覆棺縿縑也。父母之喪，貴賤不殊。所以自天子達，若布幕，用布而已。縿幕，則有旓以參之者。兼言魯、衛，欲其以文質自參酌而用之也。方氏。

晉獻公將殺其世子申生。公子重耳謂之曰：「子蓋言子之志於公乎？」世子曰：「不可。君安驪姬，是我傷公之心也。」曰：「然則蓋行乎？」世子曰：「不可。君謂我欲弑君也。天下豈有無父之國哉！吾何行如之？」使人辭於狐突曰：「申生有罪，不念伯氏之言也，以至于死，申生不敢愛其死。雖然，吾君老矣，子

少，國家多難，伯氏不出而圖吾君。伯氏苟出而圖吾君，申生受賜而死。」再拜稽首乃卒。是以爲共世子也。驪，力知反。重，直龍反。蓋音盍。少，詩召反。難，乃旦反。共音恭。

驪姬，獻公所獲驪戎女。申生母蚤卒，驪姬嬖焉。重耳，申生異母弟，後立爲晉文公。狐突，申生之傅，舅犯之父。子少，謂驪姬之子奚齊。不出，謂狐突自伐皐落氏反後懼而稱疾。驪姬欲立其子奚齊，故譖世子申生，將殺之。重耳勸其自辨，又勸其行，皆不肯而縊。謚曰恭。謚法：敬順事上曰恭。申生於親可言而不言，懼傷公之心。於義可逃而不逃，謂天下豈有無父之國。以至忘其躬之不閲，而且卹其國之多難，可謂恭矣。然不免陷父於不義，故未得爲孝。陳氏。

魯人有朝祥而莫歌者，子路笑之。夫子曰：「由！爾責於人，終無已夫！三年之喪，亦已久矣夫！」子路出，夫子曰：「又多乎哉！踰月則其善也。」莫音慕，已夫音扶。

祥，謂喪二十五月大祥。夫，語助辭。朝祥莫歌，子路笑其太速。時人行三年喪者希，故孔子抑子路以善彼人。然恐學者致惑，待子路出後，更以正禮言之，云所爭月日又非多，但踰後月，禫而後歌即善。惜其不少俟也。集鄭氏、孔氏説。

魯莊公及宋人戰于乘丘，縣賁父御，卜國爲右。馬驚敗績，公隊，佐車授綏，公曰：「末之卜也。」縣賁父曰：「他日不敗績而今敗績，是無勇也。」遂死之。圉人浴馬，

有流矢在白肉。公曰：「非其罪也。」遂誅之。士之有誄，自此始也。乘，繩證反。縣音玄。賁音奔。父音甫。隊，直類反。誄，力軌反。

乘丘之戰在魯莊公十年。縣、卜皆氏。右，車右，勇力者爲之。此時公敗宋師，公非敗績。此云「馬驚敗績」者，止是馬驚敗，不預軍之勝負。《釋文》作馬驚敗，無績字。佐車，乘公之貳車者。公馬驚敗，佐車授公以綏而別載之。末之，猶言微哉。責御者卜國之無勇也。故御與車右皆赴敵而死。白肉，馬之股裏肉也。圉人浴馬，見流矢在白肉，知馬中矢而驚，非二人之罪，誄其赴敵之功而謚之。敗績非二子之辜，死敵實二子之勇，豈以士之賤而廢其善之實。莊公以義起而謚之，非過，後世因之不改，則非。故記其始。方氏。

曾子寢疾，病，樂正子春坐於牀下，曾元、曾申坐於足，童子隅坐而執燭。童子曰：「華而睆，大夫之簀與？」子春曰：「止。」曾子聞之，瞿然曰：「呼！」曰：「華而睆，大夫之簀與？」曾子曰：「然，斯季孫之賜也，我未之能易也。元起易簀！」曾元曰：「夫子之病革矣，不可以變。幸而至於旦，請敬易之。」曾子曰：「爾之愛我也不如彼。君子之愛人也以德，細人之愛人也以姑息。吾何求哉？吾得正而斃焉，斯已矣。」舉扶而易之，反席未安而沒。睆，華版反。簀音責。瞿，紀具反。呼音虛。革，紀力反。

病，謂疾困。子春，曾參弟子。元、申，曾參之子。華，畫也。睆，謂刮削節目使睆然好。簀，古謂床笫。橫渠謂必簟席之類，以其可易，華而睆，必陳之在上顯露也。呼，虛憊吹氣聲。革，急也。姑息，苟容取安也。童子以其非禮而發問，事師以義也。曾元見其疾革而不忍易，事父以恩也。曾子必易簀而即没，雖死猶勤於禮也。瞿然而呼者，意曾子聞童子之言而吹氣，有嘆而然之之意。再曰「華而睆，大夫之簀歟。」童子又言之以答曾子。曾子即命曾元起易之也。用陳氏補。

始死，充充如有窮；既殯，瞿瞿如有求而弗得；既葬，皇皇如有望而弗至。練而慨然，祥而廓然。 廓，苦郭反。

親始死，叫地號天無所追及，故曰如有窮。既殯，尸柩不可復見，冀其聲容之髣髴不可得，忽焉失之矣，故如有求而弗得，殯猶在宮，既葬於野，則遠矣。入門弗見也，上堂弗見也，入室又弗見也，皇皇無所依託，故如有望而弗至。朞年而練，慨然追想，再朞而祥，廓然寥寞。凡記孝子容節。用馬氏補。

邾婁復之以矢，蓋自戰於升陘始也。魯婦人之髽而弔也，自敗於臺鮐始也。 婁，力俱反。陘音形。髽，側爪反。臺音胡。鮐音臺。

邾婁，邾子之國。復，招死者魂。戰於升陘，魯僖二十二年。髽，凶事去纚而露紒，纚，所買反，用黑繒韜髮，廣終幅長六尺【二】。紒音計。敗於臺鮐，魯襄四年，臺當爲壺。

【二】廣終幅 「終」字原脱，據文淵閣本補。

《春秋傳》作狐鮐。復本以衣，今戰死無衣，故復以矢。弔本用衰，今家各有喪，故髽而弔。古者戰陣以禮，殺有所止，殺人之多，自升陘、臺駘始。不特記禮之變也。用方氏補。

南宮縚之妻之姑之喪，夫子誨之髽，曰：「爾毋從從爾！爾毋扈扈爾！蓋榛以爲笄，長尺而總八寸。」從音總。長，直亮反。

南宮縚，孟僖子之子南宮閲也，字子容。其妻，孔子兄之女。從從，高貌；扈扈，大貌。上爾字汝也，下爾字語助。蓋者，未定辭。笄所以簪紒，或用櫛或用榛，故稱蓋。長者，度長短曰長。總者，束髮之布，垂爲飾。夫子以其兄之女而誨以髽之法，毋太高廣。又誨以笄總之法：吉笄尺二寸，齊衰之笄一尺，斬衰之總六寸，齊衰之總八寸，皆以二寸爲差。

孟獻子禫，縣而不樂，比御而不入。夫子曰：「獻子加於人一等矣。」禫，大感反。比，必利反。

孟獻子，魯大夫仲孫蔑。比，及也。既禫可作樂而寢於内。獻子禫祭設縣而不作樂，比可御内而不入寢，故夫子稱其加於人一等，所謂賢者過之也。本孔氏説。

孔子既祥，五日彈琴而不成聲，十日而成笙歌。

祥之日，鼓素琴，故孔子五日而彈琴不成聲，哀未忘也。徙月樂，故孔子十日而笙歌成者，哀已殺也。用方氏、鄭氏説。

有子蓋既祥而絲屨、組纓。屨音句。組音祖。

以絲爲屨之絇，以組爲冠之纓，服之吉者也。有子服之於既祥，失之早也。有子，孔門高第，疑或不然。記者或得於傳聞，故曰蓋焉。獻子過，有子不及，記者舉孔子於中，以明祥禮之中制。方氏、季氏。

死而不弔者三：畏、厭、溺。厭，于甲反。

畏，懼而死；厭，於巖牆而死；溺，水而死。三者皆非正命，故不弔。

子路有姊之喪，可以除之矣，而弗除也。孔子曰：「何弗除也？」子路曰：「吾寡兄弟而弗忍也。」孔子曰：「先王制禮，行道之人皆弗忍也。」子路聞之，遂除之。

行道，謂道路之人。言除喪有期，雖行道之人亦弗忍除。聖人設爲中制，賢者當抑情而就之。用方氏補。

大公封於營丘，比及五世，皆反葬於周。君子曰：「樂，樂其所自生；禮，不忘其本。」古之人有言曰：「狐死正丘首。」仁也。樂樂，下樂字音洛。首，手又反。

比，及也。丘，狐窟穴也。首，以首向之也。禮、樂皆重本，五世反葬，重本也，故引禮、樂爲證。又引古人遺言謂狐死亦正向丘窟而枕其首，是亦不忘本，而古人舉此以明仁也。用孔氏說。

伯魚之母死，期而猶哭。夫子聞之，曰：「誰與哭者？」門人曰：「鯉也。」夫子曰：

「嘻，其甚也。」伯魚聞之，遂除之。期音基。與音餘。

伯魚，孔子之子，名鯉。除，除其服。

舜葬於蒼梧之野，蓋三妃未之從也。季武子曰：「周公蓋祔。」音父。

蒼梧，南越地。祔，合葬也。舜葬蒼梧，三妃未從，未祔之葬也。謂祔葬自周公始，然舜卒於鳴條、蒼梧時在要荒之外，事未必然。堯妻舜二女，三妃亦無所考。用胡氏説。

曾子之喪，浴於爨室。

爨室，妻之室。於此視饎爨。禮，死浴於適室，於爨室則褻。蓋曾元之禮。

大功廢業，或曰大功誦可也。

業，學業。誦，口習。廢業，恐營思忘哀也。誦其已熟者稍而可也。孔氏説。

子張病，召申祥而語之曰「君子曰終，小人曰死。吾今日其庶幾乎！」

申祥，子張之子。終，以道之克盡言；死，以形之澌盡言。子張自幸其得終，庶幾君子之道，故以語其子，亦猶曾子吾知免夫之意。平生學力於斯見矣。用黄氏、馬氏説補。

曾子曰：「始死之奠，其餘閣也與。」

人老及病，飲食不離寢，近置室裏閣上。人之始死，以禮則未暇從其新，以情則未忍易其舊，故就以閣上，所餘脯醢爲奠。合孔氏、方氏説。

曾子曰：「小功不爲位也者，是委巷之禮也。子思之哭嫂也爲位，婦人倡踊。申祥

之哭言思也亦然。」

位，以親疏叙列而哭。委巷，委曲之巷，猶言陋巷也。言思，子游之子。嫂叔無服，娣姒小功，故子思之哭嫂，其妻倡踊而已隨之。申祥哭妻之昆弟言思亦然。言無服之喪，猶且爲位，以明小功之不爲位者非也。然哭妻之昆弟，禮以子爲主，非以妻倡踊。合孔氏、方氏、馬氏説。

古者冠縮縫，今也衡縫。故喪冠之反吉，非古也。衡音横。

縮，從也。衡，横也。古尚質，冠之吉凶相似而惟縮縫之同。今尚文，冠之吉凶相反而有衡縫之異。言衡縫而繼以喪冠非古。知衡縫之爲喪冠。方氏。

曾子謂子思曰：「伋，吾執親之喪也，水漿不入於口者七日。」子思曰：「先王之制禮也，過之者俯而就之，不至焉者跂而及之。故君子之執親之喪也，水漿不入於口者三日，杖而后能起。」

曾子言己執喪以疾時人之不然。子思以曾子爲難繼，故以禮抑之。孔子曰：「三日而食，教民無以死傷生。」鄭氏、方氏。

曾子曰：「小功不税，則是遠兄弟終無服也而可乎？」税，他外反。

小功五月，服最輕者，日月已過，始聞喪而追服曰税。遠兄弟謂相離遠者，小功日月不多，遠兄弟聞喪常晚。小功不税，服最輕也。曾子篤厚，疑聞喪晚而不追服，是小功終於無服爲不可。按禮聞遠兄弟之喪，既除喪而後聞之，則免袒哭之成踊，斯爲中制。然小功雖不必税而税之者，亦禮所不禁。韓子嘗作《小功不税書》，亦曾子之意，從厚也。用劉氏、馬氏補。

伯高之喪，孔氏之使者未至，冉子攝束帛、乘馬而將之。孔子曰：「異哉，徒使我不誠於伯高！」使，色吏反。乘，繩證反。

冉子見孔子，使人未至，先代以束帛、乘馬而行禮。以冉氏之物而欲將孔氏之誠，故孔子謂徒使我不誠於伯高。夫禮所以副忠信也。合孔氏、方氏、鄭氏説。

伯高死於衛，赴於孔子。孔子曰：「吾惡乎哭諸？兄弟，吾哭諸廟；父之友，吾哭諸廟門之外；師，吾哭諸寢；朋友，吾哭諸寢門之外；所知，吾哭諸野。於野則已疏，於寢則已重。夫由賜也見我，吾哭諸賜氏。」遂命子貢爲之主，曰：「爲爾哭也，來者拜之；知伯高而來者，勿拜也。」惡音烏。夫音扶。爲爾之爲去聲。

赴，告也。夫，主伯高言之也。由，因也。廟，祖父所在，兄弟，父祖之遺體，故哭於廟。父之同志於廟門外，由父推之也。寢，我所安，師成我者，故哭於寢。朋友於寢門外，由師推之也。所知者，泛交，故哭於野。子高親非兄弟，分非師友，情又不止於所知，原其由子貢而來見，故以義起而哭於子貢之家，使子貢爲之主，且教以爲爾而哭者拜之，爲伯高而哭者勿拜。異於喪之正主也。用方氏、陳氏、馬氏説。

曾子曰：「喪有疾，食肉飲酒，必有草木之滋焉。」以爲薑桂之謂也。

滋，謂香味。薑者草之滋。桂者木之滋。以爲薑、桂之謂，記者釋曾子之言。居喪有疾，得食美味，慮其不勝喪也。孔氏、方氏。

子夏喪其子而喪其明。曾子弔之，曰：「吾聞之也，朋友喪明則哭之。」曾子哭，子夏亦哭，曰：「天乎！予之無罪也！」曾子怒曰：「商，女何無罪也？吾與女事夫子於洙泗之間，退而老於西河之上，使西河之民疑女於夫子，爾罪一也；喪爾親使民未有聞焉，爾罪二也。喪爾子，喪爾明，爾罪三也。而曰女何無罪與？」子夏投其杖而拜，曰：「吾過矣！吾過矣！吾離群而索居，亦已久矣。」喪明之喪，息浪反。女音汝。與音餘。離音詈。索，悉各反。

喪明之喪，失也。明，目精也。索，散也。洙、泗魯二水名。西河，龍門至華陰之地。道莫尊於師，恩莫隆於親。子夏退老，使民疑於夫子，是不尊於師而尊於己也。喪親未有聞而喪子喪其明，是不隆於親而隆於子也。曾子數子夏三罪，稱其名，女其人，若父師焉，曾子不以爲嫌。子夏安受其責，至於謝過服罪。此所以爲友道之盛。方氏、游氏。

夫晝居於內，問其疾可也。夜居於外，弔之可也。是故君子非有大故，不宿於外；非致齊也，非疾也，不晝夜居於內。齊，側皆反。

大故，謂父母之喪。晝陽夜陰，陽動陰靜，故晝必居外，夜必居内。惟居喪，廬中門之外，晝夜在外。惟致齊不接外物與寢疾，晝夜居内。用孔氏、方氏説。

高子皋之執親之喪也，泣血三年，未嘗見齒。君子以爲難。見，賢遍反。

子皋，孔子弟子，名柴。泣血，言泣無聲，涕如血出。未嘗見齒，言不笑。君子以爲難，言人不能然。本鄭氏。

衰，與其不當物也，寧無衰。齊衰不以邊坐，大功不以服勤。衰，七雷反。當，丁浪反。

衰，喪服也。物，指布之精麤，若《周書》所謂朝服八十物、七十物。當猶應也，謂人服衰，而心貌無哀戚之實，與衰服之物不相應。邊，偏也。不邊坐，有喪者專席而坐。大功雖輕，亦不可著衰服而服勤勞之事，謂褻喪服也。合鄭、孔、黄、陸、張氏。

孔子之衛，遇舊館人之喪，入而哭之哀。出，使子貢説驂而賻之。子貢曰：「於門人之喪，未有所説驂。説驂於舊館，無乃已重乎？」夫子曰：「予鄉者入而哭之，遇於一哀而出涕，予惡夫涕之無從也。小子行之！」説，他活反。驂，七南反。鄉，許亮反。涕音體。惡，烏路反。

舊館人，前日置館舍於己者。驂，車之騑馬，在服馬之旁者。賻，助喪用。涕出淚，脱驂之禮疑於重。是時客行無他物，孔子欲副此涕淚之實，遂行之。鄭氏、馬氏。

孔子在衛，有送葬者，而夫子觀之，曰：「善哉，爲喪乎！足以爲法矣。小子識之！」

子貢曰：「夫子何善爾也？」曰：「其往也如慕，其反也如疑。」子貢曰：「豈若速反而虞乎？」子曰：「小子識之！我未之能行也。」識，式志反。

慕，如嬰兒之慕。疑，謂傍徨不進。哀親之在外，不知神之來否。子貢意葬畢，豈如速反虞祭以安神靈。夫子善其哀慕，虞祭雖遲不害，曰：「我未之能行」，抑己以實彼之可法也。用孔氏、胡氏説。

顔淵之喪，饋祥肉，孔子出受之，入彈琴，而後食之。

饋，遺也。祥肉，祥祭之肉。彈琴，散哀。本鄭氏。

孔子與門人立，拱而尚右，二三子亦皆尚右。孔子曰：「二三子之嗜學也，我則有姊之喪故也。」二三子皆尚左。

拱，叉手。尚右，以右手在上。喪尚右，右陰也。孔子以姊之喪尚右，二三子不知而傚之，以孔子之言而復正。用鄭氏、横渠。

孔子蚤作，負手曳杖，消摇於門，歌曰：「泰山其頹乎！梁木其壞乎！哲人其萎乎！」既歌而入，當户而坐。子貢聞之，曰：「泰山其頹，則吾將安仰？梁木其壞，哲人其萎，則吾將安放？夫子殆將病也。」遂趨而入。夫子曰：「賜，爾來何遲也！夏后氏殯於東階之上，則猶在阼也。殷人殯於兩楹之間，則與賓主夾之也。周人殯於西階之上，則猶賓之也。而丘也，殷人也。予疇昔之夜，夢坐奠於兩楹之

間。夫明王不興，而天下其孰能宗予？予殆將死也！」蓋寢疾七日而没。放，方兩反。

負手曳杖，反手卻後以曳其杖。消搖，消釋搖曳也。曳杖消搖，蓋既病閑適之德容。放，猶依也。疇，發聲也。孰能宗予，言無人尊己之道。註謂尊爲人君，失之。孔子以三王之禮占己夢，世漸文。殯死之所逾遠，殷殯兩楹之間，孔子殷人，夢坐奠兩楹，既無宗師其道，知其將死而殯也。本黄氏、胡氏、方氏説。

孔子之喪，門人疑所服。子貢曰：「昔者夫子之喪顔淵，若喪子而無服，喪子路亦然。請喪夫子若喪父而無服。」

無服，師之禮，故疑所服。子貢以夫子施於門人者還以報之，定爲心喪三年。以鄭氏、方氏補。

孔子之喪，公西赤爲志焉。飾棺牆，置翣，設披，周也。設崇，殷也。綢練設旐，夏也。

披，彼義反。綢，吐刀反。

公西赤，字子華。志，爲書記其禮。牆，障柩之柳衣。翣，以布衣木，高二尺四寸，廣三尺，方兩角高，白布畫雲氣，柄長五尺，如扇置車旁。披，柩行夾引棺者。凡皆周之制。崇，謂所建旌旗，刻繒爲崇牙之飾。此殷之制。綢練，旌之杠、旌之旒繒飾，廣充，幅長尋曰旐旐，載於柩車。此夏之制。門人尊夫子兼用之，或云用三代大夫之禮耳。鄭氏、孔氏、胡氏。

子張之喪，公明儀爲志焉。褚幕丹質，蟻結于四隅，殷士也。

公明儀，子張弟子。褚，覆棺似幄。蟻結，畫文如蟻行，往來交錯。以丹質布爲褚，不牆不翣，畫褚之四角爲蟻結，此殷士葬之飾。子張學於孔子，傚殷禮。鄭氏、孔氏。

子夏問於孔子曰：「居父母之仇，如之何？」夫子曰：「寢苫、枕干、不仕，弗與共天下也。遇諸市朝，不反兵而鬬。」曰：「請問居昆弟之仇，如之何？」曰：「仕弗與共國，銜君命而使，雖遇之不鬬。」曰：「請問居從父、昆弟之仇，如之何？」曰：「不爲魁。主人能，則執兵而陪其後。」 枕，之鴆反。銜音咸。使，色吏反。從，才用反。

苫，草。干，盾。不反兵而鬬者，身常帶兵。魁，猶首。父母之仇常若居喪，誓不俱生，無所往不執兵。昆弟之仇，銜君命則不鬬。從父、昆弟之仇，則陪從其主人，情有重輕也。然意此亂世之事。記者傳聞之言，欲知孔門言行當主《論語》。用鄭氏、方氏補。

孔子之喪，二三子皆絰而出。群居則絰，出則否。

絰，喪之首服。出，謂適外。雖出外亦首絰，門人於孔子然也。若常禮，惟群居則絰，出外則否。舉常禮以明聖門之加厚也。用横渠説。

易墓，非古也。 易，以豉反。陸説如字。

後世不用昭穆族葬，而別葬親於他所。用陸氏説。古注：易，芟治草木。

子路曰：「吾聞諸夫子：喪禮，與其哀不足而禮有餘也，不若禮不足而哀有餘也。祭禮，與其敬不足而禮有餘也，不若禮不足而敬有餘也。」

喪主哀，祭主敬。鄭氏。

曾子弔於負夏，主人既祖，填池，推柩而反之，降婦人而後行禮。從者曰：「禮與？」曾子曰：「夫祖者，且也。且胡爲其不可以反宿也。」從者又問諸子游，曰：「禮與？」子游曰：「飯於牖下，小斂於户内，大斂於阼，殯於客位，祖於庭，葬於墓，所以即遠也。故喪事有進而無退。」曾子聞之曰：「多矣乎！予出祖者。」填、池並如字。推，昌佳反。從，才用反。與音餘。飯，煩晚反。斂，力驗反。

負夏，衛地。祖，謂遷柩車向外爲行始，而設祖奠以俟明日行。填池者，池以竹爲之，衣以青布，喪行之飾。填謂懸銅魚，行則魚動而躍，填塞于池。飯者，始死之含，以用米，故謂之飯。多者，委曲之意。予者，親之之辭。出祖者，指負夏主人而言。負夏之喪已出祖將行，榮曾子之來弔，再推柩返内而受其弔。禮既，祖而婦人降，蓋柩東南出，階間既空，婦人得降立階間。今因返柩，婦人避之，復升堂，從堂更降而後行禮。故從者怪而問之。曾子爲主人諱，言祖者且也，且則何爲不可返。從者又問子游，子游告以自始死至葬皆即遠，以明無返之禮。曾子聞之又言「多矣乎，予負夏主人之出祖者」，蓋謂其委曲之過，終不欲明指其失，忠厚之至也。合孔氏、應氏說補之。

曾子襲裘而弔，子游裼裘而弔。曾子指子游而示人曰：「夫夫也，爲習於禮者，如之何其裼裘而弔也？」主人既小斂，袒、括髮，子游趨而出，襲裘帶絰而入。曾子曰：「我過矣！我過矣！夫夫是也。」夫夫，上音扶，下如字。

掩而襲衣謂之襲裘。露以裼衣謂之裼裘。夫夫，上助語之辭，下丈夫之夫，猶言此丈夫也。弔禮，主人未變服，弔用吉服。主人既變服，始加絰於武，又掩其上服，若友朋又加帶。曾子惟知臨喪無飾，一以襲行之。子游於主人變乃變，故曾子始疑而終服善。用鄭氏、孔氏說。

子夏既除喪而見，予之琴，和之而不和，彈之而不成聲，作而曰：「哀未忘也。先王制禮而弗敢過也。」子張既除喪而見，予之琴，和之而和，彈之而成聲，作而曰：「先王制禮，不敢不至焉。」予，羊汝反。和之音禾，或胡卧反。

見，謂見於孔子。二者雖情異，善其俱順禮。商也不及，今乃不敢不至。蓋學之之力也。然《家語》、《詩傳》皆言子夏喪畢，夫子與琴，援琴而弦，衎衎而樂。閔子騫喪畢，夫子與琴，援琴而弦，切切而哀。與此不同。陸氏。

司寇惠子之喪，子游爲之麻衰，牡麻絰。文子辭曰：「子辱與彌牟之弟游，又辱爲之服，敢辭。」子游曰：「禮也。」文子退，反哭。子游趨而就諸臣之位。文子又辭

曰：「子辱與彌牟之弟游，又辱爲之服，又辱臨其喪，敢辭。」子游曰：「固以請。」文子退，扶適子南面而立，曰：「子辱與彌牟之弟游，又辱爲之服，又辱臨其喪，虎也敢不復位。」子游趨而就客位。爲之之爲，于僞反。適，丁歷反。

司寇惠子，衛將軍文子之弟也【三】。麻衰，以吉服之布爲衰。牡麻，即雄麻，牡麻絞絰，與齊衰絰同。彌牟者，惠子之兄惠叔蘭也。虎者，彌牟之適子。惠子廢適立庶，子游故爲重服以感之，惠子不悟而辭，又趨臣位以深感之，惠子始悟而扶適子復位。子游乃趨而復客位。用鄭氏説。

將軍文子之喪，既除喪而後越人來弔，主人深衣、練冠待于廟，垂涕洟。子游觀之，曰：「將軍文氏之子，其庶幾乎！亡於禮者之禮也，其動也中。」丁仲反。

越人，遠國之人。主人，指將軍文子之子簡子瑕，即下文將軍文氏之子也。深衣，謂既祥之麻衣，緣以布曰麻衣，緣以采曰深衣，其制一也。練冠，未祥之冠。自目曰涕，自鼻曰洟。亡猶無也。中謂當於禮之變節。既除喪而弔者來，文子之子深衣練冠，用凶服之變待于廟，受弔而不迎賓。本無此禮，以義起而爲之禮，中於禮之變。合鄭氏、孔氏説。

幼名，冠字，五十以伯仲，死謚，周道也。絰也者，實也。掘中霤而浴，毁竈以綴足。及葬，毁宗躐行，出于大門，殷道也。學者行之。綴，丁劣反。

霤，室中也。古者復穴而居，開其上以取明而雨霤焉。故後世名其室宗廟也。行者，

【三】文子之弟　「之弟」原脱，據文淵閣本補。

行神之位也。殷人殯於廟，葬則毁廟門西邊墻而出于大門，故曰毁宗，行神之位，在廟門西邊。告畢躐其壇而出，故曰躐行。幼名，所以訓其實，冠字，所以尊其名，伯仲，又所以敬其字，死謚，則又以易其名。凡皆周道也。周人浴死用盆，故不掘中霤。綴足用燕几，故不毁竈。殯於正寢，至葬朝廟出正門，故不毁宗躐行。掘霤而使浴水入坎，毁竈取甓以綴其足使温，毁廟墻告行神，躐其壇而出。此皆殷禮。孔子，殷之後，學於孔子者皆行之。合方氏、孔氏説。

子柳之母死，子碩請具。子柳曰：「何以哉？」子碩曰：「請粥庶弟之母。」子柳曰：「如之何其粥人之母以葬其母也，不可。」既葬，子碩欲以賻布之餘具祭器。子柳曰：「不可。吾聞之也，君子不家於喪。請班諸兄弟之貧者。」粥音育

子柳，魯叔仲皮之子，子碩其兄。具謂葬之器用。粥，賣也。賻布，賻喪之泉布，即錢也。古謂錢爲泉布，取其流通。不粥人之母葬其親，不以賻布之餘具祭器，皆子柳貧而守義，能以兄弟爲念。本方氏説。

君子曰：「謀人之軍師，敗則死之；謀人之邦邑，危則亡之。」

謀軍師敗則死之，否則陷衆而死，而獨全身不可也。謀邦邑而危則亡去之。危者，尚可安，避賢使之圖安也。用方氏説補。

公叔文子升於瑕丘，蘧伯玉從。文子曰：「樂哉！斯丘也！死則我欲葬焉。」蘧伯玉

曰：「吾子樂之，則瑗請前。」樂音洛。瑗，于卷反。

公叔文子名拔，衛獻公之孫。瑗，蘧伯玉名。二人皆衛大夫。文子樂瑕丘而欲葬其地。伯玉以其妨人之田，故以請前，譏之。本鄭氏說。

弁人有其母死而孺子泣者，孔子曰：「哀則哀矣，而難爲繼也。夫禮爲可傳也，爲可繼也，故哭踊有節。」

孺子泣，言無節。傳，主在己言。繼，主在人言。過哀難繼，故聖人制爲哭踊之節。然《雜記》言哭無常聲，如嬰兒失母。此亦言襲斂之後可以禮制。孔氏。

叔孫武叔之母死，既小斂，舉者出户。出户袒，且投其冠，括髮。子游曰：「知禮。」

武叔，公子牙六世孫，名州仇，嘗毁孔子者。括髮，在小斂之後，奉尸夷于堂之前。袒括，爲欲奉尸也。武叔奉尸後出户而始袒括，不知禮也。子游謂其知禮，蓋反言以譏之。本孔氏說。

扶君，卜人師扶右，射人師扶左。君薨以是舉。卜，注音僕，本又如字。

卜，古注云當爲僕。師，長也，指太僕也。按《周禮·射人》大喪與僕人遷尸。應氏謂王前巫，後史，卜、筮皆在左右，似不必改。方氏謂師，衆也。扶、舉非二人所能勝，故以師言之，師非長也。卜人右、射人左，皆切近之職，病以是扶，死以是舉。男子不死於婦人之手也。合應氏、游氏説。

從母之夫，舅之妻，二夫人相爲服，君子未之言也。或曰同爨緦。 從，才用反。夫人之夫音扶。爲，于僞反。

從母，母之姊妹。舅之妻，母之嫂也。此據外甥稱之。二夫人，猶言此二人，時適此二人同居，死相爲服。此禮古未明言，或謂二人既同爨，服緦亦可。本《正義》説。

喪事欲其縱縱爾。吉事欲其折折爾。故喪事雖遽不陵節，吉事雖止不怠。故騷騷爾則野，鼎鼎爾則小人，君子蓋猶猶爾。 縱，古音總。折，古大兮反。方氏、陸氏並讀如字。

縱縱，戒其遽而放之舒也。折折，懲其緩而約之疾也。鄭氏以折音提，證以詩之「好人提提」，似改字矣，恐非也。陵，躐也。止，容止之止，詳緩之意也。騷騷，太疾。鼎鼎，太舒。猶猶，疾舒之中。喪事易失之遽，放之使縱縱，故雖遽而不至陵節，否則太疾，騷騷爾而野矣。吉事易失之緩，約之以折折，故雖止而不至於怠，否則太舒，鼎鼎爾而小人矣。惟猶猶爾，爲得疾舒之中。用方氏説補。

喪具，君子恥具。一日二日而可爲也者，君子弗爲也。

不忍死其親，故恥具非倉卒可爲者，不得已而具。一二日可爲者，弗預爲之具。用方氏補。

喪服，兄弟之子猶子也，蓋引而進之也；嫂叔之無服也，蓋推而遠之也；姑姊妹之薄也，蓋有受我而厚之者也。 遠，于萬反。

兄弟之子，期。姑姊妹出適，大功。或引或推，重親遠別。姑姊妹嫁後薄，欲一其心於厚之者。唐《通典》載魏徵議請嫂叔小功，五月報，制可。程氏曰：「今之有服亦是，豈有同居之親而無服者？」

食於有喪者之側，未嘗飽也。

助哀戚也。鄭氏。

曾子與客立於門側，其徒趨而出。曾子曰：「爾將何之？」曰：「吾父死，將出哭於巷。」曰：「反哭於爾次。」曾子北面而弔焉。

徒，謂客之旅。次，舍也。北面弔，同國之禮。客之徒不敢發喪於人館。曾子使反哭於館而弔之者，禮。館人使專之，如己有然。用鄭氏説。

孔子曰：「之死而致死之，不仁而不可爲也；之死而致生之，不知而不可爲也。是故竹不成用，瓦不成味，木不成斲，琴瑟張而不平，竽笙備而不和。有鍾磬而無簨虡。其曰明器，神明之也。」知音智，味音沬。簨，息允反。虡，音巨。

之，往也，謂送死也。竹，籩篚之屬。古注味當作沬，沬，靧也，謂洗面，蓋謂瓦盆不可洗面也。愚按：瓦，陶器也。不成味，不可盛飲食也。恐不必改字。無簨虡，不縣也。橫曰簨，植曰虡。忍於死之而不設器，爲不仁。真以爲不死而必備可用之器，爲不智。故明器雖設而不同於生人之用，神明待之，仁智之盡也。補。

有子問於曾子曰：「問喪於夫子乎？」曰：「聞之矣，喪欲速貧，死欲速朽。」有子曰：「是非君子之言也。」曾子曰：「參也聞諸夫子也。」有子又曰：「是非君子之言也。」曾子曰：「參也與子游聞之。」有子曰：「然。然則夫子有爲言之也。」曾子以斯言告於子游，子游曰：「甚哉！有子之言似夫子也。昔者夫子居於宋，見桓司馬自爲石椁，三年而不成。夫子曰：『若是其靡也！死不如速朽之愈也。』死之欲速朽，爲桓司馬言之也。南宮敬叔反，必載寶而朝。夫子曰：『若是其貨也！喪不如速貧之愈也。』喪之欲速貧，爲敬叔言之也。」曾子以子游之言告於有子，有子曰：「然。吾固曰非夫子之言也。」曾子曰：「子何以知之？」有子曰：「夫子制於中都，四寸之棺，五寸之椁，以斯知不欲速朽也。昔者夫子失魯司寇，將之荆，蓋先之以子夏，又申之以冉有，以斯知不欲速貧也。」喪，息浪反。爲，于僞反。

喪失位也。桓司馬，宋向戌之孫，名魋。靡，侈也。敬叔，魯孟僖之子仲孫閱，嘗失位去魯而得反。中都，魯邑名，孔子嘗爲中都宰，爲民作制。司寇者，諸侯三卿，司空兼司寇，三卿之下五大夫，司空之下立小司寇、小司空。魯有臧氏爲司寇，夫子爲司寇，乃小司寇。貧、朽非人情所欲，孔子之言特爲二子而發爾。有子乃能以中都與荆之事驗之，可謂知言矣。方氏。

陳莊子死，赴於魯。魯人欲勿哭，繆公召縣子而問焉。縣子曰：「古之大夫，束脩之

問不出竟，雖欲哭之，安得而哭之？今之大夫交政於中國，雖欲勿哭，焉得而弗哭？且臣聞之，哭有二道：有愛而哭之，有畏而哭之。」公曰：「然。然則如之何而可？」縣子曰：「請哭諸異姓之廟。【四】」於是與哭諸縣氏。繆音木。竟音境。焉，於虔反。

陳莊子齊大夫陳恒之孫，名伯。束脩，一束之脩爲通問之禮，禮之薄者也。安得哭之，以大夫無外交也。生既畏之，而不敢不與之交；則死亦畏之，而不敢不爲之哭。哭其非所當哭之人，故哭於非所當哭之廟，必哭諸縣氏，以其禮之所由起，此禮變也。鄭氏、方氏。

仲憲言於曾子曰：「夏后氏用明器，示民無知也。殷人用祭器，示民有知也。周人兼用之，示民疑也。」曾子曰：「其不然乎！其不然乎！夫明器，鬼器也。祭器，人器也。夫古之人胡爲而死其親乎？」

仲憲，原憲也。明器、祭器各用，亦三代之所兼用，非獨周兼用之也。故曾子重言其不然。示民無知之語，尤非所以訓，故又專言古之人胡爲而死其親。補。

公叔木有同母異父之昆弟死，問於子游。子游曰：「其大功乎！」狄儀有同母異父之昆弟死，問於子夏。子夏曰：「我未之前聞也，魯人則爲之齊衰。」狄儀行齊衰。今之齊衰，狄儀之問也。木，式樹切，又音朱。

【四】請哭　「請」原作「謂」，據文淵閣本、《禮記注疏》卷七改。

同父母既服期，同母宜降等服大功，或謂大功已過。子游曰「其大功乎」，疑所服也，而況於齊衰，其非禮明矣。鄭氏、孔氏、横渠補。

子思之母死於衛，柳若謂子思曰：「子聖人之後也。四方於子乎觀禮，子蓋慎諸！」子思曰：「吾何慎哉！吾聞之，有其禮，無其財，君子弗行也。有其禮有其財，無其時，君子弗行也。吾何慎哉！」

子思母嫁衛。柳若，衛人。此言爲嫁母服也。嫁母之服期，然以此言觀子思，蓋有行之而不備者矣。尊統於父，故父在爲母期，以厭降於父，母出嫁而其禮之行有所不備，以爲母絶於父。財，所以備禮。無其時，謂勢不可行。孟子言不得不可以爲悦者也。游氏、方氏。

縣子瑣曰：「吾聞之，古者不降，上下各以其親。滕伯文爲孟虎齊衰，其叔父也。爲孟皮齊衰，其叔父也。」

瑣，縣子名。降者，降服。《周禮》已貴則降賤者之服。古謂殷時。上謂旁親族曾祖從祖及伯叔之班。下謂從子從孫之流。滕伯文，殷時滕君名文，滕伯文爲諸侯而服其叔父，皆齊衰，殷不降服也。方氏。

后木曰：「喪，吾聞諸縣子曰：『夫喪，不可不深長思也。買棺外内易。』我死則亦然。」易，以豉反。

后木，魯孝公子惠伯鞏之後。外内易，謂斵削外内使之平易。此后木述縣子之言，以屬其子也。鄭氏、孔氏。

曾子曰：「尸未設飾，故帷堂，小斂而徹帷。」仲梁子曰：「夫婦方亂，故帷堂，小斂而徹帷。」

仲梁子，魯人。人死斯惡之矣。未設飾而帷堂，防人之惡也。記者併存仲梁子之説以傳疑。方氏、胡氏。

小斂之奠，子游曰：「於東方。」曾子曰：「於西方，斂斯席矣。小斂之奠在西方，魯禮之末失也。」

《士喪禮》小斂之奠設於尸東，以萬物生於東，未忍死其親也變而在西方。魯末世失禮也。大斂奠於堂，乃有席。始死之奠，未暇備禮。曾子以爲斂斯席，亦非。方氏。

縣子曰：「綌衰、繐裳，非古也。」繐音歲。

綌，麤葛。繐，布之細而疏者。五服一以麻，各有升數。若以綌爲衰，以繐爲裳，則取其輕凉而已，故曰非古。

子蒲卒，哭者呼「滅」。子臯曰：「若是野哉！」哭者改之。

滅者，子蒲名。或疑非名，但以死有滅絶之義，呼而哭之。子臯，高柴也。哭，呼名非禮。子臯非之，乃改。

杜橋之母之喪，宫中無相，以爲沽也。相，息亮反。沽音古。

相，贊禮者也。沽，略也。方氏謂即沽酒之沽，以非自致，故訓略也。孝子悲迷，禮須贊相。杜橋居母喪無之，故謂其於禮爲略。孔氏説。

夫子曰：「始死，羔裘玄冠者，易之而已。」羔裘玄冠，夫子不以弔。

始死即易去吉服，不特喪者易之，弔者亦所不服。方氏。

子游問喪具，夫子曰：「稱家之有亡。」子游曰：「有無惡乎齊？」夫子曰：「有毋過禮。苟亡矣，斂首足形，還葬，縣棺而封，人豈有非之者哉！」稱，尺證反。亡音無。齊，才細反，又如字。還音旋。縣音玄。封，古音窆，王如字。

稱，猶隨也。齊，言多寡之齊。還，便也。言已斂即葬。縣棺謂不設碑，綍手縣而下之。封者復土以閉瘞之名，不必改爲窆字。富而有者毋得過禮，貧而亡者斂其首足，不令露見即葬之。此有無之齊也。補。

司士賁告於子游曰：「請襲於牀。」子游曰：「諾。」縣子聞之曰：「汏哉叔氏！專以禮許人。」賁音奔。

士賁，人名。襲謂斂死者以衣。汏，自矜也。子游之言合禮，而縣子譏其汏者，以其不稱先王而專輒許諾，如禮出於己。本孔氏説。

宋襄公葬其夫人，醯醢百甕。曾子曰：「既曰明器矣，而又實之。」

神明之器當虚。孔氏。

孟獻子之喪，司徒旅歸四布。夫子曰：「可也。」獻子，魯大夫仲孫蔑。司徒其家臣。旅，下士。布，泉布。賻布有餘，使下士歸還於四方，賢於家。夫喪者，未若班諸兄弟之貧者爲善，故聖人止以爲可。方氏。

讀賵，曾子曰：「非古也，是再告也。」以利冒死曰賵。古者奠而不讀，周則既奠又讀焉。故曾子非之，以爲再告。古禮，祖而讀賵。方氏。

成子高寢疾，慶遺入請曰：「子之病革矣，如至乎大病，則如之何？」子高曰：「吾聞之也，生有益於人，死不害於人。吾縱生無益於人，吾可以死害於人乎哉！我死，則擇不食之地而葬我焉。」革，紀力反。遺，于季反。成子高，齊大夫國成伯高父也。慶遺者，慶封之族。不食之地謂不可耕墾者。死且不忍妨人，則生之愛人可知。方氏。

子夏問諸夫子曰：「居君之母與妻之喪，居處、言語、飲食衎爾。」衎，苦旱反。衎爾，自得貌。喪雖輕，惻隱不至則有之，未有居之而樂者。子夏失問。夫子是以不答。山陰陸氏。

賓客至，無所館。夫子曰：「生於我乎館，死於我乎殯。」生於我館，死於我殯。朋友始終之義。方氏。

國子高曰：「葬也者，藏也。藏也者，欲人之弗得見也。是故衣足以飾身，棺周於衣，椁周於棺，土周於椁，反壤樹之哉！」

壤，封土爲墳。樹，種木爲表。子高言葬，期人之不得見。豈可反封樹以表之？然周官以爵等爲丘封之度，爲其樹數。此言古始，非周禮也。鄭氏、馬氏。

孔子之喪，有自燕來觀者，舍於子夏氏。子夏曰：「聖人之葬人與？人之葬聖人也，子何觀焉。」與，合平聲屬上，合讀。

言若聖人葬人，庶有異聞，若人之葬聖人，與常人何異？而子觀之。王氏。

昔者夫子言之曰：「吾見封之若堂者矣，見若坊者矣，見若覆夏屋者矣，見若斧者矣。從若斧者焉。」馬鬣封之謂也。今一日而三斬板，而已封，尚行夫子之志乎哉！

若堂，形四方而高。若坊，形旁殺而長。坊，堤也。若覆夏屋。形旁廣而卑，覆謂茨瓦。夏屋，謂門廡也。若斧，形旁殺刃上而長。俗名又謂之馬鬣封，功愈易而虧愈難矣。三斬板，作墳法也，安板兩邊用繩約板令直，納土板中築土，令與板平，斬所約板繩，更置其上而再築，一日之功。如此者三，而墳之封築已成。此子夏既告燕以人之葬聖人，子何觀？復述聖人言葬之説以告之，見事惟從簡，而門人不過從夫子之志。此亦答其來觀之意也。補。

婦人不葛帶。

葬後卒哭，變麻易葛帶。婦人質，所重在要帶，故不易用葛帶。至期竟除之。孔氏【五】。

有薦新，如朔奠。

薦，時物之新，如月朔之奠，重之也。用孔氏。

既葬，各以其服除。

禮，三月而葬，若三月之服應除者，不待主人卒哭。用孔氏。

池視重霤。

池者，柳車之池。重霤者，屋之承霤，以木爲之，承屋霤入木中又從木中霤於地，故名重霤。生時既屋有重霤以行水，死時柳車亦象之，於車覆鼈甲之下，牆帷之上。織竹如籠，衣以青布，承鼈甲名池。天子四面，諸侯三、大夫前後二、士唯前一，各視生時之重霤。孔氏。

君即位而爲椑，歲壹漆之藏焉。 椑，蒲歷反。

椑，櫬也。親尸者。歲一漆，示如未成藏焉，惡人見。孔氏、方氏。

復，楔齒、綴足、飯、設飾帷堂並作。父兄命赴者。 楔，悉節反。綴，丁劣反。

復，招魂也。楔齒，用角柶柱其齒，使含時不閉。綴足，用几綴其足，使屨時得直。

【五】孔氏　「孔」原作「礼」，據文淵閣本改。下同。

飯，含也。設飾，襲斂也。五者並作於帷堂之時，已而父兄使人往赴告於人。合鄭氏、陸氏説。

君復於小寢、大寢、小祖、大祖、庫門、四郊。

復，始死而招其魂也。小寢，高祖以下之寢。大寢，始祖大祖之寢。小祖，高祖以下之廟。大祖，始祖大祖之廟。復必於寢廟。人死必反本故也。庫門，生時所出入也。四郊，魂氣無所不之也。人君禮備，故復處多，皆他日所嘗有事之地也。鄭氏、孔氏、方氏。

喪不剥奠也與？祭肉也與？音餘。

剥，猶倮，喪祭必巾覆之。不倮露者，謂祭肉易受塵垢，脯醢則否。孔氏、方氏。

既殯旬而布材與明器。

既殯旬，殯後十日也。布，班也，班布椁材與明器之類，爲葬備。用孔氏説。

朝奠日出，夕奠逮日。

朝奠象朝時之食。夕奠象夕時之食。逮日者，及日未没。方氏。

父母之喪哭無時，使必知其反也。

使，古説謂出使而告反。馬氏謂哭者聲也，聲爲陽，所以能使魂氣之反。方氏謂哭者所以求其反，哭之無時，欲使死者必知其反而已。未知孰是，然古説於經文不甚協。

練，練衣黄裏、縓緣，葛要絰，繩屨無絇，角瑱，鹿裘，衡長袪。袪，裼之可也。縓，七絹反。緣，悦絹反。要，一遥反。約，其俱反。瑱，吐練反。衡，依注作横，華彭反。袪，起魚反。

練，小祥也。練衣者，正服不可變，練其中衣以承衰也。黄裏者，中衣以黄色爲袷裏也。縓緣者，縓淺絳色，緣謂衣領及袖，緣以淺絳色，爲領袖緣也。葛要絰者，小祥男子去首絰，唯餘要葛也。繩屨者，始死菅屨，至小祥用繩麻屨也。約，屨頭之飾，吉有而喪無約也。角瑱者，瑱以玉充耳，初喪去之，至小祥微飾，以角爲之也。鹿裘者，冬時吉凶衣裏皆用大鹿皮爲之也。衡長袪者，袪謂袖緣袂口，小祥前裘狹而短，袂又無飾，小祥後更爲之裘，既横廣之，又長之，且爲袪加此三法也。裼謂裘上又加衣，所以表裘有袪而裼之，以見鹿裘之美，備飾也。袒而有衣曰裼。此明小祥後外仍用衰，衰内有練中衣，練中衣内有裼衣，裼内有鹿裘，鹿裘内自有常着襦衣。孔氏。

有殯，聞遠兄弟之喪，雖緦必往。非兄弟，雖鄰不往。所識其兄弟不同居者皆弔。

家有殯，則於弔喪不輕往。緦，最輕也。兄弟雖緦必往，親骨肉也。鄰，最近也，非兄弟雖鄰不往。疏無親也。所識，謂非兄弟又非疏外，乃平生識知往來之人，今若身死者，兄弟雖不同居，亦就往弔之，成其死者之恩舊也。鄭氏、孔氏。

天子之棺四重，水、兕革棺被之，其厚三寸，杝棺一，梓棺二，四者皆周。杝，羊支反。

四重者水牛、兕牛之革以爲棺被，革各厚三寸共六寸，此爲一重。杝棺者，椑棺也，爲一重。屬棺、大棺皆梓爲之，屬一重，大棺一重。凡四重，皆周帀。鄭氏。

棺束縮二、衡三，衽每束一，柏椁以端長六尺。

棺束者，古無釘用皮束合之爲固也。縮二者，縮縱也，縱束者二行也。衡三者，衡，横也，横束者三行也。衽每束一者，衽，小要也，兩頭廣中央小，謂鑿棺邊及兩頭合處作坎形，以小要連之令固也。柏椁以端者，積柏材作椁，並葺端頭，從下壘上，木頭相向作四阿也。長六尺者，其木每段長六尺也。孔氏。

天子之哭諸侯也，爵弁絰，紂衣。或曰：「使有司哭之，爲之不以樂食。」爵，則其反。

爵弁即韋弁，其色如爵。絰，衍字也。天子至尊，服麻不加於采。紂衣，即緇衣。此言諸侯薨於國，天子遥哭之，爲之食不舉樂。胡氏、孔氏。

天子之殯也，菆塗龍輴以椁，加斧于椁上，畢塗屋，天子之禮也。菆，才官反。輴，勑倫反。

菆，叢也。菆塗用木叢棺而四面塗之也。輴，喪車也。龍輴者，畫龍於輴車之轅也。以椁者，題湊叢木而象椁之形也。斧，謂繡覆棺之衣爲斧文也。先菆四面爲椁，上與棺齊，而上猶開，以棺衣從椁上入覆於棺，故云加斧于椁上。斧覆既竟，又四注爲屋，覆上而下，四面盡塗之，天子之殯如此。孔氏。

唯天子之喪，有别姓而哭。别，彼列切。

同姓、異姓、庶姓各相從爲位。鄭氏。

魯哀公誄孔丘曰：「天不遺耆老，莫相予位焉。嗚呼哀哉，尼父！」

《左傳》所録，有屏余一人之語，今記脩之如此。陸氏。

國亡大縣邑，公、卿、大夫、士皆厭冠，哭於大廟三日，君不舉。或曰：「君舉而哭於后土。」厭，于業反。

厭冠，喪冠。舉，舉樂。師敗失地，以喪禮處之。鄭氏。

孔子惡野哭者。惡，烏路反。

哭非其地謂之野。孔氏。

未仕者不敢税人，如税人則以父兄之命。

税人，謂以物遺人。《釋文》。

士備入，而後朝夕踊。祥而縞。是月禫，徙月樂。

士卑最後入，言諸臣畢入乃俱踊。大祥而縞冠，是月禫祭，踰月樂作。孔氏説。

君於士有賜帟。

帟，小幕以承塵，士惟恩賜乃得有。鄭氏。

檀弓下第四

君之適長殤，車三乘；公之庶長殤，車一乘；大夫之適長殤，車一乘。適，丁歷反。長，丁丈反。

皆下於成人也。車，謂遣車，載遣奠祭牲送亡者。鄭氏、孔氏。

公之喪，諸達官之長杖。長，下丈反。

達，謂得自通於君者。晦庵。

君於大夫，將葬，弔於宮；及出，命引之，三步則止，如是者三，君退。朝亦如之，哀、次亦如之。

宮，殯宮。朝，謂柩朝廟而將發之時。次，待賓客次舍。君於大夫將葬而弔，孝子攀號，君命引其柩使行，奪孝子之情，使出葬也。如是者三而君退。或弔於朝廟之時，及弔於次舍皆然。用孔氏補。

五十無車者，不越疆而弔人。

五十始衰，不徒行遠弔。鄭氏、孔氏。

季武子寢疾，蟜固不説齊衰而入見，曰：「斯道也將亡矣。士唯公門説齊衰。」武子曰：「不亦善乎！君子表微。」及其喪也，曾點倚其門而歌。蟜，居表反。説，他活反。

季武子，魯大夫季孫夙，强僭如君。時人畏之，入其門者皆説衰。蟜固不脱衰而問其疾，且謂著衰入大夫之門，此道將亡。武子不得已佯善之。表，明也。謂斯道之微君子能表明之。季孫夙之疾，蟜固不説齊衰而入見，示之以凶而欲其死也。季孫夙之死，曾點倚其門而歌，示之以吉而樂其死也。季孫强僭，二賢疾之如此，不畏强也。陳氏。

大夫弔，當事而至，則辭焉。

大夫弔於士，士當殯斂之事，則辭以告。

弔於人，是日不樂。婦人不越疆而弔人。行弔之日，不飲酒食肉焉。

哀樂不同日，婦人無外事。鄭氏。

弔於葬者必執引，若從柩及壙，皆執紼。

車索曰「引」，柩索曰「紼」。引唯在路用之，下壙執紼。方氏。

喪，公弔之，必有拜者，雖朋友州里舍人可也。弔曰：「寡君承事。」主人曰：「臨。」

公弔臣喪，須往拜謝。若無主後，友朋同州里及喪家典舍之人皆可往拜。弔者曰：「助執事。」謝者曰：「辱降臨。」孔氏。

君遇柩於路，必使人弔之。

遇凡民之喪於路亦弔之，君於民，有父母恩也。鄭氏。

大夫之喪，庶子不受弔。

避嫡也。孔氏。

妻之昆弟爲父後者死，哭之適室，子爲主，袒免哭踊。夫入門右，使人立于門外，告來者，狎則入哭。父在，哭於妻之室。非爲父後者，哭諸異室。

適室，正寢也。來者，來弔者也。妻之兄弟子之舅也。子於舅服緦麻，故使爲主，夫即其子之父，對妻而言故曰夫。其入門右者，以辟爲主之處，示無二主也。哭則鄰里聞者來弔，故使人立門外，告以哭之由。若狎熟者來，則使入與俱哭。父在哭於妻之室，不以私喪干尊也。非爲父後，哭於别室，别於適也。鄭氏、孔氏。

有殯，聞遠兄弟之喪，哭于側室。無側室，哭于門内之右。同國則往哭之。

遠兄弟，謂異國而居者也。哭于側室，遠殯宫也。哭于門内之右，不居主位，示爲之變也。凡皆不得而往哭故也，若同國則往哭。用方氏説。

子張死，曾子有母之喪，齊衰而往哭之。或曰：「齊衰不以弔。」曾子曰：「我弔也與哉！」與音餘。

或人以曾子於子張無服而非之。曾子答以我非弔，乃以朋友哀痛而哭之耳。愚按：齊衰者，曾子爲母服，非爲弔子張而服也。往哭者，友朋哀痛之情，特就因其服而往，非特以此服行弔禮也。諸家乃以曾子之言爲文過。夫曾子乃以魯稱於禮文之末，未必盡合。然曾子於子張之死也，乃用情，於或人之答也，乃言情，曾子豈文過者哉！補。

有若之喪，悼公弔焉，子游擯由左。

悼公，魯哀公之子。擯，相禮者，在主曰擯，在客曰介。吉事尚左，凶事尚右。主居右而擯相者由左。子游如左，是知禮也。孔氏、方氏説。

齊穀王姬之喪，魯莊公爲之大功，或曰：「由魯嫁，故爲之服姊妹之服。」或曰：「外

祖母也，故爲之服。」穀音告，古毒反。按古注云「當作告聲。」誤也。

王姬，周女，齊襄公夫人。穀即告，告者以喪告也。莊公，齊襄公女弟文姜之子。天子女下嫁諸侯，必以同姓諸侯爲主，此王姬所以由魯而嫁，以其嘗爲之主，故喪則必告，告則必爲之服。而或以爲外祖母，故服。故兼録之，傳疑也。用方氏補。

晉獻公之喪，秦穆公使人弔公子重耳，且曰：「寡人聞之：『亡國恒於斯，得國恒於斯。』雖吾子儼然在憂服之中，喪亦不可久也，時亦不可失也。孺子其圖之！」以告舅犯，舅犯曰：「孺子其辭焉！喪人無寶，仁親以爲寶，父死之謂何？又因以爲利，而天下其孰能説之？孺子其辭焉！」公子重耳對客曰：「君惠弔亡臣重耳，身喪父死，不得與於哭泣之哀，以爲君憂。父死之謂何？或敢有他志，以辱君義。」稽顙而不拜，哭而起，起而不私。子顯以致命於穆公，穆公曰：「仁夫，公子重耳！夫稽顙而不拜，則未爲後也，故不成拜。哭而起，則愛父也；起而不私，則遠利也。」喪亦，息浪反，後同。與於音餘。顯，呼遍反。

喪謂失位。舅犯，重耳舅狐偃也。晉獻公殺世子申生，重耳避難在翟。獻公死，秦穆公使人就弔之，欲納之。重耳問於舅犯而辭焉，不因父喪而利其國，故終能復國而霸。補。

帷殯，非古也。自敬姜之哭穆伯始也。

穆伯，魯大夫季悼子亡子【六】，敬姜，其妻也。禮，朝夕哭不帷。敬姜遠嫌，始帷。本

【六】季悼子亡子　「亡子」二字原脱，據文淵閣本、《讀禮通考》卷四四補。

孔氏説。

喪禮，哀戚之至也。節哀，順變也。君子念始之者也。

始，猶生也。始而生之者親也。哀之至，喪之正也。節哀者，念父母生己，不敢以死傷生也。本鄭氏説。

復，盡愛之道也。有禱祠之心焉。望反諸幽，求諸鬼神之道也。北面，求諸幽之義也。

復者，招始死之魂，有禱祠之心，冀其復也。復者北面而呼，北爲陰，幽求諸鬼神之義，冀其復從幽而還也。用鄭説補。

拜稽顙，哀戚之至隱也。稽顙，隱之甚也。稽音啓

稽顙，首觸地無容。隱，痛也。鄭氏。

飯用米貝，弗忍虛也。不以食道，用美焉爾。飯，扶晚反。

死者飯之，不忍虛其口。不用飯食之道，而用米與貝，用其美者也。孔氏説。

銘，明旌也。以死者爲不可別已，故以其旗識之。愛之斯録之矣，敬之斯盡其道焉耳。重，主道也。殷主綴重焉，周主重徹焉。奠以素器，以生者有哀素之心也。

別，彼列反。識，式至反。綴，丁劣反，又丁衛反。

凡銘所以爲名。明旌謂之銘，以死者書名焉。死者無形貌可以識別，故書之於旗以

表之。旗，即銘旌。愛之，故録其名；敬之，故無所不盡其道也。重亦木爲之如木主。重設於始死之時，有柩而又設之重，故謂之重。主立於既虞之後，有廟而必立之主，故謂之主。殷既作主，猶聯綴其重以縣於廟，不忍棄也。周既作主，即徹重而埋於門外之道左，不敢瀆也。奠祭悉用素器，以表哀素之心。木方氏説。

唯祭祀之禮，主人自盡焉爾。豈知神之所饗，亦以主人有齊敬之心也。

此言祭祀未必神之來饗，惟當盡齊敬之心。然愚恐非所以訓。孔子曰：「祭如在。」補。

辟踊，哀之至也。有算，爲之節文也。袒、括髮，變也。慍，哀之變也。去飾，去美也。袒、括髮去飾之甚也。有所袒，有所襲，哀之節也。辟，婢亦反。慍，紆粉反。

撫心爲辟，跳足爲踊，男踊女辟，哀痛之至也。一踊三跳，士則三踊。此有算數爲之節文，恐其毀滅性也。袒，去其衣；括髮，投其冠。變其常也。慍，悶而至辟踊，又哀之變也。去華飾，變其常也。去飾而至於袒括髮【七】，又去飾之甚也。袒而復襲，又以節哀也。合孔氏、方氏説。

弁絰葛而葬，與神交之道也，有敬心焉。周人弁而葬，殷人冔而葬。冔，兄甫反。

厭冠麻絰，居喪之禮也。至於葬，則以弁易厭冠，以葛易麻絰者，喪致哀親之也。葬則有敬心焉，喪事遠以神明待之也。周之弁，猶殷之冔，皆象祭冠，以易喪冠而葬也。合方

【七】去飾而至於袒　「袒」原作「祖」，據《禮記·檀弓上》改。

氏、陸氏說。

歠主人、主婦、室老，爲其病也，君命食之也。 歠，昌悅反。食音嗣。

歠，歠粥也。主人，亡者之子；主婦，亡者之妻；室老，家之長相。三者皆大夫之家貴，爲其哀劇而病也。故親喪三日之後，君命食之。食之者，使之歠粥也。本方氏說補。

反哭升堂，反諸其所作也。主婦入于室，反諸其所養也。反哭之弔也，哀之至也。反而亡焉，失之矣，於是爲甚。殷既封而弔，周反哭而弔。孔子曰：「殷已慤，吾從周。」 養，羊尚反。封古音窆。

此言既葬而反哭也。主人升堂求諸其舊所行禮之處。主婦入室求諸其舊所饋食之處。反而不復見其親，其痛於是爲甚，於是乎弔之。殷甫葬而即弔於壙，則已質慤。周待其反哭而後弔於家，孔子從之。用方氏補。

葬於北方，北首，三代之達禮也，之幽之故也。

北方，國北。北首鄉北，三代皆然。北，幽故也。上之字訓往，下之字語助。用古注補。

既封，主人贈，而祝宿虞尸。既反哭，主人與有司視虞牲。有司以几筵舍奠於墓左，反，日中而虞。葬日虞，弗忍一日離也。是日也，以虞易奠。 舍音釋。離，力智反。

贈，以幣送死於壙也。宿，猶戒也。以事戒之曰戒，以期戒之曰宿。几以依神；筵坐神席也。舍，釋也。奠，置也。既窆而贈，則虞祭有期矣。故祝先反而宿戒虞尸。主人既反哭而省視虞牲，留有司別祭墓以禮其神，而主人即於葬之日歸虞祭於家，以代未葬時朝夕之奠。用方氏、孔氏補。

卒哭曰成事。是日也，以吉祭易喪祭，明日祔于祖父。其變而之吉祭也，比至於祔，必於是日也接，不忍一日末有所歸也。殷練而祔，周卒哭而祔。孔子善殷。比，必利反。

既虞之後，卒哭而祭。成事者，成祭事也。祭以吉爲成，祔于祖父，告廟也。孔子善殷，期而後神之，人情也。古人之祔非遂徹几筵，故有日祭，猶定省之禮，如親之存。既除喪而後主遷于新廟。鄭氏、程氏、朱氏、吕氏。

君臨臣喪，以巫、祝、桃、茢、執、戈，惡之也，所以異於生也。喪有死之道焉，先王之所難言也。

桃，辟惡。茢，苕帚也，掃不祥。戈，所以刺。故君臨臣喪，巫執桃，祝執茢，小臣執戈以先，喪有死之道而惡之也。然臣死君親哭之，所以致忠愛而乃惡之，非禮也，周之末造也。合孔氏、劉氏説。

喪之朝也，順死者之孝心也。其哀離其室也，故至於祖考之廟而後行。殷朝而殯於祖，周朝而遂葬。離，力智反。

朝，謂將葬以柩朝廟。人子出必告，死將葬亦朝廟，順其生時之孝心也。又死者神靈悲哀，棄離其室，故至祖考之廟辭而後行。殷朝而就殯於廟，周殯於賓階，將葬方朝，朝而遂葬。孔氏、方氏。

孔子謂爲明器者知喪道矣，備物而不可用也。哀哉，死者而用生者之器也，不殆於用殉乎哉？其曰明器，神明之也。塗車芻靈，自古有之，明器之道也。孔子謂爲芻靈者善，謂爲俑者不仁，不殆於用人乎哉！

殆，幾也。塗車，以塗爲之而不可運。芻靈，束芻草略似人形。俑者，木偶類生人之形者也。明器備而不可用，芻靈似而不爲人。後世明器改而用生者之器，芻靈改而用木偶之人，故流而至於用生人殉死者之葬。孔子推其漸而哀之。用孔説補。

穆公問於子思曰：「爲舊君反服，古與？」子思曰：「古之君子進人以禮，退人以禮，故有舊君反服之禮也。今之君子進人若將加諸膝，退人若將隊諸淵，毋爲戎首，不亦善乎！又何反服之禮之有？」爲，于僞反。與，音餘。隊音墜。

戎首，謂爲他國主兵來攻伐。子思對魯穆公，與孟子告齊宣王略相類。蓋世衰道微，君多虐其臣，彼此之情渙散不屬，故警其君以上下相爲感應之理。若其所以自處，不容如是之薄也。應氏。

悼公之喪，季昭子問於孟敬子曰：「爲君何食？」敬子曰：「食粥，天下之達禮也。吾三臣者之不能居公室也，四方莫不聞矣。勉而爲瘠，則吾能。毋乃使人疑夫不

以情居瘠者乎哉！我則食食。」疑夫音扶。食食，上如字，下音嗣。

悼公，魯哀公之子。昭子，季康子之曾孫，名强。敬子，孟武伯之子，名捷。三臣：孟孫、叔孫、季孫。不能居公室，不能以臣禮事君也。無事食食以養生，居喪食粥以爲瘠。季昭子久矣無君，居君喪不食粥，舍曰不能而爲之詞。用方氏、陸氏説。

衛司徒敬子死，子夏弔焉，主人未小斂，絰而往。子游弔焉，主人既小斂，子游出絰反哭。子夏曰：「聞之也與？」曰：「聞諸夫子：主人未改服，則不絰。」

敬子，公子許之後。弔必候主人改服乃絰。鄭氏。

曾子曰：「晏子可謂知禮也已，恭敬之有焉。」有若曰：「晏子一狐裘三十年，遣車一乘，及墓而反。國君七个，遣車七乘。大夫五个，遣車五乘。晏子焉知禮？」曾子曰：「國無道，君子耻盈禮焉。國奢則示之以儉，國儉則示之以禮。」遣，棄戰反。焉，於虔反。

个，謂所包遣奠牲體之數。七个、五个，謂以牲體折爲七段五段。遣車七乘、五乘，以牲段折而分載之，一个一乘也。晏子一裘三十年，儉於己可也。大夫遣車五乘，晏子之父晏桓子，大夫也。葬之遣車止一乘，儉於其親不可也。曾子以晏子恭敬爲知禮，則是以晏子之儉爲知禮，則非宜乎？爲有若之所難。合陳氏、方氏説。

國昭子之母死，問於子張曰：「葬及墓，男子婦人安位？」子張曰：「司徒敬子之喪，夫子相，男子西鄉，婦人東鄉。」曰：「噫！毋！」曰：「我喪也斯沾，爾專之，賓爲

賓焉，主爲主焉。」婦人從男子皆西鄉。相，息亮反。鄉，許亮反。斯、沾，古皆去聲，今如字。

國昭子，齊大夫子孔子。噫，不寤聲。毋，禁止辭。斯沾，古以斯爲澌盡之斯，以沾爲覘視之覘。云齊之大家有事，人盡視之，不獨兩字皆改經文，而且上文之毋曰與下文之專之義不相貫。竊意皆合如字，斯，此也；沾爾者，沾沾然之類。率爾而專輒爲之也。國昭子不聽子張西鄉東鄉之説，而自主皆西鄉之説，故先之曰毋，謂我之喪而率然自專之也。禮分賓主而男女皆西鄉者，賓主之禮也。禮重男女之别，雖在喪紀，莫不各正其位。司徒敬子之喪，夫子爲相，固嘗行之。而國昭子徒爲賓主之辯，曾無男女之别，失禮不亦甚乎。方氏。

穆伯之喪，敬姜晝哭；文伯之喪，晝夜哭。孔子曰：「知禮矣。」

穆伯於敬姜，夫也，喪止晝哭。文伯於敬姜，子也，喪晝夜哭。孔子以爲知禮。方氏。

文伯之喪，敬姜據其牀而不哭，曰：「昔者吾有斯子也，吾以將爲賢人也，吾未嘗以就公室。今及其死也，朋友諸臣未有出涕者，而內人皆行哭失聲。斯子也，必多曠於禮矣夫。」音扶。

未嘗就公室，言未嘗到公室觀其行。內人，妻妾。行哭，行哭泣之禮。朋友、諸臣不出涕，而內人皆哭失聲，則平日所好可見，故其母敬姜不哭。上云晝夜哭，此不哭者，暫時也。方氏、鄭氏。

季康子之母死，陳褻衣。敬姜曰：「婦人不飾，不敢見舅姑。將有四方之賓來，褻衣何爲陳於斯？」命徹之。

敬姜者，康子從祖母，以康子失禮，命徹之。方氏。

有子與子游立，見孺子慕者。有子謂子游曰：「子壹不知夫喪之踊也，予欲去之久矣。情在於斯，其是也夫！」子游曰：「禮有微情者，有以故興物者，有直情而徑行者，戎狄之道也。禮道則不然，人喜則斯陶，陶斯咏，咏斯猶，猶斯舞，舞斯愠，愠斯戚，戚斯嘆，嘆斯辟，辟斯踊矣。品節斯，斯之謂禮。」猶，古音摇，今如字。

微情者，微殺也，謂節哭踊。以故興物者，興起也，謂立衰絰之制。直情徑行謂哭踊無節，衣服無制。猶今讀如字，若君子蓋猶猶爾之猶。有子欲去踊節，直若孺子慕者。子游謂其直情徑行，非禮道也。然此章言人情之喜極而至辟踊，辟踊豈生於喜者哉？清江劉氏謂此有缺文，喜至舞蹈，是一節；愠至辟斯踊矣，是一節。蓋以其憂、喜各有次第而極也。今誤以舞斯蹈爲舞斯愠，似得之。補。

人死，斯惡之矣。無能也，斯倍之矣。是故制絞衾，設蔞翣，爲使人勿惡也。始死，脯醢之奠；將行，遣而行之；既葬而食之，未有見其饗之者也。自上世以來未之有舍也，爲使人勿倍也。故子之所刺於禮者，亦非禮之訾也。惡，烏路反。倍，與背同。絞，尸交反。蔞音柳，食音嗣，舍音捨，訾，似斯反。

絞衾，尸之飾。蔞翣，棺之飾。子，指有子而言。刺，譏也。謂有子譏踊節訾病也。人死爲人所惡，見其死而無所復能，則爲人所倍。喪之有飾，使人勿惡。祭之如生，使人勿倍。子之所譏，非禮之病也。然孝子之於喪，祭非特爲人惡之倍之而設，此特一端爾。補。

吴侵陳，斬祀殺厲。師還出竟，陳大宰嚭使於師。夫差謂行人儀曰：「是夫也多言。盍嘗問焉？師必有名，人之稱斯師也者，則謂之何？」大宰嚭曰：「古之侵伐者，不斬祀，不殺厲，不獲二毛。今斯師也殺厲與？其不謂之殺厲之師與？」曰：「反爾地，歸爾子，則謂之何？」曰：「君王討敝邑之罪，又矜而赦之，師與其無名乎？」 還音旋，竟音境。嚭，普彼反。夫差，上音扶，下初佳反。與音餘。

吴侵陳以魯哀元年。斬祀，謂斬其神祀之木。厲，疾癘也。殺厲，古謂以致死爲勇。竊意雖神祀亦蕩除之，於民物可知也。大宰嚭本吴臣，此云陳大宰嚭，孔氏曰：「此大宰嚭與吴大宰嚭名號同而人異。」鄱陽洪氏曰：大宰嚭乃吴夫差之宰。陳遣使者正用行人，則行人儀乃陳臣也。記禮者簡策差互，故更錯其名。當云「陳行人儀使於師，夫差使大宰嚭問之」乃善。吴既斬祀殺厲於陳，陳使至吴，吴問其師謂何？陳使者以殺厲事微諷之，吴許以反地歸其子。陳使者即誦其師之有名，使終其善意。用方氏説補。

顏丁善居喪，始死，皇皇焉如有求而弗得；及殯，望望焉如有從而弗及既葬，慨焉如不及。其反而息。

顏丁，魯人。慨，憊貌。息，謂心與形俱息。此論孝子哀殺有漸。孔氏。

子張問曰：「《書》云：『高宗三年不言，言乃讙。』有諸？」仲尼曰：「胡爲其不然也？古者天子崩，王世子聽於冢宰三年。」

時君無行三年喪者，故子張疑而問。方氏。

知悼子卒，未葬，平公飲酒，師曠、李調侍，鼓鍾。杜蕢自外來，聞鍾聲，曰：「安在？」曰：「在寢。」杜蕢入寢，歷階而升，酌曰：「曠飲斯。」又酌曰：「調飲斯。」又酌，堂上北面坐飲之，降，趨而出。平公呼而進之，曰：「蕢！曩者爾心或開予，是以不與爾言。爾飲曠，何也？」曰：「子卯不樂。知悼子在堂，斯其爲子卯也大矣。曠也，大師也，不以詔，是以飲之也。」「爾飲調，何也？」曰：「調也，君之褻臣也，爲一飲一食，忘君之疾，是以飲之也。」「爾飲何也？」曰：「蕢也，宰夫也，非刀匕是共，又敢與知防，是以飲之也。」平公曰：「寡人亦有過焉，酌而飲寡人！」杜蕢洗而揚觶。公謂侍者曰：「如我死，則必毋廢斯爵也。」至于今，既畢獻，斯揚觶，謂之杜舉。知音智。蕢音蒯。飲去聲，樂如字。觶，之鼓反。

知悼子，晉大夫荀盈，魯昭九年卒。平公，晉侯彪。侍，與君飲也。鼓鍾，樂作也。杜蕢三酌皆罰也。曩者爾心或開予，謂向意爾必開發我，我固不問。今汝趨出而不言，故問之也。子卯不樂者，紂以甲子日死，桀以乙卯日亡，王者謂之疾日，不舉樂。褻，嬖也。忘君之疾，疾，憂也。與知防，謂以宰夫而與知禁防之事。侵官宜自罰也。觶，酒器。揚觶，舉爵於君也。謂之杜舉，表此爵杜蕢所舉也。知悼子在殯而晉平公作樂，故杜蕢罰飲其侍者，且以越職自罰。平公服善，亦自罰且名其罰爵，以詔後世也。補。

公叔文子卒，其子戍請謚於君曰：「日月有時，將葬矣。請所以易其名者。」君曰：「昔者衛國凶饑，夫子爲粥與國之餓者，是不亦惠乎！昔者衛國有難，夫子以其死衛寡人，不亦貞乎！夫子聽衛國之政，脩其班制以與四鄰交，衛國之社稷不辱，不亦文乎！」故謂夫子貞惠文子。

文子，衛獻公之孫，名拔。謚者，誄其行以易名。君謂衛靈公。難，謂魯昭二十年盜殺衛侯之兄縶也。時齊豹作亂，公如死焉。班，言上下之次；制，言多寡之節。

石駘仲卒，無適子，有庶子六人，卜所以爲後者，曰：「沐浴佩玉則兆。」五人者皆沐浴佩玉。石祁子曰：「孰有執親之喪，而沐浴佩玉者乎？」不沐浴佩玉。石祁子兆，衛人以龜爲有知也。 駘，大來反。適，丁歷反。

駘仲，衛大夫石蜡之族，六人莫適立，故卜爲後者。沐浴佩玉則兆，言齊戒則得吉兆。石祁子，六人之一，獨以居喪不忍爲之，而反獨得吉兆。故衛人謂龜爲有知也。鄭氏、方氏。

陳子車死於衛，其妻與其家大夫謀以殉葬，定而后陳子亢至，以告曰：「夫子疾，莫養於下，請以殉葬。」子亢曰：「以殉葬，非禮也。雖然，則彼疾當養者孰若妻與宰？得已，則吾欲已。不得已，則吾以二子者之爲之也。」於是弗果用。亢音剛。養去聲。

子車，陳大夫。子亢，子車之弟，孔子弟子。下謂地下。宰，即家大夫。子亢度非可以口舌爭，故使二人身自爲殉，二人懼而自止。西門豹止嫁河伯事略類此，人能以人之痛痒反而切諸身，則害人之事息矣。補。

子路曰：「傷哉，貧也！生無以爲養，死無以爲禮也。」孔子曰：「啜菽飲水盡其歡，斯之謂孝。斂手足形，還葬而無椁，稱其財，斯之謂禮。」還音旋。稱，尺證反。

啜菽，菽，大豆，以菽爲粥而啜之也。飲水，更無餘物也。還，速也。以其所以養，養之至；以其所以葬，葬之至。補。

衛獻公出奔，反於衛，及郊，將班邑於從者而後入。柳莊曰：「如皆守社稷，則孰執羈靮而從？如皆從，則孰守社稷？君反其國而有私也，毋乃不可乎？」弗果班。從，才用反。靮，丁歷反。

獻公名衎，以魯襄公十四年奔齊，二十六年復歸。羈以絡馬，靮以控馬，以其從奔，故言執羈靮。居者、從者皆不可無，獻公出奔而歸，將獨私從者，柳莊諫而止。補。

衛有太史曰柳莊，寢疾。公曰：「若疾革，雖當祭必告。」公再拜稽首請於尸，曰：「有臣柳莊也者，非寡人之臣，社稷之臣也。聞之死，請往，不釋服而往。」遂以襚之。與之邑裘氏與縣潘氏，書而納諸棺，曰：「世世萬子孫毋變也。」革，居力反。襚音遂。縣音玄。

革，急也。襚，贈也，以衣贈死者，遂而不反，故謂之襚。裘、縣潘，皆邑名。當祭而告疾，亟則失之遽。不釋服而往襚，則近乎褻，獻公爲之。君子不以爲非者，恕其有尊賢之心也。方氏。

陳乾昔寢疾，屬其兄弟，而命其子尊己，曰：「如我死，則必大爲我棺，使吾二婢子夾我。」陳乾昔死，其子曰：「以殉葬，非禮也。况又同棺乎！」弗果殺。乾音干。屬，之玉反。

陳乾昔之子不從父之亂命，不陷父於不義，記者善之。陳氏、鄭氏。

仲遂卒于垂，壬午猶繹，萬入去籥。仲尼曰：「非禮也，卿卒不繹。」

仲遂，魯莊公之子東門襄仲，其卒在魯宣八年。繹者，正祭之明日又祭，如繹絲續而不絶，故名繹。萬，干舞無聲。籥，籥舞有聲。卿卒不當繹，今猶繹而但去其樂之有聲者，故曰非禮。用鄭氏。

季康子之母死，公輸若方小。歛，般請以機封，將從之。公肩假曰：「不可，夫魯有

初，公室視豐碑，三家視桓楹。般！爾以人之毋嘗巧，則豈不得以？其毋以嘗巧者乎？則病者乎？噫！」弗果從。 般音班。封音窆。其毋之毋音無，方説如字，今從之。

公輸若，匠師。方小者，其年尚幼。斂，謂下棺於椁。般者，公輸若之族，多技巧者，見若掌斂事而尚幼，欲代之而設機關以下窆。公肩假止而不許【八】，謂魯自有始初舊制。豐碑者，斲大木如碑形，植於椁之四角，穿木中間爲鹿盧，下棺以緯繞。此天子制也。時諸侯僭天子禮而公室視之。桓楹者，楹者，亭郵之表柱。四植謂之桓。斲木大如桓楹。下於天子之豐碑，此諸侯制也。時三家僭諸侯禮，而三家視之。此魯始初之制，公輸般奈何欲以人之毋嘗試己之巧？亦豈不得已乎？已作以，古字通用也。其毋以人毋嘗巧，則於汝病者乎？言不得嘗巧，豈於汝有病？公肩假更噫以傷嘆，於是衆人遂止。凡皆鄭氏、孔氏之説。以「豈不得以」絶句。方氏云：般欲以人之毋嘗巧，何不以己之毋嘗巧，則病矣。此説不於以字絶句，又不改以字爲己字，且上云以人之毋，下云以其毋，文意相叶，今從之。右用三家之説補。

戰于郎，公叔禺人遇負杖入保者息，曰：「使之雖病也，任之雖重也，君子不能爲謀也，士弗能死也，不可。我則既言矣。」與其鄰重汪踦往，皆死焉。魯人欲勿殤重汪踦，問於仲尼。仲尼曰：「能執干戈以衛社稷，雖欲勿殤也，不亦可乎！」 禺音遇。爲，于僞反。重作童。踦，魚綺反。

郎，魯近邑。戰于郎，謂哀十一年齊國書帥師伐我。禺人，魯昭公之子。《春秋傳》

【八】止而不許　「許」原作「詐」，據《禮記疏》改。

作公叔務人。負杖入保者，兩手負杖於頸走入城保，以避齊師之人也。息者，困而止息也。使，謂徭役。任，謂賦税。君子，指卿大夫。鄰重汪踦，重作童，鄰之童，姓汪名踦。郎之戰，公叔禺人遇避寇而入保者，因言徭役使人病困，賦税責人煩重。卿大夫不能爲謀，士又不能致死，是自全其身，於理不可。既言之，遂與鄰童汪踦赴齊師而死。於禮，童子爲殤。魯人見其死敵，欲勿殤而以成人之喪治之。問於仲尼，仲尼言其可。用孔氏説。

子路去魯，謂顔淵曰：「何以贈我？」曰：「吾聞之也，去國則哭于墓而後行，反其國不哭，展墓而入。」謂子路曰：「何以處我？」子路曰：「吾聞之：過墓則式，過祀則下。」

展，謂省視。祀，謂神位有屋樹者。子路問去之禮，顔淵告以去則哭墓，反則省墓。顔淵就問以居之禮。子路告以過墓式車，過祀下車。子路行者，顔淵居者，去主哀，居主敬，互相問，交相輔如此。補。

工尹商陽與陳棄疾追吴師，及之。陳棄疾謂工尹商陽曰：「王事也，子手弓而可。」手弓。「子射諸。」射之，斃一人，韔弓。又及，謂之，又斃二人。每斃一人，揜其目，止其御，曰：「朝不坐，燕不與，殺三人，亦足以反命矣。」孔子曰：「殺人之中又有禮焉。」射，食亦反。

工尹，楚官名。陳棄疾，楚公子棄疾，後立爲平王。初楚縣陳而封之，故曰陳棄疾。商陽不忍傷人，棄疾命之弓，始弓，命之射，始射，既斃一人而韔弓。每斃一人而揜目，及斃三人而自謂士之賤不與朝燕，已足反命而不復射。故孔子謂其於殺人之中尚有禮。補。

諸侯伐秦，曹桓公卒于會，諸侯請含，使之襲。含，胡脂反。

《春秋》魯成公十三年曹伯廬卒于師，此云會。廬謚宣，此云桓，恐皆誤。請含，朋友有相食之道也。使之襲，則非襲，賤者之事也。本鄭氏、胡氏説。

襄公朝于荆，康王卒。荆人曰：「必請襲。」魯人曰：「非禮也。」荆人强之，巫先拂柩。荆人悔之。

荆，楚也。康王，楚子昭僭號王也。魯襄公二十八年朝楚，楚强之襲。本以人臣之事待襄公，襄公以桃茢拂除而臨之，反以人君之禮臨楚，故楚悔之。用陳氏説補。

滕成公之喪，使子叔敬叔弔，進書，子服惠伯爲介。及郊，爲懿伯之忌不入。惠伯曰：「政也，不可以叔父之私不將公事。」遂入。

滕成公喪，在魯昭三年。子叔敬叔，魯宣公弟叔肸之曾孫。子者，男子之通稱，叔者，其氏，故冠以子叔。進書者，奉君之弔書。惠伯，慶父玄孫之子名椒。介，副也。懿伯者，惠伯之叔父。忌者，怨也。敬叔嘗殺惠伯之叔父名懿伯，故舊有怨忌，常爲防備。今敬叔使於滕，惠伯爲介，既及滕郊，是由滕之主人平日防備不復在己，故忌其報仇見殺而不敢入。惠伯遂開釋之，謂今奉君命，政令，不報叔父私讎。敬叔乃敢入。此一節明不以私廢公。孔氏説。

哀公使人弔蕢尚，遇諸道【九】**，辟於路，畫宮而受弔焉。曾子曰：「蕢尚不如杞梁之妻之知禮也。齊莊公襲莒于奪，杞梁死焉。其妻迎其柩於路而哭之哀。莊公使人弔之，對曰：『君之臣不免於罪，則將肆諸市朝，而妻妾執。君之臣免於罪，則有先人之敝廬在，君無所辱命。』」**蕢，苦怪反。辟音避。畫音獲。奪，徒外反，與兌同。

奪，隧也。《春秋傳》魯襄二十三年，齊襲莒，杞植華還，載甲夜入，且于之隧。隧與奪聲相近，即隧也。杞植即杞梁也。魯哀公使人弔蕢尚，遇於路。蕢尚畫地爲宮，象而受之。齊莊公使人弔杞梁之喪於路。杞梁之妻辭之，禮不弔於路。故曾子因蕢尚失禮，而證以杞梁之妻知禮。補。

孺子䵣之喪，哀公欲設撥，問於有若。有若曰：「其可也。君之三臣猶設之。」顔柳曰：「天子龍輴而椁幬，諸侯輴而設幬，爲榆沈，故設撥。三臣者廢輴而設撥，竊禮之不中者也。而君何學焉？」䵣，吐孫反。輴，勑倫反。沉，昌審反。中，丁仲反。

䵣，魯哀公之少子。撥，以撥發榆汁，洒於道，使輴車滑而易行者也。三臣，魯三家孟孫、叔孫、季孫。輴，殯車。天子畫龍於轅爲龍輴，諸侯不畫龍，止稱輴。幬，覆也。天子之殯以菆木爲椁而幬之，諸侯無椁，設幬而已。榆沈者，榆，木名；沈即瀋，蓋汁也。水澆榆白皮汁。哀公欲設撥，有若以三家之設爲比，顔柳以三家之設爲非。蓋天子、諸侯之殯以輴車之重也，故爲榆沈以滑之，欲榆沈之散也，故設撥以發之。無輴則無用沈，無沈

【九】遇諸道　「道」原作「途」，據《禮記·檀弓下》改。

則無用撥。三臣既知輴之可廢，而不知撥之不可設，是竊取禮之不中者，故顔柳戒哀公之勿學也。方氏。

悼公之母死，哀公爲之齊衰。有若曰：「爲妾齊衰，禮與？」公曰：「吾得已乎哉！魯人以妻我。」爲，于僞反。與音餘。

悼公之母，哀公之妾也。惟大夫貴妾緦，諸侯於妾無服。哀公服齊衰，非禮。有若譏而問之，哀公文過，謂魯人以我無夫人，皆以爲我妻，不得不服也。鄭氏、孔氏。

季子臯葬其妻，犯人之禾。申祥以告，曰：「請庚之。」子臯曰：「孟氏不以是罪予，朋友不以是棄予，以吾爲邑長於斯也。買道而葬，後難繼也。」長，丁丈反。

子臯，孔子弟子高柴字子臯。《論語》作子羔。申祥，子張之子。庚，償也。申祥請償民之禾是也。子臯恃爲邑長，而謂犯民之禾無傷，非也。葬妻，私也。公事猶不可妨民，而況私乎？且謂孟氏不我罪，朋友不我棄，而肆焉失。爲長惟當恤民，豈爲人之罪我棄我而後爲之哉！謂後來爲難繼，尤順非而澤者也。子臯未必然，或記者傳聞爾。補。

仕而未有禄者，君有饋焉曰獻，使焉曰寡君。違而君薨，弗爲服也。

違，去也。仕未受禄，未純爲臣，故君饋不曰賜而曰獻。使命不曰君而曰寡君。違而去之他邦，君薨不爲之服。方氏。

虞而立尸，有几筵。卒哭而諱，生事畢而鬼事始已。既卒哭，宰夫執木鐸以命于宮，

曰：「舍故而諱新。」自寢門至于庫門。 舍音捨。

已，語辭。古注「始已」爲句。舍故，謂高祖之父當遷。庫門，魯之外門。百官及宗廟之次，咸使知之。

二名不偏諱。夫子之母名徵在，言在不稱徵，言徵不稱在。

夫子曰：「不在顓臾，而在蕭牆之内」，此言在不稱徵。又曰「夏禮，吾能言之，杞不足徵」，此言徵不稱在。方氏。

軍有憂則素服哭於庫門之外，赴車不載櫜韔。 櫜音羔。韔，敕亮反。

憂謂軍政。庫門，外門。櫜，甲衣。韔，弓衣。車曰赴車，若告喪也。哭於庫門外，以喪禮處之，而志在外不忘敵也。赴車不載櫜韔，示兵不戢，不忘報也。

有焚其先人之室，則三日哭，故曰：「新宮火，亦三日哭。」

新宮火，魯成公三年【一〇】。新宮，宣公之廟也。

孔子過泰山側，有婦人哭於墓者而哀。夫子式而聽之，使子路問之，曰：「子之哭也，壹似重有憂者。」而曰：「然。昔者吾舅死於虎，吾夫又死焉，今吾子又死焉。」夫子曰：「何爲不去也？」曰：「無苛政。」夫子曰：「小子識之：苛政猛於虎也！」 重，直用反。識，車志反。

而，猶乃也。夫之父曰舅。泰山婦人寧遭虎之累傷，不忍捨政之無苛。揚雄論酷吏

【一〇】魯成公三年 「三」原作「二」，據文淵閣本改。

曰：「虎哉！虎哉！角而翼者也。」與此同意。方氏。

魯人有周豐也者，哀公執摯請見之，而曰：「不可。」公曰：「我其已夫！」使人問焉曰：「有虞氏未施信於民而民信之，夏后氏未施敬於民而民敬之。何施而得斯於民也？」對曰：「墟墓之間，未施哀於民而民哀；社稷宗廟之中，未施敬於民而民敬。殷人作誓而民始畔，周人作會而民始疑。苟無禮義、忠信、誠慤之心以涖之，雖固結之民，其不解乎！」夫音符。解，佳買反。

而曰不可者，周豐辭哀公之摯，見而不敢當也。我其已夫者，哀公疑其不可遽已，於是又使人問焉也。周豐舉墟墓、宗廟，起人哀敬者，以明人心自然不待告詔，故君之臨民當以忠信、誠慤爲本，民心亦將自然而感也。然禹嘗誓師，誓非始於殷；禹會塗山，會非始於周。周豐言此，特舉世變之後，徒爲盟誓而信不由中者，謂始於殷、周之衰爾。補。

喪不慮居，毁不危身。喪不慮居，爲無廟也。毁不危身爲無後也。

不慮居，謂以廟爲慮，不以居室爲慮。不危身，謂恐親之無後不敢以死傷生，毁不滅性也。用方説補。

延陵季子適齊，於其反也，其長子死，葬於嬴、博之間。孔子曰：「延陵季子，吴之習於禮者也。」往而觀其葬焉，其坎深不至於泉，其斂以時服，既葬而封，廣輪揜坎，

其高可隱也。既封，左袒，右還其封，且號者三，曰：「骨肉歸復于土，命也！若魂氣則無不之也，無不之也。」而遂行。孔子曰：「延陵季子之於禮也，其合矣乎！」

廣，古曠反。隱，於刃反。

延陵季子，吴公子名札，居延陵。嬴、博，齊地。深，古去聲讀，謂掘土使深也。不至泉，言掘不甚深也。時服，古謂時行之制，竊意用當時所著之服，如夏用夏之服，不更增以冬衣爲斂也。廣輪，古注輪，從也。方氏謂廣，言其擴，猶户之東西。輪言其從，謂車以直行爲順。竊意古注廣作去聲，是廣爲度，其廣狹之稱。廣輪揜坎者，言量度其廣闊僅及一車輪之地。而揜其坎，其封窆之地不闊大也。隱，古注據也。蓋猶孟子隱几之隱，謂高四尺而手可據也。左袒者，吉事左袒。季子達死生，變吉以自寬，適左袒。訖乃右行，圍繞其封三匝，且號且言，而遂行，不少留也。坎深不至於泉，則不至於太深。斂以時服，則不至於太厚。廣輪揜坎，則不至於太大。其高可隱，則不至於太高。左爲陽，故袒之以變吉；右爲陰，故還焉以示凶。骨肉爲陰，則降而聚，故言復歸于土。魂氣爲陽，則升而散，故言無不之。夫骨肉之復歸于土，魂氣之無不之，是人情之所哀者。然季子號之，止於三號，訖遂行，不少遼緩，則臨喪之哀爲不足矣。禮爲長子三年喪，其服如此之重，則哀感不可不稱。孔子曰「喪事不敢不勉」，又曰「喪不若禮不足而哀有餘也」。今謂其葬於禮爲合，所以譏其哀不足也。曰「其合矣乎」？又疑辭也。亦未必於禮盡合也，夫延陵之言，蓋老、莊之徒也。合方氏、王氏說。

郲婁考公之喪，徐君使容居來弔含，曰：「寡君使容居坐含，進侯玉，其使容居以含。」有司曰：「諸侯之來辱敝邑者，易則易，于則于，易于雜者，未之有也。」容居對曰：「容居聞之：事君不敢忘其君，亦不敢遺其祖。昔我先君駒王西討，濟於河，無所不用斯言也。容居，魯人也，不敢忘其祖。」婁，力俱反。含，胡暗反。易，以豉反。

郲婁，郲國也。考公者，郲隱公益之曾孫，考或爲定。徐君，徐國僭王號者也。容居，徐君之臣也。坐含者坐而親實含玉於亡人之口。進侯玉者，徐自比天子，謂郲君爲己之諸侯。言進侯氏以玉也。上句寡君使者，徐君使來含。下句其使者，令郲國使己得將命而含也。易謂臣禮，易，簡易也。于謂君禮，于，舒大也。韓文于于然而來。駒王，徐先君僭號。濟，渡也。西討渡河。魯，魯鈍也，自明不妄。含不使賤者，君行則親含。大夫但致命以含玉授主人。徐君僭王，其臣容居欲親含郲考公，故郲之有司拒之，謂臣行臣禮，君行君禮，未聞雜之者。容居執迷，猶自守其先世僭王之說。用鄭氏、孔氏說補。

子思之母死於衛，赴於子思，子思哭於廟。門人至，曰：「庶氏之母死，何爲哭於孔氏之廟乎？」子思曰：「吾過矣，吾過矣。」遂哭於他室。

子思之母，嫁母也。庶氏，所嫁之家也。嫁母與廟絕。子思初哭於廟，非也，聞過而改哭於他室，是也。補。

天子崩，三日祝先服，五日官長服，七日國中男女服，三月天下服。虞人致百祀之木可以爲棺椁者斬之。不至者，廢其祀，刎其人。

祝，佐含斂，力勞而先病故。先服。言祝則子可知，此主人臣言之耳。官長，大夫、士也。國中男女，王國之内庶人也。天下，諸侯之國也。自三日而至七日，不特恩有重輕，服有先後，亦以地有遠近，則聞訃有早晚也。虞主山澤，故斬百祀之木以共棺椁之用。必取祀木者，神祀處多樹木，常時所不斬，天子崩則幽明之所共哀，故斬取之也。然亦姑言其制云爾，天子棺椁未必待遠取諸百祀。不至而廢其祀，刎其人，亦恐記者言之過。木苟不至，豈神之罪而廢其祀？雖人之罪亦何至於死。苟其行此，民將不勝擾，豈所謂死無害於人者耶！補。

齊大饑，黔敖爲食於路以待餓者而食之。有餓者蒙袂輯屨，貿貿然來。黔敖左奉食，右執飲，曰：「嗟！來食。」揚其目而視之，曰：「予唯不食嗟來之食，以至於斯也。」從而謝焉，終不食而死。曾子聞之曰：「微與其嗟也，可去。其謝也，可食。」

黔，其廉反。而食、奉食音飼。奉，芳勇反。與音餘。

蒙袂，以袂掩面不欲見人也。輯屨，輯斂其屨，力憊不能屨也。貿貿，困病而不明之貌。嗟來食，雖閔而呼之，非敬辭。微與者，微猶無，蓋止其狂狷之辭，言無得如此也。蒙袂則顔之厚，輯屨則行之艱。貿貿然來，困餓濱死，較一言之失，至於自傷其生，非中道也。曾子所以嘆其微而折衷之，以嗟可去，謝可食也。然嗟而不去，不謝而食，世之有媿於餓者多矣。身雖一死，操有千古，使施小惠者不敢挾之以自矜傲。竊幸苟生之人、脅肩諂笑之輩聞其餘風，心寒服栗，豈不盛哉！苟從曾子之言，謝而復食，其餘能幾。合張氏、黄氏補。

邾婁定公之時，有弒其父者，有司以告。公瞿然失席曰：「是寡人之罪也。」曰：「寡人嘗學斷斯獄矣，臣弒君，凡在官者殺無赦。子弒父，凡在官者殺無赦。殺其人，壞其室，洿其宫而豬焉。」蓋君踰月而後舉爵。 瞿，紀具反。壞音怪。

定公名貜且，魯文十四年即位。弒父下在官字，孔氏作在宫。凡在官者殺無赦，謂官府亦坐。豬猶瀦，言洿其宫而瀦水。春秋時唯邾無弒逆之事，故定公聞其事而驚，既自引咎教化之不至，又極言大逆無道之罪，宜盡除其迹也。補。

晉獻文子成室，晉大夫發焉。張老曰：「美哉輪焉！美哉奂焉！歌於斯，哭於斯，聚國族於斯。」文子曰：「武也得歌於斯，哭於斯，聚國族於斯，是全要領以從先大夫於九京也。」北面再拜稽首。君子謂之善頌善禱。 奂音换。要，一遥反。京音原。

文子，趙武也。曰獻文子者，恐趙武謚獻文也。發謂以禮落成之也。發與落皆有始意。輪言廣大，奂言焕爛，九京，九原也。晉卿大夫墓在九原。善頌，謂張老之言，善禱，謂文子之言。張老見文子宫室飾麗，故佯美之，使終始永足如此，勿復更造。文子亦覺而順述其言，若得保此善終，得從先大夫於地下幸矣。乃拜以謝。本孔氏說。

仲尼之畜狗死，使子貢埋之，曰：「吾聞之也，敝帷不棄爲埋馬也，敝蓋不棄爲埋狗也。丘也貧無蓋，於其封也，亦予之席，毋使其首陷焉。」路馬死，埋之以帷。畜，許六反。封，彼劍反。

敝帷蓋，埋犬馬各隨其小大。無蓋用席，以義起。補。

季孫之母死，哀公弔焉。曾子與子貢弔焉，閽人謂君在，弗内也。曾子與子貢入於其廄而脩容焉。子貢先入，閽人曰：「鄉者已告矣。」曾子後入，閽人辟之，入内霤。卿大夫皆辟位，公降一等而揖之。君子言之曰：「盡飾之道，斯其行者遠矣。」内音納。鄉，許亮反。辟音避。霤，力又反。

脩容，更莊飾也。始爲閽人所拒，及既脩容，不惟閽人下之避之，卿大夫避位，君亦降等而揖。此明禮容之不可不飾。補。

陽門之介夫死，司城子罕入而哭之哀。晉人之覘宋者反報於晉侯，曰：「陽門之介夫死而子罕哭之哀，而民說。殆不可伐也。」孔子聞之曰：「善哉，覘國乎！《詩》云『凡民有喪，扶服救之』。雖微晉而已，天下其孰能當之？」

陽，宋國門名。介夫，衣甲之衛士。子罕，戴公子樂甫術之後樂喜。扶服，猶匍匐，手行也。微猶非。而已，助語辭。子罕，宋之卿相。介夫至賤。子罕一哭之哀，而民咸悅之。晉國覘之，不敢伐。孔子謂雖非晉國之强，天下亦孰能當之。此明爲國以得人心爲本。孔氏、葉氏。

魯莊公之喪，既葬而絰不入庫門。士大夫既卒哭，麻不入。

絰，君之葛絰也。不入庫門，葬畢即除之也。麻，群臣之麻絰也。不入，亦不入庫門也。言魯君臣忘哀之速，皆不行三年喪也。方氏、胡氏説。

孔子之故人曰原壤，其母死，夫子助之沐椁。原壤登木曰：「久矣，予之不託於音也！」歌曰：「貍首之斑然，執女手之卷然。」夫子爲弗聞也者而過之。從者曰：「子未可以已乎？」夫子曰：「丘聞之：親者毋失其爲親也，故者毋失其爲故也【一一】。」貍，力知反。女如字。卷音權。從，才用反。

沐，治也，所以修潔之也。木，椁材也。登木，履椁木材之上也。託，寄也。叩木以作音，謂遭喪以來久不得託之音聲也。貍首之斑然，言木之美，女手之卷然，言功之巧。爲弗聞也而過之，佯不知也。原壤在喪而歌，從者見其無禮，止夫子毋爲治椁，夫子若不聞以全故舊之恩。孔氏、葉氏。

趙文子與叔譽觀乎九原。文子曰：「死者如可作也，吾誰與歸？」叔譽曰：「其陽處父乎？」文子曰：「行并植於晉國，不没其身，其知不足稱也。」「其舅犯乎？」文子曰：「見利不顧其君，其仁不足稱也。我則隨武子乎！利其君不忘其身，謀其身

【一一】「九京也」至「故者毋」此段文字原脱，據文淵閣本補。

不遺其友。」晉人謂文子知人。文子其中退然如不勝衣，其言吶吶然如不出諸其口。所舉於晉國管庫之士七十有餘家。生不交利，死不屬其子焉。父音甫。行，下孟反。并，必正反。植，直吏反。知音智。吶，如悦反。屬音燭。

趙文子，晉大夫趙武也。叔譽，即叔向，晉羊舌大夫之孫，名肸。羊舌者，邑名也。陽處父，晉襄公之太傅。事見魯文公六年。并，猶專也。植者，剛直而自立者也。不没其身者，陽處父剛而專，已爲狐射姑所殺，不能以理終没其身，是知不足也。舅犯者，晉文公之舅，名犯。事見魯僖二十四年。見利不顧其君者，舅犯隨文公辟難，至反國及河，而詐請亡，要君以利，是仁不足也。隨武子者，士會也，食邑於隨。利其君不忘其身者，襄二十七年《左傳》云「夫子之家事治，言於晉國無隱。」情無隱，利君也。家事治，不忘其身也。謀其身不遺其友者，文七年士會與先蔑俱迎公子雍於秦，在秦三年不見先蔑，及還，亦不見，懼其同罪而禍及，故不見之也。謂文子知人者，見其所善於前，知其所舉於後也。管，鍵也。庫，物所藏。管庫之士，守藏之吏也。生不與之交利，死不以其子爲屬。凡皆主其舉士而言，薦賢爲國，非爲交利，非爲子孫計也。

叔譽以陽處父與舅犯爲可與歸，文子謂處父不足於智，舅犯不足於仁，不若隨武子之愈。武子既有利君之仁，又有不忘身之知，異於處父之知，不足稱矣。既有謀身之知，又有不道交之仁，異於舅犯之仁，不足稱矣。文子身退然如不勝衣，其言吶吶然如不出諸口，而其所舉足以盡衆賢。蓋管庫之士賤而難知，七十有餘家衆而難辨。文子所舉雖賤不遺，雖衆不繆，是亦於知與仁，宜其以武子爲與歸也。陳氏、方氏。

叔仲皮學子柳。叔仲皮死，其妻魯人也。衣衰而繆絰。叔仲衍以告，請繐衰而環絰，曰：「昔者吾喪姑姊妹亦如斯，末吾禁也。」退使其妻繐衰而環絰。 學，户教反。衣音咨。繆音樛，陸並如字。

叔仲皮，魯叔孫氏之族，叔仲其氏，皮其名也。學，教也。子柳，叔仲皮之子也。叔仲衍者，叔仲皮之弟、子柳之叔也。其妻，子柳之妻。魯人，魯鈍人也。衣古讀爲齊，衣衰者，齊衰也。繆古讀如樛木之樛。然方氏謂兩股相文綢繆，故名繆絰，則當音綢繆之繆。此服之重者也。繐衰之布細。環絰，則一股回環而不相綢繆，此服之輕者也。子柳之妻魯鈍，爲其舅叔仲皮，服重服是也。子柳惑於叔仲衍之言，反使其妻改輕服，非也。是子柳雖受教於其父，曾不若愚婦人之所爲也。此鄭氏以來之舊説，而諸家從之者也。惟陸氏云：據文，子柳乃叔仲皮之師，其妻乃皮之妻。妻爲其夫叔仲皮衣斬衰而繆絰，而叔仲衍以告。子柳請以其妻爲兄繐衰而環絰，且言其妻常爲吾姊妹，亦服繐衰小功之服。然禮於夫之姑姊妹有服，於夫之兄弟無服。仲衍之請，非也。省室賈氏以陸説爲長。愚按若如陸説，則學字不必改爲斆，衣字不必改爲衰，繆字不必改爲樛。集。

成人有其兄死而不爲衰者，聞子皋將爲成宰，遂爲衰。成人曰：「蠶則績而蟹有匡，

范則冠而蟬有緌，兄則死而子皋爲之衰。」

成，邑名，孟氏食采之地。子皋，孔子弟子，性至孝，親喪泣血三年。范，蜂也。蟬，蜩也。成邑人有不爲兄服衰者，聞子皋至孝，將爲邑宰，始爲其兄服衰。故成之人譏之曰「絲必盛之以匡」。蠶績絲作繭，而無匡。蟹背殼似匡，是蟹反爲之匡。冠必飾之以緌，蜂頭上有物似冠而無緌。蟬喙長似緌，是蟬反爲之緌。兄死宜爲之衰而不爲衰，反因子皋而爲之衰。用鄭氏説。

樂正子春之母死，五日而不食，曰：「吾悔之。自吾母而不得吾情，吾惡乎用吾情？」惡音烏。

子春，曾子弟子。情，真情，言實也。惡乎，猶於何也。禮親喪三日不食，子春勉强至五日，以非真情而悔之，不欺也。曾子水漿不入於口者七日而不悔者。非勉强故也。孔氏、陸氏。

歲旱，穆公召縣子而問然，曰：「天久不雨，吾欲暴尪而奚若？」曰：「天則不雨而暴人之疾，子虐，毋乃不可與【一二】？」「然則吾欲暴巫而奚若？」曰：「天則不雨而望之，愚婦人於以求之，毋乃已疏乎？」「徙市則奚若？」曰：「天子崩，巷市七日。諸侯薨，巷市三日。爲之徙市，不亦可乎？」縣音懸。暴，步卜反。雨去聲。

問然之然，古注然，焉也。陸氏曰：「問其所以然。」尪者，面仰天；巫者，主接神。

【一二】毋乃不可與　「與」原作「乎」，據《禮記·檀弓下》改。

暴之於日，覬天哀而雨之也。巷市者，哀而罷市，有急須之物，於里巷之内市之也。求雨而暴巫、尫，皆虐而不可爲，惟徙市以致哀戚之意，爲可耳。補。

孔子曰：「衛人之祔也離之，魯人之祔也合之，善夫！」

祔，謂合葬。離之者，有以間其椁。合之者，兩棺并置於椁。善夫者，善魯人也，祔葬當合。鄭氏、孔氏。

卷十六

讀禮記三

王制第五

漢《郊祀志》文帝使博士諸生刺六經中作《王制》、謀議巡守、封禪事。江陵項氏安世曰：「《王制》之言爵禄，取於《孟子》，其言巡守，取於《虞書》，其言歲三田及大司徒、大司馬、大司空三官，則皆取於《公羊氏》，其言諸侯朝聘之節，則取於《左氏》。其餘必皆有所授。」石林葉氏夢得曰：「九州之地近於誣誕，朝聘之禮疑於晉文所制。」愚按：西漢惟有五經博士，未嘗有六經之名。《郊祀志》言刺六經蓋班固生於後漢，追爲此論而不計其實，况《孟子》、《公羊》、《左氏》皆不在六經之列。惟巡守見於《虞書》，爲列於五經。然其書昭白，正不待别集爲《王制》而後可知。其實周室班爵之制，孟子生於周末，其詳已不復可聞，况漢人耶！《王制》既與《孟子》不同，《周禮》出於漢末之劉歆，又與《王制》不同。今諸儒之説禮者，乃欲强三者之不同以爲同，回護條析，動累萬言，今皆不録。而惟以先出之《孟子》爲正，餘則取其折衷而不曲說者附之。

王者之制禄爵，公、侯、伯、子、男凡五等，諸侯之上大夫卿、下大夫、上士、中士、下士凡五等。天子之田方千里，公侯田方百里，伯七十里，子男五十里，不能五十里者，不合於天子，附於諸侯，曰附庸。天子之三公之田視公、侯，天子之卿視伯，天子之大夫視子男，天子之元士視附庸。

上大夫卿，謂上大夫即卿也。不合，謂不朝會也。此書先言王者制禄爵之事，公、侯、伯，子、男以下爵也。天子之田以下禄也。然與《孟子》不同。《孟子》曰：「天子一位，公一位，侯一位，伯一位，子、男同一位」，則其爵不同。又曰：「天子之卿受地視侯，大夫受地視伯，元士受地視子男」，則其禄亦不同。補。

制農田百畝。百畝之分，上農夫食九人，其次食八人，其次食七人，其次食六人，下農夫食五人。庶人在官者，其禄以是爲差也。分，夫問反。食音嗣。差，初佳反。

此言授田之法。庶人在官者，其受禄不同，亦有此五等。按《孟子》上農夫食九人，上次食八人，中次食六人，下食五人。補。

諸侯之下士視上農夫，禄足以代其耕也。中士倍下士，上士倍中士，下大夫倍上士，卿四大夫禄，君十卿禄。次國之卿三大夫禄，君十卿禄。小國之卿倍大夫禄，君十卿禄。

此班禄尊卑之差也，必本於上農夫者，示禄出於農，等而上之，皆以代耕者也。按

《孟子》大國地方百里，君十卿禄，卿禄四大夫，大夫倍上士，上士倍中士，中士倍下士，下士與庶人在官者同禄，禄足以代其耕也。次國地方七十里，君十卿禄，卿禄三大夫，大夫倍上士，上士倍中士，中士倍下士，下士與庶人在官者同禄，禄足以代其耕也。小國地方五十里，君十卿禄，卿禄二大夫，大夫倍上士，上士倍中士，中士倍下士，下士與庶人在官者同禄，禄足以代其耕也。補。

次國之上卿位當大國之中，中當其下，下當其上大夫。小國之上卿位當大國之下卿，中當其上大夫，下當其下大夫，其有中士、下士者，數各居其上之三分。

次國之上卿至下當其下大夫，此臧宣叔之言，見《左氏傳》成公三年。永嘉徐氏謂春秋時士大夫以爲周制，列國之卿當小國之君，持是藉口，故每以臣而敵君，偃然主盟會而不辭。於是垂隴之盟，三國之君在焉，而士縠專之。新城之盟，七國之君在焉，而趙盾專之。未幾而樂林之師，以四國之君會晉大夫，而不以爲歉。鞍之戰，以大夫而敵齊侯。溴梁之盟，以大夫而傲其君，皆始於列國之卿當小國之君之説也，而君臣之分紊矣。要之，國雖有小大，君臣之分安可紊也哉？其有者，不常有之辭。中士、下士或有之，則制禄之數當居上士三分之一。用徐氏及邵氏説補。

凡四海之内九州，州方千里。州建百里之國三十，七十里之國六十，五十里之國百有二十，凡二百一十國。名山大澤不以封，其餘以爲附庸、間田。八州，州二百一十國。天

子之縣內，方百里之國九，七十里之國二十有一，五十里之國六十有三，凡九十三國。名山大澤不以朌，其餘以禄士，以爲間田。凡九州千七百七十三國，天子之元士，諸侯之附庸不與。朌音班。與音預。

晦菴曰：封國之制，漢儒止是立下一箇算法，非惟施之當今不可行，雖求之昔時，亦難曉。設如夏時封建之國，至商革命，若地多者削其國以予少者，彼未必服，或以生亂。延平周氏曰：州二百一十國與內縣九十三國，非實有其國，特計其地之所能容。慈湖楊氏曰：九州合爲千七百七十三國，以應周千八百諸侯之數，牽合可笑。人群生天地間，皆有血氣心知，不能以無欲，欲則爭、則鬭、則傷、則殺其天性之美。稍公且正者則足以服其比鄰，比鄰歸之，凡百取平焉。則五有長，十有長，百有長，千有長，其德愈大所服愈廣，是故有小國之君，又有大國之君，其爲君爲長者，地醜德齊，莫能相尚，其間有聖人出焉，舉天下咸歸服之，是爲帝、爲王。夫所謂爲君爲長者，皆諸侯也。大小之數，多寡之數，豈得而預定？又豈能立新法更易之、增損之以合《王制》所言之數耶？武王克商，滅國五十爾，餘率因其舊。漢儒乃爲是等等差差不可少有增損之制，亦不思甚矣。集。

天子百里之内以共官，千里之内以共御。共音恭。**百里謂近王城五十里，合四面相距爲百里。千里謂去王城各五百里，合四面爲千里。官，謂官府所須。御，謂進御所須。此言以田税共給其用也。然豈以近者供官、遠者供御乎？豈官府之供止百里，服膳之供必**

千里乎？似當合王府之財而通其調度乃可也。馬氏、陳氏、王氏。

千里之外設方伯。五國以爲屬，屬有長；十國以爲連，連有帥，三十國以爲卒，卒有正；二百一十國以爲州，州有伯。八州八伯五十六正、百六十八帥。三百二十六長。八伯各以其屬屬於天子之老，二人分天下以爲左右，曰二伯。

屬、聯、連、比、卒、伍，州聚也。正、帥、長、八伯之屬八伯，又二伯之屬。千里之外設方伯連帥，故宜有之，五國、十國、二十國亦宜或然。但州必二百一十國，恐不必然也。臨川王氏。

千里之内曰甸，千里之外曰采、曰流。

甸則《禹貢》所謂甸服也；采則《禹貢》侯服之百里采；流則《禹貢》荒服之二百里流也。甸者，天子所自治。采主侯服之近者言，流主荒服之遠者言。采者食采，流者流放罪人之地也。陳氏、李氏説。

天子三公、九卿、二十七大夫、八十一元士。

自三公至元士皆以三數遞增之義，取陽數窮於九，九也。陳祥道《講義》曰：「孔子聞郯子之言，謂天子失官，學在四夷。猶信孟子答北宫錡之問，謂其詳不可得聞。諸侯已皆去其籍。此書所載與《書》之《周官》及《明堂位》所載建官之數各不同，不必切切求合。」愚按：此書與《明堂位》皆漢人之文，但當以《書》之《周官》爲正。補。

大國三卿皆命於天子。下大夫五人，上士二十七人。次國三卿，二卿命於天子，一卿命於其君。下大夫五人，上士二十七人。小國二卿皆命於其君。下大夫五人，上士二十七人。

三卿，司徒、司馬、司空。大國欲其權不侔上，故三卿皆命於天子。小國欲其權足以制下，故二卿皆命於其君。次國處大國、小國之間，故二卿命於天子，一卿命於其君。大夫言下不言上，以上大夫即卿。士言上不言中下，以中下士有時而缺。邵氏。

天子使其大夫爲三監，監於方伯之國，國三人。

方伯專征權重，故每國立三人爲之監。先儒以三公之孤當之，孤亦一人耳。大國三卿既皆命於天子。夫孤者，王朝之所遣；三卿者，王命之所置。本共爲三人歟。方氏與應氏補。

天子之縣内諸侯，禄也；外諸侯，嗣也。

内諸侯必禄者，不棄賢者之後；外諸侯必嗣者，不絶功臣之世。若内諸侯使有其地，則權移於下而人主孤立矣。外諸侯不使之專其國，則藩屏無助而人主亦孤立矣。陳氏。

制：三公一命卷，若有加，則賜也，不過九命；次國之君不過七命；小國之君不過五命；大國之卿不過三命；下卿再命；小國之卿與下大夫一命。卷音衮。

制，特爲之制也。三公一命卷者，三公八命服鷩冕，加一命則服衮冕也。卷即衮，畫龍於衮也。龍能躍能飛，或屈或伸，故曰卷。猶雲門謂之大卷也。天子畫升龍，三公有降龍而無升龍，若有加則賜者。三公在内八命，出封則加一等，從九章而衮冕也。不過九命者，八命加一命爲九也。若七命則自鷩冕以下，五命則自毳衣以下，三命則希之，衣一章，裳二章爲三。再命則玄衣黼裳，一命則玄衣纁裳也。按《虞書》作服自日、月、星辰以下凡十二章。鄭氏謂周升日月星辰於旗，其衣服止自龍以下凡九章。林少穎謂周亦十二章也。鄭據《左氏》三辰旂旗爲言。然《左氏》謂旗有三辰，何嘗謂衣無三辰耶？《郊特牲》王被衮以象天，則十二章皆備。鄭氏乃指爲魯禮，豈周止九章而魯反十二乎？秦溪楊氏謂公既九章，推而上之，則天子十二章可知。若君臣同服，必無此理。賈公彦云：鄭氏九章，此無正文，乃以意解之，前乎鄭氏。漢明帝用歐陽説義，天子備十二章，猶用周制。自鄭氏説行，古制始失。集。

凡官民材，必先論之，論辨然後使之，任事然後爵之，位定然後禄之。

此言官使民之有材者，論擇辨定，任以爵禄也。其後則言進士之賢者焉。孔氏、方氏説。

爵人於朝，與士共之。刑人於市，與衆棄之。是故公家不畜刑人，大夫弗養，士遇之塗弗與言也。屏之四方，唯其所之，不及以政，示弗故生也。

弗故生，未詳。方氏曰：使然爲故，弗故生，不使之生也。胡氏曰：困苦示若弗故生，欲其改過。未知孰是。然恐欲字誤作故字，不可知。爵人所以勸君子，君子聚於朝，故爵人於朝。刑人所以懲小人，小人會於市，故刑人於市。既刑而棄之，公家不畜之矣，大夫弗養之矣，士弗與之言矣。屏之四方，雖政賦亦不及之矣。用劉氏説，補其餘。

諸侯之於天子也，比年一小聘，三年一大聘，五年一朝。

案昭三年《左傳》鄭子太叔曰：「文、襄之霸也，其務不煩諸侯，令三歲而聘，五歲而朝。」今漢儒乃移以言諸侯於天子，刺經顧如此耶？聘者，相往來之名，非諸侯於天子之禮也。補。

天子五年一巡守。歲二月東巡守，至於岱宗，柴而望祀山川，覲諸侯。問百年者就見之。命大師陳詩以觀民風，命市納賈以觀民之所好惡，志淫好辟。命典禮考時月，定日，同律、禮、樂、制度、衣服正之。大音泰。賈音嫁。辟，匹亦反。

大師，掌樂之官。市，典市者。賈，謂物貴賤之數。典禮之官於周則太史。志淫，言所志之淫。好辟，言所好之辟，同律，律者度、量、權、衡之所自出，欲具有同而無異。古注陰管曰同，陽管曰律。以《周官·大師》執同律以聽軍聲爲證，亦通。天子五年一巡守，至覲諸侯，出於《虞書》，可言刺經而作。餘於漢文時《五經》，未知何據？然問高年，陳詩可也。求市賈恐褻而擾耳。縱因市因賈，知民好之淫辟，可於一時革之否耶？巡守者，巡諸侯之無變法易令，苟諸侯無變法易令，則其餘皆諸侯能舉之矣。似不必屑屑也。補。

山川神祇有不舉者爲不敬，不敬者君削以地。宗廟有不順者爲不孝，不孝者君絀以爵。變禮易樂者爲不從，不從者君流。革制度衣服者爲畔，畔者君討。有功德於民者，加地進律。

律，古注法也。謂命服等皆法。葉石林以律爲樂，樂以彰德。未知孰是。凡言巡守時賞罰之事。補。

五月南巡守，至于南嶽，如東巡守之禮。八月西巡守，至于西嶽，如南巡守之禮。十有一月北巡守，至於北嶽，如西巡守之禮。歸假于祖禰，用特。

此刺《虞書》而爲之。父廟曰禰。特者一牛。晦菴曰：巡守亦是立法如此。若一歲間行不遍，則去一方近處會一方諸侯。集。

天子將出，類乎上帝，宜乎社，造乎禰。諸侯將出，宜乎社，造乎禰。造，七報反。

類、宜、造皆祭名。類者非郊而祭天，故曰類，與郊相類也。或曰類其神而祭之。宜者，告以其事之所宜行。造者，至也。即而告之。鄭氏、陳氏、馬氏。

天子無事與諸侯相見，曰朝。考禮，正刑，一德以尊于天子。天子賜諸侯樂，則以柷將之；賜伯子男樂，則以鼗將之。諸侯賜弓矢，然後征；賜鈇鉞，然後殺；賜圭瓚，然後爲鬯。未賜圭瓚，則資鬯於天子。柷，昌六反。鼗音挑。鈇，方于反。

柷、鼗皆所以節樂。柷狀如漆筩，中有椎，將作樂先擊之。鼗如小鼓，長柄，旁有耳，搖之還自擊。圭瓚，瓚者鬯之爵，以圭爲柄。鬯者，釀秬黍爲酒，和以鬱金之草，謂之鬱鬯。言馨香暢達也。宮縣之樂備，其作也以柷先之，故賜諸侯軒縣之樂不備。其作也以鼗先之，故賜伯子男。將者，持其所先以致天子之命而衆器從焉。八命作伯，賜弓矢乃得征，上公九命，賜鈇鉞，乃得殺，賜圭瓚，亦上公九命，未賜者則資鬯于天子，而用璋瓚。孔氏。劉氏。

天子命之教然後爲學。小學在公宮南之左，大學在郊，天子曰辟雝，諸侯曰頖宮。

命之教然後爲學，王諸侯言之也。小學，八歲所入之學。教以洒掃、應對、進退者也。大學，十五歲所入之學。教以格物致知、至治國平天下者也。辟雝者，注云辟，明；雝，和。頖宮，頖，班也，班政教也。《詩傳》雝水之外圓如璧，頖者半之。補。

天子將出征，類乎上帝，宜乎社，造乎禰，禡於所征之地，受命於祖，受成於學，出征執有罪，反，釋奠于學，以訊馘告。

造乎禰以上，凡出皆然，故前於天子將出言之。自禡於所征之地以下，則惟征之時爲然。於其所征駕焉，謂之禡。若《武成》告皇天后土，所過名山大川，謂殷王受無道是也。受成，受成謀也。馘，断其耳，以其無聞也。訊者，生致之，問其罪。

釋奠于學，禮先師也。鄭康成始分釋奠爲二說：謂釋爲釋菜，謂奠爲奠幣。後世因其說，又分釋奠、釋菜爲二禮，謂釋奠之禮三獻。謂釋菜之禮一獻。是鄭説既異於《王制》之本文，後世行禮者又異於鄭氏之本説矣。然釋奠一事分爲二説，而乃輕重不同。《王制》之言釋奠，豈輕重異禮一時兼行者耶？愚按釋奠即舍采，蓋天子諸侯視學及始立學。天子出征，反，告于學，其所行之禮凡三，皆言以采而非言以菜，皆獻以三而非獻以一。與士之始入學而止以菜爲祭者，其禮全不相干。鄭氏因《月令》誤以采字爲菜，遂亦誤以士始入學之禮釋《王制》天子反告于學之禮耳。《文王世子》曰凡學，《春官》釋奠于先師，秋冬亦如之。《周禮》曰春入學舍采合舞。《月令》出於《吕氏》之《月紀》，《月紀》之元書曰：仲春之月，「上丁命樂正入舞舍采」。凡此三者，皆天子諸侯視學之禮。高誘注云：舍猶置也，置采帛於先師之前以贄神也。是釋奠即舍采，而非釋菜也。此釋奠之禮一也。《文王世子》又曰：「凡始立學者，必釋奠于先聖先師，及行事【一】，必以幣。」此始立學之禮，是釋奠亦即舍采而非釋菜也。此釋奠之禮二也。今此《王制》謂天子出征，反，釋奠于學。此即天子反告于學之禮。蓋釋奠之禮三也。與前所釋奠無以異也。奈何鄭氏既註以爲奠幣，又註以爲釋菜耶？鄭氏之誤蓋自《月令》之誤始也。《月紀》本云「入舞舍采」，《月令》訛爲習舞釋菜。天子諸侯祭先師，豈但用菜祭祀？合樂侑食，豈方習舞？入舞之「入」與習聲相近而訛，以入爲習，舍采之采與菜字相近而訛，以采爲菜。漢儒傳寫《月紀》既誤，鄭氏因而分注釋奠之釋爲釋菜，則誤益甚矣。且釋奠非特於先聖先師然也，山川廟社皆用之。養老之禮於先老亦用之。《檀弓》之載葬禮亦曰有司以几筵

【一】及行事 「及」字原脱，據《禮記·文王世子》補。

釋奠于墓左，彼其祀山川廟社、與先老、與墓地亦豈用菜者耶？贄見必先用幣，故事神亦先奠幣，名曰釋奠。釋奠云者，釋置采帛而奠安於神位之前。此蓋取交神之始，禮之最重者言也。若菜則菹也，物之薄而禮之末也。後世雖因鄭氏之説，間行釋菜之禮，亦未嘗不用腥牲脯修而獨用菹也。豈有捨禮之重者不以名，反以禮之末陳爲名耶？若祭獨以菜則有之，蓋士始入學見先師之禮。《學記》曰：「大學始教皮弁、祭菜是也。人無生而貴者，世子之始入學亦然。」《文王世子》曰「既興器用幣，然後釋菜」是也，言立學之後，既已興器用幣，然後世子祭菜，故繼之云「教世子也」。《喪禮》載君弔大夫，亦釋菜以禮其門神，蓋禮之至輕者也。若《王制》乃天子告先聖先師之禮，鄭氏不當例注釋奠之釋爲釋菜，天子、諸侯未嘗獨以菜祭先聖先師也。補。

天子、諸侯無事，則歲三田：一爲乾豆；二爲賓客；三爲充君之庖。無事而不田，曰不敬。田不以禮曰暴天物。乾音干。

無事，謂無兵喪之事。三田，《公羊氏》謂三時有田，惟夏不田。方氏謂即乾豆、賓客、君庖三事，與《易》田獲三品同。乾豆謂上殺而中心者，腊之爲祭祀。豆實次殺死，差遲以供賓客。下殺死最遲以供君庖。不敬，謂簡祭祀，略賓客。先神而後人，先人而後己，其序如此。方氏。

天子不合圍，諸侯不掩群。天子殺則下大綏，諸侯殺則下小綏，大夫殺則止佐車。佐

車止則百姓田獵。綏古作緌,今如字。

田車有綏,田者所執以升降。田車有佐,田者所用以驅馳。於大夫言佐,則天子諸侯用正車可知。殺則不復驅車,故下之止之。不合圍,不掩群,已殺而下其綏,止其佐車皆不忍多殺也。以大綏言天子,小綏言諸侯,佐車言大夫,重輕之别。佐車止而後百姓獵,尊卑先後之序。用方氏、馬氏説。

獺祭魚,然後虞人入澤梁。豺祭獸,然後田獵。鳩化爲鷹,然後設罻羅。草木零落,然後入山林。昆蟲未蟄,不以火田,不麛、不卵,不殺胎,不殀夭,不覆巢。罻音尉。麛音迷。殀,於表反。夭,烏老反。

獺祭魚,十月,《月令》在正月。豺祭獸,九月。鳩化鷹,八月。草木零落,十月。蟲蟄,九月。虞人,掌山澤之官。梁,絶水取魚者。祭魚、祭獸,謂豺獺聚魚獸以祭其先。罻,小網。火田,以火焚之而田獵。麛、卵、胎、夭,四者皆未成物,重傷之。巢仰上,覆則毁。天生萬物以時,聖人贊之以德;地生萬物以氣,聖人贊之以禮。所以輔相天地而交萬物有道也。劉氏、周氏。

冢宰制國用,必於歲之杪。五穀皆入,然後制國用。用地小大,視年之豐耗,以三十年之通制國用,量入以爲出,祭用數之仂。

冢宰者,冢以位,言其高;宰以職,言其主也。制國用者,如今度支,制其多少之用也。

杪者，木之末，以喻歲之終也。必於歲杪者，待五穀皆入。五穀：黍、稷、菽、麥、稻也。三十年之通者，每年所入分爲四分，一分擬爲儲積，三分爲當年所用，則所留已一分，二年又留一分，三年又留一分，是三年總得三分，可爲一年之蓄。通三十之率當有十年之蓄也。仂者，古注以爲十之一。方氏謂仂謂卦之仂，則四之一。然恐槩以餘數言之耳。集。

喪，三年不祭，唯祭天地社稷，爲越紼而行事。喪用三年之仂。喪祭，用不足曰暴，有餘曰浩。祭，豐年不奢，凶年不儉。國無九年之蓄曰不足，無六年之蓄曰急，無三年之蓄曰國非其國也。三年耕，必有一年之食；九年耕，必有三年之食。以三十年之通，雖有凶旱水溢，民無菜色，然後天子食，日舉以樂。仂音勒。

喪不祭，不以吉事干凶事也。唯祭天地社稷，不以所親廢所尊也。越，躐也。紼，輴車索也。未葬前常屬紼於輴以備火災。今祭天地社稷，故越躐此紼而往祭所也。暴，猶耗。浩，猶饒。不奢不儉，常用數之仂也。國有常蓄，民無飢民，天子乃日舉樂以食。程氏謂古人居喪，百事如禮，廢祭可也。今人百事皆如常，獨廢祭，不若無廢爲愈。晦菴謂卒哭之前不得已而廢，卒哭之後以衰服特祀於几筵之前，以墨衰常祀於家廟，不讀祝，不受胙。補。

天子七日而殯，七月而葬。諸侯五日而殯，五月而葬。大夫、士、庶人三日而殯，三月而葬。三年之喪自天子達。

尊者舒，卑者速。父母之喪無不同。用鄭氏説。

庶人縣封，葬不爲雨止，不封不樹，喪不貳事，自天子達於庶人。喪從死者，祭從生者，支子不祭。縣葑之封爲窆。

喪不貳事，謂哀不暇他及。喪從死、祭從生，即《中庸》葬以士、祭以大夫之類。補。

天子七廟，三昭三穆與太祖之廟而七。諸侯五廟，二昭二穆與太祖之廟而五。大夫三廟，一昭一穆與太祖之廟而三。士一廟，庶人祭於寢。昭如字。

太祖之廟西方東向，子孫之廟南北相向而對列於太祖之廟前。太祖之子北方南向【二】，取其向明，故曰昭。太祖之孫南方北向，取其深遠，故曰穆。曾孫則復爲昭，玄孫則復爲穆，昭常爲昭，穆常爲穆，但以左右爲昭穆，而不以昭穆爲尊卑，故五廟同爲都宫，則昭常在左，穆常在右，而外有以不失其序。一世自爲一廟，則昭不見穆，穆不見昭，而内有以各全其尊，故昭與昭爲列，而無嫌乎子加於父。穆與穆爲列，而無嫌乎父屈於子。天子七廟者，四世服已窮矣，然猶緦也。五世同姓已殺矣，然猶免也。至於六世，然後親屬絶，故止於三昭三穆與太祖之廟，而士其餘降殺以兩。葉、何氏、晦菴、方氏補。

天子諸侯宗廟之祭，春曰礿，夏曰禘，秋曰嘗，冬曰烝。礿，余若反。

礿，薄也，春物尚鮮薄也。禘，次第也，物雖未成，依次第而祭之也。嘗者，新穀熟而嘗之。烝者，衆也，冬時物成者衆也。或以礿言酌，禘言審禘。集孔氏、方氏。

【二】太祖之子北方南向　「方」字原作「太」，據明本、文津閣本改。

天子祭天地，諸侯祭社稷，大夫祭五祀。天子祭天下名山大川。五嶽視三公，四瀆視諸侯。諸侯祭名山大川之在其地者。

五祀，古注司命、中霤、門、行、厲。按下《曲禮》户，竈、中霤、門、行也。五嶽，岱、華、衡、恒、嵩。四瀆，江、河、淮、濟。視者，視其禮儀之數與相等。孔氏、方氏。

天子諸侯祭因國之在其地而無主後者。

所居因先王先公舊地，今無子孫者，天子諸侯祭之。孔氏。

天子犆礿，祫禘，祫嘗，祫烝。諸侯礿則不禘，禘則不嘗，嘗則不烝，烝則不礿。諸侯礿犆，禘一犆一祫，嘗祫，烝祫。犆音特。

犆，特也，特祭太祖。祫，合也，合祭群祖於太祖之廟。春物少故特祭，餘則合也。諸侯禮殺於天子，四時祭不備礿犆者，春礿亦特祭太祖也。禘，一犆一祫者，夏禘則一年特，一年祫。嘗祫、烝祫者，秋嘗、冬烝，皆合祭群廟也。此皆時祭之名，非喪畢之祫，及不王不禘之大禘。取其序昭穆，謂之禘，取其集群祖，謂之祫。集諸説補。

天子社稷皆大牢，諸侯社稷皆少牢，大夫、士宗廟之祭，有田則祭，無田則薦。庶人春薦韭，夏薦麥，秋薦黍，冬薦稻。韭以卵，麥以魚，黍以豚，稻以鴈。

牢，圈也，畜牲之所。大牢具牛、羊、豕，以其大曰太牢。少牢羊、豚而已，以其小曰少牢。祭備庶物，薦以時物。庶人之薦，取其易得者而已。方氏、陳氏。

祭天地之牛角繭栗，宗廟之牛角握，賓客之牛角尺。諸侯無故不殺牛，大夫無故不殺羊，士無故不殺犬豕，庶人無故不食珍。庶羞不踰牲，燕衣不踰祭服，寢不踰廟。

繭栗，牛角方生，其形似之也。角握者，手可握。角尺者，長及尺。凡用牛不同，以純而未散者爲上。無故，謂不祭饗，祭饗而後殺。凡言不踰者，皆奉己不敢過奉先之禮。用鄭氏、周氏補。

古者公田藉而不税，市廛而不税，關譏而不征，林麓、川澤以時入而不禁。夫圭田無征。藉，在亦反。麓音鹿。

藉，借也，借民力以治公田，而不税民所自治之私田。廛，市宅也，賦其市地之廛，而不税其交易之物。關者，境上門也。譏，察異言異服之人，而不征取商賈之人。麓，山，足水流者曰川，鍾者曰澤。以時入，如獺祭魚，然後入澤梁之類而無禁也。圭，潔也，卿以下必有圭田以奉祭祀。圭田無力役布帛之征。夫發語辭。古注訓治字，非。集。

用民之力，歲不過三日。田里不粥，墓地不請。粥音育。

粥，賣也。役不過三日，所以寬其力。田里不粥，所以定其居。墓地有常，不請求餘處，所以寧其親。方氏。

司空執度，度地，居民，山川沮澤，時四時，量地遠近，興事任力。凡使民任老者之事，食壯者之食。上度如字。下，大洛反。沮，將慮反。上食字音嗣。

司空，《冬官》掌民事者，執度之度，丈尺也；度地之度，量廣狹也。沮澤，浸潤之處。山川沮澤時四時者，隨地有氣候之不同也。山川沮澤所以辨地宜，時四時所以候天氣，量地遠近，興事任力，所以均人力，任老者之事，食壯者之食，寬其力而饒其食也。陳氏、鄭氏。

凡居民材，必因天地寒煖燥濕。廣川大谷異制，民生其間者異俗，剛柔重輕遲速異齊，五味異和，器械異制，衣服異宜。修其教不易其俗，齊其政不易其宜。齊，才細反。和，胡卧反。

民材，謂其氣性材藝。異制謂川谷之形勢。異齊讀如五齊之齊，謂其性情緩急不同。異和謂其嗜好不同。天地之氣所至不同，民生其間與之不同。故居處民材亦隨其所不同。惟各因之而修其教，齊其政而已。齊亦修之，義非强其下使齊一也，故曰不易其宜。補。

中國戎夷、五方之民皆有性也，不可推移。東方曰夷，被髮文身，有不火食者矣。南方曰蠻，雕題交趾，有不火食者矣。西方曰戎，被髮衣皮，有不粒食者矣。北方曰狄，衣羽毛穴居，有不粒食者矣。中國夷蠻戎狄皆有安居，和味、宜服、利用、備器，五方之民言語不通，嗜欲不同，達其志，通其欲。東方曰寄，南方曰象，西方曰狄鞮，北方曰譯。鞮，丁兮反。

雕題者，雕，刻也，題，額也，謂雕刻其額以丹青涅之。交趾者，趾，足也，南蠻卧時頭並向外，足在内而相交。夷，易也。蠻，慢也。戎，好兵。狄，善守，或曰狄辟也。同穴無别，行邪辟也。寄、象、鞮、譯者，皆轉通言語，使與中國相領解。寄者，寄傳内外之言。象者，倣象内外之言。鞮之言知，譯之言陳也。五方之民性不可推移，地氣使之然也。東南之地卑而蛟龍鍾焉，故俗之所尚者文身雕題。西北之地高而鳥獸群焉，故俗之所尚衣皮羽毛，不特其俗尚，亦寒燠之勢異也。曰有不火食、有不粒食，言僻遠之地間有之，而皆有安居。和味、宜服、利用、備器，其事雖異，無不自足其足。聖人欲達其志，通其欲，故又各爲之置通言語之官。孔氏、陳氏、馬氏。

凡居民，量地以制邑，度地以居民，地邑民居，必參相得也。無曠土，無游民，食節事時，民咸安其居，樂事勸功，尊君親上，然後興學。度，大洛反。參，大南反。樂，音洛。

參相得者，以地邑民居相參。使無曠土游民，樂事勸功，尊君親上，然後興學者，民富而可教也。馬氏、孔氏。

司徒修六禮以節民性，明七教以興民德。齊八政以防淫，一道德以同俗，養耆老以致孝，恤孤獨以逮不足，上賢以崇德，簡不肖以絀惡。

司徒，《地官》掌邦教者。六禮：冠、昏、喪、祭、鄉、與相見凡六。七教者，父子、兄弟、夫婦、君臣、長幼、朋友、賓客凡七。八政者，一飲食、二衣服、三事爲、四異别、五度、六量、七數、八制。六十曰耆、七十曰老、無父曰孤、無子曰獨。淫，過修也。逮，及也。簡，差擇也。

命鄉簡不帥教者以告。耆老皆朝于庠，元日習射上功，習鄉上齒。大司徒帥國之俊士與執事焉。不變，命國之右鄉，簡不帥教者移之左，命國之左鄉，簡不帥教者移之右，如初禮。不變，移之郊，如初禮。不變，移之遂，如初禮。不變，屏之遠方，終身不齒。與音預。

鄉者，六鄉之老也。以告者，告于司徒也。庠，鄉學也。習鄉，謂鄉飲也。郊者，鄉之外。遂者，郊之外。有司空以富之矣，有司徒以教之矣，而猶不帥，則鄉老以告于司徒，會耆老習射、習鄉，習射上功以示之行能，習鄉尚齒以道之孝悌。有不變，移之左，移之右，又移之郊，又移之遂，四變然後屏之遠方，重絶人以惡也。周氏、陳氏、葉氏。

命鄉論秀士升之司徒，曰「選士」。司徒論選士之秀者而升之學，曰「俊士」。升於司徒者不征於鄉，升於學者不征於司徒，曰「造士」。選，宣戀反。

鄉，即鄉老也。學，大學也。征，徭役也。秀於一鄉謂之秀士，中於所選謂之選士，其俊德謂之俊士，其成德謂之造士。將升於司徒者不征於鄉，升於天子之學者不征於司徒，次第優賢也。陳氏、李氏。

樂正崇四術，立四教。順先王《詩》、《書》、《禮》、《樂》以造士：春秋教以《禮》、《樂》；冬夏教以《詩》、《書》。王大子、王子、群后之大子、卿大夫元士之適子，國之俊選

皆造焉。凡入學以齒。適,丁歷反。造,七到反。

樂正,樂官之長,掌國子之教者也。四術:《詩》、《書》、《禮》、《樂》也。四教:春秋教《禮》、《樂》,冬夏教《詩》、《書》也。然四教不可一日缺,豈分四時。凡入學必以齒序者,王大子至俊選,不以貴賤,而以長幼也。鄭氏、陸氏、胡氏。

將出學,小胥、大胥、小樂正簡不帥教者以告于大樂正,大樂正以告于王,王命三公、九卿、大夫、元士皆入學。不變,王親視學。不變,王三日不舉,屏之遠方,西方曰棘,東方曰寄,終身不齒。

將出學,注謂九年大成之時也。小胥、大胥、小樂正皆樂官之屬也。不舉者,食不舉樂也。棘者,欲其悔過之速,寄者,示其有復之理。於東西不於南北者,南北太遠也。前章言士之不帥教者屏之遠方,終身不齒。夫屏之遠方極惡之人,罪必不可赦者也。人之資稟有高下,而偶不可教則亦出之於學,聽其爲庶民而已。既出而有犯于有司,然後加之罪未晚也,何至屏之遠方?夫既疑已甚矣。此章又謂屏逐之罪,雖王子不免焉,不其又甚也耶?且德行在平日,豈一視學之頃所能變而於此乎,决爲已甚之罪耶?《王制》漢人之文,不知於古何據?屏之而曰寄,亦與終身不齒之義似相反。《王制》必剌經而作也,當曰扑作教刑,奈何舉四凶之罪以爲不帥教之罪耶?凡《王制》多漢人傳聞之言,而未必古有其事也。補。

大樂正論造士之秀者以告于王，而升諸司馬，曰「進士」。司馬辨論官材，論進士之賢者以告於王，而定其論。論定然後官之，任官然後爵之，位定然後禄之。

司馬，《夏官》掌邦政。凡入仕者皆司馬主之。進士者將進而用之之名。故自掌教之樂正，移名於掌政之司馬。自秀士、選士、俊士、造士凡四等，自論定而官，官而爵，爵而禄之凡四等，其謹如此。補。

大夫廢其事，終身不仕，死以士禮葬之。

以其不能任大夫之事，不惟貶之於其生而又貶之於其死。鄭氏、方氏。

有發，則命大司徒教士以車甲。

有發，謂有軍旅事而發士卒也。以司徒教之者，以司徒主衆又主教，故與司馬相參。鄭氏、孔氏。

凡執技論力，適四方，贏股肱，決射御，凡執技以事上者，祝、史、射、御、醫、卜及百工。凡執技以事上者，不貳事，不移官，出鄉不與士齒。仕於家者，出鄉不與士齒。

執技、論力、適四方，言執技藝，論勇力而適四方者。贏股肱，謂贏露以宣手足之力。決射御，謂決勝負於射御。此以力言也。技不惟射御而止，凡祝也、史也、醫也、卜也及百工之人以技事上者皆技也。不貳事、不移官，皆使專於所業也。然藝成而下，惟鄉黨則與序齒，出鄉則不得與士齒。仕於家者，僕之類也，亦然。集。

司寇正刑明辟以聽獄訟，必三刺。有旨無簡不聽，附從輕，赦從重。

司寇，《秋官》掌刑者。辟，法也。必三刺者，一訊之群臣，二訊之群吏，三訊之萬民。刺，本訓殺，必三訊而後定其可殺與否，故曰三刺。事見《周禮》三刺之官。有旨無簡不聽者，旨，意也；簡，所書獄辭也。雖求得其旨意而無誠實之狀，亦不敢論定其罪。比附於法者從輕，法若赦之則從重。集。

凡制五刑，必即天論，郵罰麗於事。

制，制而用之也。五刑，墨、刖、劓、宫、大辟也。必即天論者，刑本天討有罪，故以天意論罪，不敢容己私也。郵，過也。郵，《呂刑》所謂五過。罰，《呂刑》所謂五罰。皆罪輕而在五刑之用者。麗於事，謂各附麗於本事，不假別事爲喜怒而遷其罪也。補。

凡聽五刑之訟，必原父子之親，立君臣之義以權之；意論輕重之序，慎測淺深之量以別之；悉其聰明，致其忠愛以盡之。疑獄，汜與衆共之，衆疑赦之。必察小大之比以成之。汜，孚劍反。比，必利反。

汜，廣也，與汎愛之汎同。比，附也。原父子之情以恩掩義，立君臣之義以義掩恩。輕重言其罪，淺深言其情，大小言其辟。悉其聰明則得其情，致其忠愛則哀矜而勿喜。獄疑，與衆廣謀之，衆以爲疑則赦之。小大之比，即《呂刑》所謂上下比罪，權之別之盡之矣。然後成之而决焉。陳氏、方氏。

成獄辭，史以獄成告于正，正聽之。正以獄成告于大司寇，大司寇聽之棘木之下。大司寇以獄成告於王，王命三公參聽之。三公以獄之成告於王，王三又，然後制刑。

成獄辭，訊獄之辭已成也。史，司寇之吏，掌官書者。《周禮》鄉士史十有二人之類是也。正，長也。此書既言大司寇，又言正，則正謂小司寇也。棘木之下，外朝之地也。左九棘，孤、卿、大夫位焉；右九棘，公、侯、伯、子、男位焉。《周禮》注謂棘者，取其赤心而外刺也。三又者，審之又三也。古注以又作宥，亦通。獄辭既成，史以告於正，正告大司寇，大司寇聽之而后後告於王。王命三公參聽之，而後再告於王。王又親自審之者三，然後制刑。謹之至也。

凡作刑罰，輕無赦。刑者，侀也。侀者，成也。一成而不可變，故君子盡心焉。

凡作刑罰者，雖輕無赦。所謂刑故無小，懼赦之則犯者衆也。上刑是刑罰之刑，下侀是侀體之侀。刑之已成而不可變，猶侀之已成而不可變。死者不可復生，斷者不可復續，故君子最盡心焉。

析言破律，亂名改作，執左道以亂政，殺。作淫聲、異服、奇技、奇器以疑衆，殺。行僞而堅，言僞而辨，學非而博，順非而澤，以疑衆，殺。假於鬼神、時日、卜筮以疑衆，殺。此四誅者，不以聽。

左道謂邪道。地道尊右，故正道爲右，不正之道爲左。析言，則離於理，破律，則壞於法，亂名，則失其實，改作，則反其常，執左道，則背正理，而爲巫蠱妖術之事。凡皆亂政，故殺。淫聲惑民聽，異服惑民視，奇技、奇器惑民心，凡皆疑衆，故殺。言行僞而不由於誠，學順非而不由於是，與夫假鬼神以禍福惑人，假時日以災祥惑人，假卜筮以吉凶惑人。凡亦皆疑衆，故殺。此四誅者不以聽，以其非過誤而情不待於聽也。合方氏、馬氏、周氏。

凡執禁以齊衆，不赦過。有圭璧金璋，不粥於市；命服命車，不粥於市；宗廟之器，不粥於市；犧牲不粥於市。戎器不粥於市；用器不中度，不粥於市；兵車不中度，不粥於市；布帛精麤不中數，幅廣狹不中量，不粥於市；奸色亂正色，不粥於市；錦文珠玉成器，不粥於市；衣服飲食，不粥於市；五穀不時，果實未熟，不粥於市；木不中伐，不粥於市；禽獸魚鼈不中殺，不粥於市；關執禁以譏，禁異服，識異言。粥音育。中音衆。量音亮。識音志。

禁，以法示衆，使之避者也。奸色亂正色，如紅紫亂朱之類【三】。關，關門之吏。譏，呵察也。禁以齊衆，犯而赦之則犯者多，故雖過亦不赦。圭璧至戎器上所用，在私者粥則慢禮。用器至正色上所制，違制者，粥則亂政。錦文至飲食，粥則靡俗。五穀不時至禽魚不中殺，粥則傷物。故治市之法皆禁之。關者，市物所由入之門，故先譏呵之，并出入之異言異服者。用李氏補。

大史典禮，執簡記，奉諱惡。烏路反。

【三】「司寇」至「如紅紫亂」此段文字原脫，據文淵閣本補。

大史之官典掌禮事，執簡册所記之言，奉進先王之諱及所惡忌之日，若子卯日不用者。用鄭氏、方氏説。

天子齊戒受諫。司會以歲之成質於天子，冢宰齊戒受質。大樂正、大司寇、市三官以其成從質於天子，大司徒、大司馬、大司空齊戒受質。百官各以其成質於三官，大司徒、大司馬、大司空以百官之成質於天子，百官齊戒受質。然後休老勞農，成歲事，制國用。齊，側皆反。會，古外反。勞，力報反。

齊，以齊其內心之動。戒，以防其外物之侵。謹之至而神明其身者也。司會者，冢宰之屬，掌計要之官也。成者，計要也。質之言平，平其計要也。市，司市也。百官，司徒、司馬、司空三官之屬也。歲終，群臣奏歲事，諫其王以一歲中所當改爲之事。天子齊戒而受之。司會以一歲之計要質於天子，冢宰亦齊戒而受其質。大樂正，人材之所主；大司寇，民命之所繫；司市，國貨之所出。三者皆要而重，亦以其成從司會而併質於天子。大司徒、司馬、司空又齊戒而受其質。司徒、司馬、司空之屬總曰百官者，又各以其成質於長，其長各轉以質於天子。百官齊戒受質者，古説謂天子平斷畢報，百官復齊戒而受之。山陰陸氏謂百官各又自受其質也。然則歲終以其一歲之成質於天子者凡三。司會一也；樂正、司寇、司市之三官從司會以質，二也；司徒、司馬、司空受百官之質以質於天子，三也。若百官則各又受其在下之質，自上達下，各見其成，然後蜡祭飲酒以休老勞農，成歲事以計今歲之所入，制國用以待來歲之所出。按冢宰、司徒、司馬、司寇、司空五官皆齊戒受質，惟宗伯不與，以典禮有常，無可損益也。參泉說補。

凡養老，有虞氏以燕禮，夏后氏以饗禮，殷人以食禮，周人修而兼用之。食音嗣。

燕禮，殽烝於俎，行一獻之禮，坐而飲酒以至於醉。饗禮，體薦而不食，爵盈而不飲，依尊卑爲獻，取數而已。食禮，不飲酒，享大牢，以禮食之，其禮以飯爲主。孫氏。

五十養於鄉，六十養於國，七十養於學，達於諸侯。八十拜君命，一坐再至，瞽亦如之。九十使人受。

年彌高養彌厚。八十者使人致其養，九十使人代受。集。

五十異粻，六十宿肉，七十貳膳，八十常珍，九十飲食不離寢。膳飲從於遊可也。粻，陟良反。

粻，糧也。膳，善食也。珍，奇美食也。隨年爲品，愈老愈備。然豈必人人及於是哉？孔氏。方氏。

六十歲制，七十時制，八十月制，九十日修，唯絞、紟、衾、冒死而后制。絞，户交反。紟，其鴆反。

凡皆謂送死之具，年愈高則備之愈宜數。歲制謂棺也，不易可成，故歲制。時制謂一時乃辦衣物之難得者。月制，謂一月可辦衣物之易得者。日修，謂棺衣已辦，但日日修。

九十日修，不保月也。八十月制，不保時也，七十時制，不保歲也。若絞、紟、衾、冒一日二日可爲，必死而後制，君子弗忍預爲之也。凡預爲之者，皆非倉猝可辦，不得已而爲之者也。創其始曰制，治其壞曰修。合方氏、孔氏、陸氏説。

五十始衰，六十非肉不飽，七十非帛不煖，八十非人不煖，九十雖得人不煖矣。

五十始衰，自此食肉衣帛皆所以扶其衰。九十衰之極，養之尤宜無所不至。方氏。

五十杖於家，六十杖於鄉，七十杖於國，八十杖於朝，九十者天子欲有問焉，則就其室，以珍從。

杖者，所以扶其力而優其禮也。九十就其室問之，又以珍羞從而就養之，謂非復杖之可扶，難使之造朝也。用方氏補。

七十不俟朝，八十月告存，九十日有秩。

不俟朝，謂揖君即退，不立以俟朝禮之畢也。月告存，謂君使人每月問存否，而老者告云存也。秩，常也。日有秩，日有常膳之賜也。用鄭氏、胡氏説。

五十不從力政，六十不與服戎，七十不與賓客之事，八十齊喪之事弗及也。

力政，力役之政也。服戎，兵戎之事也。賓客，擯相之事。齊喪，齊戒與喪紀之事也。力政服戎，此免於公者也。賓客齊喪，此免於私者也。蓋代之以子孫矣。方氏、馬氏。

五十而爵，六十不親學，七十致政，唯衰麻爲喪。

爵，謂賢者命爲大夫。不親學，不能備弟子禮。致政，還其職事於君。衰麻爲喪，與《曲禮》七十惟衰麻在身同義。鄭氏、方氏。

有虞氏養國老於上庠，養庶老於下庠；夏后氏養國老於東序，養庶老於西序；殷人養國老於右學，養庶老於左學；周人養國老於東膠，養庶老於虞庠。虞庠在國之西郊。

國老，卿、大夫致仕者；庶老，士及庶人在官致仕者。諸儒皆以養國老者爲大學，養庶老者爲小學，蓋因《王制》之言而意之，皆無所考。然上與下、東與西、右與左，自有差次已明，不必更添大小爲説。用馬氏、晦菴説補。

有虞氏皇而祭，深衣而養老；夏后氏收而祭，燕衣而養老；殷人冔而祭，縞衣而養老；周人冕而祭，玄衣而養老。冔兄甫反。

皇，冕屬，畫羽飾焉，鳳皇之羽五采也。夏收、殷冔，皆冠名。收言收斂髮也。冔之言幠，所以覆飾也。深衣，上衣下裳相聯深邃也。夏尚黑，燕衣黑衣也。殷尚白，縞衣白衣也。玄亦黑也，祭言冠，冠在首，尊之也。養老言衣，衣在體，親之也。孔氏、方氏。

凡三王養老皆引年。

引其年之高下，以爲養禮之隆殺。方氏。

八十者，一子不從政，九十者其家不從政，廢疾非人不養者，一人不從政。父母之喪，

三年不從政；齊衰大功之喪，三月不從政；將徙於諸侯，三月不從政；自諸侯來徙家，期不從政。期音基。

一子，一人不從政，則老者、廢疾者有所養。居喪不從政，則生者得以盡其哀戚。將徙者不從政，所以寬之也。始來有不從政，所以安之也。周氏。

少而無父者謂之孤，老而無子者謂之獨，老而無妻者謂之矜，老而無夫者謂之寡。此四者天民之窮而無告者也，皆有常餼。

餼，廩也。鄭。

瘖、聾、跛躃、斷者、侏儒，百工各以其器食之。跛，彼我反。躃，必亦反。

瘖，不能言。聾，不能聽。跛躃，不能行。斷者，支節斷絶。侏儒，短人。先王之時，瘖者以之實土，聾者以之司火，刖者以之守囿，刖則跛躃斷者之類也。侏儒以之扶盧，扶謂扶持，盧謂戟柄也。所以使在下者無廢才，而人人各得其養。在上者無虚用，而事事各極其精。故曰百工各以其器食之。器者，隨材之義也。孔氏、方氏。

道路男子由右，婦人由左，車從中央。

地道尊右，故男右女左。車患阽危，故從中央。

父之齒隨行，兄之齒雁行，朋友不相踰。輕任并，重任分。班白者不提挈。君子耆老不徒行，庶人耆老不徒食。行，户剛反。

父之齒，年長以倍者。兄之齒，十年以長者。行，行列也。任指擔負言也。并者，少壯代老人并擔之，重則分擔之也。不徒行，必以車；不徒食，必以肉。陸氏、孔氏。

大夫祭器不假，祭器未成，不造燕器。

大夫有田祿，祭器當自具。祭器未成不造燕器者，當先神而後人。方氏、周氏。

方一里者爲田九百畝；方十里者爲方一里者百，爲田九萬畝；方百里者爲方十里者百，爲田九十億畝；方千里者爲方百里者百，爲田九萬億畝。

此自方里爲井，井九百畝，積而至天子之地方千里，以開方法算千里內畝數。補。

自恒山至於南河，千里而近；自南河至於江，千里而近；自江至於衡山，千里而遥；自東河至於東海，千里而遥；自東河至於西河，千里而近；自西河至於流沙，千里而遥。西不盡流沙，南不盡衡山，東不盡東海，北不盡恒山。凡四海之内，斷長補短，方三千里，爲田八十萬億一萬億畝。

此因王畿千里開方畝數，又總計天下開方畝數。然亦以數約之耳。補。

方百里者爲田九十億畝，山陵、林麓、川澤、溝瀆、城郭、宫室、塗巷三分去一，其餘六十億畝。

此又以諸侯百里之地而計之，然地勢不齊，未必如是之斬斬也，亦言算法云耳。

古者以周尺八尺爲步，今以周尺六尺四寸爲步。古者百畝當今東田百四十六畝三十

步，古者百里當今百二十一里六十步四尺二寸二分。

此以周八寸爲尺，與漢十寸之尺展計。補。

方千里者爲方百里者百，封方百里者三十國，其餘方百里者七十。又封方七十里者六十，爲方百里者二十九，方十里者四十，其餘方百里者四十，方十里者六十。又封方五十里者百二十，爲方百里者三十，其餘方百里者十，方十里者六十。名山大澤不以封。其餘以爲附庸、閒田。諸侯之有功者，取於閒田以禄之。其有削地者，歸之閒田。

此因三代封建之法而推衍算法如此。補。

天子之縣内方千里者，爲方百里者百，封方百里者九，其餘方百里者九十一。又封方七十里者二十一，爲方百里者十，方十里者二十九，其餘方百里者八十，方十里者七十一。又封方五十里者六十三，爲方百里者十五，方十里者七十五，其餘方百里者六十四，方十里者九十六。

此以天子縣内千里算開方法，亦非實有此國也。用周氏補。

諸侯之下士禄食九人，中士食十八人，上士食三十六人，下大夫食七十二人，卿食二百八十八人，君食二千八百八十人。次國之卿食二百一十六人，君食二千一百六十人，小國之卿食百四十四人，君食千四百四十人。次國之卿命於其君者如小國之卿。食音嗣。

此用《孟子》君十卿禄一章算數。補。

天子之大夫爲三監，監於諸侯之國者，其禄視諸侯之卿，其爵視次國之君。其禄取之於方伯之地。方伯爲朝天子，皆有湯沐之邑於天子之縣内，視元士。

三監即篇首言監於方伯之國，國三人者也。湯沐邑，惟方伯得視元士，元士五十里，若諸侯皆有之，盡王畿其足以容之乎？方氏、陳氏。

諸侯世子世國，大夫不世爵。使以德，爵以功。未賜爵，視天子之元士，以君其國。諸侯之大夫不世爵禄。

未賜爵視天子之元士，以君其國者，謂世子世國之初也。諸侯之大夫不世爵禄者，懼其專也。用方氏補。

六禮：冠、昏、喪、祭、鄉、相見。七教：父子、兄弟、夫婦、君臣、長幼、朋友、賓客。八政：飲食、衣服、事爲、異别、度、量、數、制。

鄉，鄉飲、鄉射也。相見，賓禮也。事爲，百工技藝也。異别，五方用器不同也。度，丈尺也。量，斗斛也。數，百十也。制，布帛幅廣狹也。鄭氏。

月令第六

秦相吕不韋集儒士，使著所聞爲十二月紀，名《吕氏春秋》。每篇首皆有月令，此書即其文也。其衣服、器皿、官名雖多雜秦制，然能仰觀日月、星辰、霜露之變；俯察蟲魚、草木、鳥獸之化。以修人事，以授民時，庶幾《虞書》曆象之遺意，故君子有取焉。至其以五行分配五帝，蓋本鄒衍五運相生之説，從而推衍，一一分配。天子南嚮所居，自有定位，乃每月而各異其處。天子五輅所用自有異宜，乃每月而各拘其色。犧牲一也，時各變其所先；器服一也，時各變其所尚。五穀、六畜，日用飲食之常也，亦隨時而變，翦翦焉若不可以相通，則未免於拘矣。且五氣布而四時行，盈天地間，無乎不在，若四時各得其一，機緘不運，塊然窮獨，何名造化何？分配若是其拘，而冬行春令之應，亦豈能一一盡合耶？

大抵秦、漢之書多以先王遺説爲本，而雜以後世煩碎爲博。《王制》一篇不過因《孟子》數語，《周禮》六典不過因《周官》一書，從而增益，以廣舊聞。一列於《經》，無敢輕議，往往而然，不獨《月令》也。故《月令》固非盡述三代之制，亦非立爲秦人一代之制。吕不韋姑集衆聞，而按時行事，若可垂訓，記禮者又從而取之，顧其文辭間有差誤，多吕氏之本文爲是，而《月令》之傳寫爲訛。《月令·孟春》書鴻雁來。方春非雁來之時。吕氏云「候雁北」，則吕氏爲是而《月令》訛也。《月令》「迎夏還，反行賞」，既還則不必言反，吕氏云「還，乃行賞」。則吕氏爲是而《月令》訛也。《月令》「上丁習舞，釋菜臨祭」，豈方習舞釋奠？豈獨用菜？吕氏云「入舞舍采」，注謂「奠采帛以贊神」，則吕氏爲是而《月令》訛也。胎夭之夭，吕氏作夭，注云麋子爲夭【四】，《月令》乃作夭折之夭。夫曰「毋殺孩

【四】麋子爲夭　「麋」原作「麛」，據《吕氏春秋·孟春紀》高誘注「胎夭」改。下文同。

蟲，胎夭飛鳥」，則夭亦一物甚明。此亦吕氏是而《月令》訛也。燒炭之炭，吕氏作炭，注云不欲夭物。《月令》乃作死灰之灰。夫仲夏物長，故戒伐木燒炭，若灰則何以燒爲？此亦吕氏是而《月令》訛也。《月令》曰「毋舉大事以摇養氣」，吕氏元文作「蕩摇於氣」。《月令》曰「毋發令而待，以妨神農之事」，吕氏元文作「毋發令而于時」。《月令》曰「神農將持功」，夫神農，田官之稱，而持功則幾於不文。吕氏元文曰「神農將巡功」，謂將巡視之。是亦皆吕氏是而《月令》訛也。

吕氏云「土潤溽暑」，《月令》訛以溽爲辱。吕氏云「美土疆」，《月令》訛以疆爲彊。吕氏云「巡遠方」，《月令》訛以巡爲順。吕氏云「蟄蟲咸俯狂穴，皆墐其户」，《月令》訛以穴爲内。吕氏云「審棺槨之厚薄，營丘壠之小大」，《月令》訛以營爲塋。吕氏云「地氣且泄，是謂發天地之藏」，《月令》訛以且爲沮。吕氏云「山林藪澤有能取疏食，田獵禽獸者，野虞教導之」，注云草實曰疏，此言山林藪澤之物也。《月令》乃以疏爲蔬。夫蔬者，植之畦圃，豈取之山林藪澤？此訛也。

吕氏云「乃畢行山川之祀，及帝之大臣，天地之神祇」，注云天曰神，地曰祇。此言天地各有其屬也。《月令》乃獨言天地之祇，夫上既言天下，安得不言神？此訛也。「冰已入」作「冰以入」亦訛也。夫漢人取吕氏之《月紀》爲《月令》【五】，己亥之爲三豕，亦勢然也。

【五】夫漢人取吕氏之月紀爲月令 「夫」原作「去」，據明本、文淵閣本改。

而諸家乃各於《月令》曲爲之説，無有取呂氏而證之者，豈真以《月令》之書同於夫子《六經》，而《呂氏春秋》在所不道邪？然此實出於彼，遡流而不知源，奚可也。蓋亦有呂氏本誤而《月令》爲是者。孟夏王瓜生而呂氏作「王善生」，當從《月令》。季夏温風至，而呂氏作「凉風至」，當從《月令》。《月令》季冬雉雊、雞乳，今曆家以雉始雊，雞始乳，分而爲二，以足七十二候之數。而呂氏正總云乳雉雊。亦當從《月令》。故併考之云。補。

孟春之月，日在營室，昏參中，旦尾中。參，所林反。中如字。

孟春，斗建寅之月，夏正之正月。營室，二十八宿之室星，正月中，日在營室十四度。參，西方宿。尾，東方宿。是月昏旦居中，中指正南而言。補。

其日甲乙。

春屬木，甲、乙，木日也。甲言萬物孚甲，乙，軋乙而生。注。

其帝大皞，其神句芒。

大皞、伏犧氏以木德王天下，故祀爲帝。句芒，少皞氏裔子，名重，爲木官，故祀以配。皞，廣大。句芒，物初生，句屈有芒角。注。

其蟲鱗，其音角。

蒼龍，木屬也。其類爲鱗，故於春則其蟲鱗。樂三分，羽益一以生角，角數六十四，屬木，故其音角，角，觸也。觸地而出戴芒角也。注疏。

律中太蔟。中，竹仲反。蔟，七豆反。

律，候氣之管，以銅爲之，中猶應也。候氣之法：作十二管於密室，各月於其方埋之，取葭灰實律管中，氣至則灰動。太蔟者，正月之律，長八寸。此言正月之時，候氣飛灰，應於太蔟。太蔟之義，謂萬物出達而蔟聚於上。凡皆註疏之本説如此。蔡邕謂太蔟，鍾名，正月之律，清濁與太蔟鍾聲相應，故曰律中太蔟。孔氏嘗辨其非，而新安王氏主之。按高誘《吕氏春秋》注亦曰竹管，與太蔟音和。集。

其數八。

天三生木，地八成之。言八者，舉成數。本鄭氏説。

其味酸，其臭羶。

適於口爲味，通於鼻爲臭。酸，木實之味也。羶，草木之氣也。此主木之臭味言，而凡酸羶者皆屬焉。用古注補。

其祀户，祭先脾。

户奇而在内，陽自内出之象，故祀於春。脾，土藏也。方春木盛剋之，故祭先脾，以土養木。方氏。

東風解凍，蟄蟲始振，魚上冰，獺祭魚，鴻雁來。

魚上冰者，冬寒魚伏，春陽魚游水上而近冰。獺祭魚者，獺聚魚，祭其先。鴻雁來，

《呂氏春秋》作候雁北。此五者皆立春後氣候也。五日一候，一月六候，一歲七十二候，皆於蟲魚草木占其時至而氣應。補。

天子居青陽左个，乘鸞路，駕蒼龍，載青旂，衣青衣，服倉玉，食麥與羊，其器疏以達。載音戴。

青陽左个，明堂之東向堂北頭室也。鸞路，以鸞鈴在衡。馬八尺以上曰龍。蒼則春時之飾也。食麥與羊，是時之所生也。器則疏鏤通達，以象陽氣之射出。用方氏及高誘注補。

是月也，以立春。先立春三日，太史謁之天子，曰：「某日立春，盛德在木。」天子乃齊。立春之日，天子親帥三公、九卿、諸侯、大夫以迎春於東郊。還反，賞公卿、諸侯、大夫於朝。命相布德和令，行慶施惠，下及兆民。慶賜遂行，毋有不當。乃命太史守典奉法，司天日月星辰之行，宿離不貸，毋失經紀，以初爲常。還音旋。相，息亮反。貸，吐得反。

太史，禮官之屬，掌國之六典，正歲時以序事。相，三公也。典，六典。法，八法也。宿言宿於此，離言離於彼。日月星辰之行，或宿或離，有定數焉。太史掌之不可差忒。貸，忒也。經紀，謂天文進退度數。毋失者，戒使推算明也。初謂舊法常須遵奉，故曰以初爲常。還反，按《呂氏春秋》作還乃，本經釋文亦作還乃。貸《呂氏春秋》作忒，本經古注亦音忒，皆當從之。《月令》即《呂氏春秋》之文，蓋傳寫誤耳。補。

是月也，天子乃以元日祈穀於上帝。乃擇元辰，天子親載耒耜，措之於參保介之御

間，帥三公、九卿、諸侯、大夫躬耕帝藉。天子三推，三公五推，卿諸侯九推。反，執爵於大寢，三公、九卿、諸侯、大夫皆御，命曰勞酒。勞，力報反。

元，善也。日，主甲至癸十干爲言。辰，主子至亥十二支爲言。干屬天，故祀帝，擇日之善，郊用辛也。支屬地，故躬耕擇辰之善，耕用亥也。載耒耜，措之於參保介之御間者，乘車三人，天子在左，執御者在中，保衛而服介冑爲車右者在其右。其載耒耜而措之車上也，必參錯於御與車右兩人所立之間，不敢近左邊，天子所立之處。以車上地狹，置耒耜則妨至尊之立，非便也。躬耕而反，公卿以下皆侍，而勞之以酒。補。

是月也，天氣下降，地氣上騰，天地和同，草木萌動。王命布農事：命田舍東郊，皆修封疆，審端徑術，善相丘陵阪險原隰土地所宜，五穀所殖，以教道民，必躬親之。田事既飭，先定準直，農乃不惑。上，時掌反。術音遂。道音導。相去聲。

田謂田畯，主農之官。舍東郊，舍止東郊，監治農事。術，《周禮》作遂，遂小溝也。夫間有遂，遂上有徑，端其徑路，不得邪行，以敗稼穡。相，視也。阪險，傾危也。廣平曰原，下濕曰隰。準，平也；直，正也。此因陽氣蒸達，可耕之候，命飭農事，先均地域。補。

是月也，命樂正入學習舞。乃修祭典，命祀山林川澤，犧牲毋用牝。禁止伐木，毋覆巢，毋殺孩蟲，胎夭飛鳥，毋麛，毋卵。毋聚大衆，毋置城郭。掩骼埋胔。才賜反。

毋用牝，爲傷妊也。孩蟲，蟲未成如孩者。胎謂未生，夭謂生而已出者。然按《月紀》夭與夭字義並不同，麋子曰夭，鹿子曰麛，胎夭指麋子爲言，非夭折之夭，當從《月紀》。又按《王制》不殺胎，不殀夭，則胎與夭皆物名，亦與《月紀》合。骨朽曰骼，肉腐曰胔。此月因仲春將釋奠而先習舞，并命修凡祀典，命祀山林川澤百物之所生也。毋用牝至禁伐木、胎夭以下，懼傷生也。毋聚衆，置城郭，懼妨農也。掩骼埋胔，推其所愛於生者，以及其死者也。凡皆體春生之德也。用鄭氏、孔氏、馬氏説。

是月也，不可以稱兵，稱兵必天殃。兵戎不起，不可從我始。毋變天之道，毋絶地之理，毋亂人之紀。

謂不可逆生氣也。天、地、人於春皆生之始也，兵其反也。補。

孟春行夏令，則雨水不時，草木蚤落，國時有恐。行秋令，則其民大疫，猋風暴雨總至【六】，藜莠蓬蒿並興。行冬令，則水潦爲敗，雪霜大摯，首種不入。莠音酉。摯音至。種，章勇反。

摯，至也。蔡邕云「折傷首種」，古説稷。蔡邕云宿麥，高誘《月紀注》：春爲歲始，稼穡應之不成。故曰首種不入。此章自鄭氏以來皆以天之時令錯行爲説，至晦菴先生始云：人行此令，則召天之災。今考高誘《呂氏春秋》註云：春，木也；夏，火也。木德用事，法當寬仁，而行火，性炎上，故使草木槁落，不待秋冬。天氣不和而國人惶恐也。木，生也；金，殺也。而行其令。春，陽也；冬，陰也。而行其令，故皆致災變。此可輔晦菴之説。補。

【六】猋風　「猋」原作「焱」，據文淵閣本改。

仲春之月，日在奎，昏弧中，旦建星中。

仲春，夏之二月。是月，日在奎五度，弧星在輿鬼南，建星在斗上。是月昏旦，是星中於南方。餘月昏旦，星皆舉二十八宿，此獨舉弧與建星非二十八宿者，由弧星近井、建星近斗。井凡三十三度，斗凡二十六度，其度最寬。若舉井斗，不知何日的至井斗之中，故舉弧與建星，弧在井十六度，建星在斗十度。用孔氏疏及高誘《月紀》注。

其日甲乙，其帝太皞，其神句芒，其蟲鱗，其音角，律中夾鍾，其數八，其味酸，其臭羶。其祀户，祭先脾。始雨水，桃始華，倉庚鳴，鷹化爲鳩。

仲春始至，則夾鍾之律應，夾鍾，陰律也。夾，助也。始雨水以下皆記時候。鷹好殺而擊，以秋陰類也，化爲鳩。使鷙者能仁，陰爲陽所化，物理如此。用孔氏、陸氏補。

天子居青陽太廟，乘鸞路，駕蒼龍，載青旂，衣青衣，服倉玉，食麥與羊，其器疏以達。

青陽太廟，明堂東向之中也。補。

是月也，安萌芽，養幼少，存諸孤，擇元日，命民社。命有司省囹圄，去桎梏，毋肆掠，止獄訟。掠音諒。

囹圄，獄也。桎梏，械也，在手曰梏，在足曰桎。肆掠者，肆意拷掠。省者，察也。將赦其輕微。凡皆助生氣，禁其逆生氣者。補。

是月也，玄鳥至。至之日以太牢祠於高禖，天子親往，后妃帥九嬪御。乃禮天子所

御，帶以弓韣，授以弓矢於高禖之前。禖音梅。韣，大木反。

玄鳥，燕也。高禖，所求嗣之神也。御，侍也。韣，弓衣也。弓矢者，男子之祥也。春分祀高禖，祈嗣。后妃以下皆從，乃禮后妃之侍見於天子者於高禖祠之前，示以得男之象。補。

是月也，日夜分，雷乃發聲，始電。蟄蟲咸動，啓户始出。先雷三日，奮木鐸以令兆民曰：「雷將發聲，有不戒其容止者，生子不備，必有凶災。」日夜分，則同度量，鈞衡石，角斗甬，正權概。

户，蟲蟄之穴也。生子不備，謂骸竅有虧。同、鈞、角、正，皆謂平之也。鈞，如四鍭既鈞之鈞，度，丈尺也，量，斗桶也。稱上曰衡，百二十斤曰石，甬今斛，權今稱錘，概平斗斛者。日夜分以下皆記時候，因雷發示警戒，因日夜分，施均平。

是月也，耕者少舍，乃修闔扇，寢廟畢備，毋作大事，以妨農之事。

諸家以舍爲止，謂耕者至此少息。然仲春，農耕方殷，豈有止息之理？高誘《呂氏春秋》註謂皆耕於野，少有在都邑之舍者。於理近之。諸家以用木爲闔，用竹、葦爲扇。高誘謂闔，扇門也。蓋門户成扇所以闔也。極簡明。諸家皆考寢廟之制，高誘謂寢以安身，廟以事祖。亦簡明。毋作大事，竊意因出耕於野，遂修都邑居舍，事之大如此者，則妨農而不爲。補。

是月也，無竭川澤，無漉陂池，無焚山林。 竭川澤、漉陂池，主漁者言；焚山林，主獵者言。皆爲春時遂生物之理，無盡類夭物也。用方氏及高誘注。

天子乃鮮羔開冰，先薦寢廟。 鮮，鄭氏云當作獻。獻羔，祭司寒也。開冰，二月四陽大壯，抑其太過也。

上丁，命樂正習舞，釋菜。天子乃帥三公、九卿、諸侯、大夫親往視之。仲丁，又命樂正入習樂。

上丁，上旬丁日也；仲丁，中旬丁日也。用丁者，馬氏謂文明故也。蓋丁屬南方，火，故馬氏云爾。樂正，樂官之長也。習舞、釋菜。按：吕氏《月紀》元文作入舞、舍采，注云入學官也，舍，置也，置采帛於先師之前，以贄神也。《月令》皆用《月紀》之文，而此乃以入爲習，采爲菜，恐傳寫誤爾。上丁已舍采，而仲丁再習樂者，鄭氏謂季春將合樂也。

是月也，祀不用犧牲，用圭璧，更皮幣。

不用犧牲，是月尚生育而不殺也。更，易也。皮者，鹿皮。幣者，玄纁束帛。用圭璧更皮幣者，圭璧陽精之所生，皮幣陰功之所成，以陽易陰，順陽義也。高誘注及方氏。

仲春行秋令，則其國大水，寒氣總至，寇戎來征。行冬令，則陽氣不勝，麥乃不熟，民多相掠。行夏令，則國乃大旱，煖氣早來，蟲螟爲害。

人行此令，則召天災，各以其類至。補。

季春之月，日在胃，昏七星中，旦牽牛中。

三月節，日在胃星七度，七星，南方宿。牽牛，北方宿。皆以是月中於南方。用高誘《呂氏春秋》注。

其日甲乙，其帝太皞，其神句芒，其蟲鱗，其音角，律中姑洗。素典反。

姑洗，陽律。姑，洗也；洗，新也。謂陽氣養生，去故就新。高誘《呂氏春秋》注。

其數八，其味酸，其臭羶，其祀户，祭先脾。桐始華，田鼠化爲鴽，虹始見，萍始生。鴽音如。

桐始華以下皆三月之氣候。鴽，鵪也，田鼠化爲鴽，陰類之慝者遷乎陽，而其性和也。虹，陰陽交會之氣，雲薄漏日，日照雨滴則虹生，雄曰虹，雌曰蜺，明盛者爲雄，闇微者爲雌。高誘注并孔氏、馬氏説。

天子居青陽右个，乘鸞路，駕蒼龍，載青旂，衣青衣，服蒼玉，食麥與羊，其器疏以達。

青陽右个，明堂東向之南隅。

是月也，天子乃薦鞠衣于先帝，命舟牧覆舟，五覆五反，乃告舟備具于天子焉。天子始乘舟，薦鮪于寢廟，乃爲麥祈實。

鞠衣，説者謂后服，色如鞠，薦此爲蠶祈助。然本文未嘗明言薦之者乃天子非后妃也。高誘《吕氏春秋》注春皆尚青,此薦鞠衣未達。舟牧,主舟之官。五覆反者,以舟涉險,故謹之至。必乘舟而後薦鮪者,示親漁也,因而祈麥實於寢廟焉。

是月也,生氣方盛,陽氣發泄。句者畢出,萌者盡達,不可以内。天子布德行惠,命有司發倉廩,賜貧窮,振乏絶,開府庫,出幣帛,周天下,勉諸侯,聘名士,禮賢者。

以物宣散之時,當順天散物,不可積聚,納之於内,故自布德行惠以下,皆所以出。淹滯而助陽宣物也。孔氏、馬氏。

是月也,命司空曰:「時雨將降,下水上騰。循行國邑,周視原野,修利隄防,道達溝瀆,開通道路,毋有障塞。田獵、罝罘、羅罔、畢翳、餧獸之藥毋出九門。」道音導。罝,子斜反。罘音浮。餧,於魏反。

司空,掌土之官。獸罟曰罝罘,鳥罟曰羅網。畢所以掩兔,以其似天上畢星,故謂之畢。翳,射者所以自隱。餧則委之以食而毒焉,故曰藥九門。《吕氏春秋》作國門口,預除水潦,便民事。鳥獸方乳,禁傷生。用鄭氏説。

是月也,命野虞無伐桑柘。鳴鳩拂其羽,戴勝降于桑。具曲、植、籧、筐,后妃齊戒親東鄉躬桑,禁婦女毋觀,省婦使,以勸蠶事。蠶事既登,分繭稱絲,效功以共郊廟之服,無有敢惰。籧,居吕反。鄉,許亮反。觀,古唤反。省,所景反,高誘《吕氏春秋》注如字。

野虞,主田及山林之官。無伐桑柘,愛蠶食也。鳴鳩拂羽、戴勝降桑,蠶生之候也。

致曲而織曰曲，取直而立曰植。席之粗者曰籧，筥之方者曰筐，皆蠶具也。禁婦女無觀者，戒其遊觀。省婦使者，省其他役使，勸其一於趨蠶事。此章言親蠶以供祭服。鄭氏、方氏、及高誘注。

是月也，命工師、令百工審五庫之量：金、鐵、皮、革、筋、角、齒、羽、箭、幹、脂、膠、丹、漆，毋或不良。百工咸理，監工日號，毋悖於時，毋或作爲淫巧以蕩上心。

工師，百工之師。五庫各以類相從，金鐵爲一庫，皮革筋爲一庫，角齒爲一庫，羽箭幹爲一庫，脂膠丹漆爲一庫。審量者，度其庫之所容也。工師日監之，使守時制。用孔氏補。

是月之末，擇吉日大合樂，天子乃率三公、九卿、諸侯、大夫親往視之。

樂，陽聲也。春，陽中也。大合樂必待陽中之末，中聲之所正也。馬氏。

是月也，乃合累牛騰馬游牝於牧。犧牲駒犢，舉書其數。

累牛者，累繫之牛。騰馬者，騰躍之馬。游牝於牧者，使之生育所有犧牲及小馬之駒、小牛之犢。皆書其見在之數，至秋，畜産之時，知其舊數欠少與否，及生息多少。方氏、孔氏。

命國難，九門磔攘，以畢春氣。難，乃多反。

命國難，《吕氏春秋》作國人儺，驅除不祥也。又磔牲於門，以禳於四方之神，而春氣盡矣。《吕氏春秋》此下有「行之是令，而甘雨至三旬」十字。用鄭氏補。

季春行冬令，則寒氣時發，草木皆肅，國有大恐。行夏令，則民多疾疫，時雨不降，山陵不收。行秋令，則天多沈陰，淫雨蚤降，兵革並起。

人行此令，則召天災。本晦菴説補。

孟夏之月，日在畢，昏翼中，旦婺女中。

四月節，日在畢十二度。翼，南方宿。婺，北方宿。是月昏旦時各中於南方。

其日丙丁，其帝炎帝，其神祝融。

夏屬火，丙丁，火日也，丙丁言文明。炎帝，神農也，以火德王天下。祝融，顓頊氏之子曰黎，爲火官。

其蟲羽，其音徵，律中中吕。

朱鳥，火屬也，其類爲羽，故其蟲羽。徵音屬火，位南方，故其音徵。仲吕，陰律。孟夏氣至，則仲吕之律應。馬氏、高誘注并鄭氏。

其數七，其味苦，其臭焦。

地二生火，天七成之，故其數七。火味苦，火臭焦。用鄭氏説。

其祀竈，祭先肺。

火王故祀竈，肺，金藏也。夏，火盛克金，故先祭肺，以金養之。鄭氏、方氏。

螻蟈鳴，蚯蚓出，王瓜生，苦菜秀。

螻蟈，蛙也。凡皆言氣候，五日一候。補。

天子居明堂左个，乘朱路，駕赤騮，載赤旂，衣朱衣，服赤玉，食菽與雞，其器高以粗。明堂左个者，南堂之東偏。以春言之曰青陽，以夏言之曰明堂，其實一也。夏屬火，故色尚朱，色深曰朱，色淺曰赤。菽，水穀；雞，水畜。夏食之以減熱氣。器高以粗者，象火炎上。補。

是月也，以立夏。先立夏三日，太史謁之天子，曰：「某日立夏，盛德在火。」天子乃齊。立夏之日，天子親帥三公、九卿、大夫以迎夏於南郊，還反行賞，封諸侯。慶賜遂行，無不欣説。音悦。

還反行賞，按《吕氏春秋》作「還，乃行賞，封諸侯」。慶賜遂行，作「封侯慶賜」。然封侯非常典，亦恐姑言之耳。補。

乃命樂師習合禮樂，命大尉贊桀俊，遂賢良，舉長大。行爵出禄，必當其位。太尉，秦官。贊，贊白之也。遂，達也。舉用長大之人，謂秀出於衆者。補。

是月也，繼長增高，毋有壞墮，毋超土功，毋發大衆，毋伐大樹。皆所以順陽氣也。長而高者，陽上達也。勿壞勿墮，即所以繼之增之也。用高誘及馬氏説。

是月也，天子始絺。

初服暑服。

命野虞出行田原，爲天子勞農勸民，毋或失時。命司徒循行縣鄙，命農勉作，毋休于都。

夏則農居田間之廬舍，冬則歸都邑之居。今當農作，故使毋休於都。補。

是月也，驅獸毋害五穀，毋大田獵。

夏田曰苗，驅獸使勿害苗而已，不大獵取之也。補。

農乃登麥，天子乃以彘嘗麥，先薦寢廟。

彘，水畜。以嘗麥者，水勝火。先薦寢廟者，一食不敢忘親。鄭氏、方氏、吴氏。

是月也，聚畜百藥。靡草死，麥秋至。斷薄刑，决小罪，出輕繫。

聚畜百藥，蕃蕪之時，毒氣盛也。靡草，薺葶藶之屬，以其枝葉靡細，故曰靡草。靡草，至陰之所生，故不勝至陽而死。麥秋至者，物成於秋而麥獨成於夏。於時雖夏，於麥則爲秋。靡草死，麥秋至。而斷决薄刑、小罪，蓋亦因時順氣，秋月用刑之漸也。古注、方氏、陸氏補。

蠶事畢，后妃獻繭。乃收繭税，以桑爲均，貴賤長幼如一，以給郊廟之服。

收繭税者，命婦就公桑而蠶，以繭爲税，桑多税多，桑少税少，税皆十一。鄭氏、孔氏。

是月也，天子飲酎用禮樂。酎，直又反。

酎，春醖之釀酒也。高氏、鄭氏。

孟夏行秋令，則苦雨數來，五穀不滋，四鄙入保。行冬令，則草木蚤枯，後乃大水，敗其城郭。行春令，則蝗蟲爲災，暴風來格，秀草不實。數，所角反。人行此令，則天災各以其類至。用晦菴説。

仲夏之月，日在東井，昏亢中，旦危中。五月節，日在井十六度，亢東方宿，危北方宿。是月昏旦時皆中於南方。孔氏及高誘注。

其日丙丁，其帝炎帝，其神祝融，其蟲羽，其音徵，律中蕤賓。蕤，人誰反。蕤賓，陽律。仲夏氣至，則蕤賓之律應。陰始生爲主，而陽爲賓。陽至午向衰，草木蕤矣，故名蕤賓。高誘、鄭氏。

其數七，其味苦，其臭焦，其祀竈，祭先肺。小暑至，螳螂生，鵙始鳴，反舌無聲。小暑，夏至後六月節。暑極於季夏，進未極，尚爲小。鵙，搏勞。反舌，百舌鳥，以能反覆其舌爲百鳥語，故謂之反舌。一陰生而慝作，螳螂、鵙皆陰類，或感微陰而生，或感微陰而鳴。《詩》「七月鳴鵙」者，豳地寒氣晚也。反舌感陽中而發，故感微陰而無聲。凡皆記五日一候。高誘《吕氏春秋》注及鄭氏、馬氏、方氏説。

天子居明堂太廟，乘朱路，駕赤騮，載赤旂，衣朱衣，服赤玉，食菽與雞，其器高以粗，養壯佼。古卯反。

明堂，太廟南向堂之居中者也。壯言形之大，佼言色之好。夏養壯佼，冬養耆老可知。方氏、陸氏。

是月也，命樂師修鞀鞞鼓，均琴瑟管簫，執干戚戈羽，調竽笙箎簧，飭鐘磬柷敔。 鞀，大刀反，亦作鞉。鞞，步西反。箎音池，亦作篪。柷，昌六反。敔，魚吕反。

樂師，樂官之長。修、均、執、調、飭五者，皆治其器物習其事之言。鞀即鞉，如鼓而小，持其柄摇之，旁耳還自擊。鞞，裨也，以裨助鼓節奏。鼓者，鞀也。應聲者，鼙也。皆所以節樂也故修之。琴長三尺六寸六分。五絃瑟長八尺一寸，二十七絃。管長尺圍寸，如篴而小，併兩而吹之。簫編二十二管，長尺四寸，凡所以宣音也。故均之。干，盾也；戚，斧也。戈、戟長六尺六寸。羽以翿舞者，凡所以舞者也故執之。竽十六簧，笙十七簧，古皆以匏爲之。箎即篪，長尺二寸圍三寸，一孔上出，寸三分，横吹者以竹爲之。簧者，笙、竽之名，氣鼓之而成聲。凡吹竹者，故調之。鍾，金；磬，石。柷如漆桶，方二尺四寸，深一尺八寸，中有木椎，左右擊以節樂。敔，木虎，背上刻七十二鉏鋙，以長尺之木櫟之而成聲。凡皆金、石、木之器，故飭之。高誘注及孔氏。

命有司爲民祈祀山川百源，大雩帝，用盛樂。乃命百縣雩祀百辟卿士有益於民者，以祈穀實。

名山大川百源所出，能興雲雨者，故爲民祈之。雩者，吁嗟以求雨之祭也。天子大雩帝，故用盛樂。百縣謂畿内之邑。百辟卿士謂生有益於民者，死亦能有益於民，故命之雩祀，以祈穀實。天子之雩及於上帝，百縣之雩及於百辟卿士。此重輕之別也。鄭氏、方氏。

農乃登黍。是月也，天子乃以雛嘗黍，羞以含桃，先薦寢廟。

雛，雞也。含桃，櫻桃。鸎鳥所含食，故曰含桃。果之先成者也。羞者，以美物進之曰羞。孔氏、方氏。

令民毋艾藍以染，毋燒灰，毋暴布。門閭毋閉，關市毋索。挺重囚，益其食。暴，步卜反。

無刈藍以染，爲青藍未成。無燒灰，《吕氏春秋》作「毋燒炭」，注云：「爲草木未成，不欲夭物。」毋暴布，謂是月炎氣盛，猛暴則脆傷。門閭毋閉，陽氣散也。關市不索，順陽敷縱，不搜索民之隱物也。挺，寬也，寬重囚而又益其囚之飲食也。高誘注及鄭氏。

游牝别群，則縶騰駒，班馬政。

游牝别群，以陰生不欲耗陽也。縶騰駒者，防其相蹄齧也。馬政，謂養馬之政。

是月也，日長至，陰陽爭，死生分。君子齊戒，處必掩身，毋躁，止聲色，毋或進，薄滋味，毋致和，節耆欲，定心氣。百官静事毋刑，以定晏陰之所成。和，户卧反。晏，伊見反。

日長至者，日長之至極。死生分者，陽主生，陰主死。進謂進御也。和謂致五味，調和之也。静事毋刑者，不欲動而有爲也。晏，安也。陰静，安静。孔氏、方氏。

鹿角解，蟬始鳴，半夏生，木堇榮。

皆候也。鹿，陽類，感陰生而角解。半夏，藥名，夏半而生，故名半夏。

是月也，毋用火南方。可以居高明，可以遠眺望，可以升山陵，可以處臺榭。

夏，火陽之時，南，火王之方，用方則火大盛，傷微陰之生也。居高明以下皆順陽在上。方氏、鄭氏。

仲夏行冬令，則雹凍傷穀，道路不通，暴兵來至。行春令，則五穀晚熟，百螣時起，其國乃饑。行秋令，則草木零落，果實早成，民殃於疫。

人行此令，則召天災。晦菴説。

季夏之月，日在柳，昏火中，旦奎中。

六月節，日在柳九度。火，大火，即心星也。心東方宿，奎西方宿。是月昏旦時皆中於南方。

其日丙丁，其帝炎帝，其神祝融，其蟲羽，其音徵，律中林鍾。

林鍾，陰律，季夏氣至，則林鍾之律應。林，衆也；鍾，聚也。萬物之蕃茂止於此矣。

其數七，其味苦，其臭焦，其祀竈，祭先肺。温風始至，蟋蟀居壁，鷹乃學習，腐草爲螢。

温風始至而下皆候也。

天子居明堂右个，乘朱路，駕赤騮，載赤旂，衣朱衣，服赤玉，食菽與雞，其器高以粗。

明堂右个，南向之西偏。鄭氏。

命漁師伐蛟、取鼉、登龜、取黿。命澤人納材葦。

漁師，掌魚官。四者皆水族，必於季夏取者，欲以盛暑之氣燥，其皮甲利其耐久故也。葦，謂荻之小者，可緯爲薄，必擇其材者，故名材葦。命澤人納之，生於澤也。高氏、方氏。

是月也，命四監大合百縣之秩芻，以養犧牲。令民無不咸出其力，以共皇天上帝、名山大川、四方之神，以祠宗廟社稷之靈，以爲民祈福。

四監者，天子畿内分百縣，縣有四郡，各置大夫爲監。秩，常也。百縣供芻有常數。

是月也，命婦官染采，黼黻文章必以法，故無或差貸。黑黄倉赤莫不質良，毋敢詐僞。以給郊廟祭祀之服，以爲旗章，以别貴賤等給之度。貸音二，又他得反。

婦官者，婦人善别五色，故命其官使染采，白與黑謂之黼，黑與青謂之黻，青與赤謂之文，赤與白謂之章。法，故法者，常法；故者，舊比也。質，正也；良，善也。非其質爲詐，非其良爲僞。旗章，即《詩》「織文鳥章」之章。貸，《吕氏春秋》作忒。高誘注、方氏、馬氏。

是月也，樹木方盛，乃命虞人入山行木，毋有斬伐。不可以興土功，不可以合諸侯，不可以起兵動衆，毋舉大事，以摇養氣，毋發令而待，以妨神農之事也。水潦盛昌，神農將持功，舉大事則有天殃。

養氣，說者謂萬物生於夏而氣主養，故不欲搖動之。按《呂氏春秋》作「搖蕩于氣」。毋發令而待以妨神農之事，說者謂預出徭役之令以驚民。按《呂氏春秋》作「無發令而干時，以妨神農之事。」神農將持功，說者謂持有守意，將持功謂秋成在後。按《呂氏春秋》作「命神農，將巡功」，高誘注：「昔神農能殖嘉穀，後世因名其官爲神農。」此因水潦盛昌而命其巡行隴畝修治之功。補。

是月也，土潤辱暑，大雨時行，燒薙行水，利以殺草，如以熱湯。可以糞田疇，可以美土彊【七】。

土潤辱暑，說者謂土爲火所蒸，故潤，既潤則水勝火，火反辱焉。按《呂氏春秋》作「土潤溽暑」，是水氣當暑蒸潤而然耳。燒薙其草，以水浸之，可美土疆。謂者謂疆如强梁之强，土疆謂土之不可化者，以燒草而化之使美也。按《呂氏春秋》可以化土疆，是「疆」即疆界之疆，非强梁之强也。《月令》即《呂氏春秋》之文，而字偶訛誤。說者即曲爲之辭。凡當以《呂氏春秋》元文爲正。補。

季夏行春令，則穀實鮮落，國多風欬，民乃遷徙。行秋令，則丘隰水潦，禾稼不熟，乃多女災。行冬令，則風寒不時，鷹隼蚤鷙，四鄙入保。鮮音仙。欬，苦伐反。

鮮落，不待黄而落也。多女災，以純陰之氣過盛而反傷之也。方氏。

中央土，其日戊己。

【七】可以美土彊　「彊」原作「疆」，據《禮記·月令》改。

戊言茂，己言起，萬物至此茂盛。其含秀者抑屈而起，因爲日名。五氣順布而四時行，木、火、金、水分主四時，而土氣則無往不在，故四時之間戊己日各有九。先儒謂之寄王焉。火生土，土生金，季夏之末在火、金之間，故於此言中央土。此即坤在西南，致養之地，間於離兑。離，火也；兑，金也。坤在其間，中央土也。用横渠説補。

其帝黄帝，其神后土。

黄帝，軒轅氏，以土德王天下。后土，共工氏之子句龍。

其蟲倮。

倮者，六月土王之時，物轉壯大，露見不隱藏也。孔氏。

其音宫，律中黄鍾之宫。

聲始於宫，宫數八十一，屬土。凡聲數多者濁，數少者清。黄鍾數最多。季夏主土，聲最重，故黄鍾於律，位雖屬子，而季夏之氣至，則黄鍾之宫應。鄭氏、陳氏。

其數五。

天五生土，地十成之。但言五者，五中數也。吕氏説。

其味甘，其臭香。

鄭氏謂土之臭味也。然土安得有臭味？竊意土爰稼穡，稼穡作甘而其氣則香爾。補。

其祀中霤，祭先心。

霤者，古人穴地而居，開其上取明，故雨霤之。後世開牖，象中霤之取明，其地不當棟，而在室之中央，因名室爲中霤。祀中霤，祭先心，皆中也。補。

天子居太廟太室，乘大路，駕黄駵，載黄旂，衣黄衣，服黄玉，食稷與牛，其器圜以閎。

太廟太室，南向之中央。黄，土色。稷、牛皆土屬。圜，象土周布於四時。閎，象土含物。《吕氏春秋》閎作揜。集補。

孟秋之月，日在翼，昏建星中，旦畢中。

七月中，日在翼十五度。建星在斗牛之中，北方星。畢，西方宿。是時昏旦中於南方。補。

其日庚辛。

秋屬金，庚辛，金日也。庚言更，辛言新。萬物至秋更改新成，因爲日名。本鄭氏説。

其帝少皞，其神蓐收。

少皞，帝嚳之子，以金德王天下，號金天氏。蓐收，少皞氏之子名該，爲金官。高誘注并鄭氏。

其蟲毛，其音商，律中夷則。

涼氣至，物備寒，生旃毛。商屬金，夷則陽律。孟秋氣至，則夷則之律應。夷言平，則言法也。鄭氏、孔氏。

其數九，其味辛，其臭腥，其祀門，祭先肝。

地四生金，天九成之，故九金數。金味辛，金臭腥。孟秋始內由門入，故祀門。肝屬木，金克木，故祭先肝，以養金。鄭氏及高誘注。

涼風至，白露降，寒蟬鳴，鷹乃祭鳥，用始行戮。

涼風至至鷹祭鳥，皆記候。鷹擊鳥於大澤中，先四面陳之而未食，世謂其祭先。是時始行刑戮，順時氣。高誘《吕氏春秋》注。

天子居總章左个，乘戎路，駕白駱，載白旂，衣白衣，服白玉，食麻與犬，其器廉以深。

總章，即明堂之西向，秋則居之，名總章者，西方總成萬物章明之也。左个，蓋其南偏。戎，屬秋。白，金色。麻，實有文理，屬金。犬，金畜。器廉深，象陰閉藏。高誘注并鄭氏。

是月也，以立秋。先立秋三日，太史謁之天子，曰：「某日立秋，盛德在金。」天子乃齊。立秋之日，天子親帥三公、九卿、諸侯、大夫以迎秋於西郊。還反，賞軍帥武人於朝。天子乃命將帥選士厲兵，簡練桀俊，專任有功，以征不義，詰誅暴慢，以明好惡，順彼遠方。

還反，《吕氏春秋》元本作「還乃」。順彼遠方，元本作「巡彼遠方」，巡，行也。凡皆順肅殺之氣言之，非必誅伐。誅伐因事不得已而行，豈因時舉行之常典哉？補。

是月也，命有司修法制，繕囹圄，具桎梏，禁止姦，慎罪邪，務搏執。命理瞻傷，察創視

折。審斷，决獄訟必端平，戮有罪，嚴斷刑。天地始肅，不可以贏。音盈。

此順秋氣而修刑也。理者，獄官。皮曰傷，肉曰創，骨曰折，骨肉皆絶曰斷。傷者瞻之而已，創則察，折則視，斷則審，此蔡邕、高誘之説。或以審斷屬下文，以審斷决爲句，亦通。但下文「獄訟必端平」，於上下文不類，若以審斷屬上句，則「决獄訟必端平」文稍協耳。贏，解也。贏者，縮之反，蓋有餘之名。天地始肅，故當以斂歛爲務。補。

是月也，農乃登穀，天子嘗新，先薦寢廟。命百官始收斂，完隄防，謹壅塞，以備水潦。修宫室，坏牆垣，補城郭。坏，步回反。

坏，土塊，以土塊增塞其穴。秋穀既登，而修水潦隄防之事。補。

是月也，毋以封諸侯、立大官，毋以割地，行大使，出大幣。

凡非收斂之事皆所不宜行。方氏、高誘注。

孟秋行冬令，則陰氣大勝，介蟲敗穀，戎兵乃來。行春令，則其國乃旱，陽氣復還，五穀無實。行夏令，則國多火災，寒熱不節，民多瘧疾。瘧，魚略反。

介蟲敗穀，謂蟹食稻。《越語》云「令吴稻、蟹無遺種。」孔氏。

仲秋之月，日在角，昏牽牛中，旦觜觿中。觜，子斯反。觿，户圭反。

八月中，日在角十度。牽牛北方宿，觜觿西方宿。是月昏旦皆中於南方。鄭氏補。

其日庚辛，其帝少皞，其神蓐收，其蟲毛，其音商，律中南吕。

南吕，陰律。仲秋氣至，則南吕之律應。吕，助也。南吕者，贊陽秀物。鄭氏。

其數九，其味辛，其臭腥。其祀門，祭先肝。盲風至，鴻雁來，玄鳥歸，群鳥養羞。

盲，閉暗之稱。玄鳥，燕也。羞謂所食養之，所以備冬藏。自盲風以下皆記候。

天子居總章太廟，乘戎路，駕白駱，載白旂，衣白衣，服白玉，食麻與犬，其器廉以深。

總章太廟，明堂西向之中。補。

是月也，養衰老，授几杖，行糜粥飲食。

陰氣發，老年衰，故共養之。高誘注。

乃命司服具飭衣裳，文繡有恒，制有小大，度有長短。衣服有量，必循其故，冠帶有常。

司服，主衣服之官。上曰衣，下曰裳。衣畫文，裳刺繡，以至小大之制，長短之度，皆主衣裳言之，禮服也。衣服有量，言所受各有量，各循其故法，此主燕服及他服言之也。冠帶有常，無苟變於昔，示民有常也。凡皆因寒氣將至，而備衣服及之。

乃命有司，申嚴百刑，斬殺必當，毋或枉橈。枉橈不當，反受其殃。

有司，理官也。申，重也。孟秋既命之，今又命之也。以直爲曲曰枉，以是爲非曰橈，橈亂之也。補。

是月也，乃命宰祝循行：犧牲視全具；按芻豢，瞻肥瘠；察物色，必比類；量小

大，視長短，皆中度。五者備當，上帝其饗。宰，宰牲者。祝，祝神者。純色曰犧，未殺曰牲。食草曰芻，食穀曰豢。物色，騂黝之別。凡皆言祭祀之牲。

天子乃難，以達秋氣。難，乃多反。難即儺，逐不祥也。達秋氣，使不壅閉。補。

以犬嘗麻，先薦寢廟。犬，金畜也。麻始熟，故嘗之。高誘《吕氏》注。

是月也，可以築城郭，建都邑，穿竇窖，修囷倉。窖，古孝反。藏而留穴曰竇，盡藏之曰窖，圓曰囷，方曰倉。方氏、高氏。

乃命有司趨民收斂，務畜菜，多積聚。乃勸種麥，無或失時；其有失時，行罪無疑。畜菜，所以禦冬。種麥，又以續食。補。

是月也，日夜分，雷始收聲，蟄蟲坏户，殺氣浸盛，陽氣日衰，水始涸。日夜分則同度量，平權衡，正鈞石，角斗甬。坏音陪。坏，以土增益穴之四旁，使通明處稍小。十月寒甚，乃閉之。三十斤爲鈞，四鈞爲石，以其尤重而内實，故謂之石。角，《吕氏春秋》作「齊」。用孔氏、方氏補。

是月也，易關市，來商旅，納貨賄，以便民事。四方來集，遠鄉皆至，則財不匱，上無乏

用，百事乃遂。凡舉大事，毋逆大數，必順其時，慎因其類。易，以豉反。

易關市，謂輕其税。大數謂陰陽。凡舉事，必順天道，謹因其事類，毋干于逆。補。

仲秋行春令，則秋雨不降，草木生榮，國乃有恐。行夏令，則其國乃旱。蟄蟲不藏，五穀復生。行冬令，則風災數起，收雷先行，草木蚤死。數，所角反。

收雷先行，雷已收聲，又先時而行也。補。

季秋之月，日在房，昏虚中，旦柳中。

九月節，日在房五度。虚北方宿，柳南方宿。是月昏旦中於南方。鄭氏、高誘注。

其日庚辛，其帝少皞，其神蓐收，其蟲毛，其音商，律中無射。音亦。

無射，陽律。季秋氣至，則無射之律應。萬物無射也。鄭氏。

其數九，其味辛，其臭腥。其祀門，祭先肝。鴻鴈來賓，爵入大水爲蛤，鞠有黄華，豺乃祭獸戮禽。

皆記時候。

天子居總章右个，乘戎路，駕白駱，載白旂，衣白衣，服白玉，食麻與犬，其器廉以深。

右个，北偏。

是月也，申嚴號令，命百官、貴賤無不務内，以會天地之藏，無有宣出。

内，謂收斂入之也。無有宣布而出見於外。

乃命冢宰，農事備收，舉五穀之要，藏帝藉之收於神倉，祗敬必飭。要謂多少之總數，藉田所耕千畝，供上帝之藉田也。神倉以其供神，故曰神。孔氏、方氏。

是月也，霜始降，則百工休。乃命有司曰：「寒氣總至，民力不堪，其皆入室。」百工休，寒而膠漆不堅也。入室，冬之事，此預戒也。鄭氏、方氏。

上丁，命樂正入學習吹。是月也，大饗帝，嘗犧牲，告備於天子。合諸侯，制百縣，爲來歲受朔日。與諸侯所税於民輕重之法，貢職之數，以遠近土地所宜爲度，以給郊廟之事，無有所私。吹，去聲。

習吹，秋冬重吹也。嘗者，宗廟之秋祭，以其犧牲告備於天子。秦以建亥月爲歲首，故於季秋預備來歲之事。方氏、鄭氏。

是月也，天子乃教於田獵，以習五戎，班馬政。命僕及七騶咸駕，載旌旐，授車以級，整設於屏外。司徒搢扑，北面誓之。天子乃厲飾，執弓挾矢以獵，命主祠祭禽於四方。扑，普北反。

五戎，謂五兵，刀、劍、矛、戟、矢也。馬政謂齊其色，度其力，使堪同乘也。僕謂田僕，掌御。七騶謂趣馬也。夫天子之馬六種，則六騶，又有總主之人，并六騶爲七。析羽爲旌，龜蛇爲旐。級謂正車、副車之等。整設謂整列而陳設之。屏謂田所門外之蔽。搢、插也；扑，夏楚也。厲飾謂嚴厲其容飾，主祠，典祭祀者也。祭禽謂以所獲禽，祀四方。此因田獵教兵，命僕騶咸駕車，各以等級，整設於天子之屏外。司徒臨誓之，天子乃親射，命主祠者祭神，以報獲功而終焉。補。

是月也，草木黄落，乃伐薪爲炭。蟄蟲咸俯在内，皆墐其户。乃趣獄刑，毋留有罪。收禄秩之不當，供養之不宜者。

在内，《吕氏春秋》作「在穴」。墐謂以土塞之。禄秩不當謂私恩所增加。供養不宜謂非常之膳，求不可得者。草木黄落與蟄蟲咸俯，候也。因草木黄落而伐薪爲炭，斧斤以時入山林也。因蟄蟲咸俯而趣刑殺，氣已至不敢留獄也。收禄秩之不當，謹於養人。收供養之不宜，節於奉己。凡所以順斂藏之義也。補。

是月也，天子乃以犬嘗稻，先薦寢廟。

稻始熟也。鄭氏。

季秋行夏令，則其國大水，冬藏殃敗，民多鼽嚏。行冬令，則國多盜賊，邊竟不寧，土地分裂。行春令，則煖風來至，民氣解惰，師興不居。鼽音求。嚏，丁計反。竟音境。解，古買反。

鼽，鼻窒不通。師興不居，不得居止也。《吕氏春秋》作師旅必興。

孟冬之月，日在尾，昏危中，旦七星中。

十月節，日在尾十度。危北方宿，七星南方宿。是月昏旦中於南方。鄭氏、高注。

其日壬癸。

冬屬水，壬癸，水日也。壬言任。癸，揆也。時萬物懷任於下，揆然萌牙，因爲日名。高注、鄭氏。

其帝顓頊，其神玄冥。

顓頊，高陽氏，黄帝之孫，昌意之子，以水德王天下。玄冥，少皥氏之子曰修、曰熙，相代爲水官。高誘《吕氏春秋》注云「少皥氏之子曰循」，未知孰是。集。

其蟲介。

介，甲也。象物閉藏地中，黿，鱉之屬。鄭氏。

其音羽，律中應鍾。

羽數四十八，屬水，數最少聲最清，應鍾陰律。孟冬氣至，則應鍾之律應。應者，其種類。鄭氏。

其數六。

天一生水，地六成之，六舉其成數。用鄭説。

其味鹹，其臭朽。

水曰潤下，潤下作鹹。氣若有若無曰朽。用《尚書》及鄭氏。

其祀行，祭先腎。

行，門内地各守在内，故祀之。鄭氏據《檀弓》躐行之説，謂行在廟門外之西，爲軷壤，厚二寸，廣五尺，輪四尺。腎屬水，自用其藏，不以所克者爲養。意一歲終於此也。集補。

水始冰，地始凍，雉入大水爲蜃，虹藏不見。蜃，大蛤。《晉語》曰「雉入於淮爲蜃」，雉，火屬；蜃，水屬。冰，陰凝也。凍，陰氣閉而陽不能融也。雉爲蜃，陽不勝陰而爲其遷也。虹以陰於陽而見，是月陰收故藏不見。凡皆記候也。鄭氏、馬氏、高注。

天子居玄堂左个，乘玄路，駕鐵驪，載玄旂，衣黑衣，服玄玉，食黍與彘，其器閎以奄。玄堂左个，即明堂北向之西偏。鐵驪，黑馬，色如鐵。玄淺黑深。黍屬火，彘，水畜，相資也。器閎以奄，象閉藏。用鄭説。

是月也，以立冬。先立冬三日，**太史謁之天子，曰：「某日立冬，盛德在水。」天子乃齊。立冬之日，天子親帥三公、九卿、大夫以迎冬於北郊。還反，賞死事，恤孤寡。**先人有以國事死者賞之，恤其孤寡。鄭氏。

是月也，命太史釁龜筴占兆，審卦吉凶。是察阿黨，則罪無有掩蔽。釁者，殺牲以血塗其隙，物有釁隙則妖作，以牲血厭其變焉，蓋除釁之謂也。《周禮·龜人》上春釁龜。秦以十月爲歲首，故於此言之。筴者，筮之蓍，理不待釁，連言之耳。兆者，龜之繇文，是察者是正而審察之，獄吏阿黨者罪。用鄭氏、孔氏補。

是月也，天子始裘。命有司曰：「天氣上騰，地氣下降，天地不通，閉塞而成冬。」命百官謹蓋藏。命司徒循行積聚，無有不斂。坏城郭，戒門閭，修鍵閉，慎管籥，固封疆，備邊竟，完要塞，謹關梁，塞徯徑。飭喪紀，辨衣裳，審棺槨之厚薄，塋丘壟之小大、高、卑、薄厚之度，貴賤之等級。塞，先伐反。下塞字悉則反。徯音奚。

蓋藏謂倉囷，藏其中而蓋其上。鍵者，門扇之後樹兩木，穿上端爲孔。閉者，謂將扃關門，以内孔中。要塞者，邊城要處。喪紀者，以禮數紀之。塋，《呂氏春秋》作「營」。謹蓋藏以下，奉時之閉塞也。飭喪紀以下，喪者人之終。冬者歲之終。亦順天時也。方氏、馬氏。

是月也，命工師效功，陳祭器，按度程。毋或作爲淫巧，以蕩上心，必功致爲上。物勒工名，以考其誠。功有不當，必行其罪，以窮其情。

工師，工官之長。效功，録見百工所作器物。功致者，功力極其至，每物之上，刻勒所造工匠之名，以考其誠，誠即功致者也。功有不當，即不功致者也。用鄭氏、方氏補。

是月也，大飲烝。天子乃祈來年於天宗，大割祠於公社及門閭，臘先祖五祀。勞農以休息之。天子乃命將帥講武，習射御，角力。

大飲烝，與群臣飲烝，謂物之可薦者衆也。天宗謂日月星辰。公社謂以上公配社祭。

然愚意公社別民社耳。臘謂以獵所得肉而祭之。五祀：門、户、中霤、竈、行也。角者，力相抵。鄭氏、方氏。

是月也，乃命水虞、漁師收水泉池澤之賦。毋或敢侵削衆庶兆民，以爲天子取怨於下，其有若此者，行罪無赦。

水虞，澤虞也。漁師，獻人也。此謂收水澤之賦，而又禁其擾，然恐不若澤梁無禁之相安也。

孟冬行春令，則凍閉不密，地氣上泄，民多流亡。行夏令，則國多暴風，方冬不寒，蟄蟲復出。行秋令，則雪霜不時，小兵時起，土地侵削。

災各以其類至。補。

仲冬之月，日在斗，昏東壁中，旦軫中。

十一月節，日在斗十二度。東壁北方宿，軫南方宿。是月昏旦皆中於南方。鄭氏及高誘注。

其日壬癸，其帝顓頊，其神玄冥，其蟲介，其音羽，律中黄鍾。

黄鍾，律之始。仲冬氣至，則黄鍾之律應。黄者，中之色，天子之德也。萬物黄萌，聚於黄泉之下，故曰黄鍾。鄭氏及高誘注。

其數六，其味鹹，其臭朽。其祀行，祭先腎。冰益壯，地始坼。鶡旦不鳴，虎始交。

鶡旦，求明之鳥，陽物。是月陰盛，故不鳴。虎，陰物，感陽生而交。冰益壯以下皆記時候。鄭氏。

天子居玄堂太廟，乘玄路，駕鐵驪，載玄旂，衣黑衣，服玄玉。食黍與彘，其器閎以奄。

玄堂，太廟，北向之中。

飭死事。

古注謂飭軍士必有死志。皇氏謂死爲逃亡。未知孰是。按《吕氏春秋》無此句，而此句亦無所屬。補。

命有司曰：「土事毋作，慎無發蓋，毋發室屋及起大衆，以固而閉。地氣沮泄，是謂發天地之房，諸蟄則死，民必疾疫，又隨以喪。命之曰暢月。」暢，敕亮反。

氣自内而外爲沮，自下而上爲達。天地壅蔽，萬物不使宣露，與房舍相似，氣沮泄是謂發其房。暢，充也。謂萬物充實不發動。按《吕氏春秋》沮泄作「且泄」。

是月也，命奄尹申宫令，審門閭，謹房室，必重閉，省婦事毋得淫。雖有貴戚近習，毋有不禁。省，所景反。孔作減省。

奄尹，主領奄竪之官。奄謂精氣閉藏，尹其正長也。凡因閉藏申嚴宫禁之事。補。

乃命大酋，秫稻必齊，麴糵必時，湛熾必絜，水泉必香，陶器必良，火齊必得。兼用六物，大酋監之，毋有差貸。秫音述。湛，子廉反。貸，他得反。

大酋，主酒官。用麥曰麴，用米曰糵。湛，漬也。熾，炊也。火齊，生熟之中也。六物，秫稻至火齊凡六。貸，《吕氏春秋》作忒。用孔氏補。

天子命有司祈祀四海、大川、名源、淵澤、井泉。

盛德在水，故徧祀之。用馬氏説。

是月也，農有不收藏積聚者，馬牛畜獸有放佚者，取之不詰。山林藪澤有能取蔬食田獵禽獸者，野虞教道之。其有相侵奪者，罪之不赦。

不自斂藏者，聽人之取以警之，能取食林澤者教之，侵奪者罪之。補。

是月也，日短至，陰陽爭，諸生蕩。君子齊戒，處必掩身，身欲寧，去聲色，禁嗜欲，安形性，事欲靜，以待陰陽之所定。去，起吕反。

日短至，短之至極也。諸生，萬物之生。蕩者，生意之動。事欲靜者，凡事靜以待定。補。

芸始生，荔挺出，蚯蚓結，麋角解，水泉動。

芸與荔皆香草。荔，馬荔。挺，生出也。結者，蟄初向下，今宛而上，故屈結也。麋，澤獸，得陽氣之初而角解。凡皆記仲冬之候。補。

日短至，則伐木取竹箭。

陰盛而堅也。

是月也，可以罷官之無事，去器之無用者。凡以應天地之實。方氏。

塗闕廷門閭，築囹圄，此所以助天地之閉藏也。順時氣。鄭氏。

仲冬行夏令，則其國乃旱，氛霧冥冥，雷乃發聲。行秋令，則天時雨汁，瓜瓠不成，國有大兵。行春令，則蝗蟲爲敗，水泉咸竭，民多疥癘。雨，于付反。雨汁，雨雪雜下，如物有汁。

季冬之月，日在婺女，昏婁中，旦氐中。十二月節，日在婺女八度。婁西方宿，氐東方宿。是月昏旦皆中於南方。

其日壬癸，其帝顓頊，其神玄冥，其蟲介，其音羽，律中大呂。大呂，陰律。季冬氣至，則大呂之律應。大呂，助陽宣物。鄭氏。

其數六，其味鹹，其臭朽。其祀行，祭先腎。鴈北鄉，鵲始巢，雉雊，雞乳。雊，古豆反。鴈北鄉，順陽而復也。此月方鄉北，後月建寅，云候鴈北，則歸矣。孔氏云此據早者。恐非也。鵲知避歲所在，於是來歲之氣兆矣，故始巢。雉，火畜，感於陽而後有聲。雞，木畜，麗於陽而後有形，皆季冬每五日之候。雉雊雞乳，《吕氏春秋》作乳雉雊。補并集方氏、馬氏説。

天子居玄堂右个，乘玄路，駕鐵驪，載玄旂，衣黑衣，服玄玉，食黍與彘，其器閎以奄。玄堂右个，北向之東偏。

命有司大難，旁磔，出土牛以送寒氣。難，乃多反。磔，竹百反。難，儺也，大儺盡逐陰慝，爲陽導也。旁磔者，披磔其牲，禳除陰氣於四方之門也。出土牛者，牛屬丑，土勝水，故出是以送寒氣。此驅除之終事，又農耕之始事也。後世土牛之法以歲之幹爲首之色，甲乙青，丙丁赤，戊己黄，庚辛白，壬癸黑。以歲之支爲身之色，寅卯青，巳午赤，申酉白，亥子黑，辰戌、丑未黄。以立春日之幹爲角、耳、尾之色，支色爲脛，納音色爲蹄。以立春爲策牛人前後，立春在十二月望，即策牛人在牛前，示農早。立春在十二月晦，或正月朔，即當中，立春在正月望，即近後。孔氏、方氏、陳氏、丘氏。

征鳥厲疾。乃畢山川之祀，及帝之大臣，天之神祇。征鳥，鷹屬。厲疾者，殺氣之極捷。疾，嚴猛。物不極不反，鷹將復爲鳩也。此候也。帝之大臣謂句芒之屬。天之神祇謂司中、司命、風師、雨師之屬。天神地祇，而此言天之神祇者，總言之，皆統於天也。然《吕氏春秋》作「天地之神祇。」殺氣候畢，故徧祭以報，而各及其佐。補。

是月也，命漁師始漁。天子親往，乃嘗魚，先薦寢廟。此《潛》詩所謂季冬薦魚也。此時魚性定而美。

冰方盛，水澤腹堅，命取冰。寒極而冰盛。腹堅則其堅達於内，非特形於水面而已。命取冰者，非特將以備暑，亦以達陽氣。用方氏説。

冰以入。令告民出五種，命農計耦耕事，修耒耜，具田器。種，章勇反。冰以入，《吕氏春秋》作「冰已入」。五種，五穀之種。耦耕，古者多以人耦耕，《詩》稱十千爲耦，《論語》長沮、桀溺耦而耕。至冉伯牛名耕，則此時必有以牛耕而字之歟！蜡祭之報，迎猫迎虎而獨不及牛，古未以牛耕也。耒以木爲之，長六尺六寸，底長一尺一寸，中央直者二尺三寸，句者三尺二寸。底謂耒下向前曲而接耜者。耜以鐵爲之，廣五寸。耒耕者所推耜以入土。大寒氣過，農事將起，終則有始也。鄭氏、方氏。

命樂師大合吹而罷。合，古答反。吹，昌睡反。吹者，人氣，故用以迎陽氣。大合吹即罷，可以知其無燕矣。王氏。

乃命四監收秩薪柴，以供郊廟及百祀之薪燎。四監，主山林川澤之官。鄭氏。

是月也，日窮於次，月窮於紀，星回於天，數將幾終，歲且更始。專而農民，毋有所使。日所舍爲次，一月一移次，去年季冬次玄枵，今年季冬復次於玄枵，故曰窮於次。月遇日相合爲紀，紀謂月繫於日也。亦去冬會玄枵，而歲一周，故曰窮於紀。二十八宿更見於南方，而歲一周，故曰星回於天，幾終者，近於終。更始謂來年正月農事將起，預戒專一無他役使。孔氏、方氏、及高誘注。

天子乃與公、卿、大夫共飭國典，論時令，以待來歲之宜。乃命太史次諸侯之列，賦之犧牲，以共皇天、上帝、社稷之饗。乃命同姓之邦共寢廟之芻豢。命宰、歷卿、大夫至于庶民土田之數而賦犧牲，以共山林名川之祀。凡在天下九州之民者，無不咸獻其力，以共皇天、上帝、社稷、寢廟、山林、名川之祀。

次，次第之也。歷猶次也。歲終預議來歲之事次，諸侯之犧牲以事上帝，同姓之芻豢以奉寢廟，卿、大夫、庶民以事山川。又總以民咸獻其力，示民力之普存也。然犧牲之用幾何？要各有司存所謂民力之普存，謂民皆得盡其力，然後舉以事神無愧耳。如必盡天下之供，輸以爲祭，不幾於擾也哉！此皆後世推測之言耳。補。

季冬行秋令，則白露蚤降，介蟲爲妖，四鄙入保。行春令，則胎夭多傷，國多固疾，命之曰逆。行夏令，則水潦敗國，時雪不降，冰凍消釋。

疾久而不瘥曰固【八】。方氏。

【八】「生句屈有芒角注」至「疾久而不瘥曰固」　此三十餘頁文字原脱，據文淵閣本補。

卷十七

讀禮記四

曾子問第七

此篇多著處凶禮之變。曾子所問三十七，子游一、子夏二，故以曾子問名篇。文類《檀弓》，不知誰所集。

曾子問曰：「君薨而世子生，如之何？」孔子曰：「卿、大夫、士從攝主北面於西階南。大祝裨冕，執束帛升自西階，盡等，不升堂，命毋哭。祝聲三，告曰：『某之子生，敢告。』升，奠幣於殯東几上，哭降。衆主人、卿、大夫、士房中皆哭，不踊。盡一哀，反位，遂朝奠。小宰升，舉幣。大音泰。裨，婢支反。三，息暫反。下同。

攝主謂上卿代君聽國政者。裨服者，天子六服，大裘爲上，其餘爲裨。言裨者取其續縿，大祝裨衣而冠冕，接神則吉服也。祝聲三者，以警神也。几筵於殯東，明繼體也。反位，反朝夕之哭位也。舉幣者，舉而下埋之階間也。此論君薨後世子生而告殯之禮。裨冕吉服以告，既告而後衆哭，反位。補。

三日，衆主人、卿、大夫、士如初位，北面。大宰、大宗、大祝皆裨冕。少師奉子以衰，祝先，子從，宰、宗人從，入門，哭者止。子升自西階，殯前北面，祝立于殯東南隅。祝聲三，曰：『某之子某從執事敢見。』子拜稽顙，哭。祝、宰、宗人、衆主人、卿、大夫、士哭踊三者三，降東，反位，皆袒。子踊，房中亦踊三者三，襲、衰、杖，奠出。大宰命祝史，以名徧告于五祀山川【一】。」奉，芳勇反。衰，七雷反。從，才用反。見，賢遍反。

三日，世子生之三日也。如初，如告生之時也。大宰主教令之官；大宗，主宗廟之官；少師，主養子之官。哭踊三者三，每踊三度爲一節，如此者三，故曰三者三。此世子既生三日之後，以名見於殯之禮。宰、宗人皆贊君事者。子拜稽顙，奉子者拜哭也。踊、襲、衰、杖，成子禮也。言北面者，子雖幼莫不臣也。言師著，不可一日無師傅也。鄭氏、陸氏。

曾子問曰：「如已葬而世子生，則如之何？」孔子曰：「大宰、大宗、從大祝而告于禰。三月，乃名于禰，以名徧告及社稷、宗廟、山川。」

君已葬而世子始生，則告于禰。禰，父之主也。父在三月而見，始名，故亦三月而名於禰。補。

孔子曰：「諸侯適天子，必告于祖，奠于禰。冕而出視朝。命祝史告于社稷、宗廟、

【一】以名徧告于五祀山川「祀」原作「祝」，據《禮記·曾子問》改。

山川，乃命國家五官而后行。道而出，告者五日而徧，過是非禮也。凡告用牲幣，反亦如之。

五官，五大夫典事者。道而出，祖道而出。出必告于祖，奠于禰。反亦如之，事死如事生也。又及於社稷、山川者，推事親之道以事神也。諸侯受命于天子，爲宗廟、社稷、山川之主，將暫違去以適天子之國。禮宜洞達，周徧若此。用方氏補。

諸侯相見，必告于禰，朝服而出視朝。命祝史告于五廟，所過山川。亦命國家五官道而出，反必親告于祖禰。乃命祝史告至于前所告者，而后聽朝而入。」

五廟，太祖與二昭二穆。五官，五大夫。此言諸侯適異國，見諸侯，告行告至之禮，視適天子之禮爲殺。補。

曾子問曰：「並有喪，如之何？何先何後？」孔子曰：「葬先輕而後重，其奠也先重而後輕，禮也。自啓至葬不奠。行葬不哀次。反葬奠，而后辭於殯，遂修葬事。其虞先重而後輕，禮也。」殯古音賓。

並有喪，謂父母若親同者，同月死，葬是奪情，故先輕者。奠是奉養，故先重者。次者，大門外之右，平生待賓之次。凡柩車出葬，至次則孝子哭盡哀。今爲先葬輕者，故自啓殯及葬，皆不更新奠，行至次亦不哀，以重者尚在殯。於其輕而先葬者，殺禮也。反葬奠而后辭於殯，遂修葬事。此謂先葬輕者而反，然後奠禮而告於未葬者之殯，遂修後葬之事。鄭氏改殯爲賓，謂告語於賓，諸家皆從之。蓋以反葬不復可言殯也。不思葬以輕重分先後，此正輕喪先葬畢，然後再舉重喪而告於重者之殯，不必改殯爲賓。補。

孔子曰：「宗子雖七十，無無主婦。非宗子，雖無主婦可也。」

宗子，大宗子，雖老無有。無主婦者，謂承祭祀也，故雖七十猶娶，然此謂無子孫者，若有子孫則老而傳。孔氏。

曾子問曰：「將冠子，冠者至，揖讓而入，聞齊衰、大功之喪如之何？」孔子曰：「内喪則廢，外喪則冠而不醴，徹饌而埽，即位而哭。如冠者未至，則廢。如將冠子而未及期日，而有齊衰、大功、小功之喪，則因喪服而冠。」「除喪不改冠乎？」孔子曰：「天子賜諸侯、大夫冕弁服於大廟，歸設奠，服賜服。於斯有冠醮，無冠醴。父没而冠，則已冠，埽地而祭於禰，已祭而見伯父、叔父，而后饗冠者。」

冠者謂賓贊冠禮。醴重醮輕，三加冠每一加一醮。醴則三加後總一醴。醴是古之酒，故重。酒是後代之法，故輕。若因喪而加喪冠，則服除不復行冠禮。不改冠乎？曾子再問也。天子賜弁冕，歸設奠而服，更不改冠。夫子引類言之也。父没而冠之禮，併言及之也。用孔氏補。

曾子問曰：「祭，如之何則不行旅酬之事矣？」孔子曰：「聞之。小祥者，主人練祭而不旅，奠酬於賓，賓弗舉，禮也。昔者魯昭公練而舉酬行旅，非禮也。孝公大祥，奠酬弗

舉，亦非禮也。」

旅酬者，尸止爵之後，主婦致爵于主人，次主人致爵于主婦，尸致爵于主人，主婦、主人酬賓，及獻長兄弟、衆兄弟、内兄弟于房中。賓酬長兄弟，長兄弟酬衆賓，衆賓酬衆兄弟，此所謂旅酬。見於特牲者也。小祥不旅酬，謂奠酬於主人，主人酬於賓，賓不舉主人所酬之觶。至大祥則旅酬矣。昭公小祥而旅酬，孝公大祥而不旅酬，過與不及皆非禮。孔氏、方氏。

曾子問曰：「大功之喪，可以與於饋奠之事乎？」孔子曰：「豈大功耳？自斬衰以下皆可，禮也。」曾子曰：「不以輕服而重相爲乎？」孔子曰：「非此之謂也。天子諸侯之喪，斬衰者奠，大夫齊衰者奠，士則朋友奠，不足則取於大功以下者，不足則反之。」曾子問曰：「小功可以與於祭乎？」孔子曰：「何必小功耳？自斬衰以下與祭，禮也。」曾子曰：「不以輕喪而重祭乎？」孔子曰：「天子諸侯之喪祭也，不斬衰者不與祭。大夫齊衰者與祭。士祭不足，則取於兄弟大功以下者。」

饋奠謂在殯時。與謂執事不足。謂月朔殷奠，有牲牢、黍稷。用人多朋友加麻，故士奠用朋友。天子、諸侯斬衰者，奠以服重者與祭，所以重其喪也。大夫服斬衰者不與，避正君也。士齊衰者不與，避大夫也。曾子疑身重服而與執事，爲輕喪重祭，故夫子答之如此。鄭氏、方氏。

曾子問曰：「相識有喪服，可以與於祭乎？」孔子曰：「緦不祭，又何助於人？」

前所謂喪服者。與祭，蓋喪祭也。此所謂祭，蓋吉祭也。故雖緦麻之輕，亦不與也。用方氏補。

曾子問曰：「廢喪服，可以與於饋奠之事乎？」孔子曰：「説衰與奠，非禮也。以擯相可也。」

廢，猶除也，己方除喪，而復與他人之喪祭不可。擯相，非行事之正，於禮或可。用方氏、孔氏補。

曾子問曰：「昏禮既納幣，有吉日，女之父母死，則如之何？」孔子曰：「壻使人弔。如壻之父母死，則女之家亦使人弔。父喪稱父，母喪稱母。父母不在，則稱伯父世母。壻已葬，壻之伯父致命女氏曰：『某之子有父母之喪，不得嗣爲兄弟，使某致命。』女氏許諾而弗敢嫁，禮也。壻免喪，女之父母使人請，壻弗取而後嫁之，禮也。女之父母死，壻亦如之。」

父喪稱父以弔，母喪稱母以弔，各以其敵也。世母即伯母，無父母則稱伯父母以弔。不得嗣爲兄弟，言遭喪不得成昏爲夫婦，有兄弟之義，未成昏，故託兄弟爲辭。遭喪之餘，無望生全，故以此辭於女。女不敢嫁而待之，服除而後成昏，壻之於女氏父母死亦然。

曾子問曰：「親迎，女在塗而壻之父母死，如之何？」孔子曰：「女改服布深衣，縞

緦，以趨喪。女在塗而女之父母死，則女反。」

布深衣，深衣之麤者。縞白絹緦，束髮長八寸。縞緦，以縞爲緦。女嫁在塗，聞壻之父母死，即變服而往。聞己之父母死，即反而奔喪。補。

「如壻親迎，女未至而有齊衰、大功之喪，則如之何？」孔子曰：「男不入，改服於外次。女入，改服於内次。然後即位而哭。」曾子問曰：「除喪則不復昏禮乎？」孔子曰：「祭，過時不祭，禮也。又何反於初？」迎，漁敬反。

曾子疑初昏遭喪不成禮，喪除更爲昏禮。孔子謂祭禮奉祖先，尚不追償。昏禮飲生人，不復可知。孔説。

孔子曰：「嫁女之家三夜不息燭，思相離也。取婦之家三日不舉樂，思嗣親也，三月而廟見，稱來婦也。擇日而祭於禰，成婦之義也。」離，力智反。

不息燭，將遠父母兄弟也。不舉樂，親之代謝，感思變也。廟見，謂舅姑没者，稱來婦也。祭於禰，以婦有共養之禮。用鄭説補。

曾子問曰：「女未廟見而死，則如之何？」孔子曰：「不遷於祖，不祔於皇姑，壻不杖，不菲不次，歸葬於女氏之黨，示未成婦也。」見，賢遍反。

遷，朝廟也。皇，大也。皇祖姑，壻之祖母，同昭穆者。菲，草屨。歸葬，女氏以未廟見，不得婦姑之命。鄭氏、孔氏。

曾子問曰：「取女而有吉日，而女死，如之何？」孔子曰：「壻齊衰而弔，既葬而除之。夫死亦如之。」

以嘗請期，故齊衰而弔。然未成婦，故葬而除服。方氏。

曾子問曰：「喪有二孤，廟有二主，禮與？」孔子曰：「天無二日，土無二王，嘗、禘、郊、社。尊無二上，未知其爲禮也。昔者齊桓公亟舉兵，作僞主以行，及反，藏諸祖廟。廟有二主，自桓公始也。喪之二孤，則昔者衛靈公適魯，遭季桓子之喪。衛君請弔，哀公辭，不得命。公爲主，客入弔，康子立於門右，北面。公揖讓，升自東階，西鄉。客升自西階弔，公拜興哭。康子拜稽顙於位。有司弗辯也。今之二孤，自季康子之過也。」與音餘。亟，起吏反。鄉，許亮反。

僞，猶假也。用兵以遷廟主行，無則以主之命行。齊桓公假爲主以行，歸而置於廟，遂爲二主。哀公答衛公，拜，康子亦拜，是爲二孤之始。鄭氏説。

曾子問曰：「古者師行必以遷廟主行乎？」孔子曰：「天子巡守，以遷廟主行，載於齊車，言必有尊也。今也取七廟之主以行，則失之矣。當七廟五廟無虛主。虛主者，惟天子崩，諸侯薨，與去其國，與祫祭於祖爲無主耳。吾聞諸老聃曰：『天子崩，國君薨，則祝取群廟之主而藏諸祖廟，禮也。卒哭成事，而後主各反其廟。君去其國，大宰取群廟之主以從，禮也。祫祭於祖，則祝迎四廟之主，主出廟入廟，必蹕。』老聃云。」齊，側皆反。

齊車，金路。示有齊敬之心，天子崩、諸侯薨則藏諸主於祖廟，象有凶事而聚也。君去國，以廟主從，鬼神依人而行者也。主，木主。天子尺二寸，諸侯一尺。祝迎主，祝，接神者也。蹕，止行者。老聃，陳國苦縣賴鄉曲仁里人，爲周柱下史，或爲守藏吏。鄭氏、孔氏。

曾子問曰：「古者師行無遷主，則何主？」孔子曰：「主命。」問曰：「何謂也。」孔子曰：「天子、諸侯將出，必以幣、帛、皮、圭告於祖禰，遂奉以出，載於齊車以行。每舍奠焉，而後就舍。反必告，設奠，卒，斂幣玉，藏諸兩階之間，乃出。蓋貴命也。」

主命，受命於主。主在廟而受其命以行，不以主行也。補。

子游問曰：「喪慈母如母，禮與？」孔子曰：「非禮也。古者男子外有傅，内有慈母，君命所使教子也，何服之有？昔者魯昭少喪其母，有慈母良，及其死也，公弗忍也，欲喪之。有司以聞，曰：『古之禮，慈母無服。今也君爲之服，是逆古之禮，而亂國法也。若終行之，則有司將書之，以遺後世，無乃不可乎！』公曰：『古者天子練冠以燕居。』公弗忍也，遂練冠以喪慈母。喪慈母，自魯昭公始也。」

昭公年三十乃喪，齊歸，猶無慼容，又安能不忍於慈母？天子練冠以燕居，蓋謂庶子王爲其母，其言又非也。《家語》云「孝公有慈母良」。鄭氏、孔氏。

曾子問曰：「諸侯旅見天子，入門不得終禮，廢者幾？」孔子曰：「四。」請問之。

曰：「大廟火、日食、后之喪，雨霑衣失容則廢。如諸侯皆在而日食，則從天子救日，各以其方色與其兵。大廟火，則從天子救火，不以方色與兵。」曾子問曰：「諸侯相見，揖讓入門，不得終禮，廢者幾？」孔子曰：「六。」請問之。曰：「天子崩、大廟火、日食、后夫人之喪，雨霑衣失容則廢。」

諸侯之廢禮，增天子崩與夫人喪，并天子之廢禮四爲六。補。

曾子問曰：「天子嘗、禘、郊、社、五祀之祭，簠簋既陳，天子崩，后之喪，如之何？」孔子曰：「廢。」曾子問曰：「當祭而日食、大廟火，其祭也如之何？」孔子曰：「接祭而已矣。如牲至未殺則廢。

接祭謂接續。行事遇變而遽不暇舒徐也。本方氏説。

天子崩，未殯，五祀之祭不行，既殯而祭。其祭也，尸入，三飯，不侑，酳不酢而已矣。自啓至於反哭，五祀之祭不行，已葬而祭，祝畢獻而已。」飯，扶晚反。酳音胤。

三飯者，尸三飯告飽則止。若常禮，則祝侑尸再飯。天子之禮至十五飯。今殺禮故三也。酳者，以酒潄口，飯畢主人酌酒酳尸。今殺禮故不酳也。酢者，主人酳尸，尸酬主人。今殺禮亦不酢也。畢獻者，攝主酳尸，尸酢攝主，攝主又獻，祝而畢無獻，佐食以下之禮也。天子初崩，哀慼未遑祭祀，既殯而後祭，不得純如吉禮，既葬，則祭禰從吉。用孔氏補【二】。

【二】「不得嗣爲兄弟」至「用孔氏補」　此段文字原脱，據文淵閣本補。

曾子問曰：「諸侯之祭社稷，俎豆既陳，聞天子崩、后之喪、君薨、夫人之喪，如之何？」孔子曰：「廢，自薨比至于殯，自啓至于反哭，奉帥天子。」

帥，循也。諸侯待既葬而祭，亦如前章天子之殺禮。補。

曾子問曰：「大夫之祭，鼎俎既陳，籩豆既設，不得成禮，廢者幾？」孔子曰：「九。」請問之。曰：「天子崩、后之喪。君薨、夫人之喪、君之大廟火、日食、三年之喪、齊衰、大功皆廢。外喪自齊衰以下行也。其齊衰之祭也，尸入，三飯，不侑，酳不酢而已矣。大功，酢而已矣。小功，緦，室中之事而已矣。士之所以異者，緦不祭。所祭，於死者無服則祭。」

室中之事，謂獻尸，祝佐食耳。大夫以喪廢祭者，九士併緦不祭，則小功亦不祭【三】，所廢凡十一。於死者無服，謂舅與舅之子及從母昆弟。凡皆己之母親於己則服緦，於己所祭之祖禰則無服。位尊則以事而廢禮者少，位卑則以事而廢禮者多。重輕之别也。方氏。

曾子問曰：「三年之喪，弔乎？」孔子曰：「三年之喪，練不群立，不旅行。君子禮以飾情，三年之喪而弔哭，不亦虛乎！」

不群立、旅行，恐與人苟語而忘哀也。己有喪而弔人之喪，若爲彼哀，則忘己之親。若爲親哀，則哭彼爲虛。本鄭氏説。

【三】則小功亦不祭　「祭」原作「廢」，從文淵閣本改。

曾子問曰：「大夫、士有私喪，可以除之矣。而有君服焉，其除之也，如之何？」孔子曰：「有君喪，服於身，不敢私服，又何除焉？於是乎有過時而弗除也。君之喪服除而后殷祭，禮也。」

私喪，私家之喪。殷祭，二祥之祭。殷者，其禮盛也。初爲君服，不敢爲親私除。若君服除後，乃可爲親行二祥祭，以伸孝心。孔氏。

曾子問曰：「父母之喪弗除，可乎？」孔子曰：「先王制禮，過時弗舉，禮也。非弗能勿除也，患其過於制也，故君子過時不祭，禮也。」

曾子承前章，問私喪可除。遇有君服而弗除，及君喪既除，則於私喪但行殷祭而不再行除喪之禮。是父母之喪弗除可乎？孔子荅謂時已過而不再舉，因及祭不追補之事爲證。補。

曾子問曰：「君薨既殯，而臣有父母之喪，則如之何？」孔子曰：「歸居于家，有殷事，則之君所，朝夕否。」

殷事，朔望薦新之奠。君喪既殯而無事，父母新喪而有事，故常在家，惟朔望奠則往君所。補。

曰：「君既啓，而臣有父母之喪，則如之何？」孔子曰：「歸哭而反送君。」曰：「君未殯，而臣有父母之喪，則如之何？」孔子曰：「歸殯，反于君所，有殷事則歸，朝夕否。」

君已啓殯而遭私喪，歸哭而反送君。君未殯而遭私喪，歸殯而反君所。補。

大夫室老行事，士則子孫行事。大夫內子有殷事，亦之君所，朝夕否。

大夫，卿之總稱。內子，大夫之適妻。此承上文在君所時，其家使人攝祭，大夫妻於君之喪亦之君所。朝夕否者，君所朝夕之奠，大夫有私喪者不與。補。

賤不誄貴，幼不誄長，禮也。唯天子稱天以誄之，諸侯相誄，非禮也。誄，力水反。

誄，累也。累列生時行迹，讀之以作謚。幼賤不誄，貴長嫌諛也。天子稱天以誄，明非欺也。諸侯不相誄，防私也。禮當誄於天子。補。

曾子問曰：「君出疆，以三年之戒，以椑從。君薨，其入如之何？」孔子曰：「共殯服，則子麻弁絰，疏衰菲杖，入自闕，升自西階。如小斂，則子免而從柩，入自門，升自阼階。君、大夫、士一節也。」椑，薄曆反。共，音恭。免音問。

戒，猶備也。椑，周身小棺也。共殯服，謂君已大斂。殯服，謂布深衣苴絰散帶，共之以待其至。子，嗣君也。其子麻弁絰衰杖者，棺柩未安，不忍成服於外也。闕，觀闕也。喪歸殯客位，故入自闕，升自西階。此言已大斂於外而歸殯者也。如方小斂，歸而後大斂，則其子惟加免於首，亦未麻弁，入自門，升自阼階，使如生還。集補。

曾子問曰：「君之喪既引，聞父母之喪，如之何？」孔子曰：「遂。既封而歸，不俟子。」封，古音窆，胡如字。

既引謂喪在塗。封，封土於壙。子謂嗣君。君喪在塗而聞父母喪，遂送君喪，封壙即先反，不待其嗣君。鄭氏、胡氏。

曾子問曰：「父母之喪既引，及塗聞君薨，如之何？」孔子曰：「遂。既封，改服而往。」

葬時着免，聞君喪，則待葬畢，改袒括髮而往。鄭氏、孔氏説。

曾子問曰：「宗子爲士，庶子爲大夫，其祭也如之何？」孔子曰：「以上牲祭於宗子之家，祝曰：『孝子某，爲介子某薦其常事。』」爲，于僞反。

上牲，大夫少牢。介，副也，有助義。牲從貴，祭從宗。補。

若宗子有罪，居于他國，庶子爲大夫，共祭也，祝曰：『孝子某，使介子某執其常事。』

庶子之貴者攝祭仍用宗子主名。

攝主不厭祭，不旅，不假【四】，不綏祭，不配。厭，於艷反。假讀爲嘏。

厭謂飫神。旅謂旅酬。嘏謂受福，綏祭謂既祭而藏其減毁之墮。配謂祝辭以某妃配某氏。庶子爲攝主，不敢備禮。

布奠於賓，賓奠而不舉。

布奠謂主人酬賓，布此奠爵於賓薦之北。賓奠謂賓取薦北之爵奠於薦南而不舉。此方酬之始而即不舉，謂止而不行旅酬之事也。亦承上文攝主不備禮而言。所以釋不旅之

【四】不旅不假　「假」原作「暇」，據《禮記·曾子問》改。

義。用鄭氏、孔氏補。

不歸肉。其辭于賓曰：『宗兄、宗弟、宗子在他國，使某辭。』」

攝主不敢如常禮歸助祭者肉，故辭以宗子在他國，不得備禮也。此亦承上文。

曾子問曰：「宗子去在他國，庶子無爵而居者，可以祭乎？」孔子曰：「祭哉！」「請問其祭如之何？」孔子曰：「望墓而爲壇，以時祭。若宗子死，告於墓，而後祭於家。宗子死，稱名不言『孝』，身没而已。子游之徒有庶子祭者，以此若義也。今之祭者不首其義，故誣於祭也。」

哉者以無正文、疑而度量之辭。身没而已者，以宗子死而代之祭，終身不敢稱孝以自同於宗子。至身没而子繼，則子可稱孝矣。若，順也。首，本也。誣猶妄也。宗子在他國而庶子無爵者攝之祭，不敢祭於家，避宗子也。宗子死而代之祭，雖祭於家而不敢稱孝，亦避宗子也。子游之徒有庶子祭者，用之順於義也。今之祭者不本於義，妄而已也。補。

曾子問曰：「祭必有尸乎？若厭祭，亦可乎？」孔子曰：「祭成喪者必有尸，尸必以孫【五】，孫幼則使人抱之，無孫則取於同姓可也。祭殤必厭，蓋弗成也。祭成喪而無尸，是殤之也。」孔子曰：「有陰厭，有陽厭。」

祭成人必有尸，尸以象神。蓋侑食而使之飫者也。殤未成人，祭之無尸，直設饌食以厭飫其神，故謂之厭也。適殤，陰厭祭於奥，而其地闇也。庶殤，陽厭西北隅向户，而其地

【五】尸必以孫　「以」原作「有」，據《禮記·曾子問》改。

明也。曾子疑立尸以人代神，遂問若厭祭不用尸亦可乎？孔子謂祭成人而無尸是殤之也，不可。補。

曾子曰：「殤不祔祭，何謂陰厭陽厭？」

祭成人亦有陰厭陽厭。今孔子於殤亦言有陰厭陽厭，故曾子疑而問之。然成人之祭，迎尸之前，祝酌奠奠之且饗，是名陰厭。尸起之後徹俎敦，設西北隅，是名陽厭。陰厭陽厭蓋兼用之也。祭殤者，適則陰厭，庶則陽厭。禮不兼用，名同而禮則異也。孔子復條析之如后。補。

孔子曰：「宗子爲殤而死，庶子弗爲後也。其吉祭特牲。祭殤不舉，無肵俎，無玄酒，不告利成，是爲陰厭。凡殤與無後者，祭於宗子之家，當室之白，尊于東房，是謂陽厭。」肵音其。

吉祭者，從卒哭後之祭也。用特牲者，尊宗子從成人也。不舉者，不舉肺也。肵俎者，尸所食歸餘之俎也。玄酒者，玄酒用水也。利成者，利謂養而其禮成也。凡陰厭者，皆無此禮也。當室之白，謂西北隅得户明處，此謂陽厭，而其禮又殺也。

曾子問曰：「葬引至于堩，日有食之，則有變乎？且不乎？」孔子曰：「昔者吾從老聃助葬於巷黨，及堩，日有食之。老聃曰：『丘止柩就道右止哭以聽變。』既明反，而后行，曰：『禮也。』反葬而丘問之，曰：『夫柩不可以反者也。日有食之，不知其已之遲數，

則豈如行哉？』老聃曰：『諸侯朝天子，見日而行，逮日而舍奠。大夫使，見日而行，逮日而舍。夫柩不蚤出，不莫宿。見星而行者，唯罪人與奔父母之喪者乎！日有食之，安知其不見星也？且君子行禮，不以人之親痁患。』吾聞諸老聃云。」堩，古鄧反。從，才用反。數音速。使，色吏反。莫音暮。痁，始占反。

堩，道塗也。巷黨，黨名也。就道右者，停柩在道東北鄉，以對南鄉。而行來之人使之相左。凡吉事交相左，凶事交相右。柩處右而使行來者相左也。已，止也。數，讀爲速。舍奠，每將舍，奠行主也。痁，病也。柩行不見星，懼奸慝也。日食未知還明之時，安知其不見星。若冒行，是以人之親病於危亡之患，故老子戒其止不行。而孔子述其言。補。

曾子問曰：「爲君使而卒於舍，禮曰：『公館復，私館不復。』凡所使之國，有司所授舍，則公館已。何謂私館不復也？」孔子曰：「善乎問之也！自卿、大夫、士之家曰私館，公館與公所爲曰公館。公館復，此之謂也。」

復者，始死招魂。曾子疑使者所舍皆公館，安有私館不復之禮？孔子謂士大夫自相停舍爲私館。公家所造之館，與公家所爲使之停舍者爲公館。公館情伸可復，私館妨其主人，情屈不可復。補。

曾子問曰：「下殤土周葬于園，遂輿機而往，塗邇故也。今墓遠，則其葬也，如之何？」孔子曰：「吾聞諸老聃曰：『昔者史佚有子而死，下殤也，墓遠。召公謂之曰：「何以不棺斂於宫中？」史佚曰：「吾敢乎哉！」召公言於周公，周公曰：「豈不可？」史佚行之。』下殤用棺衣棺，自史佚始也。」棺，古患反。

土周者，塈周，夏之瓦棺也。園者，墓園有草木處，不遠葬於墓也。輿機，機者，尸之牀；輿謂抗舉之，以繩輿舉其牀，以適於園，就移入土周，不斂於室也。史佚者，周成王時賢史。下殤不斂於宫中，以葬於園，路近也。曾子問若路遠當如何，孔子述老子之言，謂昔史佚下殤路遠，召公勸斂於宫中，不敢。謀之周公，以爲可而行之矣。用棺衣棺，謂宫中用棺早斂，至墓又衣以棺也。集。

曾子問曰：「卿大夫將爲尸於公，受宿矣，而有齊衰内喪，則如之何？」孔子曰：「出舍於公館以待事，禮也。」孔子曰：「尸弁冕而出。卿、大夫、士皆下之。尸必式，必有前驅。」

受宿，謂受宿齊戒也，既受宿而有齊衰之喪，出舍公館，待祭事畢，然後歸哭。孔子因併言尸出之禮。孔氏。

子夏問曰：「三年之喪卒哭，金革之事無辟也者，禮與？初有司與？」孔子曰：「夏后氏三年之喪，既殯而致事，殷人既葬而致事。記曰『君子不奪人之親，亦不可奪親也』。此之謂乎！」子夏曰：「金革之事無辟也者，非與？」孔子曰：「吾聞諸老聃曰：『昔者魯

公伯禽有爲爲之也。今以三年之喪從其利者，吾弗知也。』」與音餘。

子夏問居喪而事金革，禮歟？始於有司之命歟？孔子告以古禮，居喪則致其事。子夏因又問，然則居喪而事金革者非歟？孔子又述老子之言，謂伯禽居喪而伐徐戎者，國事之急，有爲爲之也。今貪人土地，利而爲之者，吾不知其可也。補。

卷十八

讀禮記五

文王世子第八

文王之爲世子，朝於王季日三。雞初鳴而衣服，至於寢門外，問内豎之御者曰：「今日安否何如？」内豎曰：「安。」文王乃喜。及日中又至，亦如之。及莫又至，亦如之。其有不安節，則内豎以告文王，文王色憂，行不能正履。王季復膳，然後亦復初。食上，必在視寒煖之節；食下，問所膳命膳宰曰：「末有原！」應曰：「諾。」然後退。武王帥而行之，不敢有加焉。文王有疾，武王不説，冠帶而養。文王一飯，亦一飯；文王再飯，亦再飯。旬有二日乃間。豎，上往反。莫音暮。食上之，上，時掌反。説音脱。養，羊尚反。間，去聲讀。

内豎，小臣掌通内外者。御，如今小史直日，御於君所者。不安節謂失常而疾生。食上謂進食；食下謂徹食。在，謂察。末，猶勿也。原，再也，如原蠶之原。末有原，戒勿以其餘再進也。間，猶瘳也。疾痛在身，無少間隙。疾寬減爲間。此言文王孝養王季，武王復孝養文王。補。

文王謂武王曰：「女何夢矣？」武王對曰：「夢帝與我九齡。」文王曰：「女以爲何也？」武王曰：「西方有九國焉，君王其終撫諸。」文王曰：「非也。古者謂年齡，齒亦齡也。我百爾九十，吾與爾三焉。」文王九十七乃終，武王九十三而終。

齒，人壽之數也。男八月生齒，八歲而齔，年老而齒落。齒亦謂之齡，謂年齡者，謂年爲齡也。年齡無可移之理。君王乃戰國之稱，其傳之妄歟。周胡氏、葉氏補。

成王幼，不能涖阼，周公相，踐阼而治。抗世子法於伯禽，欲令成王知父子、君臣、長幼之道也。成王有過則撻伯禽，所以示成王世子之道也。文王之爲世子也。

涖阼，臨朝也。阼謂王位阼階。武王崩時，成王方十歲，故云幼，不能涖阼。周公相之而踐祚。方氏謂涖以位言，踐以足履言，此輕重之别。然恐此欲合王介甫《字説》耳。踐阼亦指成王，非指周公，涖與踐未必有異義。此承上文言文王行世子之禮，武王帥而行之。至成王幼而爲君，不可以教世子者教之，故假伯禽以抗舉世子之法，使成王習見之。蓋必能爲世子而後能爲人君也。武王、成王之爲世子，皆法文王，故以文王之爲世子結之。補。

凡學，世子及學士必時。春夏學干戈，秋冬學羽籥，皆於東序。小樂正學干【一】，大胥贊之；籥師學戈，籥師丞贊之。胥鼓《南》。春誦夏弦，大師詔之；瞽宗秋學《禮》，

【一】小樂正學干 「樂」原作「學」，據《禮記·文王世子》改。

執禮者詔之；冬讀《書》，典《書》者詔之。《禮》在瞽宗，《書》在上庠。學，户教反。凡學干戈之類並同。學士之學，如字。

學，古讀如斆，謂教之使效。世子，君之適子。學士，司徒所選升於學者，凡教世子學士必時，謂四時各有宜。干，盾；戈，句戟，武舞所執。羽，翟羽；籥，笛，文舞所執。小樂正、大胥、籥師、籥師丞皆樂官之屬。《南》，雅樂名。先王之樂以中聲爲節，温和而明達，故名《南詩》，云以《雅》以《南》。《九夏》，樂章名《夏》。《夏》與《南》同義。上庠，虞學；東序，夏學；瞽宗，商學。周兼立三代學也。干戈，武舞，以動作時學。羽籥文舞，以安靜時學。弦誦聲屬陽，故於春夏。《禮》由陰作，《書》以言事，故於秋冬。然此言「春誦夏弦」，秋讀禮，冬讀書。《王制》言春秋教以《禮》、《樂》，冬夏教以《詩》、《書》，其時其法皆不同，恐皆漢人誦聞古昔之言，未知孰是。要之，學無時而不習，難各以時爲拘也。用方氏、陳氏補。

凡祭與養老，乞言合語之禮，皆小樂正詔之於東序。

祭，謂饗天地、社稷、宗廟。養老、乞言，謂養三老於學而乞其誨言。合語，據鄭氏謂鄉飲、鄉射之屬。孔氏謂養老乞言，自然合語，則又綴於乞言之下。劉氏謂合語禮在後，此君臣所以和同而誠意，所以浹洽。然則合語殆親密欵語之意。集補。

大樂正學舞干戚，語説命乞言，皆大樂正授數。學舞之學，户孝反。

戚，斧也。語説，合語之説也。乞言云命者，乞言王事也。數，篇數也。干戚、語説、乞言三者皆大樂正授世子及學士以篇章之數。爲之講説，使知義理也。鄭、孔、陸氏。

大司成論説在東序。

大司成即大司樂，論説若後世講説。王氏、陸氏。

凡侍坐於大司成者，遠近間三席，可以問，終則負牆，列事未盡不問。 間如字，又古辦反。

席三尺三寸三分，三席之間共留一丈，所謂席間函丈。可以問者，以聲足相聞，又不至大逼也。負牆，却就後致竦敬。列事未盡不問，不敢錯雜長者之語，所謂毋剿説也。用鄭氏、陸氏補。

凡學，春官釋奠于其先師，秋冬亦如之。

官，謂《禮》、《樂》、《詩》、《書》之官。鄭氏。

凡始立學者，必釋奠于先聖先師及行事必以幣。凡釋奠者，必有合也。有國故則否【二】。

合謂合樂。有國故，謂喪紀、凶札之類。晦菴。

凡大合樂，必遂養老。

遂者，因而行之也。補。

凡語於郊者，必取賢斂才焉。或以德進，或以事舉，或以言揚。曲藝皆誓之，以待又

【二】有國故則否　「有國」原作「國有」，據《禮記·文王世子》乙。

語。三而一有焉，乃進其等，以其序，謂之郊人，遠之於成均，以及取酌於上尊也。

語於郊，謂論説於在郊之學。取賢斂才，謂於此辨論官材。德進、事舉、言揚三者之外，雖曲藝之士亦誓戒之。以待又語於郊而再考之，若於德進、事舉、言揚三者而有其一，則爲之進其等，使出於曲藝之流，而升於三者之列，謂之郊人。遠之者名之爲郊學之人，而尚遠之，言未入天子之學也。於成均以及者，成均者，天子之學，天子飲酒於成均，禮亦及郊人，使得取堂上之尊以相旅，所以榮之也。上尊者，堂上之尊。凡飲酒，則尊者酌堂上之尊，卑者酌堂下之尊。用鄭注補。

始立學者，既興器用幣，然後釋菜，不舞不授器。乃退，儐于東序，一獻，無介語可也。

前章言：始立學者釋奠於先聖先師，比四時常禮之釋奠。爲盛事。此章則謂始立學而告祭器之成也。興器，古注改作釁器。近世謂新置器，恐亦整起而將用之之意耳。用幣，則用采帛贄神，如生者初相見之禮。然據本文既興器用幣然後釋菜，是用幣與釋菜是兩節，不可曉。若按諸經多言舍采，采即幣。今説者謂用幣禮重，釋菜禮輕，恐無輕重一時兼行之理，亦無先行重禮方正行輕禮之理。陳氏禮書又以釋菜爲弟子見師之贄，以婦人用棗、栗贄舅姑爲比，不思男女異贄，男子見師豈同婦人。而事師之禮至微者？猶以束脩，束脩亦乾肉，而非菜也。弟子事師，貧而不能備禮者，猶用束脩，國家立學以禮先師，無貧而不能備禮之患也。何至反用菜哉？且世之言菜者，以蘋蘩薀藻爲説也。按采蘋備俎，此言婦人助祭之末，非言君大夫祭禮之正。

《左氏》言盟在誠信而不在物，故借以明誠信，非以言祭禮也。豈有事神而以菜爲重者？自昔事神必於其所重而不敢於其薄。牲牷必侈，言其肥腯，酒肴必侈，言其嘉美，悦神之理當然也。禮雖一獻，亦未嘗不用牲脯，何至反于其薄者而獨以菜爲名？故事神必先奠幣，而祭以釋奠爲名，禮也。菜菹最爲事神之末，而祭反以釋菜爲名，於禮未見其當也。此章然後釋菜之語，恐漢人誤以采爲菜而失之耳。不舞不授器，謂不舞而不授以舞者所執之器，如羽籥之類也。退儐於東序，謂禮畢而退，接賓於東序也。一獻無介語者，謂禮惟一獻而止，無介助，無祝語。凡皆謂告祭器之成而其禮略也。然以理揆之，亦未必其然也。補。

教世子。凡三王教世子，必以禮樂。樂所以修内也，禮所以修外也。禮樂交錯於中，發形於外，是故其成也懌，恭敬而温文。

凡學立於禮，成於樂，故教世子必以禮樂。樂由中出，故以修内，禮由外作，故以修外。然樂雖修内，未嘗不發形於外，禮雖修外，未嘗不交錯於中。故樂之成也悦懌，禮之成也恭敬而温文。方氏、陳氏。

立大傅、少傅以養之，欲其知父子、君臣之道也。大傅審父子、君臣之道以示之，少傅奉世子以觀大傅之德行而審喻之。大傅在前，少傅在後，入則有保，出則有師，是以教喻

而德成也。師也者，教之以事而喻諸德者也。保也者，慎其身以輔翼之而歸諸道者也。《記》曰：「虞、夏、商、周有師保，有疑丞。設四輔及三公，不必備，唯其人。」語使能也。傅者，傅之德義。保者，保其身體。師者，道之教訓。疑，擬其前；丞，承其後。比我而相之謂之輔。拂我而相之謂之弼。養者，從容以養其本然之善。教喻者，於教訓能曉喻也。德成者，其德業有成就也。《記》曰以下述古《記》之言。「語使能」一句，作記者解之也。語，猶言也。鄭氏、陸氏、真氏。

君子曰德，德成而教尊，教尊而官正，官正而國治。君之謂也。君子，成德之名，故謂君子曰德。德成而至官正國治，然後能爲君，故曰君之謂也。用陸氏、方氏補。

仲尼曰：「昔者周公攝政，踐阼而治，抗世子法於伯禽，所以善成王也。聞之曰：『爲人臣者，殺其身有益於君則爲之。』況于其身以善其君乎！周公優爲之。是故知爲人子，然後可以爲人父。知爲人臣，然後可以爲人君。知事人，然後能使人。成王幼不能涖阼，以爲世子則無爲也，是故抗世子法於伯禽，使之與成王居，欲令成王知父子、君臣、長幼之義也。君之於世子也，親則父也，尊則君也。有父之親，有君之尊，然後兼天下而有之。是故養世子不可不慎也。」

于其身，古注以于爲迂，胡氏又以于爲廣大，蓋欲以「于其身」與「殺其身」對言也。

然只如本音義亦通。以爲世子則無爲也，言成王已爲君，不可爲世子也。自「仲尼曰」以下言假伯禽教成王以世子事。自君於世子以下，言人君不可不謹教世子事。補。

行一物而三善皆得者，唯世子而已，其齒於學之謂也。故世子齒於學，國人觀之，曰：「將君我而與我齒讓，何也？」曰：「有父在，則禮然。」然而衆知父子之道矣。其二曰：「將君我而與我齒讓，何也？」曰：「有君在，則禮然。」然而衆著於君臣之義也。其三曰：「將君我而與我齒讓，何也？」曰：「長長也。」然而衆知長幼之節矣。故父在斯爲子，君在斯謂之臣，居子與臣之節，所以尊君親親也，故學之爲父子焉，學之爲君臣焉，學之爲長幼焉，父子、君臣、長幼之道得而國治。《語》曰：「樂正司業，父師司成，一有元良，萬國以貞。」世子之謂也。周公踐阼。學之之學音效。

物，事也。行一物謂世子齒於學，三善得，謂知父子、君臣、長幼。父子天性，故言道；君臣義合，故言義；長幼有等，故言節。三者得而國治。故世子之教爲急，結以周公踐阼，謂周公踐阼時之教如此。然周公未嘗踐阼，冢宰總政乃古禮。云踐阼，亦漢人誦聞之言。馬方氏補。

庶子之正於公族者，教之以孝弟、睦友、子愛，明父子之義，長幼之序。

庶子掌公族者，《周官》謂之諸子教行於上以孝弟，教交於旁以睦友，教恤於下以子愛。鄭氏、陳氏。

其朝于公，内朝則東面北上，臣有貴者以齒；其在外朝，則以官司士爲之。

内朝，路寢之庭；外朝，路寢門之外庭。北上，尊在内也。司士掌班朝之位。内朝以齒，公族有所伸，外朝以官，公族有所屈。馬氏。

其在宗廟之中，則如外朝之位，宗人授事，以爵以官。其登餕、獻、受爵，則以上嗣。

宗人掌禮及宗廟，蓋有族則有祀，有祀則有宗。虞曰秩宗，殷曰大宗，周曰宗伯，其義一也。登謂登堂。餕，謂尸起而嗣子食其餘。獻，謂嗣子酌奠而尸受。受爵，謂尸執奠而嗣子受，方無事時嗣子在堂下，餕則登，獻則登，受爵則登。上嗣，則君之適長子也。宗廟如外朝之位，則以官也，故宗人授百官以事以爵之尊卑與官之職位。其登堂、餕獻、受爵則以君之適長子，此皆宗廟之行事，以官不以齒，如外朝也。補。

庶子治之，雖有三命不踰父兄。

庶子，即前章掌公族之官。治，謂治内朝之禮。凡者禮，一命官卑與鄉里序齒，再命官高鄉里不得與序齒，惟與父族序齒。官至三命，則父族亦不得與序齒，别席而獨坐在賓之東。今此内朝，則雖三命亦不踰父兄。用孔氏補。

其公大事，則以其喪服之精麄爲序，雖於公族之喪亦如之，以次主人。

公大事，謂公喪。此謂君喪而庶子官掌其事。服輕者疏，服重者親。故以精麄爲序，雖有庶長父兄，次主人之下。用孔説補。

若公與族燕，則異姓爲賓，膳宰爲主人，公與父兄齒。族食，世降一等。異姓爲賓，族不自爲賓主也。膳宰爲主人，君尊不獻酬也。公與父兄齒，親親也。族食，世降一等，叙族而食親者稠而疏者希，以世次爲差也。本鄭氏。

其在軍則守於公禰。公若有出疆之政，庶子以公族之無事者守於公宮，正室守大廟，諸父守貴宮貴室，諸子諸孫守下宫下室。

公禰，謂行主。出疆之政謂朝覲會同。公族無事，謂不從行及無職事者。正室，謂適子。宫，謂所居。室，謂廟室。貴宫、下宫，正寢、燕寢也。貴室、下室，皆親廟高祖以下也。公行軍則庶子守行主，公出疆而庶子留守，則掌以公族無事者守公宫，以適子守太廟，以諸父分守貴宫、貴室，以諸子諸孫分守下宫、下室。用鄭氏、胡氏説。

五廟之孫，祖廟未毁，雖爲庶人，冠、取妻必告，死必赴，練、祥則告。族之相爲也，宜弔不弔，宜免不免，有司罰之。至于賵、賻、承、含皆有正焉。免音問。賵，芳鳳反。賻音附，承讀作贈。

五廟，二昭二穆與太祖。弔謂六世以後無服者。免謂五世親盡而袒免者。車馬曰賵，布帛曰賻，珠玉曰含。揔謂之贈。承，讀作贈。長樂陳氏從本音，謂承於身者謂之承。凡玉可爲渠眉疏璧者，皆承也。正謂正禮。此論族人雖或至賤，吉凶必須相告，弔賵含贈皆當有正禮，庶子掌焉。孔氏。

公族，其有死罪，則磬于甸人。其刑罪，則纖剸，亦告于甸人。公族無宫刑。纖音鍼，之林反。剸，之免反。甸者，王所自治之地。甸人則掌其地之官也。磬者，縊殺之，其縣如磬，以公族不忍刑於市朝，故縊於甸人也。纖，鍼刺也。剸，割也。謂非死罪而止於刑罪者，其鍼刺剸割亦告于甸人而行之。惟無宫刑，不敢絶公族之世也。用鄭氏説。

獄成，有司讞于公。其死罪，則曰：「某之罪在大辟。」其刑罪，則曰：「某之罪在小辟。」公曰：「宥之。」有司又曰：「在辟。」公又曰：「宥之。」有司又曰：「在辟。」及三宥，不對，走出，致刑于甸人。公又使人追之，曰：「雖然，必赦之。」有司對曰：「無及也。」反命于公。公素服不舉，爲之變，如其倫之喪，無服，親哭之。讞，魚列反。辟，婢亦反。爲，于僞反。讞，言也。不舉，不舉樂也。倫謂親疏之比，如其倫之喪而無服，謂公族之在罪者，或親爲功緦，則公素服不舉。爲之變動，亦一如功緦之喪，但以其有罪而不爲服功緦之服耳。此謂臣執法宜堅，君用刑宜寬也。然三宥不對而走，公又使人追之，對以無及。此事使人君偶有哀矜不忍，而救之無及可也。若立爲此法，示欲宥之而不能，是虚文相欺，不可也。且臣有罪，而君必赦，君有命，而臣不受。於理皆未安。恐亦漢人誦聞古昔之傳或如此耳。補。

公族朝于内朝，内親也。雖有貴者以齒，明父子也。外朝以官體，異姓也。

此釋前章，其朝於公一段，體，謂以心體之也。補。
宗廟之中，以爵爲位，崇德也。宗人授事以官，尊賢也。登餕、受爵以上嗣，尊祖之道也。
此釋前章其在宗廟之中一段。補。
喪紀以服之輕重爲序，不奪人親也。公與族燕則以齒，而孝弟之道達矣。其族食，世降一等，親親之殺也。殺，色戒反。
此釋前章其公大事至公與族燕一段。
戰則守於公禰，孝愛之深也。正室守大廟，尊宗室而君臣之道著矣。諸父諸兄守貴室，子弟守下室，而讓道達矣。
此釋前章其在軍則守於公禰一段。補。
五廟之孫，祖廟未毁，雖及庶人，冠、取妻必告，死必赴，不忘親也。親未絶而列於庶人，賤無能也。敬弔、臨、賻、賵，睦友之道也。古者庶子之官治而邦國有倫，邦國有倫而衆鄉方矣。鄉，許亮反。
此釋前章五廟之孫至皆有正焉一段。補。
公族之罪，雖親不以犯有司正術也，所以體百姓也。刑于隱者，不與國人慮兄弟也。弗弔，弗爲服。哭于異姓之廟，爲忝祖遠之也。素服居外，不聽樂，私喪之也。骨肉之親

無絕也。公族無宮刑，不翦其類也。遠，于萬反。

此釋前章公族有死罪至親哭之一段。術，法也。體百姓，言不以親而私之，必體百姓之心，行法同也。慮，謀也。刑人于市與衆棄之，是與國人共慮之也。補。

天子視學，大昕鼓徵，所以警衆也。衆至，然後天子至。乃命有司行事，興秩節，祭先師先聖焉。有司卒事反命。昕音欣。

大昕，日初明。鼓徵，鳴鼓徵召。興秩節，猶言舉常禮。天子晨視學，觀有司行禮，非爲學士報先聖先師。必視學者，學所以教養人才，不可不身親之也。孔氏、陳氏。

始之養也。適東序，釋奠於先老，遂設三老、五更、群老之席位焉。適饌，省醴，養老之珍具，遂發詠焉。退修之，以孝養也。

之，往也。始之養也，猶言始至養老之處，謂既視學畢，而始至東序養老也。東序，即學宮之東序。地道尊右，神祀尚陰，故西爲廟宮，所以尊先聖先師。東爲黌舍，所以處國子俊造，而其地謂之東序也。三老、五更，鄭康成謂各一人，蔡邕謂三老三人，五更五人。按秦、漢置三老鄉一人，則非必三人而後爲三老也。其義則鄭康成謂知三德五事者。宋均謂三老知天地人事，五更知五行更代，似皆意之耳。惟《左傳·昭三年》杜預注以三老爲八十以上，上中下三壽。此於三老爲近之。若更之爲義，不過謂其老而更事耳。然《詩》、《書》未嘗言三老，至漢此說方出。至後漢、元魏，此禮方行。後漢竟以三公爲三老，大夫爲五更矣。發咏，謂以樂納之。適饌省醴，蓋互言之，皆適其所而省之也。退修之以孝養者，三老、五更即位於西階下，天子乃退，酌醴獻之以修孝養之禮，執醬而饋，執爵而酳也。用鄭氏、應氏、方氏説補。

反，登歌《清廟》，既歌而語，以成之也。言父子、君臣、長幼之道，合德音之致，禮之大者也。下管《象》，舞《大武》，大合衆以事，達有神，興有德也。正君臣之位，貴賤之等焉，而上下之義行矣。有司告以樂闋。

反謂反席。語謂談説。獻群老畢而反席，然後工登歌，既登歌《清廟》，又談説父子、君臣、長幼之道以成之。此所謂合德音之極致，而禮之大者也。下謂堂下之樂，與登歌堂上之登對言也。下而立於堂下，以管奏《象》、《武》之曲，而庭中舞此《大武》之舞，於是大合衆以歌舞其樂，以明天授命周家之有神以興起，武王受命之有德，使衆前歌後舞也。正君臣、貴賤而上下之義行，皆于大合衆而言之也。闋，終也。告君以歌舞之樂，至此而既終也。德莫盛於文王，功莫大於武王，登歌《清廟》，所以著文王之德，下管《象》而舞《大武》，所以著武王之功。補。

王乃命公侯伯子男及群吏曰：「反養老幼于東序」，終之以仁也。

群吏，鄉遂之官也。王自養老，又命諸侯、州里皆行之，是終之以仁也。廣其施之謂也。補。

是故聖人之記事也，慮之以大，愛之以敬，行之以禮，修之以孝養，紀之以義，終之以仁。

慮之以大，謂先本於孝弟之道。紀之以義，謂君臣之位、貴賤之等。終之以仁，即上文命諸侯歸養老。鄭氏、陸氏。

是故古之人一舉事，而衆皆知其德之備也。古之君子舉大事必慎其終始，而衆安得不喻焉？《兑命》曰：「念終始，典于學。」兑音悦。

喻猶曉。兑當爲説。典，常也。鄭氏。

世子之《記》曰：朝夕至于大寢之門外，問於内竪曰：「今日安否何如？」内竪曰：「今日安。」世子乃有喜色。其有不安節，則内竪以告世子。世子色憂，不滿容。内竪言「復初」，然後亦復初。朝夕之食上，世子必在視寒煖之節，食下，問所膳，羞必知所進，以命膳宰，然後退。若内竪言疾，則世子親齊玄而養。膳宰之饌，必敬視之。疾之藥，必親嘗之。嘗饌善，則世子亦能食。嘗饌寡，世子亦不能飽。以至于復初，然後亦復初。

齊玄，謂心致齊而身服玄也。此章約篇首文王爲世子之法，量損之而爲尋常世子之禮。然所謂有喜色，所謂色不滿容，此出於人情之自然，安得立法以使之？聖人，人倫之至。聖人之所行，即天下之所法。人之氣禀不同而不能如聖人者固多矣。薄待天下而下聖人一等以立之法，是聖人爲有異於人而人不可以望聖人也。寧有是理哉！且内竪言復初，然後亦復初，是子竟不得親侍其父之疾，始終但得之於内豎之口，亦非人情矣。嗚呼，是真漢人之言也！補。

禮運第九

《禮運》記五帝三王相變易、陰陽轉移之道，故以運名。雖思太古而悲後世，其主意微近於《老子》，而終篇混混爲一，極多精語，如論造化，謂天秉陽，垂日星；地秉陰，竅於山川。如論治，謂聖人耐以天下爲一家，中國爲一人。如論人，則謂人者，天地之心，謂天地之德，陰陽之交，鬼神之會，五行之秀氣。如論禮，則謂禮者，固人肌膚之會，筋骸之束，皆千萬世名言。

昔者仲尼與於蜡賓，事畢，出遊於觀之上，喟然而嘆。仲尼之嘆，蓋嘆魯也。言偃在側曰：「君子何嘆？」孔子曰：「大道之行也，與三代之英，丘未之逮也，而有志焉。蜡，仕嫁反。

蜡，索也。歲十二月之祭名，言遍索鬼神之有功於民者，祭之以報也。賓者，助祭之臣。助祭者必有飲食以勞之，故謂之賓也。觀者，闕門。英謂俊選之尤者。此記爲夫子與言偃問答，謂聖人思欲還上古之風不可得，而猶思其次也。下文蓋詳此。用蔣氏補。

大道之行也，天下爲公，選賢與能，講信修睦。故人不獨親其親，不獨子其子，使老有

所終，壯有所用，幼有所長，矜寡孤獨廢疾者皆有所養。男有分，女有歸。貨惡其弃於地也，不必藏於己；力惡其不出於身也，不必爲己。是故謀閉而不興，盗竊亂賊而不作，故外户而不閉。是謂大同。今大道既隱，天下爲家，各親其親，各子其子，貨力爲己。大人世及以爲禮，城郭溝池以爲固，禮義以爲紀，以正君臣，以篤父子，以睦兄弟，以和夫婦，以設制度，以立田里，以賢勇知，以功爲己。故謀用是作，而兵由此起，禹、湯、文、武、成王、周公由此其選也。此六君子者，未有不謹於禮者也。以著其義，以考其信，著有過，刑仁講讓，示民有常。如有不由此者，在勢者去，衆以爲殃。是謂小康。」分，扶問反。知音智。

大道之行，指五帝時。男有分謂各安其分。貨不藏於己，力不必爲己，謂無吝驕之私。謀閉謂謀之祕密。是謂大同，總結大道之行，尊五帝也。大道之隱指三代時。大人，諸侯也。父子相傳曰世，兄弟相繼曰及。以賢勇知，以勇智爲賢也。以功爲己，以爲己者，爲有功也。著有過，謂用禮以明民之罪。刑，則也；刑仁，謂仁者以禮賞之以爲則。講讓，謂爭奪者以禮講説之使推讓。在勢，謂在位者。去，謂罪退之。衆以爲殃，言衆人皆以爲罪。此主不由於禮者言之也。是謂小康，總結大道之隱，卑三代也。大道之行爲大同，大道之隱爲小康，以道之隆污升降係乎時之不同而已。天下爲公、天下爲家，傳於賢傳於子，皆天之所與，非人力之所能爲也。五帝三王何與焉？不獨親其親，不獨子其子，則近於墨矣。各親其親，各子其子，則近於楊矣。聖人豈楊、墨之道乎？老有所終至廢疾有所養，三王未始不同也，豈獨五帝？以正君臣至以功爲己，五帝之時莫不行也，豈獨三王。謀閉而不興？盜竊亂賊而不作，三王之盛時莫不胥然。謀用是作，則兵由此起。五帝以來亦未始不如此，而以彼爲五帝之大同，以此爲三代之小康，皆記者立論然爾。且稽之《論語》，吾夫子固未嘗若是其費辭也。用陳氏、馬氏補。

言偃復問曰：「如此乎禮之急也？」孔子曰：「夫禮，先王以承天之道，以治人之情，故失之者死，得之者生。《詩》曰：『相鼠有體，人而無禮。人而無禮，胡不遄死？』是故夫禮必本於天，殽於地，列於鬼神，達於喪、祭、射、御、冠、昏、朝、聘。故聖人以禮示之，故天下國家可得而正也。」復，扶又反。下同。殽，户教反，又平聲。

殽，效也。方氏讀如字。殽猶肉之有殽，以其物之相雜。天以一在上，故曰本；地，以二在下，故曰殽。上數語言禮之功用，以明夫人生死之所由係。下四語總禮之體用，以明天下國家治亂之所由別也。大原出於天，故推其所自出而本之、效法之謂地。故因其成法而效之，列於鬼神者，充塞乾坤之間，昭布森列而不可紊也。達於喪祭至朝聘者，人道交際之用，周流上下而無不通也。應氏。

言偃復問曰：「夫子之極言禮也，可得而聞與？」孔子曰：「我欲觀夏道，是故之杞，而不足徵也，吾得《夏時》焉。我欲觀殷道，是故之宋，而不足徵也，吾得《坤乾》焉。《坤乾》之義，《夏時》之等，吾以是觀之。

杞，夏後。宋，殷後。《夏時》，夏四時書名。《坤乾》，殷陰陽書名。以坤爲首。周官太卜掌三《易》，二曰《歸藏》者指此。先坤後乾，有交泰之義。《夏時》、《坤乾》二書皆不行於世，所當闕疑。而以今夏正建寅與《周易》、《乾坤》爲正耳。用馬氏補。

夫禮之初，始諸飲食。其燔黍捭豚，污尊而抔飲，蕢桴而土鼓，猶若可以致其敬於鬼神。及其死也，升屋而號，告曰：『皋某復！』然後飯腥而苴孰，故天望而地藏也。體魄則降，知氣在上，故死者北首，生者南鄉，皆從其初。捭，卜麥反。污，烏華反。抔，步侯反。蕢，苦對反，又苦怪反。桴音浮。知音智。首，手又反。鄉，許亮反。

捭，擗也。燔黍、捭豚者，古未有釜甑，釋米捭肉加於燒石之上而食之。污尊，鑿地爲尊。抔飲，手掬而飲。桴，鼓槌也。蕢，草也。蕢桴謂以草爲桴。土鼓謂築土爲鼓。升屋而號，招魂也。皋，緩其辭而引聲。某，稱死者名。復，使死者之魂復歸其身。飯腥，謂含用生米，象上古未有火化之法。苴孰，謂遺奠包熟肉，象中古火化之利。天望，謂望天招魂以知氣在上也。地藏，謂葬地藏尸以體魄則降也。上古鼎飪未具而燔捭以爲食，罍酌未設而污抔以爲飲，聲樂未備而蕢土以爲歡，以此而接乎鬼神，自其一念之誠而施之有餘也。乃若升屋之號，皋復之告，飯腥苴孰以繼其孝養之事，天望地藏以發其悽愴之思，則雖禮教未備而天理之發露於人心者，亦自然如此。此其爲禮之初也。蔣氏。

昔者先王未有宮室，冬則居營窟，夏則居橧巢。未有火化，食草木之實，鳥獸之肉，飲

其血，茹其毛。未有絲麻，衣其羽皮。後聖有作，然後修火之利，范金合土，以爲臺榭、宫室、牖户；以炮以燔，以亨以炙，以爲醴酪；治其絲麻，以爲布帛，以養生送死，以事鬼神上帝，皆從其朔。橧音曾，又作增。

范金謂鑄，合土謂陶。炮，裹燒。燔，加火上亨煮。炙，貫之火上。醴酪，烝釀之也。朔者，創始爲初終，而有始爲朔。此原古始以明聖人制作之功，蓋取十三卦之義。補。

故玄酒在室，醴醆在户，粢醍在堂，澄酒在下，陳其犧牲，備其鼎俎，列其琴、瑟、管、磬、鍾、鼓，修其祝嘏，以降上神與其先祖。以正君臣，以篤父子，以睦兄弟，以齊上下，夫婦有所，是謂承天之祜。醆，側眼反。粢，古才絢及。方讀如字。醍音體。

玄酒，水也，色黑爲玄，太古無酒，此水當酒。在室者，貴重古物設之於最内也。醴謂醴齊。醆謂盎齊。醴言甘，盎言翁翁然。葱，白色。在户則稍南而近户。粢醍即醍齊，爲齊不止於粢，舉粢以該之。粢即稷也。澄酒謂清酒。祝者，代人之辭以致告於神。嘏者代神之辭以致福於人。上神，天神也。此承上文事鬼神上帝而言，備禮之用。補。

作其祝號，玄酒以祭。薦其血毛，腥其俎，孰其殽，與其越席，疏布以冪，衣其澣帛，醴醆以獻，薦其燔炙。君與夫人交獻，以嘉魂魄，是謂合莫。越音活。

祝號謂祝於神祇，牲幣各有嘉號以尊神顯物。腥其俎，謂豚解而腥之以法上古。孰其殽，謂體解而爓之以法中古。越席，蒲席。疏布，麤布。冪，覆。澣帛，練染以爲祭服。

嘉，樂也。合莫，謂以此精誠而求神於冥漠之間也。前章言備祭之物，此章言致祭之用。**然後退而合亨，體其犬豕牛羊，實其簠簋籩豆鉶羹。**祝以孝告，嘏以慈告，是謂大祥，**此禮之大成也。」**

合亨，合衆物而亨之。鉶，盛和羹，器形如小鼎。此章謂祭今世之食，人神交告而禮成。通結上二章。用鄭氏補。

孔子曰：「嗚呼哀哉！我觀周道，幽、厲傷之，吾舍魯何適矣？魯之郊禘，非禮也，周公其衰矣！杞之郊也，禹也；宋之郊也，契也。是天子之事守也。故天子祭天地，諸侯祭社稷。祝嘏莫敢易其常古，是爲大假。

大假者，天子祭天地，諸侯祭社稷，各有分守。今乃以諸侯用天子禮，而祝嘏皆莫敢易其辭，竟以天子之辭而用之諸侯之國。假竊莫大於是，是爲大假。此章本嘆非禮，而先儒誤以大假爲正説。前章既詳五帝三代之禮，至此更端而明。夫子嘆魯之意，謂魯之郊禘，非禮也。而未嘗言魯郊禘之所始，至《明堂位》，謂周公有大勳勞，成王賜以重祭，説者遂以爲據。然按《呂覽》載魯惠公使宰請郊廟之禮於天子，天子使史角往止之。使成王之世而魯已郊，則惠公奚請？惠公之請，殆由平王以下。考之《春秋》，則僖公始用郊，是成王未嘗賜，周公未嘗受也。補。

祝嘏辭説藏於宗、祝、巫、史，非禮也，是謂幽國。醆，斝及尸君，非禮也，是謂僭君。

冕弁兵革藏於私家，非禮也，是謂脅君。大夫具官，祭器不假，聲樂皆具，非禮也，是謂亂國。

祝嘏皆有辭説，藏於宗、祝、巫、史而君不知有，故爲幽暗之國。醆，夏爵；斝，殷爵。皆先王之爵，而諸侯有用之者，君以獻尸，尸以酢君，故曰僭君。冕弁，君之尊服；兵革，君之武衛。私家藏之，故曰脅君。官事不攝，聲樂皆具，非禮明矣。并以祭器不假爲非禮，未安。此承上章析言禮之失。補。

故仕於公曰臣，仕於家曰僕。三年之喪，與新有昏者，期不使。以衰裳入朝，與家僕雜居齊齒，非禮也。是謂君與臣同國。期，居其切。

臣，對君之稱。僕，對主之稱。喪者所宜哀其凶，昏者所宜慶其嘉，故皆期年不使以優之。今反以衰裳入朝，或與家僕雜處。夫國之臣與家之僕雜處，故曰君與臣同國。方氏。

故天子有田以處其子孫，諸侯有國以處其子孫，大夫有采以處其子孫，是謂制度。

采，食采之邑。人莫不有子孫，而自天子以下處之則異，是之謂制度。

故天子適諸侯，必舍其祖廟，而不以禮籍入，是謂天子壞法亂紀。諸侯非問疾弔喪而入諸臣之家，是謂君臣爲謔。

舍其祖廟，謂舍於諸侯之祖廟也。以禮籍入，謂大史典禮執簡，記奉諱惡也。天子雖尊，舍於人之宗廟猶有敬焉，若諸侯無故而入諸臣之家，是爲謔也。鄭氏。

是故禮者，君之大柄也。所以別嫌明微，儐鬼神，考制度，別仁義，所以治政安君也。儐，謂接以賓禮。禮惟爲大柄，則能別嫌於難辨，明微於未彰，幽可以儐鬼神，明可以考制度，別仁義，以至於治政安君也。禮以節文，仁義各使中禮，故曰別。陳氏、鄭氏。

故政不正則君位危，君位危則大臣倍，小臣竊。刑肅而俗敝，則法無常，法無常而禮無列，禮無列則士不事也。刑肅而俗敝，則民弗歸也，是謂疵國。上下乖離，俗敝刑肅，皆國之病，故云疵國。鄭氏。

故政者，君之所以藏身也。是故夫政必本於天，殽以降命。命降于社之謂殽地，降于祖廟之謂仁義，降於山川之謂興作，降於五祀之謂制度。此聖人所以藏身之固也。殽，效也，效法於天，以降命令而隨所取法。地生物，君養物，故命令由社而下者謂之效地。父，親仁也，祖，尊義也，故命令由祖廟而下者謂之仁義。山川有草木鳥獸，可作器物，人君法山川以興作其物，故命令由山川而下者謂之興作。五祀中霤、門、户、竈、行也。小大形制各有法度，故命令由五祀而下者謂之制度。政之大理，本之天地，及宗廟、山川與五祀，故人君得藏身安固也。孔氏。

故聖人參於天地，並於鬼神以治政也。處其所存，禮之序也；玩其所樂，民之治也。故天生時而地生財，人其父生而師教之。四者君以正用之，故君者立於無過之地也。

以政本天而殽地，故聖人參於天地，以降于祖廟、山川、五祀，故聖人並於鬼神、天地、祖廟、山川、五祀，皆禮之至理所存。聖人因其所存而處之以定體，是即爲禮之序。道德、仁義、興作、制度皆民之良心所樂，聖人因其所樂而玩之，且不紊其條理，是即爲民之治。天生時，地生財，人則父生而師教，人君位天地之中，居父、師之上，夫何爲哉？以正用之而已。以正用其時，奉之而不違；以正用其財，理之而不傷；以正用其生，厚之而不夭；以正用其教，立之而不廢。正用者，順其自然之理而不過，所以立於無過之地。方氏。

故君者，所明也，非明人者也；君者，所養也，非養人者也；君者，所事也，非事人者也。故君明人則有過，養人則不足，事人則失位。故百姓則君以自治也，養君以自安也，事君以自顯也。故禮達而分定，故人皆愛其死而患其生。

指人之失謂之明，人君納天下之諫，則人之所明而非明人者也；予人以食謂之養，人君享天下之奉，則人之所養而非養人者也；奉人以力謂之事，人君役天下之群動，則人之所事而非事人者也。故禮行分定，則人皆見危致命，愛死節而恥偷生。用陸氏、馬氏、胡氏說補。

故用人之知，去其詐；用人之勇，去其怒；用人之仁，去其貪。故國有患，君死社稷謂之義，大夫死宗廟謂之變。知音智。變音辯。

此章大意，不過謂人才難責其全，取其所長，棄其所短，自説者必欲于其義理之精，嫌於仁者之有貪也。各自爲説而去本旨逾遠。惟晦菴云：人之性易得偏，仁善底人便有好便宜底意思。此通論也。蓋仁不必皆指其極致者然後爲仁，貪亦非必殖貨而後爲貪也。變，古音辯，謂辯猶正也。方博士從本音而訓權亦通。然死於宗廟，難以權言，死必以正，豈有以權宜而死者哉！若從本音而以變爲變故之變，亦何不可。補。

故聖人耐以天下爲一家，以中國爲一人者，非意之也，必知其情，辟於其義，明於其利，達於其患，然後能爲之。耐音能。辟，婢亦反。

耐，古能字。意，心所思慮。辟，開也。天下非一家而能以爲一家，中國非一人而能以爲一人，在知其情。情之所合，則措天下之異而歸於同；情之所離，則天下不可得而强一。辟於其義而教之，明於其利而興之，達於其患而去之。此皆知其情之謂，而能以天下爲一家，中國爲一人者也。周氏、陸氏、陳氏補。

何謂人情？喜怒哀懼愛惡欲，七者弗學而能。何謂人義？父慈子孝，兄良弟弟，夫義婦聽，長惠幼順，君仁臣忠，十者謂之人義。講信修睦，謂之人利；爭奪相殺，謂之人患。故聖人之所以治人七情，修十義，講信修睦，尚辭讓，去爭奪，舍禮何以治之？

七者感物而動，無非自然。十者人之大倫，故謂人義。此義既形，此情遂定。於是講信修睦而人利興。此義不立，此情日亂，於是爭奪相殺而人患起。制情立義，興利去患，納天下於相安相養之域，惟禮可耳。集馬氏、蔣氏。

飲食男女，人之大欲存焉。死亡貧苦，人之大惡存焉。故欲惡者，心之大端也。人藏其心，不可測度也。美惡皆在其心，不見其色也。欲一以窮之，舍禮何以哉！愛惡之惡，烏路反。美惡之惡，如字。

莫非欲也，飲食男女爲大；莫非惡也，死亡貧苦爲大。心隱於内而不可知也，聖人揆之以禮而制之。飲食，我所欲也，觴酒豆肉，遜而受惡。男女，人所欲也，非受幣不交不親。死亡貧苦，人所惡也，而國君死社稷，大夫死宗廟。君子仕而不稼，田而不漁，食時不力珍。馬氏、方氏、蔣氏。

故人者其天地之德，陰陽之交，鬼神之會，五行之秀氣也。

天以覆爲德，地以載爲德，人生於覆載中，則其形之所自生，固天地之德。獨陰不生，獨陽不成，人因其交會而生始具，則其形之所自生，固陰陽之交。氣者，神之盛；魄者，鬼之盛。氣與魄，聚則生，散則死。人因其會聚而生始全，則其形之所自生，固鬼神之會。五行之氣散布於萬物，而人得其最靈。故其生爲五行之秀氣。德言其無間，交言其混，會言其合，秀言其特異。德以理言，交、會與秀皆以氣言。理與氣合而爲人，人所以爲人者，蓋天地、陰陽、鬼神、五行交相參而成者也。人其可不自貴哉？然五行即陰陽，鬼神即陰陽二氣之屈伸，而天地即陰陽之成形於上下者也。故理與氣未嘗不俱，而人與天地並立爲三。用孔氏、王氏説補。

故天秉陽，垂日星。地秉陰，竅於山川。播五行於四時和，而后月生也。是以三五而盈，三五而闕。

天者，陽氣之所積，故曰秉陽。地者，陰氣之所積，故曰秉陰。陰氣合陽於天上則爲日星，是以其光下垂。陽氣合陰於地下則爲山川，是以其竅上通。山川者，五行之本也。故天之氣出入於地中，則升爲四時；地之氣凝結於天上，則降爲五行。播者，分布之稱也。天一生水，而播於冬；天三生木【三】，而播於春；地二生火，而播於夏；地四生金，而播於秋；天五生土，而播於四時之間。自天一至於天五，奇偶合而成十五，十五之數成，其所播者既和，然後月生而如其數。數之至於三五，則爲五行生，數之極而月所以盈。又積之至於三五，則爲五行成，數之極而月所以闕也。長樂劉氏、長樂陳氏。

五行之動，迭相竭也。五行、四時、十二月，還相爲本也。五聲、六律、十二管，還相爲宮也。五味、六和、十二食，還相爲質也。五色、六章、十二衣，還相爲質也。還音旋。和，户卧反。

相竭，相克而成，如水王則金竭，木王則水竭。五聲，宮、商、角、徵、羽。六律，謂陽律十二。管，謂陽律六、陰吕六各一管。還相爲宮者，始於黄鍾，管長九寸，下生者三分去一，上生者三分益一，終於南吕，更相爲宮。五味，酸、苦、辛、鹹、甘。六和者，四時四味，

【三】天三生木　「木」原作「不」，據明本、文津閣本改。

各有滑有甘爲六。五色，青、赤、黃、白、黑。六章者，兼天玄。十二食即《周官》鼎十有二。十二衣即舜之十二章。鄭氏、孔氏、周氏。

故人者，天地之心也。五行之端也。食味別，聲被色而生者也。

天地有人，如人有心，以其居天地之中，而生意之所鍾聚。凡果實之心，皆名曰人，字亦作仁，故天地之心亦名曰人，曰仁者，人也。又曰仁，人心也。人之名蓋出於此。萬物莫不鍾五行之氣以生，而人受其氣之秀，故曰五行之端，所食者五味，所別者五聲，所被者五色，此人之所以生也。項氏、陳氏、馬氏。

故聖人作，則必以天地爲本，以陰陽爲端，以四時爲柄，以日星爲紀，月以爲量，鬼神以爲徒，五行以爲質，禮義以爲器，人情以爲田，四靈以爲畜。以天地爲本，故物可舉也。以陰陽爲端，故情可睹也。以四時爲柄，故事可勸也。以日星爲紀，故事可列也。月以爲量，故功有藝也。鬼神以爲徒，故事有守也。五行以爲質，故事可復也。禮義以爲器，故事行有考也。人情以爲田，故人以爲奥也。四靈以爲畜，故飲食有由也。畜，許六反。

天地以至五行，其制作所取象也。禮義、人情，其政治也。四靈，其徵報也。以天地爲本，則萬物皆末，本得則末斯從之，故物可舉。陰陽者，萬物之情，以陰陽爲端，則情可探而見，故情可睹。以四時爲柄，則人順時之後先，因時之動靜不敢辭焉，故事可勸。以日星爲紀，則晝之所參，夜之所考，各得其序，故事可列。月以爲量，則興事造業各有數，以致其能，故功有藝。五行以爲質，則代廢代興，皆周而復始，故事可復。四靈以爲畜，則人之日用者皆易致焉，故飲食有由也。鄭氏、方氏。

何謂四靈？麟、鳳、龜、龍謂之四靈。故龍以爲畜，故魚鮪不淰。鳳以爲畜，故鳥不獝。麟以爲畜，故獸不狘。龜以爲畜，故人情不失。淰音審。獝，况必反。狘，况越反。

淰，魚驚而水動。獝，驚飛皃。狘，驚走皃。麟體信厚。鳳知治亂，龜兆吉凶，龍能變化，故謂四靈。魚從龍，鳥從鳳，獸從麟。龍、鳳、麟既來爲人之畜，其屬見人自不驚逝飛走。龜知人情，既來應人，故於吉凶善惡皆不失。方氏、馬氏。

故先王秉蓍、龜列祭祀，瘞繒，宣祝嘏辭説，設制度。故國有禮，官有御，事有職，禮有序。

埋牲曰瘞，幣帛曰繒。宣，猶揚也。祝者，主所致禱於神。嘏者，神所致福于主。辭説者，祝嘏皆有其辭説也。設制度者，辨上下、定民志也。故國必其有禮，官各御其事，事各有其職，禮各有其序，不相奪倫。鄭氏、劉氏補。

故先王患禮之不達於下也，故祭帝於郊，所以定天位也；祀社於國，所以列地利也；祖廟，所以本仁也；山川，所以儐鬼神也；五祀，所以本事也。故宗、祝在廟，三公在朝，三老在學，王前巫而後史，卜筮瞽侑皆在左右。王中心無爲也，以守至正。

位欲其安，故言定；物欲其陳，故言列。儐，賓而敬之也。宗，宗人。祝，大祝。瞽，樂人。侑，謂侑食。

故禮行於郊，而百神受職焉；禮行於社，而百貨可極焉；禮行於祖廟，而孝慈服焉；禮行於五祀，而正法則焉。故自郊社、祖廟、山川、五祀，義之修而禮之藏也。

修，猶飾。藏，謂禮在其中。此申言上章之義。補。

是故夫禮必本於大一，分而爲天地，轉而爲陰陽，變而爲四時，列而爲鬼神。其降曰命，其官於天也。

大一，謂天地未分、混沌之元氣。以形之始而言，謂之太始；以其數之始而言，謂之大一。大一，天地之始。凡有數者，莫不出於其間。故分而爲天地之位，轉而爲陰陽之道，變而爲四時之代謝，列而爲鬼神之魂魄，莫非此禮發露於自然。聖人本其自然發露者，制禮以命天下，故曰其降曰命。亦未嘗不本之於自然，故曰其官於天。孔氏、陳氏、周氏、蔣氏、方氏。

夫禮必本於天，動而之地，列而之事，變而從時，協於分藝，其居人也曰養。其行之以貨力，辭讓、飲食、冠、昏、喪、祭、射、御、朝聘。

列而之事，事詳則禮詳；變而從時，時異則禮異；協於藝，不强其所不能。慮氏。

故禮義也者，人之大端也。所以講信修睦，而固人之肌膚之會，筋骸之束也；所以養生送死，事鬼神之大端也；所以達天道，順人情之大竇也。故唯聖人爲知禮之不可以

已也。故壞國、喪家、亡人，必先去其禮。壞音怪。喪，息浪反。

禮義内可治心，外可修身，可養生送死於其明，可事鬼神於其幽。聖人所能保其國家與人民，知禮之不可已爾。衆人反此，而禍患隨至。陳氏、方氏。

故禮之於人也，猶酒之有糵也，君子以厚，小人以薄。糵，魚列反。

善爲酒者，戒其爲醨，務其爲醇。善爲人者，戒其爲小人，務其爲君子。長樂陳氏。

故聖王修義之柄，禮之序，以治人情。故人情者，聖王之田也。修禮以耕之，陳義以種之，講學以耨之，本仁以聚之，播樂以安之。

此以農喻聖人之治人情也。人情感物而動，必有梗吾和平之化者，故修禮以治之，謂之耕。禮由義起，其初未有淺深厚薄之宜，故陳義以治之，謂之種。學足以辨其是非，謂之耨。仁足以滋其盛大，謂之聚。樂足以樂其成功，謂之安。蔣氏。

故禮也者，義之實也。協諸義而協，則禮雖先王未之有，可以義起也。義者，藝之分、仁之節也。協於藝，講於仁，得之者强。仁者，義之本也，順之體也，得之者尊。

謂禮者，義之實。又曰義者，藝之分、仁之節，是禮之資於義者多也。謂藝之分、仁之節矣，又曰義之本、順之體，是禮之資於仁者重也。禮出於義，則在我有自然之强，禮出於仁，則在我有自然之尊。蔣氏。

故治國不以禮，猶無耜而耕也；爲禮不本於義，猶耕而弗種也；爲義而不講之以

學，猶種而弗耨也；講之以學而不合之以仁，猶耨而弗穫也；合之以仁而不安之以樂，猶穫而弗食也；安之以樂而不達於順，猶食而弗肥也。

此承前章，以人情爲田之喻，而每節反明之，以見缺一不可。補。

四體既正，膚革充盈，人之肥也。父子篤，兄弟睦，夫婦和，家之肥也。大臣法，小臣廉，官職相序，君臣相正，國之肥也。天子以德爲車，以樂爲御，諸侯以禮相與，大夫以法相序，士以信相考，百姓以睦相守，天下之肥也。是謂大順。大順者，所以養生、送死、事鬼神之常也。

此承上章食而弗肥之喻，因以身之肥充廣至天下之肥【四】，是爲大順，以發明上章所謂達於順之順。補。

故事大積焉而不苑，並行而不繆，細行而不失，深而通，茂而有間，連而不相及也，動而不相害也。此順之至也。故明於順，然後能守危也。苑，於粉反。

苑，積而至鬱滯之意也。事大積累，亦一一處置有條理，於小事亦不失。凡皆言其順之實，而治之形也。守危謂能居安如危，守而不失。如《易》所謂危者，安其位。用鄭氏、葉氏補。

故禮之不同也，不豐也，不殺也，所以持情而合危也。故聖王所以順，山者不使居川，不使渚者居中原，而弗敝也。用水、火、金、木，飲食必時，合男女、頒爵位必當年德，用民

【四】因以身之廣至天下之肥　「廣」原作「黄」，從明本、文津閣本改。

必順。故無水旱昆蟲之災，民無凶饑夭孽之疾。殺，所戒反。當，丁浪反。

禮隨貴賤不同而各得其豐殺之中，干以持情而使之正，合危而使之安，居山、居川、居渚、居原各順而安之，使各保其業，不至困敝。合男女必當其年，頒爵位必當其德，致順如此，故國無災，民無疾。用孔氏、陳氏補。

故天不愛其道，地不愛其寶，人不愛其情。故天降甘露，地出醴泉，山出器車，河出馬圖，鳳凰麒麟皆在郊棷，龜龍在宮沼，其餘鳥獸之卵胎，皆可俯而闚也。則是無故，先王能修禮以達義，體信以達順，故此順之實也。棷音藪。

器車，鄭氏以器爲銀甕、丹甑。孔氏謂不揉治而自圓曲爲器。車，按器車與馬圖對言，言古嘗出此物如河圖之類歟？郊棷，在郊之棷。宮沼，在宮之沼。卵胎可俯見，謂不驚避。無故，謂非有他事使然。天不愛道，以其道與我；地不愛寶，以其寶與我；人不愛情，以其情與我。此豈有私與哉？亦以積累之厚，如上所云也。甘露醴泉而下，皆言其證應。陸氏。

禮器第十

禮器是故大備。大備，盛德也。禮釋回，增美質，措則正，施則行。其在人也，如竹箭之有筠也，如松栢之有心也。二者居天下之大端矣。故貫四時而不改柯易葉。故君子有

禮，則外諧而内無怨。故物無不懷仁，鬼神饗德。

禮器，謂禮之用成也。是故者，承前篇《禮運》而言。自前篇《禮運》所陳至是，禮之大體全備，若成器然，故曰禮器大備。其動容周旋中禮，非盛德者不能爲，故又釋之曰大備，盛德也。回，邪。筠謂竹之青皮。私欲頗僻，所謂回也。禮能使之陰自消弭，如冰之於水。春風之被物，所謂釋回也。天賦善端，所謂美質也。禮之所加，猶玉而山龍其文，猶素而藻繢其章，所謂增美質也。故措諸事則正，施諸用則行，如竹箭之有筠，其外澤；如松栢之有心，其内堅。故以之接人，則外諧和，以之處己，則内無怨懟。物懷其仁，而鬼神饗其德。用葉氏、馬氏補。

先王之立禮也，有本有文。忠信，禮之本也；義理，禮之文也。無本不立，無文不行。

盡己之謂忠，以實之謂信，處之有經之謂理，施之有權之謂義。根於忠信爲禮之本，各辨於義理爲禮之文。用黃氏、陳氏補。

禮也者，合於天時，設於地財，順於鬼神，合於人心，理萬物者也。是故天時有生也，地理有宜也，人官有能也，物曲有利也。故天不生，地不養，君子不以爲禮，鬼神弗饗也。居山以魚鼈爲禮，居澤以鹿豕爲禮，君子謂之不知禮。

天之四時各有所生，地之分理各有所宜。人居其官，各有所能。萬物委曲，各有所利。天不生，謂非其時物也；地不養，謂非此地所生也。不順其鄉之所有，謂之不知禮也。鄭氏、孔氏。

故必舉其定國之數，以爲禮之大經。禮之大倫，以地廣狹，禮之薄厚，與年之上下。是故年雖大殺，衆不匡懼，則上之制禮也節矣。殺，色戒反。

定國猶立國也。經，經常也。倫，倫理也。殺，穀不熟也。匡，猶恐也。舉國内生物多少之數，以爲禮之經費。其制禮之倫理，又隨地廣狹，逐年豐歉，常量入以爲出。故年雖大荒，衆無恐懼。則上之制禮，於是爲有節。補。

禮，時爲大，順次之，體次之，宜次之，稱次之。堯授舜，舜授禹，湯放桀，武王伐紂，時也。《詩》云「匪革其猶，聿追來孝。」天地之祭，宗廟之事，父子之道，君臣之義，倫也。社稷山川之事，鬼神之祭，體也。喪祭之用，賓客之交，義也。羔豚而祭，百官皆足；大牢而祭，不必有餘。此之謂稱也。稱，尺證反。革，紀力反。

革，急也。猶，道也。倫即順，義即宜。羔豚而祭，謂小祭祀；大牢而祭，謂大祭祀。時者，天地之大運。順者，人道之大倫。形各有辨謂之體，事各有常謂之宜，物各隨其分量謂之稱，五者雖不同，同歸乎理。此章蓋先舉其凡而隨條釋之。用江氏、方氏補。

諸侯以龜爲寶，以圭爲瑞。家不寶龜，不藏圭，不臺門，言有稱也。

龜，卜龜，古者貨貝寶龜，諸侯保土，占詳吉凶，故得以龜爲寶。圭，謂五等玉。諸侯之於天子，猶天子之於天。天子得天之物謂之瑞，故諸侯受封於天子，天子與之玉，亦謂之瑞。家謂大夫，大夫不得寶龜，故臧文仲居蔡爲僭。卿大夫不執玉，故不藏圭。兩邊築土爲基，基上起屋曰臺門。門之有臺，所以壯國體，故家不臺門。凡其得與不得，各有所稱也。鄭氏、孔氏、方氏。

禮有以多爲貴者，天子七廟，諸侯五，大夫三，士一。天子之豆二十有六，諸公十有六，諸侯十有二，上大夫八，下大夫六。諸侯七介七牢，大夫五介五牢。天子之席五重，諸侯之席三重，大夫再重。天子崩，七月而葬，五重八翣；諸侯五月而葬，三重六翣；大夫三月而葬，再重四翣。此以多爲貴也。

介，副也，謂介儐之介。五重、三重，古註謂葬時抗木、抗席、加茵，葬宜堅固，故多重。陸氏謂重棺。凡此尊者多而卑者少，故曰以多爲貴。方氏。

有以少爲貴者：天子無介，祭天特牲。天子適諸侯，諸侯膳以犢。諸侯相朝，灌用鬱鬯，無籩豆之薦。大夫聘禮以脯醢。天子一食，諸侯再，大夫、士三，食力無數。大路繁纓一就，次路繁纓七就。圭璋特，琥璜爵。鬼神之祭單席。諸侯視朝，大夫特，士旅之。此以少爲貴也。

介者，爲賓則用介。天子無客禮，故無有灌獻也。一食、再食、三食謂告飽也。食力，謂庶人自食其力者也。大路，祭天之木路也。繁，馬腹帶也。纓，鞅也。就者，五色絲一匝也。鄭氏以繁爲鞶帶之鞶。山陰陸氏讀繁如字，謂繁纓，言其文之繁也。《巾車》曰玉路，樊纓十有再就。謂之繁纓，冕之玉名繁露，與此同義。《士喪禮》曰馬纓三就，所謂就者，其纓而已。愚按鄭氏之説，其行已久，人多從之，難改耳。圭璋特者，珪璋，玉之寶而獨用之，不用他物爲媲也。琥璜爵者，琥璜之玉，劣於圭璋。禮行酬爵，則以琥璜之玉將幣，不獨用也。天子無介，祭天用特，天子之膳，諸侯非不能備多品也，而用止一犢。諸侯相朝，主國非不能備豆籩也，而灌止用鬯。繁纓美於多就，而大路一就，琥璜用於爵幣而圭璋則特，凡皆以少爲貴。許氏。

有以大爲貴者，宫室之量，器皿之度，棺椁之厚，丘封之大。此以大爲貴也。有以小爲貴者，宗廟之祭，貴者獻以爵，賤者獻以散。尊者舉觶，卑者舉角。五獻之尊門外缶，門内壺。君尊瓦甒。此以小爲貴也。散，悉旦反。觶，支豉反。甒音武。皿，器之蓋也。觴容一升曰爵，二升曰觚，三升曰觶，四升曰角，五升曰散。五獻子男之饗禮，尊，酒尊。缶，以算法推之，掬四爲豆，積而至缶，二爲鍾，缶蓋四石之名。壺大一石，瓦甒五斗。獻謂獻之於尸，舉謂舉以自飲。宫室以至丘封，貴者皆大，此以大爲貴。獻爵，貴者以其小，獻尊，小者居其内。此以小爲貴。補。

有以高爲貴者：天子之堂九尺，諸侯七尺，大夫五尺，士三尺。天子諸侯臺門，此以高爲貴也。有以下爲貴者：至敬不壇，掃地而祭。天子諸侯之尊廢禁，大夫、士棜禁。此

以下爲貴也。棜，於據反。

禁，承酒尊使不動者也。棜禁，承酒尊之無足者也。廢禁，去其禁使就地也。棜禁，無足，雖用禁而近地者也。此謂以下爲貴。補。

禮有以文爲貴者：天子龍衮，諸侯黼，大夫黻，士玄衣纁裳。天子之冕，朱緑藻，十有二旒，諸侯九，上大夫七，下大夫五，士三。此以文爲貴也。有以素爲貴者：至敬無文，父黨無容。大圭不琢，大羹不和，大路素而越席，犧尊疏布鼏，樿杓。此以素爲貴也。琢古作瑑，文轉反。越音活。犧，鄭素何反，王如字。樿，章善反。

越席，蒲席。犧尊，畫犧牛於尊。疏布鼏，以麄布覆酒尊。樿，白理木。樿杓，以白木爲酒杓而不加飾。集。

孔子曰：「禮不可不省也。禮不同、不豐、不殺。」此之謂也。蓋言稱也。禮之以多爲貴者，以其外心者也。德發揚，詡萬物，大理物博。如此則得不以多爲貴乎？故君子樂其發也。禮之以少爲貴者，以其内心者也。德産之致也精微，觀天下之物無可以稱其德者，如此則得不以少爲貴乎？是故君子慎其獨也。

省，察也。詡，猶普也，徧也。德産精微，謂天德之生物其致精微而無遺也。德之發揚，普徧萬物，大得其理，於物甚博。此禮有以多爲貴。樂其發謂樂其發見於外也。天德産物精微無遺，萬物皆其所生，無物可以報稱其德，故禮有以少爲貴。慎其獨，慎其所以感之者也。此通結前章之意。言貴多則曰大、曰高、曰文在其中。言貴少則曰小、曰下、曰素在其中。鄭氏、孔氏、馬氏。

古之聖人，内之爲尊，外之爲樂，少之爲貴，多之爲美。是故先王之制禮也，不可多也，不可寡也，唯其稱也。

内外，以心言；多少，以物言。内心之所尊，則以少爲貴而不可多。外心之所樂，則以多爲美，而不可寡。此承前章，覆説制禮惟其稱也。用孔氏、方氏説。

是故君子大牢而祭謂之禮，匹士大牢而祭謂之攘。管仲鏤簋朱紘，山節藻棁，君子以爲濫矣。晏平仲祀其先人，豚肩不掩豆，澣衣濯冠以朝，君子以爲隘矣。

攘，非其有而取之也。簋，承黍稷器。鏤，刻而飾之。朱紘，冕之飾，用組爲之，從下屈而上屬之兩旁。垂餘爲纓。朱紘，則天子冕之紘也。節，柱頭斗栱；山節，刻爲山形。棁，梁上侏儒柱。藻棁，畫爲藻文。濫謂溢而無所制。隘謂陋而無所容。中則得禮，僭則盜竊，管仲過奢，晏子過儉。用鄭氏補。

是故君子之行禮也，不可不慎也。衆之紀也，紀散而衆亂。孔子曰：「我戰則克，祭則受福」，蓋得其道矣。

紀者，衆目之總。禮亦百行之總。戰克、祭受福，本《郊特牲》記春蒐之禮，蒐田習戰，而以其禽祭，故載此爲孔子之言。此因言祭而并引之。馬氏、葉氏、孔氏。

君子曰：「祭祀不祈，不麾蚤，不樂葆大，不善嘉事，牲不及肥大，薦不美多品。」

麾，快也。蚤，先時也。葆之言褒，葆大指器物言也。嘉事，冠昏也。祭以思親，不祈福報，祭感霜露之變，不先時蚤設爲快，必求其稱，故不樂器幣之葆大。不忍其代親，故不善冠昏之嘉事。禮有以大爲貴，而牲不及肥大。禮有以多爲貴，而薦不美多品，修其在中之誠而已。孔氏、陳氏、馬氏。

孔子曰：「臧文仲安知禮！夏父弗綦逆祀，而弗止也，燔柴於奧。夫奧者，老婦之祭也。盛於盆，尊於瓶。」綦音忌。奥古音愛，方氏、應氏、胡氏並如字。盛音成。

臧文仲，魯大夫臧孫辰也。夏父弗綦，魯文公時典祀者也。逆祀，謂魯閔公幼而適先立，魯僖公長而庶後立。僖公嘗臣事閔公矣。僖公之子文公乃躋祀僖公於閔公之上，是爲逆祀。而臧文仲爲大夫，不能諫止也。奧者，西南隅，致養之地。竈能化飲食以養人，故祀竈於奧，而以老婦人之爲先炊者配之，不過盛飯於盆，尊酒以瓶，禮無燔柴也。而臧文仲燔柴，皆爲不知禮也。補。

禮也者，猶體也。體不備，君子謂之不成人。設之不當，猶不備也。禮有大有小，有顯有微。大者不可損，小者不可益，顯者不可揜，微者不可大也。故經禮三百，曲禮三千，其致一也。未有入室而不由户者。

人備衆體，各當其用，斯爲成人。禮有大小顯微之不同，苟設之而不當，是亦不得爲備禮。故經禮三百，曲禮三千之多。其致一者，謂用各當於理也，是即入室之有户也。補。

君子之於禮也，有所竭情盡慎致其敬而誠若，有美而文而誠若。

誠若，即誠意而發爲禮。文，表裏相稱、内外相似也。竭情盡慎致敬而誠若者，主内心而言。謂禮有以少小下素爲貴者也。文而美而誠若者，主外心而言，謂禮有以多大高文爲貴者也。貫通乎内外，皆誠也。用鄭説補。

君子之於禮也，有直而行也，有曲而殺也，有經而等也，有順而討也，有摲而播也，有推而進也，有放而文也，有放而不致也，有順而摭也。摲，所監反。放，方往反。摭，之石反。

討，求也。摲，芟也。放，效法也。摭，拾取也。直而行，謂行吾誠，而無所屈，若凶事不詔，至敬無文。曲而殺，謂有所壓而不得伸。若父在爲母期，君燕不以卿爲賓。經而等，謂理之大者不可易，若三年之喪，自天子達。順而討，謂序之細者不可紊，若天子而下轉相降差。摲而播，謂芟於此以播於彼，若旅酬之逮賤，餕餘之逮下。推而進，謂推於此以進於彼，若兄弟之子而謂之猶子。王者之後而得用天子之禮。放而文，若天子之服，象日月以至黼黻。放而不致，若諸侯自山龍以下。順而摭，若君沐粱，大夫沐稷，士亦沐粱。士卑不嫌，拾君之禮而用之也。集陳氏、孔氏、方氏。

三代之禮一也，民共由之，或素或青，夏造殷因。

或素或青，言質文之相變。夏造殷因，言前後之相承。用方氏補。

周坐尸，詔侑武方，其禮亦然，其道一也。夏立尸而卒祭，殷坐尸，周旅酬六尸。曾子曰：「周禮其猶醵與！」武音無。醵，其約反。與音餘。

武讀爲無。無方、與就養無方之義同也。合錢飲酒曰「醵」。旅酬六尸，謂太祖尊，不與子孫酬酢，三昭三穆，更相次序以酬，凡六尸也。夏禮質，謂尸是人，人不可久坐神位，故惟飲食時暫坐，非飲食則尸倚立，以至卒祭。殷因夏禮，損其不坐之禮，益爲常坐之法。周又因殷而益之，詔告勸侑其尸如生時，就養無方，又旅酬徧於六尸，如合錢飲酒，皆令周徧。故曾子謂其猶醵歟。孔氏。

君子曰：禮之近人情者【五】，非其至者也。郊血，大饗腥，三獻爓，一獻孰。爓，似廉反。

郊，祭天也。大饗，祫祭先王也。三獻，祭社稷、五祀也。一獻，祭群小祀也。用血，非人情，用腥，去人情稍近。爓謂沈肉於湯，爲近人情。用熟肉，於人情最近。獻以血，非近人情者也。而反以事天，獻以熟乃近人情者也，而反以事群小祀。故曰禮之近人情者，非禮之至也。周氏。

是故君子之於禮也，非作而致其情也，此有由始也。是故七介以相見也，不然則已慤：三辭三讓而至，不然則已蹙。故魯人將有事於上帝，必先有事於頖宮；晉人將有事於河，必先有事於惡池；齊人將有事於泰山，必先有事於配林。三月繫，七日戒，三日宿，慎之至也。故禮有擯詔，樂有相步，温之至也。惡，好胡反。池，大河反。

【五】禮之近人情者　「者」字原脱，據《禮記·禮器》補。

介，副也，賓相見必有介以通情。慤謂太質，蹷，謂太遽。惡讀爲呼。呼池，并州川。延平周氏以爲惡沱，蓋呼沱也。配林，林名。繫，謂繫牲。戒，謂散齊。宿，謂致齊。擯詔，謂擯相而告詔之也。相步，謂相瞽目者之行步也。温，和也。禮非直情而徑行，必有爲之先，如有事上帝而頖宮，河之先惡池，泰山之先配林，皆其所由始，因而肄習之也。用方氏、陸氏補。

禮也者，反本修古，不忘其初者也。故凶事不詔，朝事以樂；醴酒之用，玄酒之尚；割刀之用，鸞刀之貴；莞簟之安，而稾鞂之設。是故先王之制禮也，必有主也，故可述而多學也。莞音官，又音丸。鞂，江不反。

主謂本與古也。可述而多學，謂於其本與古而求之也。凶事出於哀戚之真情而不用擯詔，朝事出於君臣之燕饗而必用音樂，醴酒所用也，而反玄酒之尚；割刀所用也，而反鸞刀之尚；莞簟所安也，而反稾鞂之尚。凡皆反本修古之事，而禮之所主也，故可述而學焉。補。

君子曰：無節於内者，觀物弗之察矣。欲察物而不由禮，弗之得矣。故作事不以禮，弗之敬矣；出言不以禮，弗之信矣。故曰禮也者，物之致也。

致，至也。禮者萬物之極致。馬氏。

是故昔先王之制禮也，因其財物而致其義焉爾。故作大事必順天時，爲朝夕必放於

日月，爲高必因丘陵，爲下必因川澤，是故天時雨澤，君子達亹亹焉。

舍物而論義則流於虚若逼，逼於形名度數而不明。聖人爲禮之義，又祝史之事而已。故曰因其財物而致其義。天時雨澤，蓋陽和融液，仁德流行，出於天運之自然而不容止，君子於此而達其亹，又不息之忱，蓋與天合德。用周氏、應氏補。

是故昔先王尚有德，尊有道，任有能，舉賢而置之，聚衆而誓之。

此謂將祭而擇士，又聚集其衆而誓戒之。本鄭氏説。

是故因天事天，因地事地，因名山升中於天，因吉土以饗帝於郊。升中於天而鳳凰降，龜龍假。饗帝於郊而風雨節，寒暑時。是故聖人南面而立而天下大治。

因天事天，謂於丘而祭；因地事地，謂於澤而祭。因名山升中于天，謂於高處升中心之誠於天。因吉土而饗帝，謂如周公卜洛得吉，而於其地饗然。各要之祥瑞應驗，則漢人之言也。補。

天道至教，聖人至德。廟堂之上，罍尊在阼，犧尊在西；廟堂之下，縣鼓在西，應鼓在東。君在阼，夫人在房，大明生於東，月生於西，此陰陽之定分，夫婦之位也。君西酌犧象，夫人東酌罍尊，禮交動乎上，樂交應乎下，和之至也。

罍尊，畫雲雷於尊，如屋梁所畫曲水雲雷間也【六】。犧尊，畫犧牛於尊。楊慈湖嘗官楚東，見其俗呼牛之大者爲沙。孔疏不知牛之爲沙，改沙爲娑，謂爲羽飾。陸氏又并改犧

【六】「明聖人爲禮之義」至「如屋梁所畫曲水雲雷間也」此段文字原脱，據文淵閣本補。

爲娑。縣鼓，大鼓。應鼓，小鼓。犧象之象，尊爲象形也。犧牛重遲，象重厚，故爲其形以取義焉。廟堂，宗廟之堂，人君所居，亦稱廟堂。傳所謂君人不下廟堂，而知四海之外是也。天垂象以示人，故爲教之至。聖人體天之所示以成德，故爲德之至。君立於阼以象日，夫人在西房以象月。此即天道至教而聖人體爲至德之一也。禮動乎上，樂應乎下，陰陽交通，天人和同。故曰和之至。用馬氏、孔氏補。

禮也者，反其所自生；樂也者，樂其所自成。是故先王之制禮也以節事，修樂以道志。故觀其禮樂而治亂可知也。蘧伯玉曰：「君子之人達。」故觀其器而知其工之巧，觀其發而知其人之知。故曰：君子慎其所以與人者。

禮以報本，故反其所自生；樂以彰德，故樂其所自成。禮惟其反本，故制之以節萬事；樂惟其彰德，故修之以道己志。觀禮樂之得，則知其治；觀禮樂之失，則知其亂。發者見之於其事，觀其器而知其巧，所以喻。觀其發而知其智。我之所發，即其所以與人而人得觀之者。故君子慎其所以與人。用馬氏、孔氏補。

大廟之内敬矣。君親牽牲，大夫贊幣而從。君親制祭，夫人薦盎。君親割牲，夫人薦酒，卿大夫從君，命婦從夫人。洞洞乎其敬也，屬屬乎其忠也，勿勿乎其欲其饗之也！納牲詔於庭，血毛詔於室，羹定詔於堂，三詔皆不同位，蓋道求而未之得也。設祭于堂，爲祊乎外，故曰於彼乎？於此乎？定，丁磬反。祊，百彭反。

血以告幽，毛以告全。羹肉湆定，熟肉或曰羹，和而後定。道，猶言也。祊，門外。牽牲謂納牲於庭時，告神當用幣，而大夫以幣從也。制祭，謂朝事用血膋時，祭神當用盎齊，而夫人薦盎以獻也。割牲，謂進牲熟體時，薦熟當用酒，而夫人以酒薦也。卿大夫從君，謂從其制祭割牲。命婦從夫人，謂從其薦盎、薦酒。洞洞，質慤貌。屬屬，專一貌。勿勿，勉焉以望其神之歆饗貌。納牲詔于庭，即申言牽牲贊幣之禮。血毛詔於室，即申言制祭薦盎之事。羹定詔於堂，即申言割牲薦酒之事。設祭于堂，正祭於廟之内也；爲祊乎外，索祭於廟之外也。於彼乎？於此乎？不知神之所在也。用孔氏、方氏、馬氏補。

一獻質，三獻文，五獻察，七獻神。

一獻，祭群小祀，三獻，祭社稷，五祀，五獻，祭四望山川，七獻，祭先公。質言簡，文言詳。山川地道故言察。察，致其審也。先公人道故言神，神，惡其褻也。鄭氏、方氏。

大饗，其王事與！三牲魚腊，四海九州之美味也。籩豆之薦，四時之和氣也。内金示和也。束帛加璧，尊德也。龜爲前列，先知也。金次之，見情也。丹漆、絲纊、竹箭，與衆共財也。其餘無常貨，各以其國之所有，則致遠物也。其出也，《肆夏》而送之，蓋重禮也。内音納。見，賢遍反。肆，古注作陔。

大饗謂盛其饌與貢祫祭先王。承上文「七獻」而言，則大饗者九獻也。九獻，山陰陸氏嘗考其詳。三牲牛、羊、豕。魚腊，薨魚，籩豆之實，水草之品。内金，納之庭實，先設金也。金，炤物，故云見情。其餘謂九州外蕃國。天子大饗，諸侯各以其方物助祭。三牲、魚腊，天産也。天産作陰德，故以味爲主，而曰四海九州之美味。籩豆之薦，地産也，故以氣爲主，而曰四時之和氣。備四海九州之美味者，示其得四海九州之歡心；薦四時之和氣者，示其能贊於天地。金從革，從革則和，故内之以示其和；璧象夫德，故加之束帛之上，所以尊其德；龜能知來物，故列之前，以先其知；金能炤物，露見其情，故次於龜以見其情。納金示和，是其入在先，以金次龜，是其設在後。同此一金而兩義也。龜金之後布陳丹漆、絲纊、竹箭，與天下衆人共有此財，故諸侯來朝而貢之，陳列在下。其餘外國無常貢，各以其所有貴寶爲贄，示其致遠物也。其畢而出也，王奏《肆夏》之樂而送之。諸侯之饗王以財，而王之送諸侯以樂，非爲財也，蓋重禮也。方氏、周氏、孔氏、陳氏。

祀帝於郊，敬之至也。宗廟之祭，仁之至也。喪禮，忠之至也。備服器，仁之至也。賓客之用幣，義之至也。故君子欲觀仁義之道，禮其本也。

郊、廟、喪、賓，仁、義、忠。敬所發，而禮爲之本。補。

君子曰：甘受和，白受采。忠信之人，可以學禮，苟無忠信之人，則禮不虚道。是以得其人之爲貴也。和，户卧反。

質不先立於内，則禮不可行於外。道之爲言，行也。方氏。

孔子曰：「誦《詩》三百，不足以一獻。一獻之禮，不足以大饗。大饗之禮，不足以大

旅。**大旅具矣，不足以饗帝。毋輕議禮。」**

一獻，祭群小祀也。大饗，祭先王之九獻也。大旅，非常祭，國有大故，旅群神而祭之也。饗帝，祀昊天上帝也。此假《詩》而遞尊之，以明禮之重。用孔氏、方氏補。

子路爲季氏宰。季氏祭，逮闇而祭，日不足，繼之以燭。雖有强力之容，肅敬之心，皆倦怠矣。有司跛倚以臨祭，其爲不敬大矣。他日祭，子路與，室事交乎户，堂事交乎階，質明而始行事，晏朝而退。孔子聞之曰：「誰謂由也而不知禮乎！」跛，彼義反。與音預。

宰，治邑吏。偏倚爲跛，依物爲倚。室事，正祭。堂事，侑尸。室事交于户，堂事交于階，亦通達連續之義。質，正也，質明者，正明。朝，食前也，晏朝者，於朝爲晚。禮寧略而敬，不可煩而怠。孔氏。

卷十九

讀禮記六

郊特牲第十一

郊特牲而社稷大牢，天子適諸侯，諸侯膳用犢，諸侯適天子，天子賜之禮大牢，貴誠之義也。故天子牲孕弗食也，祭帝弗用也。

祭天一牲，祭社稷反三牲。諸侯膳天子一牲，天子禮諸侯亦反三牲。是所貴不在物而在誠也。夫誠者，純一而未散者也。牲孕則散矣，故天子弗食而祭帝弗用也。用周氏補。

大路繁纓一就，先路三就，次路五就。郊血，大饗腥，三獻爓，一獻孰，至敬不饗味，而貴氣臭也。諸侯爲賓，灌用鬱鬯，灌用臭也。大饗，尚腶脩而已矣。繁，步干反。爓，夕廉反。腶，丁唤反。

大路，祭天之木路。繁，馬腰帶。纓，其鞅也。就者，五色絲一匝也。先路者，殷三路猶質，以對次路，故稱先路。三就者，每加以兩也，次路則五就矣。《禮器》言次路七就，此云五就，長樂陳氏謂次路有五就、七就者，次路蓋兼革木二路，五就、七就，庸豈一車耶？灌，猶獻也。腶修者，加薑桂曰腶修，謂捶肉如腶，以薑桂修之。此承上文明以少爲貴。鄭氏。

大饗，君三重席而酢焉。三獻之介，君專席而酢焉。此降尊以就卑也。

諸侯之席三重，諸侯相饗獻酢禮敵。至於他國之卿來聘，大夫爲之介，而卿禮行三獻，則主君去重席之尊，就單席而受，是爲降尊就卑。

饗禘有樂而食嘗無樂，陰陽之義也。凡飲，養陽氣也；凡食，養陰氣也。故春禘而秋嘗，春饗孤子，秋食耆老，其義一也，而食嘗無樂。飲，養陽氣也，故有樂。食，養陰氣也，故無聲。凡聲，陽也。

此明飲屬陽，作樂；食屬陰，不作樂。然考於《商頌》、《周官》，則食嘗未有不用樂，說者遂以爲夏之制。然此禮文之末，漢人記舊聞耳，不必泥也。補。

鼎俎奇而籩豆偶，陰陽之義也。籩豆之實，水土之品也。不敢用褻味而貴多品，所以交於旦明之義也。旦音神，陸氏如字。

籩實若菱芡，豆實若芹蒲，皆水品。籩實若棗栗，豆實若菁韭，皆土品。水土之品非人所常食，故曰「不敢用褻味」。或土或水，所取一故曰「貴多品」。旦明古注以爲神明。山陰陸氏曰：旦明指祼獻之時，至朝而踐，則象朝時事親所進。則旦當如字，不必改爲神也。鼎俎之實以天産爲主，而天産陽屬，故其數奇。籩豆之實以地産爲主，而地産陰屬，故其數偶。不敢用褻味，所以内盡志，而貴多品，所以外盡物。陳氏。

賓入大門而奏《肆夏》，示易以敬也。卒爵而樂闋。孔子屢歎之。奠酬而工升歌，發德也。歌者在上，匏竹在下，貴人聲也。樂由陽來者也，禮由陰作者也，陰陽和而萬物得。

賓，指朝聘而來者。易言和悦。卒爵酬酢，禮畢也。闋，終也。屢，數也。歎，美也。奠酬，謂主獻賓，賓酢主，主又酬賓，爵已三行。賓奠置其爵而不再舉也。饗始於入門而奏《肆夏》，終於卒爵而樂闋。孔子屢屢歎美之。蓋奠酬則禮成，賓主之德可知。工升堂上而歌《清廟》，所以發其德也。在上者以歌爲主，在下者以匏竹爲主，而歌在上則以人聲爲貴也。樂由陽來，禮由陰作，獨陰不生，獨陽不成，生成相濟，其氣乃和。和則萬物不失其性矣。陸氏、方氏。

旅幣無方，所以別士地之宜，而節遠邇之期也。龜爲前列，先知也。以鍾次之，以和居參之也。虎豹之皮，示服猛也。束帛加璧，往德也。

旅，衆也。馬氏曰陳也，衆之所陳也。幣，庭實也。鍾即金，貢金鑄器爲鍾也。龜也、鍾也、虎豹之皮也、束帛也，皆幣也【一】。衆陳之而無方，以土地各有宜，不求於不産，遠邇各有節，不責之非時。龜能前知，陳之最前。金爲鍾，性和，厠居龜帛之閒，故云以和居參之。幣以虎豹之皮者，示王者之威足以服猛。幣以璧者，君子以玉比德，加璧於束帛之

【一】束帛也皆幣也　「束」原作「東」，據明本、文津閣本改。

上者，示主有德，爲人所歸往也。孔氏、馬氏。

庭燎之百，由齊桓公始也。大夫之奏《肆夏》也，由趙文子始也。

天子庭燎百，齊桓公以諸侯始僭之。諸侯納賓，奏《肆夏》，趙文子以晉大夫始僭之。用孔氏補。

朝覲，大夫之私覿，非禮也。大夫執圭而使，所以申信也。不敢私覿，所以致敬也。而庭實私覿，何爲乎諸侯之庭？爲人臣者無外交，不敢貳君也。

諸侯相朝覲，大夫從行，不當行私覿。惟大夫受命出使於諸侯，則行私覿，所以申信也。從諸侯行而不敢私覿者，所以致敬也。補。

大夫而饗君，非禮也。大夫强而君殺之，義也。由三桓始也。天子無客禮，莫敢爲主焉。君適其臣，升自阼階，不敢有其室也。覲禮，天子不下堂而見諸侯。下堂而見諸侯，天子之失禮也。由夷王以下。

大夫强而君殺之，如齊殺無知，衛殺州吁，宋殺長萬，陳殺三良。大夫强，君由是弱，有殺之者，更以爲義。其强則三家有以啓之，故曰自三桓始也。黄氏曰：魯豈能殺强臣哉？殺者，降殺之義也。謂大夫無饗君之禮，三桓勢强而君政微，故降殺之，而爲大夫所饗。此章本記大夫饗君失禮之由，非言殺臣之事。黄説爲勝。集陳氏、黄氏。

諸侯之宮縣，而祭以白牡，擊玉磬，朱干設鍚，冕而舞《大武》，乘大路，諸侯之僭禮

也。臺門而旅樹，反坫，繡黼丹朱中衣，大夫之僭禮也。故天子微，諸侯僭；大夫强，諸侯脅。於此相貴以等，相覿以貨，相賂以利，而天下之禮亂矣。諸侯不敢祖天子，大夫不敢祖諸侯，而公廟之設於私家，非禮也，由三桓始也。

宫縣者，鍾磬之屬，縣於簨簴謂之縣。天子之制四面皆縣，如宫室之有牆，故謂之宫縣。諸侯則去其一面，猶軒車之有藩，謂之軒縣。白牡，殷牲，殷尚白也。大路，殷路，殷乘木路也。凡皆天子乃得兼用之。天子擊玉磬，諸侯石磬。朱干設錫者，朱色爲盾，用金琢傅於盾背。《大武》，諸侯雖亦得舞武，惟天子則冕而舞。臺門者，築土爲臺，其上立門。旅，道也。樹，立也。樹立於旅道而立屏。反坫，據《周書》注，向外室也。鄭氏云：反爵之坫。五色備曰繡，白與黑曰黼。丹朱中衣者，以丹朱爲中衣之緣飾。正服在外，其中爲中衣。諸侯僭天子，大夫僭諸侯，相貴以等夷，相覿、相賂以貨利，而天下之禮亂。補。

天子存二代之後，猶尊賢也，尊賢不過二代。

尊往者之賢而封其後，太遠則不相及。補。

諸侯不臣寓公，故古者寓公不繼世。

寓公，失地之君，寄寓於他國者也。以其嘗南面，故不臣之，以其失地則不能自紹其先，故不使繼世。用方氏補。

君之南鄉，答陽之義也。臣之北面，答君也。大夫之臣不稽首，非尊家臣以辟君也。君南鄉對天，臣北面對君，大夫不使其家臣稽首，嫌於以君自處，所以辟國君也。胡、孔氏補。

大夫有獻弗親，君有賜不面拜，爲君之答己也。諸侯雖有君道，然亦天子之臣，故於大夫有相答之禮。凡大夫有獻於君，及君有賜於大夫，皆託於小臣以出入，而不敢親面，慮煩君之答己也。用方氏補。

鄉人裼，孔子朝服而立于阼，存室神也。裼，鄭讀如傷，近音陽。裼，鄭氏謂强鬼名。陸氏、葉氏讀裼如陽。謂儺有二名，曰儺，猶禳也，以禦陰爲義；曰裼，猶禬也，以抗陽爲義。

孔子曰：「射之以樂也，何以聽？何以射？」孔子曰：「士使之射，不能，則辭以疾，縣弧之義也。」射以樂爲節，善其兩事相應，故曰「何以聽」、「何以射」，言其聽於彼而射於此，聽以耳而射以手，妙合爲難也。射者，男子之事。始生縣弧門左，示有射道而未能。今既長不能射，而辭以疾，故云縣弧之義。用孔氏補。

孔子曰：「三日齊，一日用之，猶恐不敬。二日伐鼓，何居？」音姬。齊者，不樂專一其心也。三日齊而二日伐鼓，祭者情散意逸，故譏而問之。《家語》載季桓子將祭齊三日，而二日鍾鼓音不絶，蓋其事。

孔子曰：「繹之於庫門内，祊之於東方，朝市之於西方，失之矣。」

祊當在廟門外之西室，繹又於其堂，神位在西也。此二者同時而大名曰繹。其祭禮簡而事尸禮大。朝市當在市東偏。《周禮》市有三期，大市日側而市，朝市朝時而市，夕市夕時而市。

社祭土而主陰氣也，君南鄉於北墉下，答陰之義也。日用甲，用日之始也。天子大社，必受霜露風雨以達天地之氣也。是故喪國之社屋之，不受天陽也。薄社北牖，使陰明也。喪，息浪反。

北墉，社内北牆也。喪國之社，存亡國之社爲戒也。主於此而言，則曰勝社；本其地而言，則曰薄社，薄即亳。古者東有亳社，西有國社。故以朝廷執政之地爲間于兩社。社祭土，主陰氣，故祭社時社在南，設主壇上而北面，君立北牆下而南鄉祭之，是答陰之義也。日用甲者，陽始於甲而物生，故社用甲。陰極於辛而物成，故郊用辛。風雨至則萬物生，霜露降則萬物成，故社不爲屋以受風雨霜露，使天地之氣通。薄社即殷喪國之社，故屋之不使通，惟開北牖，示絶陽而通陰。孔氏、方氏。

社，所以神地之道也。地載萬物，天垂象，取財於地，取法於天，是以尊天而親地也，故教民美報焉。家主中霤而國主社，示本也。唯爲社事，單出里。唯爲社田，國人畢作。唯社丘乘共粢盛，所以報本反始也。

社,國所祀。中霤,家所祀。皆土神。社事,祭社事。單,盡出里,謂離所居。社田爲社而田獵,取獸供社祭。畢,亦盡作起行。丘乘,十六井爲丘,出車一乘。丘言地,乘言賦。粢,稷也。在器曰盛。地有其物,天垂其象,所謂在天成象,在地成形,載物以利民用,故言取財於地。垂象以示民則,故言取法於天。尊天,故惟天子祭天。親地,故教民莫不祭地。家祭地於中霤,國祭地於社,皆示生養之本在地也。唯社祭傾里而出,唯社田舉國而行,唯社盡丘乘,皆共粢盛。唯社爲然而他事則不然。報本反始之禮重也。用鄭氏、方氏補。

季春出火,爲焚也,然後簡其車賦,而歷其卒伍,而君親誓社,以習軍旅,左之右之,坐之起之,以觀其習變也。而流示之禽,而鹽諸利,以觀其不犯命也。求服其志,不貪其得,故以戰則克,以祭則受福。鹽,去聲。

火星以春見,木氣終於辰而火生繼之也,故以季春出火。焚爲燒除宿草,簡,擇也。歷,有試之意。車賦即司馬法自六尺爲步,積而至通十爲成。出革車一乘。卒伍者,五人爲伍,五伍爲兩,四兩爲卒,軍法立於伍,成於卒。流示之禽者,驅其禽而示之,絡繹迅速如流。鹽讀爲艷。驅禽而示之,是歆艷之以利也。不犯命者,謂範我馳驅而不苟於得禽也,失伍得禽則爲犯命矣。社必先之以焚者,焚其宿草而後可田,以田而所得之禽,因以祭社。故君親自誓社教陣,訖而行田禮,驅禽於陣前,以流示之,使之艷歆。於其艷動之際，而觀其恪守誓命，不敢違犯誓命以詭遇獲禽，是求以服士卒之心，使進退如命，而非貪其所得之禽也。故以此衆戰則克勝，以此獸祭則受福。夫兵者，不祥之器，若無故而習，是習殺人也。故因田而教焉，鳥獸魚鱉皆函血氣，若無故而殺，是暴天物也。故因祭而田焉，明非好兵也，爲田獵也。非好田獵也，爲祭祀也。外彰事神之禮，而内寓不虞之備。聖人以順動如此。用孔氏、方氏、李氏補。

天子適四方，先柴。

所至告天。補。

郊之祭也，迎長日之至也，大報天而主日也。兆於南郊，就陽位也。埽地而祭，於其質也。器用陶匏，以象天地之性也。於郊，故謂之郊。牲用騂，尚赤也。用犢，貴誠也。

郊祭在建子之月，陽初生而日浸長，故曰迎長日之至。《月令》仲夏日長至者，至極也，言日長至此而極。此云迎長日之至者。至，來也，言日長自此而始。大報天而以日爲主者，於天神無所不報，以迎長日之至，故以日爲主。日，衆陽之宗也。兆，謂爲之區域如龜兆也。匏以氣生，陶以土成，故謂象天地之性。騂，色赤，赤者，盛陽之色。犢者，小牛，誠未散，故曰貴誠。用張氏、方氏補。

郊之用辛也，周之始郊，日以至。

用辛者，以冬至陽氣新用事，人君當齊戒自新。然冬至不常在辛，用辛，則似不用冬至之日，而用冬至之月。横渠謂自冬至日，以樂降神爲郊之始而未祀，既降神乃用辛日而祀，故曰迎長日之至。又曰：郊之用辛也，周之始郊，日以至。集。

卜郊，受命于祖廟，作龜于禰宫，尊祖親考之義也。卜之日，王立于澤，親聽誓命，受教諫之義也。獻命庫門之内，戒百官也；太廟之命，戒百姓也。

卜日者，崔氏謂卜日以至日爲主，不吉乃用他日。方氏謂卜上辛、中辛、下辛。作龜，即灼龜。澤者，澤宫，將祭以射，擇士之地。庫門在雉門外，入庫門則至廟門外，獻命庫門之内者，謂王自澤宫而還。有司獻王所以命百官之事。郊事既尊，不敢專輒，故先告祖，謂之受命尊祖也。既告而後卜龜於禰宫，以質其可否親考也。卜之日，王既先受誓戒于澤宫，退而復誓戒其臣。百官，蓋授之以官者疏也，故于庫門。百姓，蓋賜之以姓者親也，故于太廟。皆使一心，以恭承祭祀。鄭氏、孔氏、方氏。

祭之日，王皮弁以聽祭報，示民嚴上也。喪者不哭，不敢凶服，氾埽反道，鄉爲田燭，弗命而民聽上。氾亦作汎。埽，素報反。

聽祭報，聽有司報白行事之期，如逆粢省鑊，書典于王【二】，告備于王，皆祭報也。氾埽謂郊祭所經之地，皆汎埽也。反道謂剗今新土反在上也。田燭，田首爲燭以照道。皆謂郊道之民爲之也。王皮弁以待宗伯報白祭期，然後服祭服而行祭事，以天子之尊而嚴於事上帝如此，則民莫不從而傚之。故是日有喪者不敢哭，不敢凶服，皆氾埽反道，鄉爲

【二】書典于王　「書典」原作「告時」，據明本、文津閣本改。

田燭。弗命而民聽上，以上有以先之也。用鄭氏、馬氏補。

祭之日，王被袞以象天。戴冕璪十有二旒，則天數也。乘素車，貴其質也。旂十有二旒，龍章而設日月，以象天也。天垂象，聖人則之，郊所以明天道也。

袞，象天，畫日月星辰之章。璪者，聚采以貫玉而有華藻，故謂之璪。素車，木路也。龍章而設日月者，大旂也。凡祭天有兩旂兩車，其乘玉路建大常旂者，即道之車，祭之日，馭之以適郊者也。其乘素車建大旂者，即事之車，祭之時馭之以赴壇者也。方氏、陳氏。

帝牛不吉，以爲稷牛。帝牛必在滌三月，稷牛唯具，所以别事天神與人鬼也。

帝牛在滌，以滌，牢中所搜除處。養牲必養二牲，先卜以爲帝牛，不吉則以爲稷牛。帝牛在滌，以精潔爲義。稷牛唯具，則取足而已。郊天以后稷配帝爲天神，稷爲人鬼，故其别如此。用陸氏、方氏補。

萬物本乎天，人本乎祖，此所以配上帝也。郊之祭也，大報本反始也。

此承上文釋以稷配天之義。補。

天子大蜡八。伊耆氏始爲蜡。蜡也者，索也。歲十二月合聚萬物而索饗之也。蜡之祭也，主先嗇而祭司嗇也。祭百種以報嗇也。饗農及郵表畷禽獸，仁之至，義之盡也。古之君子使之必報之：迎猫，爲其食田鼠也；迎虎，爲其食田豕也。迎而祭之也。祭坊與水庸事也。曰：「土反其宅，水歸其壑，昆虫毋作，草木歸其澤。」皮弁素服而祭。素服以

野夫黄冠。黄冠，草服也。蜡，仕詐反。畷，丁劣反。爲，下僞反。殺，所界反。

蜡祭名八，蜡，先嗇也，司嗇也，農也，郵表畷也，猫也，虎也，坊也，水庸也。先嗇始治稼穡者；司嗇修此穡事者；農，田畯也。郵若郵亭、屋宇處。表，田畔。畷，謂井畔相連畷。郵表畷，謂於井畔連畷處造此郵舍，使田畯處焉者也。禽獸即下文猫、虎之屬。坊所以畜水，水庸，溝也。山陰陸氏讀爲祭坊及水，而以庸事相連，以庸爲民功曰庸之庸。此説得之。若如古説，以「水庸」爲句，既未安。下文以「事也」爲句，亦不成語矣。伊耆氏始爲蜡祭之人，或指爲神農，然《周官》有伊耆氏以供杖咸，蓋以其始爲蜡祭以息老也。既以其民名官，則未必古帝者之號。十二月，建丑之月。祭百種，盡百穀之種，祭之以報先嗇。或以祭百種爲八蜡之一者，非也。曰「土反其宅」以下，蜡祭之祝辭。皮弁，色白。素服，衣裳皆素，素者送終之服，而蜡亦送終之事，故曰以送終也。帶不以麻而以葛；杖不以竹而以榛。若喪也而實非喪，故曰喪殺，言其比喪禮降殺也。

蜡之爲祭，所以報本反始，息老送終也。合聚萬物而饗之，非特八神，而所重者八，以其尤有功於田也。皮弁素服而祭者，蜡祭四方百物也。黄衣黄冠而祭者，臘祭先祖、五祀也。蜡以息老物，故服送終之服，而以皮弁素服。臘以息民，故服田夫之服，而以黄衣黄冠。二祭蓋相連而蜡其總名。長樂陳氏。

大羅氏，天子之掌鳥獸者也，諸侯貢屬焉。草笠而至，尊野服也。羅氏致鹿與女，而詔客告也，以戒諸侯曰：「好田好女者亡其國。天子樹瓜華，不斂藏之種也。」

客，謂貢鳥獸之使者。詔客告者，使者臨去，詔使歸告其君也。華，果蓏也。諸侯於蜡，使使者戴草笠貢鳥獸。大羅氏掌其入，於使者之歸，則致鹿與女於庭，使歸戒其君，使毋好田好女。《周禮》於羅氏謂蜡則作羅襦，蓋羅則鹿之所以獲；襦則女之所以衣。故致此物以戒之，非實致鹿與女與諸侯也。瓜華，特供斯須之求，非收斂久藏之種。故天子樹此，無與民爭利之嫌，言此亦戒諸侯之辭也。孔氏、方氏、周氏。

八蜡以記四方，四方年不順成，八蜡不通，以謹民財也。順成之方，其蜡乃通，以移民也。既蜡而收，民息已。故既蜡，君子不興功。移，以豉反。

移者，勸民以移動之使歆羡也。蜡以記四方之豐凶，年凶之方，八蜡之神不得與諸方通祭，以謹節民財，使之簡儉也。年豐之方，八蜡之神使得與諸方通祭，以歆動民心，使之效慕也。既蜡則與民休息，不復興功，歲終故也。補。

恒豆之菹，水草之和氣也；其醢，陸產之物也。加豆，陸產也；其醢，水物也。籩豆之薦，水土之品也。不敢用常褻味而貴多品，所以交於神明之義也，非食味之道也。菹，爭居反。

恒豆，謂朝事及饋食常用之豆。加豆，謂祭末酳尸之後。不貴美褻味而貴多品，以交神明，與人食味不同。孔氏。

先王之薦，可食也，而不可耆也。卷冕路車，可陳也，而不可好也。武壯，而不可樂也。宗廟之威，而不可安也。宗廟之器，可用也，而不可便其利也。所以交於神明者，不可以同於所安樂之義也。耆，市志反。卷音袞。

卷冕，龍袞。路車，大路。武，執干戚而舞。此總明祭祀之物，宗廟之居，不同於尋常安樂之義。孔氏。

酒醴之美，玄酒明水之尚，貴五味之本也。黼黻文繡之美，疏布之尚，反女功之始也。莞簟之安，而蒲越、稾鞂之尚，明之也。大羹不和，貴其質也。大圭不琢，美其質也。丹漆雕幾之美，素車之乘，尊其樸也，貴其質而已矣。所以交於神明者，不可同於所安褻之甚也。如是而后宜。越音活。

明水，陰鑑以取於月之水。玄酒，黑黍和於水之酒。蒲越、稾鞂藉神之席。琢讀如篆。雕謂刻鏤。幾謂漆飾。此明祭祀器物皆不尚美而尚質。補。

鼎俎奇而籩豆偶，陰陽之義也。黄目，鬱氣之上尊也。黄者，中也；目者，氣之清明者也。言酌於中而清明於外也。寄，居宜反。

黄目，黄彝也，以黄金鏤其外，爲龜目。鼎俎實牲，天産也，故其數奇者，陽之義。籩豆實庶物，地産也，故其數偶者，陰之義。黄目以實鬱鬯而上臭，故祭時列於諸尊之上。

目之精，水也，其光火也，以水爲體，故其氣清，以火爲用，故其氣明。用孔氏、方氏補。

祭天，埽地而祭焉，於其質而已矣。醓醢之美，而煎鹽之尚，貴天産也。割刀之用，而鸞刀之貴，貴其義也，聲和而後斷也。斷，丁亂反。

鹽以鍊治而成，故曰煎鹽。鸞者，刀之鈴，在環曰和，在鋒曰鸞，鸞鈴之聲，宫商調和而後斷割其肉。孔氏、鄭氏、陳氏。

冠義，始冠之，緇布之冠也。大古冠布，齊則緇之，其緌也。孔子曰：「吾未之聞也，冠而敝之可也。」冠，古亂反。齊，則皆反。緌，耳佳反。

緌者，冠之飾。敝，棄也。冠禮，初加緇布。冠者，太古以白布爲冠，至齊則緇之。以鬼神尚幽闇之義，始冠而初加此者，特重古耳。後世乃於緇布冠加以緌之飾，故孔子以爲未聞，而謂此乃初加時暫用，既冠，則敝棄之可也。鄭氏、孔氏、周氏。

適子冠於阼，以著代也。醮於客位，加有成也。三加彌尊，喻其志也。冠而字之，敬其名也。適，丁歷反。

適子者，適長子。著，明也。醮，用酒每一加一醮。適子冠於阼，以主道期之也。父以是傳之子，故曰以著代也。醮於客位，以賓禮崇之也，以其有成人之道，故以是禮加之，故曰加有成也。三加者，初加緇布冠，欲其尚質重古；次加皮弁，欲其行三王之德；復加爵弁，欲其敬事神明。緇布之粗不若皮弁之精，皮弁之質不若爵弁之文，故曰三加彌尊。服彌尊，則志彌大，故曰喻其志。既冠，賓東面而字之，以成人不敢復呼其名也。孔氏、方氏。

委貌，周道也。章甫，殷道也。毋追，夏后氏之道也。周弁，殷冔，夏收。三王共皮弁素積。毋音牟。追，多雷反。冔，况甫反。

委，安也，委貌，言以安正容貌。章，明也，章甫，言以表明丈夫。毋，發聲。追，猶椎，以其形名之也。弁，名出於槃。槃，大也，言所以自光大。冔，名出於幠。幠，覆也，言所以自覆飾。收，則言所以收斂髮也。皮弁，以白鹿皮爲之；素積，以素爲裳。裳必疊幅，故謂之積。委貌、章甫、毋追，三代常服之冠，即初加之緇布冠也。弁、冔、收，三代齊祭之冠，即三加之爵弁也。皮弁素積，上古之服，三代共之而不敢易，即再加之皮弁也。合鄭氏、方氏說。

無大夫冠禮，而有其昏禮。古者五十而后爵，何大夫冠禮之有？諸侯之有冠禮，夏之末造也。

禮，二十而冠，五十始爲大夫，未有既爲大夫而始冠者，故無冠禮。禮，三十而娶，容有不得已而改娶者，故有其昏禮。天子之元子，諸侯之世子，古皆用士冠禮。後有年未及冠而君薨即嗣位者，故夏之末造，始有諸侯冠禮。用方氏補。

天子之元子，士也。天下無生而貴者也。繼世以立諸侯，象賢也。以官爵人，德之殺

也。殺音試，今讀爲隆殺之殺。

此所以釋上文諸侯有冠禮而大夫無之也。諸侯必繼世而立，所以象賢也，大夫不繼世，爲其德之殺也。方氏。

死而謚，今也。古者生無爵，死無謚。

此主士禮言，《檀弓》云：士之有誄，自魯莊公始。孔氏、陸氏。

禮之所尊，尊其義也。失其義，陳其數，祝史之事也。故其數可陳也，其義難知也。知其義而敬守之，天子之所以治天下也。

尊，猶重也。禮之所重者在義，而不在度數之末。能敬守其義，可以治天下。補。

天地合，而后萬物興焉。夫昏禮，萬世之始也。取於異姓，所以附遠厚别也。幣必誠，辭無不腆，告之以直信。信，事人也；信，婦德也。壹與之齊，終身不改，故夫死不嫁。遠，于萬反。别，兵列反。

幣以將意，故無不誠。辭以導情，故無不腆。直信者，正直誠信。婦人，事人者也，事人必以信，故信爲婦德。馬氏。

男子親迎，男先於女，剛柔之義也。天先乎地，君先乎臣，其義一也。執摯以相見，敬章别也。男女有别，然後父子親；父子親，然後義生；義生，然後禮作；禮作，然後萬物安。無别無義，禽獸之道也。迎，魚敬反。摯音至。

摯，奠雁也。壻親迎入門，先奠雁，然後與婦相見。所以敬章，其有別之道，而禮義生焉。孔氏、方氏。

壻親御授綏，親之也。親之也者，親之也。敬而親之，先王之所以得天下也。出乎大門而先，男帥女，女從男，夫婦之義由此始也。婦人，從人者也：幼從父兄，嫁從夫，夫死從子。夫也者，夫也。夫也者，以知帥人者也。知音智。

親御授綏，謂壻御婦車而授綏，使婦登車。親之也者，親之也，言己親之所以使之親己。孔氏、鄭氏。

玄冕齊戒，鬼神陰陽也。將以爲社稷主，爲先祖後，而可以不致敬乎？共牢而食，同尊卑也。故婦人無爵，從夫之爵，坐以夫之齒。

玄冕，祭服。齊戒，將事鬼神。昏禮而用玄冕、齊戒，是敬此夫婦之道，同於鬼神、陰陽而神明之也。牢謂牲牢，牲牢異等，而夫婦共牢而食，示同尊卑也。周氏、陸氏、方氏。

器用陶匏，尚禮然也。三王作牢，用陶匏。厥明，婦盥饋。舅姑卒食，婦餕餘，私之也。舅姑降自西階，婦降自阼階，授之室也。

陶匏，太古之禮器。三王始作共牢之禮，而用上古之器，重夫婦之始也。婦饋舅姑，舅姑食畢，而以其餕餘賜婦，私之以恩也。舅姑尊，反降自西階，以婦之卑，反降自主人之阼階，示授之室而使爲之主也。鄭氏、孔氏、方氏。

昏禮不用樂，幽陰之義也。樂，陽氣也。昏禮不賀，人之序也。

昏有幽陰之義，其用晦時以此。樂，陽也，故不用樂。代，猶序也，子代父之序，婦代姑之序，故不忍賀。陳氏、方氏。

有虞氏之祭也，尚用氣。血、腥、爓，祭用氣也。殷人尚聲，臭味未成，滌蕩其聲。樂三闋，然後出迎牲。聲音之號，所以詔告於天地之間也。

尚，謂先薦之也。血，謂祭初以血詔神於室。腥，謂朝踐薦腥肉於堂。爓謂沈肉於湯，三者並未熟而祭，是用氣也，此有虞氏之祭然也。殷不尚氣而尚聲，先摇動樂聲以求神，奏樂三遍而止，乃迎牲入殺，鬼神在天地間，故用樂之音聲，號呼告於天地間，庶神明聞之而至，是求陽之義也。鄭氏、孔氏。

周人尚臭，灌用鬯臭，鬱合鬯，臭陰達於淵泉。灌以圭璋，用玉氣也。既灌，然後迎牲，致陰氣也。蕭合黍稷，臭陽達於牆屋，故既奠然後焫蕭合羶薌。鬱，如悦反。合如字，又音閤。羶音馨。薌音香。

灌，謂以圭瓚酌鬯，始獻神。鬯，謂以秬黍合鬱金草爲酒，而其氣調鬯。臭謂鬯之氣。鬱合鬯者，又以鬱金草擣汁和合已成之鬯酒，使香氣滋甚。臭陰達於淵泉者，用鬱鬯灌地，是用臭氣求陰達於淵泉也。灌以圭璋者，瓚以斞鬯，圭璋以爲瓚之柄。君灌圭瓚，后灌以璋瓚，璋者，圭之半，用圭璋者，玉氣潔潤也，焫，燒也。羶，鄭讀爲馨。薌，猶香也。

染蕭以膟膋爲羶，合蕭以黍稷爲薌。鬱合鬯，臭陰達於淵泉，以形魄歸于地，而求諸陰也。蕭合黍稷，臭陽達於牆屋，以魂氣歸于天而求諸陽也。淵泉以言其幽，牆屋以言其顯，求諸陰以爲末，又求諸陽而致曲焉。陳氏、方氏。

凡祭慎諸此。魂氣歸于天，形魄歸于地，故祭求諸陰陽之義也。殷人先求諸陽，周人先求諸陰。

此承上文釋求諸陰陽之義，先求陽者尚聲，先求陰者尚臭。方氏。

詔祝於室，坐尸於堂。用牲於庭，升首於室。直祭祝于主，索祭祝于祊。不知神之所在，於彼乎？於此乎？或諸遠人乎？祭于祊，尚曰求諸遠者與？遠，于方反。與音餘。

升首，謂升牲首於北牖下。直祭，正祭也。詔祝於室，即毛血詔於室。坐尸於堂，即羹定詔於堂。用牲於庭，即納牲詔於庭。升首於室，即升首以報陽。不知神之所在，故於庭、於堂、於室以求之，猶以爲未也。故直祭祝于主，索祭祝于祊，求於此則疑於彼，求於近則疑於遠，而庶幾神之饗也。方氏、呂氏、陳氏。

祊之爲言倞也。肵之爲言敬也。富也者，福也。首也者，直也。相，饗之也。嘏，長也，大也。尸，陳也。倞音亮。肵音祈。相，息亮反。

倞，猶索也。肵者，肵俎，尸每食牲體，反置于肵俎。首謂升首而祭，首犆而直，支偶而曲，故首云直也。相謂詔侑。祝設辭使尸饗此奠，是相饗之也。尸嘏，主人欲使長久廣大，尸象神而陳者也。鄭氏、孔氏。

毛血告幽全之物也。告幽全之物者，貴純之道也。血祭，盛氣也。祭肺肝心，貴氣主也。

血告幽，毛告全。告幽所以告内之純，告全所以告外之純。氣行而血從之。薦血所以盛其氣，周祭肺，殷祭肝，夏祭心，三者並爲氣之宅，故云貴氣主。鄭氏、孔氏、方氏。

祭黍稷加肺，祭齊加明水，報陰也。取膟膋燔燎，升首報陽也。齊，才細反。

黍稷，地産。肺，金藏。齊，五齊，事神之酒。明水，以鑑取於月者，皆陰類，故報陰。膟膋，腸間脂。燔燎之火，司烜所取於日者。首者，陽之體；升者，陽之事。皆陽類，故報陽。報陰者，形魄歸地爲陰，而以陰物祭之也。報陽者，魂氣在天爲陽，而以陽物祭之也。鄭氏、孔氏、方氏。

明水涚齊，貴新也。凡涚，新之也。其謂之明水也，由主人之絜著此水也。涚，始鋭反。

涚，猶清也。五齊濁，故泲之使清，謂之涚齊。蓋以水解之和之也。又取明水，皆貴新也。明水由主人之絜著於此水，非徒以其取於月爲明也。用鄭氏、周氏補。

君再拜稽首，肉袒親割，敬之至也。敬之至也，服也。拜，服也。稽首，服之甚也。肉袒，服之盡也。

服，屈服也。拜，取屈服之義也。以天子不可屈之勢而爲之。稽首、肉袒，則天下莫不知有尊也。周氏。

祭稱孝孫孝子，以其義稱也。稱曾孫某，謂國家也。祭祀之相，主人自致其敬，盡其嘉而無與讓也。

稱孝，祭祖禰稱孝，明奉先不敢忘也。稱曾，祭神祇稱曾，明傳國有所自也。凡賓主之禮，相者告以揖讓之節，若祭祀之禮，則主人自致其敬而盡其善，故詔侑尸者不告尸以讓，以事神無所與揖讓也。用陸氏說及庾氏補。

腥、肆、爓、腍祭，豈知神之所饗也。主人自盡其敬而已矣。腍，而審反。

凡牲生爲腥，陳爲肆，爓而未腍爲爓，熟而爲殺爲腍，四者之薦，豈知神之所饗？自盡其敬心，求之不一耳。

舉斝角，詔妥尸。古者尸無事則立，有事而后坐也。尸，神象也。祝，將命也。

斝、角皆爵名，天子奠斝，諸侯奠角。古指夏時，夏立尸，飲食乃坐。鄭氏、孔氏。

縮酌用茅，明酌也。醆酒涚于清，汁獻涚于醆酒，猶明清與醆酒于舊澤之酒也。澤作醳，音亦。醆，側産反。

縮，謂泲去其滓。酌，謂斟酒以獻，用茅，所以縮也。縮之則清而明，故曰明酌。醆酒謂盎齊，在所造之器曰盎，在所酌之器曰醆。涚于清者，和之以清酒也。汁獻，謂煑鬱金汁和酒，名鬱齊，直獻之而不待縮，故曰汁獻也。涚于醆酒者，和醆酒于汁獻。凡涚皆以酒之清者和酒之濁者，使酒之新也。澤讀爲醳，舊醳之酒，謂昔酒也。記禮者釋上文所陳，云皆古禮，亦猶後世以舊澤之酒涚清酒醆酒而明之，蓋以近今證昔也。明、清與醆三者皆指上文三者，申言之也。用鄭氏、孔氏、方氏補。

祭有祈焉，有報焉，有由辟焉。辟，古讀如弭。方氏作辟去之辟，似當如辟邪、辟惡之辟。由，用也。祈，若祈穀之類。報，若秋報之類。辟，若磔禳及辟去不祥之類。集。齊之玄也，以陰幽思也。故君子三日齊【三】，必見其所祭者。玄，謂玄衣玄冠。見所祭，謂若見所祭之祖考神祇。

内則第十二

后王命冢宰降德于衆兆民。后王謂天子。德，謂德教，教民雖司徒分職，冢宰實無所不統，故以其重者言之。王氏、晦菴。

子事父母，雞初鳴，咸盥漱，櫛縰，笄總，拂，髦，冠緌纓，端韠紳，搢笏。左右佩用，左佩紛帨、刀礪、小觿、金燧；右佩玦捍、管遰、大觿、木燧，偪屨著綦。縰，所買反，又所綺反。觿，許規反。遰，時世反。綦，其記反。盥，洗手；漱，漱口。櫛以梳理髮；縰以繒韜髮以作髻。笄，橫貫以固髻。總者，

【三】故君子三日齊　「子」原作「者」，據《禮記·禮器》改。

裂練繒束髮，本垂其餘於髻，後爲飾。拂者，振去其塵。髦，以髮爲之，象幼時所爲之鬌。多果反。拂髦者，拂其髦以加於冠。冠緌纓者，結纓頷下以固冠，結之餘者散而下垂謂之緌。端，玄端。士服韠，蔽膝也，以韋爲之，與裳同色，上繫於革帶。紳者，大帶。搢，扱也，亦作插。笏所以記事而備忽忘也。搢笏者，扱笏於紳也。紛帨，試物之巾。刀礪，小刀與礪礱。小觿，所以解結，以象骨爲之，如錐。金燧，以取火於日。玦者，護巨指以開弦。捍者，著左臂以遂矢。管，筆彄。苦侯反。遰，刀韠。必頂反。木燧，以鑽火。偪，以邪幅纏足，今之行縢。綦，屨繫也。屨著綦者，屨頭施綦。夙興盥訖漱，漱訖櫛，櫛訖加縰，縰訖加總，總訖然後加髦，著冠而緌纓從之，然後服玄端，著韠垂紳而搢笏，然後佩用以備尊者使令。凡屬陽者左佩，屬陰者右佩。又然後下及行縢屨綦，其序如此。用方氏補。

婦事舅姑，如事父母：雞初鳴，咸盥漱、櫛縰、笄總，衣紳。左佩紛帨、刀礪、小觿、金燧，右佩箴管、線纊、施鞶袠、大觿、木燧，衿纓，綦屨。鞶音槃。袠音帙。衿，其禁反。

笄，簪也，與男子笄異。衣紳，衣而著紳。箴、管、線、纊，鄭氏謂於箴管線纊之下言施鞶袠，明鞶袠四物而施。方氏謂針貯以管，線貯以纊。二說未知孰是。竊意箴用以縫刺者，管用以套物者，線即絲，纊即綿。鄭氏指爲四物者近之。鞶袠，以針刺袠而爲鞶囊。衿纓，以衿結纓。綦屨，以綦約屨。衿，結也。婦人有纓示繫屬也。集。

以適父母舅姑之所。及所，下氣怡聲，問衣燠寒，疾痛苛癢，而敬抑搔之。出入則或

先或後，而敬扶持之。進盥，少者奉槃，長者奉水，請沃盥，盥卒【四】，授巾，問所欲而敬進之，柔色以温之。饘、酏、酒、醴、芼、羹、菽、麥、蕡、稻、黍、粱、秫唯所欲。棗栗、飴蜜以甘之。堇荁、枌榆、免薨、滫瀡以滑之，脂膏以膏之。父母舅姑必嘗之而後退。酏，羊支反。蕡，扶云反。荁音丸。免音問。滫，思酒反。瀡音髓。膏之之膏去聲。

苛，疥也，體煩而爲苛，氣虛而生癢。抑，按摩。搔，爬抓。饘，厚粥。酏，薄粥。酒以麯爲者，其味嚴。醴以糵爲者，其味甘。芼謂入羹之菜。羹謂肉羹。蕡，熬枲實，枲實者，大麻子也。堇，菜也。荁，似堇而葉大。冬用堇，夏用荁。枌，白榆也。免，新生者。薨，乾者。溲爲滫，滑爲瀡，凝者爲脂，釋者爲膏。及所下氣怡聲，先之以和也。問衣燠寒，恐其冷煖失節也。疾痛苛癢，省其體氣弗寧也。皆所以撫卹其衰病而一出於敬，非故以是爲儀也。父母出入，則或先以引之，或後以隨之，或左右以扶持之，相其所宜而助其力也。又從而問其意之所欲食者，則敬順其心以進之。和柔其色以温之，芬芳其味以奉之。父母舅姑必嘗之而後退。則以知其得所欲，而後孝子之心安也。馬氏、方氏。

男女未冠笄者，雞初鳴，咸盥漱、櫛縰、拂髦，總角，衿纓，皆佩容臭。昧爽而朝，問：「何食飲矣？」若已食則退，若未食，則佐長者視具。

總角，總髮分而爲二，以其兩相對，故謂之角。容臭者，容謂容受，臭謂香物，若今香囊，恐身有穢物觸尊者，故佩之。昧爽，將明未明之時。具，膳具。昧爽而朝，後成人也。

【四】請沃盥盥卒　「盥盥」原作「或後」，據《禮記·內則》改。

幼者於視膳之事未能專之，惟候問之，若未則佐長者。鄭氏、方氏。

凡內外，雞初鳴，咸盥漱，衣服，斂枕簟，灑埽室堂及庭，布席，各從其事。孺子蚤寢、晏起，唯所欲，食無時。

此總論子婦之外，凡卑賤僕隸等。

由命士以上，父子皆異宮，昧爽而朝，慈以旨甘。日出而退，各從其事。日入而夕，慈以旨甘。

異宮，猶今有逐位，非如異居也。朝，晨省禮也。夕，昏定禮也。慈者，愛養惻怛之誠。用伊川、方氏補。

父母舅姑將坐，奉席請何鄉。將衽，長者奉席請何趾。少者執床與坐，御者舉几，斂席與簟，縣衾篋枕，斂簟而襡之。奉，芳男反。鄉，許亮反。衽，而鴆反。縣音玄。襡音獨。

衽，卧席也。將衽，古謂更卧處，竊意將坐指日間言，將衽指夜間言。請者，順尊者意所安也。至早旦親起，侍御之人舉几以進，使憑之。斂，此所卧在下之席，與在上襯身之簟。又其所卧之衾枕，則以篋貯之。簟則以襡韜之，須卧乃更鋪之。鄭氏、孔氏。

父母舅姑之衣衾、簟席、枕几不傳。杖屨祗敬之，勿敢近。敦牟、卮匜，非餕莫敢用。與恒食飲，非餕莫之敢飲食。傳，文專反。近音附近之近。敦音對。牟，木侯反。匜，羊支反。

傳，移也。敦，今杯盂。牟，土釜，今以木爲器，象土釜之形。卮，酒器。匜，盛酒漿之器。餕，謂食尊者之餘也。與，及也。恒，常也。旦夕之常食也。父母舅姑所服御，子婦不得輒傳移他處。杖屨是服御之重，彌須恭敬，勿敢偪近。飲食器非餕其餘不敢用，與其常所飲食，非餕其餘不敢食。本鄭氏、孔氏説。

父母在，朝夕恒食，子婦佐餕，既食恒餕。父没母存，冢子御食，群子婦佐餕如初。旨甘柔滑，孺子餕。

子婦者，長子及長子之婦。佐餕者，父母食不能盡，子婦佐助餕食之使盡，勿使有餘而再進也。恒餕，每食常餕而盡之也。父没母存，食則獨矣，恐母心之傷，故冢子侍食，而群子婦佐餕。不言冢婦者，舅没則姑老，冢婦已代政也。甘美者，則孺子餕之。鄭氏、孔氏、輔氏、陸氏。

在父母舅姑之所，有命之，應唯敬對，進退周旋慎齊，升降、出入、揖遊不敢噦噫、嚏咳、欠伸、跛倚、睇視，不敢唾洟。寒不敢襲，癢不敢搔，不有敬事，不敢袒裼，不涉不撅，褻衣衾不見裏，父母唾洟不見。冠帶垢，和灰請漱；衣裳垢，和灰請澣。衣裳綻裂，紉箴請補綴。五日則燂湯請浴，三日具沐。其間面垢，燂潘請靧；足垢，燂湯請洗。少事長，賤事貴，共帥時。唯，于癸反。齊，側皆反。噦，於月反。噫，於戒反。嚏音帝。咳，苦愛反。欠，丘劒反。伸音申。跛，彼義反。倚，於義反。睇，大計反。洟，吐細反。裼，思歷反。撅，居衛反。見，賢遍反。紉，女陳反。綴，丁劣反，又，丁衛反。燂，許廉反。潘，芳煩反。靧音悔。

齊，莊也。揖，抑也。遊，揚也。方氏謂揖讓而遊息也。胃受疾則噦，心受疾則噫，脉受疾則咳。鼻出聲爲嚏。志疲則欠。體疲則伸。偏立爲跛，依物爲倚。傾視爲睇。唾，口津。洟，鼻液。擷，揭衣也。褻，衣衾不見裏，爲其可穢。父母唾洟不見，即刷去之也。手洗曰漱，足洗曰澣。和，漬也。燂，温也。潘，米瀾也。瀾，力旱反。靧，洗面也。帥，循也。時，是也。噦噫嚏咳則聲不恭；欠伸跛倚睇視則貌不恭；唾洟則聲貌皆不恭。故每不敢爲也。不有敬事，如射之類，則不敢袒裼。不因涉水則不敢揭衣，皆惡其褻也。且子之於親也，衣而寒燠則問之，體之苛癢則搔之，而於己則寒不敢襲，癢不敢搔，以至父母之唾洟不見，而己則唾洟不敢。請漱澣。請補綴，請靧，請浴之類，無所不用其孝，謹之至。用方氏補。

男不言内，女不言外，非祭非喪，不相授器。其相授則女授以篚，其無篚，則皆坐，奠之而后取之。外内不共井，不共湢浴，不通寢席，不通乞假。男女不通衣裳，内言不出，外言不入。男子入内，不嘯不指，夜行以燭，無燭則止。女子出門，必擁蔽其面，夜行以燭，無燭則止。道路，男子由右，女子由左。湢，彼力反。嘯，古作叱，今如字，爲嘯歌之嘯。湢，浴室。男子由右，地道尊右也。此言男女遠嫌防微之禮。劉氏。

子婦孝者敬者，父母舅姑之命勿逆勿怠。若飲食之雖不耆，音嗜。必嘗而待。加之衣服雖不欲，必服而待。加之事，人代之，己雖弗欲，姑與之，而姑使之而后復之。

尊者加己以飲食、衣服，己雖不欲，必且順而受之，以待其命。若加己以事，又使人代之，己雖不欲人之代己，亦且順而使之代。待夫人之果不勝任，然後復以身親之。凡皆明勿逆勿怠之意。方氏、輔氏。

子婦有勤勞之事，雖甚愛之，姑縱之，而寧數休之。子婦未孝未敬，勿庸疾怨，姑教之。若不可教，而后怒之；不可怒，子放婦出而不表，禮焉。數，色角反。

表，明也。子婦有勤勞之事，己雖甚愛念之，姑且縱其爲之，而寧數休之，以彼共爲子婦之職，吾不可以姑息之，愛而奪其當爲之事也。子婦未孝未敬，亦勿庸怒之，姑惟教之，待其子不可教，雖子放婦出猶爲之隱，不明其犯禮之過也。用方氏補。

父母有過，下氣怡色，柔聲以諫。諫若不入，起敬起孝，説則復諫。不説，與其得罪於鄉黨州閭，寧孰諫。父母怒，不説而撻之流血，不敢疾怨，起敬起孝。説音悦。

二十五家爲閭，四閭爲族，五族爲黨，五黨爲州，五州爲鄉。諫而父母不説，其罪輕，不諫而使父母得罪於鄉黨州閭，其罪重。故寧反覆熟諫，雖撻之流血不怨。本孔氏説。

父母有婢子若庶子庶孫，甚愛之，雖父母没，没身敬之不衰。子有二妾，父母愛一人焉，子愛一人焉。由衣服飲食，由執事，毋敢視父母所愛，雖父母没不衰。子甚宜其妻，父母不説，出。子不宜其妻，父母曰「是善事我」，子行夫婦之禮焉，没身不衰。説音悦。

婢子，古説謂婢之子，然則與下文庶子意重矣。合如《曲禮》之婢子，直言婢耳。婢子，父母之所使令，庶孽，父母之所愛育，是固所當聽命。至於妻妾之切近吾身者亦不敢不聽焉。妾雖吾所甚愛，不敢與父母之所愛者敵。妻雖吾所甚宜，不敢以父母不悦而留。苟父母以爲善，子之情雖替而夫婦之禮，不可以不行。吾親有存没，吾心無遷改，知有親而不知有己也。金華應氏、慶源輔氏。

父母雖没，將爲善，思貽父母令名，必果；將爲不善，思貽父母羞辱，必不果。决於爲善，决於絶其不善，皆主於孝其親而發。補。

舅没則姑老。舅姑使冢婦毋怠、不友，無禮於介婦【五】。冢婦所祭祀賓客，每事必請於姑。介婦請於冢婦。舅姑若使介婦，毋敢敵耦於冢婦，不敢並行，不敢並命，不敢並坐。冢婦，適長子之婦也。介婦，衆婦也。不友，無禮於介婦。古説謂衆婦無禮，冢婦不友之。晦菴云未詳。或謂友當作敢，理或然也。然不免改本文。江陵項氏以「使冢婦無怠、不友，無禮於介婦」通爲一句。怠也，不友也，無禮也，皆以毋字統之，若曰：使冢婦毋恃其長而怠忽以不友、無禮於介婦。於義亦通。此言姑雖傳家政於冢婦，冢婦當友愛介婦，介婦當敬事冢婦，以相和協。蓋冢婦之統介婦，又與姑之統子婦不同，尤當曲盡也。補。

凡婦不命適私室，不敢退。婦將有事，大小必請於舅姑。子婦無私貨，無私畜，無私器，不敢私假，不敢私與。婦或賜之飲食、衣服、布帛、佩帨、茝蘭，則受而獻諸舅姑。舅

【五】舅姑使冢婦毋怠不友無禮于介婦　此句原在「介婦請於冢婦」后，據《禮記·內則》移至此。

姑受之則喜，如新受賜。若反賜之則辭，不得命如更受賜，藏以待乏。婦若有私親兄弟，將與之，則必復請其故賜，而后與之。畜，許六反。茝，昌改反。

婦，侍舅姑者也，故不命適私室，不敢退，不敢專行，故大小必請於舅姑。家事統於尊，故無私貨、私畜、私器、私假、私與。不敢私受人，故或賜之，則獻諸舅姑。不敢私與人，故請其故賜，而後與。其心終始一於舅姑也。鄭氏、孔氏。

適子庶子，祗事宗子宗婦，雖貴富，不敢以貴富入宗子之家；雖衆車徒舍於外，以寡約入。子弟猶歸器，衣服、裘衾、車馬則必獻其上，而後敢服用其次也。若非所獻，則不敢以入於宗子之門，不敢以貴富加於父兄宗族。若富，則具二牲，獻其賢者於宗子。夫婦皆齊而宗敬焉，終事而后敢私祭。齊，側皆反。

猶，若也。歸，古云歸遺之歸也。謂子弟若貴，被尊上歸遺器服，則獻其上者於宗子。山陰陸氏以子弟猶歸絕句，云不敢以貴富入宗子之家，以寡約入，雖子弟猶歸其家也。其器服雖吾貴富所有，亦必獻其上者於宗子。陸説尤徑，在學者擇焉。獻其賢者，謂獻其牲之善者。不敢以貴富入宗子之家，不以支臨宗也，終事而後敢私祭。宗之親爲正統，己之親爲旁出也。凡以尊正統而一人心。方氏。

飯：黍稷、稻粱、白黍、黄粱、稰穛。膳：膷臐、膮醢、牛炙、醢、牛胾、醢、牛膾、羊炙、羊胾、醢、豕炙、醢、豕胾、芥醬、魚膾、雉兔、鶉鴽。稰，思呂反。穛，則角反。膷音香。臐，許云反。膮，許堯反。炙，章夜反。胾，側吏反。膾，古外反。鶉，順倫反。鴽音晏。

飯者總目，諸飯而列之下文也。熟穫曰稰，今晚稻也。生獲曰穛，今早稻也。膳者總目，諸膳而又列之下文也。膷，牛臛，臐，羊臛。膮，豕臛也。醢，鄭云衍文。牛炙，炙牛肉也。膷一、臐二、膮三、牛炙四。此四物共一行，最在北，從西爲始。醢，肉醬也。牛胾，切牛肉也。醢五，牛胾六，醢七，牛膾八。此四物爲第二行，陳之從東爲始。羊炙九，羊胾十，醢十一，豕炙十二。此四物爲第三行，陳之從西爲始。醢十三，豕胾十四，芥醬十五，魚膾十六。此四物爲四行，陳之從東爲始。以上十六豆，是下大夫禮。雉十七、兔十八、鶉十九、鴽二十。此四物爲第五行，陳之從西爲始。通上爲二十豆，此是上大夫所加禮。孔氏。

飲：重醴，稻醴，清糟，黍醴，清糟，粱醴，清糟。或以酏爲醴。黍酏，漿水，醷濫。酒：清白。羞：糗餌。粉酏。重，平聲。醷，於紀反，又於力反。糗，起九反。餌音二。酏，以酏、黍酏當音饘，粥之饘之。然粉酏之酏，音餈，自私反。

飲者總目，諸飲而列之下文也。重醴者，謂稻、黍、粱三醴，皆有清有糟。醴之泲子禮反。者爲清，未泲而雜者爲糟。以清糟二者相配而重設，故謂之重醴也。酏，粥也，以酏爲醴者，釀粥爲醴也。黍酏謂以黍米爲釀粥，此即上文爲醴之酏也。漿，酢。七故反。酨，才載反。以汁滓相將者也。水則清新之水也。醷，梅漿，醯類。濫，涼也，以諸乾桃、乾梅皆目諸。和水以上，皆飲之目也。酒者總目，諸酒而又列之下文也。清謂清酒，若今煑酒。白謂事酒省事而即爲者。昔酒二酒皆白，若今生酒。以上皆酒之因也。羞者總目，諸羞而再列之下文也。合蒸曰餌，餅之曰餈，自私反此二物皆粉，稻米黍米爲之。糗者，擣粉熬大豆爲餌，餈之黏著，故以粉餌摶之。酏之然反。當爲餰。之然反。以稻米與狼臅昌六反。膏爲之，亦粥之類。以上皆羞之目也。集補。

食：蝸醢而苽食、雉羹，麥食、脯羹、雞羹，折稌、犬羹、兔羹，和糝不蓼，濡豚包苦實蓼，濡雞醢醬實蓼，濡魚卵醬實蓼，濡鱉醢醬實蓼，腵脩蚳醢、脯羹兔醢、麋膚魚醢、魚膾芥醬、麋腥醢醬、桃諸、梅諸卵鹽。食音嗣。蝸，力戈反。苽音孤，本作菰。折，之列反。稌音杜。濡音而。卵醬之卵音鯤。腵，丁亂反。蚳，直其反。

食者總舉其目也。蝸，蝸牛也。苽，雕胡，字亦作菰，即《周官》六穀之一也。以蝸爲醢，以苽米爲飯，以雉爲羹，三者之味相宜也，下皆倣此。以麥爲飯，析脯爲羹。稌，稻也。細折之列反。稻米爲飯，以犬與兔爲羹。此等羹宜五味之和。米屑之糝不必加蓼，蓼味辛，用否各以其宜。濡豚包苦者，濡謂烹煑豚肉，以苦菜包裹。濡雞醢醬者，加以醢及醬。濡魚卵醬者，加以魚子爲醬。濡鱉醢醬，亦謂加以醢及醬。四者皆破開其腹，實蓼其中，則皆宜於用蓼者也。腵脩，謂捶脯而施薑桂者也。食之配以蚳醢，蚳，蟻子也。析脯爲羹，則配以兔醢。食麋之外膚，配以魚醢。食麋之生肉，配以醢醬。諸，菹也，桃菹梅菹即今之藏桃藏梅。卵鹽，大塊鹽，自蝸醢而下二十六物，皆人君燕食所用。孔氏、方氏。

凡食齊視春時，羹齊視夏時，醬齊視秋時，飲齊視冬時。凡和，春多酸，夏多苦，秋多辛，冬多鹹，調以滑甘。牛宜稌，羊宜黍，豕宜稷，犬宜粱，雁宜麥，魚宜苽。

食齊，黍、稷、稻、粱，視春，宜温也。羹齊，雉、兔、雞、犬，視夏，宜熱也。醬齊，醯、醢、齏、菹，視秋，宜凉也。飲齊，水、漿、凉、醴，視冬，宜寒也。春屬木，故味多酸；夏屬火，故味多苦；秋屬金，故味多辛；冬屬水，故味多鹹。各因其時味以養氣，調以滑甘，則四時之所同，以土王四時，土味作甘也。牛宜稌以下，各以其氣味相宜。用鄭氏、方氏補。

春宜羔豚，膳膏薌；夏宜腒鱐，膳膏臊；秋宜犢麛，膳膏腥；冬宜鮮羽，膳膏羶。

薌音香。腒，其居反。鱐，所求反。臊，素切反。麛音迷。腥音星。羶音挺。

薌，牛膏。腒，鳥腊。鱐，魚乾。臊，犬膏。麛，鹿子。腥，雞膏。羶，羊膏。春陽方長，羔豚，羊豕之小者，將盛而壯，食之，於助新陽爲宜。膳以牛膏薌，則以春木克脾土，以牛薌之土氣助養脾也。夏陽極盛，腒鱐，雉魚之乾者，皆斂而堅，食之於抑盛陽爲宜。膳以犬膏臊，則以夏火克肺金，以犬臊之金氣助養肺也。秋陰方長，牛犢鹿麛皆可補陽氣，食之爲宜。秋金克肝木，膳用雞腥之木氣以助養肝。冬陰極盛，魚鮮雁羽皆善處陰，食之爲宜。冬水克心火，膳用羊羶之火氣以助養心。用劉氏、方氏補。

牛脩、鹿脯、田豕脯、麋脯、麕脯，麋、鹿、田豕、麕皆有軒，雉、兔皆有芼，爵、鷃、蜩、范、

芝栭、蔆、椇、棗、栗、榛、柿、瓜、桃、李、梅、杏、柤、梨、薑、桂。軒音憲。栭音而。椇音矩。柤側加反。

脯，謂析乾其肉。軒，謂切其肉如藿葉。芼，謂以菜雜羹。蜩，蟬也。范，蜂也。芝，木芝也。無華而實者名栭，亦芝屬也。蔆，芰也。椇，枳椇也。柤，梨之不臧者。自牛修而下，三十一品皆人君燕食所加庶羞，羞百二十品，記者不能次録。鄭氏。

大夫燕食，有膾無脯，有脯無膾。士不貳羹胾，庶人耆老不徒食。

尊卑差也。鄭氏。

膾，春用葱，秋用芥。豚，春用韭，秋用蓼。脂用葱，膏用薤，三牲用藙，和用醯，獸用梅。鶉羹、雞羹、鴽釀之蓼，魴、鱮烝，雛燒，雉薌，無蓼。藙，魚氣反。和，户卧反。鴽音如。

藙，似茱萸。醯，人爲之酸。梅，自然之酸。釀，雜切而和之。鶉羹、雞羹，鴽在羹下，烝之而不羹，三者皆釀之以蓼。鴽，按上文鷃注云：又以鷃爲鴽，蓋一羽物也。魴、鱮魚弱，烹之易爛，故烝之。雛，小鳥，燒之。雉，或烝或燒無定。凡三者，調和皆以香草蘇荏之屬，而不用蓼。鄭氏、劉氏、方氏。

不食雛鼈。狼去腸，狗去腎，狸去正脊，兔去尻，狐去首，豚去腦，魚去乙，鼈去醜。去，起吕反。尻，苦刀反。

雛鼈，鼈之小者。狼能害人，腸則傳道其所害之物。狗，陽畜，腎，又其陽精之舍。狸善搏，兔善走。貍脊上一道如界。兔尻有九孔。豕俯，聚精在腦，醫方云：食之昏人精神。鰫魚有骨，狀如篆乙在目旁，食之鯁人不可出。陸氏云：魚腸謂之乙，魚敗自腸始。醜者，鱉之竅。凡皆不食，爲不利人也。方氏、陸氏。

肉曰脱之，魚曰作之，棗曰新之，栗曰撰之，桃曰膽之，柤梨曰攢之【六】。

脱之，除其筋膜。作之，刷其鱗。新之，拭其垢。撰之，省視其蟲蠹。膽之，去其毛，使青瑩如膽。攢之，環看其虫孔。皆治擇之名也。皇氏。

牛夜鳴則庮，羊冷毛而毳，羶；狗赤股而躁，臊；鳥皫色而沙鳴，鬱；豕望視而交睫，腥；馬黑脊而般臂，漏。雛尾不盈握弗食，舒雁翠，鵠、鴞胖，舒鳧翠，雞肝、雁腎、鴇奥、鹿胃。庮音由。冷音琴。毳昌鋭反。皫，普保反。般音班。胖音判。奥於六反。

牛晝勞夜息，若夜鳴則有疾。庮，惡臭。冷謂毛本稀冷。毳謂毛頭毳結。羶，謂羶臭。赤股，股裏無毛。躁，謂急躁。臊，謂其肉臊惡。皫色，其色變無潤澤。鬱，腐臭。豕俯首而食，望視則首昂。交睫，謂瘦而目毛長。腥謂氣腥而不可食。黑脊言衆體皆異，而脊獨黑。般臂，言疾在前脛，般般然。漏，言氣如螻蛄臭。雛，少鳥，尾不盈握言尾尚短。舒雁，鵝。翠，尾肉。鵠，鳥；鴞，鳥。胖，脅側薄肉。舒鳧，鴨。奥，脾肶，謂藏之深奥處。凡皆不利於人，不可食。鄭氏。

肉腥，細者爲膾，大者爲軒。或曰麋、鹿、魚爲菹，麕爲辟雞，野豕爲軒，兔爲宛脾。切

【六】柤梨曰攢之　「柤」原作「祖」，據《禮記·内則》改。

葱若薤，實諸醯以柔之。辟，必益反。宛，于晚反。

膾，聶而切之。軒，大切而不聶。辟雞與宛脾皆聶而切。軒、辟雞、宛脾，謂切麋、鹿、麕肉，和葱薤於醯爲菹。鄭氏。

羹食，自諸侯以下至於庶人，無等。大夫無秩膳，大夫七十而有閣。天子之閣，左達五，右達五。公侯伯於房中五，大夫於閣三，士於坫一。

秩，常也。閣，以板庋食物。坫，土坫，庋食。羹食，日用惟稱有無，不預爲之等。五十爲大夫未甚老，未有常膳。至七十而有閣，以庋食有常膳矣。閣食以貴賤爲豐殺，五者，三牲及魚腊，天子倍之，餘以次殺。用鄭氏補。

凡養老，有虞氏以燕禮，夏后氏以饗禮，殷人以食禮，周人修而兼用之。凡五十養於鄉，六十養於國，七十養於學，達於諸侯；八十拜君命，一坐再至，瞽亦如之；九十者使人受。五十異粻，六十宿肉，七十貳膳，八十常珍，九十飲食不違寢，膳飲從於遊可也。六十歲制，七十時制，八十月制，九十日修，唯絞、紟、衾，冒死而后制。五十始衰，六十非肉不飽，七十非帛不煖，八十非人不煖，九十雖得人不煖矣。五十杖於家，六十杖於鄉，七十杖於國，八十杖於朝，九十者天子欲有問焉，則就其室，以珍從。七十不俟朝，八十月告存，九十日有秩。五十不從力政，六十不與服戎，七十不與賓客之事，八十齊喪之事弗及也。五十而爵，六十不親學，七十致政。凡自七十以上，唯衰麻爲喪。凡三王養老，皆引

年。八十者一子不從政，九十者其家不從政。瞽亦如之。凡父母在，子雖老不坐。有虞氏養國老於上庠，養庶老於下庠。夏后氏養國老於東序，養庶老於西序。殷人養國老於右學，養庶老於左學。周人養國老於東膠，養庶老於虞庠。虞庠在國之西郊。有虞氏皇而祭，深衣而養老。夏后氏收而祭，燕衣而養老。殷人冔而祭，縞衣而養老。周人冕而祭，玄衣而養老。冔，况甫反。

記《王制》有此，此與《王制》文略異。凡自七十以上與凡父母在，子雖老不坐，是也。賈蒙。

曾子曰：「孝子之養老也，樂其心，不違其志，樂其耳目，安其寢處，以其飲食忠養之。孝子之身終，終身也者，非終父母之身，終其身也。是故父母之所愛亦愛之，父母之所敬亦敬之。至於犬馬盡然，而况於人乎？」

養老如此，爲其近於親也。言忠養，嫌或僞也。上言其近親者，下言親之所敬愛者，言犬馬，以賤喻貴。陸氏、鄭氏。

凡養老，五帝憲，三王有乞言。五帝憲，養氣體而不乞言，有善則記之爲惇史。三王亦憲，既養老而后乞言，亦微其禮，皆有惇史。有，古音又，今讀如字。

憲，法也。惇，厚也。五帝憲謂朝夕與老者親炙，其仁義之容，道德之光，自得於觀感不言之際。至三王始有乞言之禮，然五帝雖止從容養其氣體，未嘗乞言，偶有善言亦記之於惇史。三王雖乞言，亦憲法其動容之間，至於乞言，亦不敢以迫切耗其氣，須從容欵曲，伺閒乘暇，開端發問而微其禮焉。所得之言亦皆有惇史以記之焉。古者之史不一，閫内者曰女史，朝廷者曰國史，若惇史，則記載養老之史，取惇厚之義爲名。東萊。

淳熬：煎醢加于陸稻上，沃之以膏，曰淳熬。淳毋：煎醢加于黍食上，沃之以膏，曰淳毋。毋音模。

淳即沃，熬即煎醢。陸稻，謂陸地之稻。以陸地稻米爲飯，煎醢使熬加于飯上，恐其味薄，更沃以膏，使味相湛漬，名曰淳熬。此八珍之一也。加于黍食者，蓋模象淳熬而爲之，故名淳毋。毋讀爲模。孔氏。

炮：取豚，若將刲之刳之，實棗於其腹中，編萑以苴之，塗之以謹塗。炮之，塗皆乾，擘之，濯手以摩之，去其皽，爲稻粉，糔溲之以爲酏，以付豚。煎諸膏，膏必滅之。鉅鑊湯，以小鼎，薌脯於其中，使其湯毋滅鼎，三日三夜毋絶火，而后調之以醯醢。將作牂，山陰陸氏讀如字，今從之。萑音丸。謹作墐，徐讀如字。皽，章善反。糔，息酒反。溲，所丸反。

炮，塗燒之名。萑，蘆。苴，裹。謹塗，以穰草和泥。皽，皮肉上魄莫。糔溲，謂勻和。薌脯，謂煮豚小鼎中，使香美。謂之脯者，解析其肉，薄如爲脯然。爲炮者取豚，若將刲之，則實棗腹中，編蘆包裹，塗以和草之泥，而以火炮之。既炮，則所塗之泥皆乾而擘之，手既擘泥不淨，其肉又熱，故濯手摩之，去其皽莫，以稻米溲和爲酏，付全豚之外而煎諸膏，膏必没此炮豚。又以大鑊湯盛此煎豚之小鼎，煑三日夜而后調以醯醬，此言爲炮之法。鄭氏、孔氏、陸氏。

擣珍：取牛、羊、麋、鹿、麕之肉，必脄，每物與牛若一，捶反側之，去其餌，孰出之，去其皽，柔其肉。脄音每。捶，之蘂反。餌音。

脄，脊側肉，取其脄，擣以爲珍。每物擣之法，皆與牛一。捶即擣之也。餌，古云筋腱也。山陰陸氏謂餌爲煎餌之餌，言嘗以物爲餌。既熟則去其餌而出之，又去其魄莫，而柔和其肉，遂爲珍矣。此言擣珍之法。集。

漬：取牛肉，必新殺者，薄切之，必絶其理，湛諸美酒，期朝而食之，以醢若醷。湛，子潛反，又直蔭反。期音機。醷，於紀反。

湛，浸也。期朝，謂周一朝。醷，醢之類。此言爲漬之法。補。

爲熬：捶之，去其皽，編萑，布牛肉焉。屑桂與薑，以灑諸上而鹽之，乾而食之。施羊亦如之。施麋、施鹿、施麕皆如牛羊。欲濡肉，則釋而煎之以醢；欲乾肉，則捶而食之。鹽音豔。

熬，於火上爲之者也。此言爲熬之法。本鄭氏。

糝：取牛羊豕之肉，三如一，小切之，與稻米，稻米二，肉一，合以爲餌，煎之。

三如一，謂取牛羊豕三者之肉，等分如一。稻米二肉一者，謂二分稻米一分肉也。此言爲糝之法。補。

肝膋：取狗肝一，幪之以其膋，濡炙之，舉燋其膋，不蓼取稻米，舉糔溲之，小切狼臅膏，以與稻米爲酏。幪音蒙。酏，之然反。

膋，腸間脂。舉，皆也。狼臅膏者，臆音億。中膏也。酏，作餰。三相參爲糝，兩相差池爲酏。謂小切狼臅膏，與稻米爲酏也。此言爲肝膋之法。補。

禮始於謹夫婦，爲宮室，辨外內，男子居外，女子居內。深宮固門，閽寺守之。男不入，女不出。

閽，堂中門之禁。寺掌內人之禁令。鄭氏。

男女不同椸枷，不敢縣於夫之楎椸，不敢藏於夫之篋笥，不敢共湢浴。夫不在，斂枕篋簟席，襡器而藏之。少事長，賤事貴，咸如之。夫婦之禮，唯及七十，同藏無間。椸，以支反。枷音嫁。縣音玄。楎音揮。笥，息吏反。

植曰楎，横曰椸，挂衣者也。枕藏以篋。簟、席韜以襡。用鄭氏補。

故妾雖老，年未滿五十，必與五日之御。將御者，齊漱澣，慎衣服，櫛縰笄，總角，拂髦，衿纓，綦屨。雖婢妾，衣服飲食必後長者。妻不在，妾御莫敢當夕。齊，爭皆反。

將御，必齊漱澣，所以致潔敬。婢妾衣服飲食必後長者，不以賤廢上下之分。妾御不當夕，避上僭之嫌。方氏。

妻將生子，及月辰，居側室。夫使人日再問之，作而自問之。妻不敢見，使姆衣服而對。至于子生，夫復使人日再問之。夫齊，則不入側室之門。子生，男子設弧於門左，女子設帨於門右。三日，始負子，男射，女否。姆音茂。

月辰，生月之辰，初朔之日也。側室，在燕寢之旁。弧示有事於武，帨，事人之佩巾。鄭氏、孔氏。

國君世子生，告于君，接以大牢，宰掌具。三日，卜士負之，吉者宿齊，朝服寢門外，詩負之。射人以桑弧蓬矢六，射天地四方，保受乃負之。宰醴負子，賜之束帛。卜士之妻，大夫之妾，使食子。接，古音捷。方氏如字。

接以太牢，接見其子也。卜士，卜求其士以負之。卜得吉者，則齊宿，盛服於寢門之外。詩負之，古注以詩爲承。方氏謂能詩者負之，期其能言也。宰既掌具，故以醴禮其負子之士，仍賜束帛以酬之也。既又卜士之妻，或大夫之妾，使食其子。食之者，乳之也。鄭氏、方氏。

凡接子擇日。冢子則大牢，庶人特豚，士特豕，大夫少牢，國君世子大牢，其非冢子則皆降一等。

擇日，卜日也。此論國君至庶人接子牲牢之等，并適庶不同。孔氏。

異爲孺子室於宮中，擇於諸母與可者，必求其寬裕、慈惠、温良、恭敬、慎而寡言者，使爲子師。其次爲慈母，其次爲保母，皆居子室，他人無事不往。

可者，謂雖非諸母而其德可爲師者。特埽一室以處其子。擇子師，教示善道；慈母，知其嗜欲；保母，安其居處。鄭氏。

三月之末，擇日翦髮爲鬌，男角女羈，否則男左女右。是日也，妻以子見於父，貴人則爲衣服，由命士以下皆漱澣，男女夙興，沐浴衣服，具視朔食。夫入門，升自阼階，立于阼，西鄉。妻抱子出自房，當楣立，東面。鬌，丁果反。

子生三月，翦髮，所留不翦者謂之鬌。夾囟相對爲角，縱横各一，在頂上爲羈。男耦女奇，取陰陽相須。孔氏、方氏。

姆先相曰：「母某，敢用時日祗見孺子。」夫對曰：「欽有帥。」父執子之右手，咳而名之。妻對曰：「記有成。」遂左還授師。子師辯告諸婦諸母名，妻遂適寢。相，息亮反。咳，户才反。還音旋。辯音遍。

欽有帥，欲有師教而不敢怠。記有成，欲其成身而不敢忘。執右手，明將授之事。左還授師，順陽道。孩子咳之則笑，故謂之孩。咳而名之，示若笑而受其名。方氏。

夫告宰名，宰辯告諸男名，書曰「某年、某月、某日某生」而藏之。宰告閭史，閭史書爲二：其一藏諸閭府；其一獻諸州史。州史獻諸州伯，州伯命藏諸州府。夫入食如養禮。

宰，謂屬吏。二十五家爲閭，二千五百家爲州。閭胥中士一人，州長中大夫一人，史則其屬吏，府其藏書之室也。夫入食如養禮者，其與妻食，如妻始養舅姑禮。鄭氏。

世子生，則君沐浴朝服，夫人亦如之，皆立于阼階，西鄉。世婦抱子，升自西階，君名之，乃降。適子庶子見於外寢，撫其首，咳而名之。禮帥初，無辭。

世子，適長子。適子，世子之弟。庶子，妾之子。此明見世子及適庶禮。孔氏。

凡名子，不以日月，不以國，不以隱疾。大夫、士之子，不敢與世子同名。

爲諱辟難也。補。

妾將生子，及月辰，夫使人日一問之。子生三月之末，漱澣夙齊，見於内寢，禮之如始入室。君已食，徹焉，使之特餕，遂入御。齊，側皆反。

内寢，適妻寢也。初來之妾，特餕其餘。今妾已見子，夫婦共食，令生子之妾特餕其餘，亦如始來時。孔氏。特餕所以寵之，然亦使知大分已定於其初，終不可得而易也。孔氏、輔氏。

公庶子生，就側室。三月之末，其母沐浴朝服見於君，擯者以其子見。君所有賜，君名之，衆子則使有司名之。

擯，傅姆之屬。有賜，謂於君有恩惠也。此特所愛幸，則君親自名之。衆子，謂衆妾之子非特愛幸者，則命有司名之。鄭氏、孔氏。

庶人無側室者，及月辰，夫出居群室。其問之也，與子見父之禮無以異也。

無側室，故夫出避之，至問妻及見子，則其禮同。鄭氏。

凡父在，孫見於祖，祖亦名之，禮如子見父，無辭。

家統於尊也。鄭氏。

食子者三年而出，見於公宫則劬。大夫之子有食母，士之妻自養其子。食音嗣。

食子者，前所謂卜使乳其子者。劬，勞也，勞賜之也。惟大夫則然，士妻賤不敢使人。用鄭氏補。

由命士以上，及大夫之子，旬而見。冢子未食而見，必執其右手。適子庶子已食而見，必循其首。

旬古作均。晦菴曰旬如字，十日也。言子既見之後，凡旬一見，冢子則未食時先見，適子庶子則食已乃見，急於正而緩於庶也。循其首者撫之以示愛。山陰陸氏。

子能食食，教以右手。能言，男唯女俞。男鞶革，女鞶絲。丁食音嗣。

鞶，古謂小囊，盛帨巾。長樂陳氏謂鞶，帶也。《春秋傳》鞶厲大帶。《易》鞶，帶。許慎、服虔皆以鞶爲帶，其帶，男用韋，女用繒。集。

六年，教之數與方名。七年，男女不同席，不共食。八年，出入門户及即席飲食，必後長者，始教之讓。九年，教之數日。十年，出就外傅，居宿於外，學書計。衣不帛襦袴。禮

帥初，朝夕學幼儀，請肄簡諒。肄，以二反。

數：一、十、百、千、萬。方名：東、西、南、北。不同席共食，蚤其別也。教之讓，示以廉恥也。出入，欲其行之讓。即席，欲其坐之讓。飲食，欲其食之讓也。數日，朔望與六甲也。外傅，教學之師也。書，謂六書，計，謂九數。襦，今之襖也。不用帛爲襦袴，爲其太溫傷陰氣也。帥，循也。行禮動作皆遵習先日所爲也。朝夕學幼儀者，從朝至夕學幼小奉事長者之儀也。簡，書篇數也。諒，言語信實也。請肄者，請於長者而肄習之也。鄭氏、晦菴。

十有三年，學樂，誦詩，舞勺。成童，舞《象》，學射御。二十而冠，始學禮，可以衣裘帛，舞《大夏》。惇行孝弟，博學不教，內而不出。衣，於既反。

樂，謂六樂之器。勺，成王樂籥也。舞籥，文舞也。成童，謂十五以上。《象》，文王樂，舞《象》，武舞也。謂用干戈之小舞也。射謂五射，御謂五御。二十成人，血氣强盛，無慮損傷，可以衣裘帛。《大夏》禹樂，樂之文武備者也。博學不教者，廣博學問，未可爲師以教人。內而不出者，蘊德在內，不可出言爲人謀慮。鄭氏、孔氏、晦菴。

三十而有室，始理男事，博學無方，孫友視志。四十始仕，方物出謀發慮，道合則服從，不可則去。五十命爲大夫，服官政。七十致事。孫音遜。

有室，娶也。男事，受田給政役也。孫友視志，孫順，朋友視其志意所尚也。仕，官也。方，比也，物，事也。方物出謀，則謀不過物；方物發慮，則慮不過物。《孟子》曰：「位卑而言高，罪也。」此士之事也。服官政，統一官之政，爲之長也。致事，則致其事於君而告老。鄭氏、晦菴。

凡男拜，尚左手。

左，陽也。鄭氏。

女子十年不出。姆教婉娩聽從，執麻枲，治絲繭，織紝、組紃，學女事，以共衣服。觀於祭祀，納酒漿、籩豆、菹醢，禮相助奠。宛，纡晚反。娩音絻。枲，思里反。紝，女金反。組音祖。紃音巡。共音恭。相，息亮反。

十年不出，年及十歲，即常居内也。婉有委曲意，娩有遲緩意，皆婦容之柔順也。聽則有所受，從則無所違。執麻枲，則績事，治絲繭，則蠶事，織以機，紝以箴。組，綬屬，闊薄者爲組，組似繩者爲紃。觀於祭祀，欲其習熟。又納酒漿、邊豆、菹醢以致其禮，相助長者而奠之於神焉。鄭氏、晦菴、方氏。

十有五年而笄，二十而嫁，有故二十三年而嫁。聘則爲妻，奔則爲妾。凡女拜，尚右手。

聘者，由彼而問此。奔者，自此而趨彼。妻之言齊，與之敵體，妾之言接，使得接近。尚右，陰也。鄭氏、方氏。又江陵項氏曰：鄭氏注《周禮》肅拜云「若今婦人撎。」蓋古之拜如今之揖，折腰而已。介胄之士不拜，故以肅爲禮，以其不可以折腰也。然則其儀特斂手向身，微作曲勢耳。鄭氏所謂「揎者」，蓋如此，此正今時婦人揖禮也。據鄭氏説，則漢時婦人之拜不過如此。或者乃謂唐武氏始尊婦人，不令拜伏，則妄矣。周天元令人拜天臺，作男子拜，則雖虜俗，婦人舊亦不作男子拜也。況古者男子之拜，但如今人之揖，則婦人之拜，安得已如今之伏？大氏今之男子以古男子之拜爲揖，故其拜也，加以跪伏爲稽顙之容。今之婦人亦以古婦人之拜爲揖，故其拜也，加以拳曲作虚坐之勢。此經言尚右手者，特言斂手右向，如孔子拱而尚右之尚，非若今人用手按膝作跪也，男之尚左亦然。古跪自是一禮，與拜與伏不相干。凡皆項氏説也。晦菴《周禮九才辨》惟稽首、頓首爲手引頭至地。三曰空首，則頭至手，不至地矣。九曰肅拜最輕，但俯下手，軍中拜及婦人拜也。

愚按：古者席地而坐，以手引頭，屈服向地即爲拜，故拜字從兩手。百拜而酒三行者，因坐俯地，其勢易也。是古之拜與今之拜不同。軍中有介胄，婦人有首飾，皆不可俯伏，故但俯手，謂之肅拜。是女之拜與男之拜不同，又明矣。世俗多疑婦人拜，因併附之。

校勘記

卷二十

讀禮記七

玉藻第十三

天子玉藻，十有二旒，前後邃延，龍卷以祭。邃，雖醉反。卷音衮。

玉藻，冕之飾也。冕以板爲頂，藻以五采絲垂於板之前後，爲十有二旒，旒各十有二就，每一就貫以玉，就間相去每一寸。旒長尺二寸，垂至齊肩，爲其以藻貫玉，故名玉藻。十有二，則法天數也。延者，用三十升布染黄，覆於冕上，前後垂而延長深邃，故曰前後邃延。龍卷之卷字本作衮。畫龍於衮衣，其形卷曲，衮冕所以祭先王之服。先儒相傳謂前旒蔽明，亦習之誤。此獨祭祀之衮冕爲然，欲其專精神以饗神也。若視朝則皮弁服，何蔽塞之有哉？集孔氏、周氏、程氏説。

玄端而朝日於東門之外，聽朔於南門之外。

玄端者，端，衣名而色玄，古者端衣或施於冕，或施於冠。《樂記》曰「魏文侯端冕而聽古樂」，此施於冕者。《冠禮》曰「冠者玄端緇布冠」，《内則》曰「子事父母，冠緌端韠紳」，公西華曰「端章甫」，晉侯端委以入武宫，晏平仲端委以立于虎門，此施於冠者。東門、南門皆謂國門。諸侯告朔於廟，明其受之於祖也。天子聽朔於南門之外，明其受之於天也。聽者，受之義。集陸氏及《論語》注及方氏。

閏月，則闔門左扉，立于其中。

扉，門扇。左，陽也。闔其左而由右者，閏非正也。用方氏補。

皮弁以日視朝，遂以食，日中而餕，奏而食。日少牢，朔月太牢。五飲：上水，漿、酒、醴、酏。以支反。

弁，用皮，體自然也。以視朝之服而食，敬也。日中而餕，不改造以厚養也。奏樂而食，和以養其心志也。日少牢，崇其儉也。朔月太牢，敬其始也。五飲，上水味以淡爲本也。漿，以汁滓相將，其味酢七故反。者也。酒，清酒。醴，甘酒。酏，以粥釀醴，漿厚於水，醴厚於酒，酏厚於醴。凡五飲皆以淡爲本，而漸及於醲厚也。用應氏、方氏補。

卒食，玄端而居。動則左史書之，言則右史書之。御瞽幾聲之上下。

御瞽，當御之樂官。幾，察也。樂以中聲爲本，聲之上下皆非中，故幾之。魏文侯云「鍾聲不比乎？左高」。晦菴云「和峴造樂於周，我太祖神聖令降一分，其聲遂和」。用陳氏補。

年不順成，則天子素服，乘素車，食無樂。自貶損也。鄭氏。

諸侯玄端以祭，裨冕以朝，皮弁以聽朔於大廟，朝服以日視朝於内朝。裨，埤也。天子六服，大裘爲上，其餘爲裨。内朝，路寢門外之正朝也。孔氏、鄭氏。

朝，辨色始入。君日出而視之，退適路寢聽政，使人視大夫，大夫退，然後適小寢，釋服。辨色始入，所以防微；日出而視，所以優尊。朝而臣先於君，所以明分守；退而君後於臣，所以防怠荒。視大夫退然後敢退，所以體群臣而均勞逸。陳氏、方氏。

又朝服以食，特牲，三俎，祭肺。夕深衣，祭牢肉。朔月少牢，五俎四簋。子卯，稷食菜羹。夫人與君同庖。稷食之食音嗣。三俎：豕、魚、腊。五俎，加羊與其腸胃。四簋：黍、稷、稻、粱。子日，紂死；卯日，桀亡，後王以爲忌。祭肺，祭先食，周人尚肺也。祭牢肉，夕食非始殺，止於肉而不必肺也。朝服以食，享一國之奉不可忽也。朔月豐於朝夕，敬始也。稷食菜羹，忌日貶也。夫人同庖，不特殺也。用鄭氏補。

君無故不殺牛，大夫無故不殺羊，士無故不殺犬豕。君子遠庖厨，凡有血氣之類，弗身踐也。踐，古音翦，今如字讀。

故，謂因祭祀，無故不殺，仁也。庖，宰殺之所；厨，烹飪之所。凡有血氣之屬，弗身踐，謂雖若螻蟻之微，猶弗忍踐之。此以小明大，血氣之屬弗身踐，况忍無故而殺乎？用應氏、陸氏補。

至于八月不雨【一】，君不舉。年不順成，君衣布搢本，關梁不租，山澤列而不賦，土功不興，大夫不得造車馬。

衣布，謂若衛文公大布之衣。搢本，謂天子之笏名珽，諸侯之笏名荼，士竹笏，其本飾之以象。今以凶年自貶去珽、荼，佩士笏，而但搢插其竹本，無象飾也。列，言遮列，但遮列使不得非時而取，而不取其賦也。《春秋》書正月至于七月不雨，見咎徵也。《三傳》不達聖人之意，乃曰「不爲災，故不書旱」，豈有不雨者七月而不爲災？此曰「至于八月不雨，君不舉」者，後儒惑於《三傳》也，不然則誤且繆矣。長樂劉氏。

卜人定龜，史定墨，君定體。

定龜者，天龜玄、地龜黄、東青、西白、南赤、北黑，俯者靈，仰者繹；前弇果，後弇獵；左倪靁，右倪若，其屬不一。定之者，定其所當用。卜祭天用靈，卜祭地用繹；春用靁，秋用若之類也。定墨者，卜必以墨畫龜而灼之，大坼從墨爲兆廣，小坼旁出爲兆璺。定之者，土兆横，木兆直，金兆從右邪上，火兆從左邪上，水兆曲，以大小長短明暗爲吉凶。或卜凶事，又以短小爲吉。又有旋者吉，大横吉。大横庚庚，庚庚是豹地庚庚然。定體

【一】至于八月不雨　「雨」原作「兩」從《禮記·玉藻》改。

者，體如體，王其罔害，體無咎言。定之者既得五行之兆體，君定其體之吉凶。《占人》云君占體是也。卜人定龜，先視龜之上下左右陰陽。大史定墨，以視其兆坼。人君定體，視兆所得而斷其吉凶。卑者視小，尊者視大也。馬氏、孔氏。

君羔幦虎犆，大夫齊車，鹿幦豹犆，朝車。士齊車，鹿幦豹犆。幦音覓。犆音直。齊例皆反。

軾之制，有衡以横其上，有犆以直乎下。幦若席，然施諸軾上，註謂之覆苓。《詩·韓奕》謂之幭，《周禮·巾車》謂之複。羔幦虎犆，此君齊車之飾。臣之朝車與齊車同飾，言朝車於大夫、士之間，知兼大夫、士言之也。鄭氏、方氏。

君子之居，恒當户，寢恒東首。若有疾風、迅雷、甚雨，則必變，雖夜必興，衣服冠而坐。首，手又反。

當户，嚮明。東首，順生氣。變而衣服、冠，起坐，敬天怒。鄭氏。

日五盥，沐稷而靧粱，櫛用樿櫛，髮晞用象櫛，進禨進羞，工乃升歌。浴用二巾，上絺下綌。出杅，履蒯席，連用湯，履蒲席，衣布晞身，乃屨，進飲。盥音管，靧音悔。櫛，則乙反。樿，章善反。禨，其既反。杅音雩。連，力旦反。

盥，洗手。沐，沐髮。靧，洗面。浴，洗身。稷與粱，用其瀋汁也。櫛，梳。樿，白理木。晞，乾。象櫛，象齒爲梳。禨，沐而進飲以祝福。進羞，以庶羞薦之。工升歌謂以樂侑。絺精，綌粗。杅，浴盆。蒯，澁。蒲，軟連用湯者，初出浴，履蒯，繼以湯，去足垢而履蒲，乃用布晞其身，納履而進飲，進飲不進羞，工亦不升歌，浴殺於沐也。日必五盥，於其間而沐浴焉。所以滌其垢，致其樂而養其和者，亦無所不至。沐之瀋，則先稷而後粱。既沐之櫛，則先樿而後象。浴之巾，則上絺而下綌。既浴之席，則先蒯而後蒲。大抵初則先其粗者，用刷蕩之力，後則用其精者，盡潤養之功。既沐而升歌，所以作其陽，既浴而進飲，所以養其陽，而浴之禮殺於沐，又以首爲尊也。用應氏、周氏補。

將適公所，宿齊戒，居外寢，沐浴。史進象笏，書思對命。既服，習容，觀玉聲，乃出，揖私朝，煇如也，登車則有光矣。

史，謂大夫亦有史官也。笏者，忽也，書事以備忽忘者也。漢初亦有秉笏奏事，蓋手執、眼觀、口誦於君前也。書思對命，言書所思念，欲以對君之命。孔氏謂書此、思、對命三事亦通。既著朝服，私習儀容，又觀容以聽佩玉之聲，使與行步相中。行出至於己之私朝，揖其屬臣而行，煇如可觀，登車則有光儀，拱挹之不盡，形容之莫措矣。用孔氏、晦菴補。

天子搢珽，方正於天下也。諸侯荼，前詘後直，讓於天子也。大夫前詘後詘，無所不讓也。珽，他頂反。荼音舒，延平周氏如字讀。

搢，謂扱與插同。笏於紳。天子之笏曰珽，珽，直也，故其制直。云方正於天下，釋其以直臨下之義也。諸侯之笏曰荼，荼，舒也，舒緩也。進則屈於天子，退則伸於國人，故其制前屈而後直，讓於天子者，釋前詘之義也。大夫進詘於天子，退詘於諸侯，故其制前後皆詘，無所不讓，釋前後皆詘之義也。周氏以荼爲茅之秀，云笏飾以荼，猶玉飾以蒲。姑兼存之，以俟來者考焉。用周氏、方氏補。

侍坐則必退席，不退，則必引而去君之黨。登席不由前，爲躐席。徒坐不盡席尺。讀書、食則齊。豆去席尺。

侍坐必退席，不敢與尊者並也。不退亦須去就君之親黨以避之，不敢近尊也。登席不敢由前，恐躐踐其席也。無所事而徒坐，則不盡席之前，有餘一尺。至讀書與食，則近前而與席齊。讀書欲聲聞長者，食恐汙席也。設豆去席一尺，食坐盡前，則豆當又在其前也。用鄭氏、方氏補。

若賜之食而君客之，則命之祭然後祭。先飯，辯嘗羞，飲而俟。若有嘗羞者，則俟君之食，然後食，飯飲而俟。飯，上聲。辯音遍。

祭，祭先也。禮敵者共食，則先祭。臣侍君而賜之食，不祭，君以客禮待之，則得祭。又須君命之祭，乃敢祭。君未食而臣先食，徧嘗羞膳，示行臣禮，爲君先嘗食之義也。嘗羞畢，歠飲而俟君飱，臣乃敢飱。飲者，飯之湆，禮，食先啜飲，以滑喉也。孔氏。

君命之羞，羞近者。命之品嘗之，然後唯所欲。凡嘗遠食，必順近食。君未覆手，不敢飱。君既食，又飯飱。飯飱者，三飯也。君既徹，執飯與醬，乃出授從者。

羞近者，避貪味也。順近食，從近始也。覆手謂已食而釋其梜，覆手不用也。飱，夕食也。先儒以爲勸食者，朝食爲一，夕食爲再，以勸之使食，因謂之飧，爲其再食也。君未覆手，弗敢飧者，待君一食之竟，然後敢勸之使再也。如是者三，故曰飯飧者，三飯也。執飯與醬授從者，食於尊者之前，當親徹也。鄭氏、方氏。

凡侑食，不盡食，食於人不飽。唯水漿不祭，若祭，爲已偞卑。偞，虛涉反。

不盡食，不飽，謙也。水漿不祭，非盛饌也。已謂已甚也。偞卑，薄也。言水漿若祭，則太卑薄也。鄭氏、方氏。

君若賜之爵，則越席再拜稽首受。登席，祭之。飲卒爵而俟，君卒爵，然後授虛爵。

君子之飲酒也，受一爵而色洒如也，二爵而言言斯禮已，三爵而油油以退。退則坐取屨，隱辟而后屨，坐左納右，坐右納左。洒，先典反。言，魚斤反。辟，匹亦反。

洒如，明貌。言言，和貌。油油，悦敬貌。古以言言斯爲句，今以斯禮已爲句。謂二爵而言言然和敬，斯已爲禮。至三爵則油油然悦敬，而退不敢過三爵也。退則取屨，隱辟而納之，不敢當長者而屨也。坐左納右，坐右納左，凡以順手足之便。用《説文》、孔氏、陸氏、方氏補。

凡尊必上玄酒。唯君面尊。唯饗野人皆酒。大夫側尊用棜，士側尊用禁。棜，於據反。

上玄酒，不忘古也。君面尊，專其惠也。饗野人，謂蜡祭時唯用酒而不用水。賤者用恩而已，不備古禮也。側尊，在賓主兩楹之旁，避君之嫌也。椸，今木轝上有四周，下無足。禁，有足。皆所以頓酒尊，使不動者也。鄭氏、孔氏、方氏。

始冠，緇布冠，自諸侯下達，冠而敝之可也。

緇布冠，存古耳。始冠暫用，即敝棄之。鄭氏、周氏。

玄冠朱組纓，天子之冠也。緇布冠繢緌，諸侯之冠也。玄冠丹組纓，諸侯之齊冠也。玄冠綦組纓，士之齊冠也。繢，户内反。緌，耳佳反。綦音其，又其記反。

繢，備五采。綦，蒼艾雜色纓，所以結冠。緌，所垂之飾。玄冠朱組纓，緇布冠繢緌，皆始冠之冠，下皆齊冠。鄭氏。

縞冠玄武，子姓之冠也。縞冠素紕，既祥之冠也。垂緌五寸，惰游之士也。玄冠縞武，不齒之服也。紕音埤。

武，冠卷音權。也。紕，緣邊也。子姓，適孫也，孫是子之所生，故曰子姓。祖亡，故冠用縞，父在，故武用玄，此孫爲祖既祥之冠。冠用縞帛，以兆吉，緣以素紕，以示凶。此子爲父既祥之冠。垂緌五寸，游惰之象，黜冠縞武以罰之者，不齒之服。方氏、陸氏。

居冠屬武，自天子下達，有事然後緌。

燕居之冠，冠武相連，率略也。古者施冠於首，然後加武以約之，有事然後緌。燕居無事者去飾也。

五十不散送。親没不髦，大帛不緌。玄冠紫緌，自魯桓公始也。散，悉旦反。

五十送喪，不服散麻絰，始衰不備禮也。親没不髦，去爲子之飾也。大帛，疏帛。不緌者，凶服去飾也。玄冠而用不正之紫色爲緌，其失禮自魯桓公始也。鄭氏。

朝玄端。夕深衣。深衣三袪，縫齊倍要，衽當旁，袂可以回肘。朝，直遥反。袪，起魚反。要，一遥反。縫音逢。齊音咨。衽，而審反。

袪，袂末袂者袖也。三袪者，言深衣之廣三倍於袂之末也。縫齊者，衣下之裾也。要者，衣之中。齊者，衣之裾縫。齊倍要者，其裾之廣倍於要也。袪尺二寸，圍之爲二尺四寸，三其袪爲七尺二寸。今其下倍之，則丈四尺四寸也。衽，襟也。當旁，在其側也。袂之廣，取其可以回肘。鄭氏。

長、中，繼揜尺。袷二寸，袪尺二寸，緣廣寸半，以帛裹布，非禮也。袷音劫。

長者，長衣，垂之於外者也。中者，中衣，服之於内者也。長中二衣與深衣大同小異。繼者，接袖也。繼揜尺者，繼袂口而揜餘一尺，謂幅廣二尺二寸，以半幅繼續袂口，比深衣袖多長一尺，以揜覆於外也。袷，領也，以交而合，故名曰袷。二寸者，言其廣也。袪，袂口也。尺二寸，言袂口之廣也。緣廣寸半，言領袖之緣也。裹者，裌也。凡衣用帛則裹亦帛，用布則裹亦布。若以帛裹布，則是以細而副麤，故非禮。用鄭氏、陳氏、方氏補。

士不衣織，無君者不貳采。衣正色，裳間色。衣音意。織音志。間去聲。

織者，先染絲，然後織，若錦之屬，功多色重，士賤不得衣之。無君則弔，故服素而不貳之以采。衣在上，故用青、黃、赤、白、黑五方之正色。裳在下，故用緑、紅、碧、紫、騮、黃五方之間色。用孔氏補。

非列采不入公門，振絺綌不入公門，表裘不入公門，龍裘不入公門。振讀如袗，山陰陸氏如字訓舉。

列采，謂正服文采成列也。振絺綌，謂襌音丹。著絺綌而無表衣以蔽之，則褻。表裘，謂服表於外而無正服以被之，則藺。襲裘，謂裘必當裼反而襲之，不見美則疑於弔，故皆不當入公門。凡裘上必有裼衣，裼衣上又有襲衣。裼者，所以露其文采。用方氏補。

纊爲繭，緼爲袍，襌爲絅，帛爲褶。襌音丹。褶音牒。

纊，新綿。緼，舊絮。絅，襌衣。褶，裌衣。

朝服之以縞也，自季康子始也。孔子曰：「朝服而朝。卒朔然後服之。」曰：「國家未道，則不充其服焉。」

卒朔，謂卒告朔之時，告朔服皮弁，告朔畢脱去皮弁而後服朝服也。朝服以布不以純，以緇不以縞。後世反之者，始乎季康子之失禮也。朝服，緇衣素裳。待皮弁告朔訖，然後服之。盛服非有道者不能充其服，謂若「彼其之子，不稱其服」之類。用方氏補。

唯君有黼裘以誓省，大裘非古也。

黼裘，以黑羊皮雜狐白爲黼文以作裘。誓，謂前祭十日誓戒。省，謂前祭三日省牲。大裘，天子郊天之服。惟君黼裘以誓省，後世有用大裘，故記者譏之曰非古。

君衣狐白裘，錦衣以裼之。君之右虎裘，厥左狼裘。士不衣狐白。裼，思歷反。

狐白裘，以狐腋之白毛爲之。裼者，袒而有衣曰裼，露肉曰袒。天下無粹白之狐，而有粹白之裘，則狐白裘天下之尤難得者。紂以狐白免西伯，田子方以狐白禮子思，田文以狐白脱秦患，狐白之貴可知。故惟君衣之，而以素錦爲衣，覆之使可裼，右虎裘，左狼裘，衛尊者，宜武猛也。陳氏、鄭氏。

君子狐青裘豹褎，玄綃衣以裼之；麛裘青豻褎，絞衣以裼之；羔裘豹飾，緇衣以裼之；狐裘，黄衣以裼之。錦衣狐裘，諸侯之服也。褎音袖，綃音消，麛音迷，豻音岸。絞，户交反。

褎，袖。綃，綺屬。豻，胡犬。絞，蒼黄色。麛，鹿子。羔，羊子。裘必有衣，各隨其色之相稱。補。

犬羊之裘不裼，不文飾也，不裼。裘之裼也，見美也。弔則襲，不盡飾也。君在則裼，盡飾也。服之襲也，充美也。是故尸襲。執玉龜襲。無事則裼，弗敢充也。見，賢遍反。

袒而見裘曰裼，揜而充裘曰襲。見言見於外，充言實於内。裘之上有裼衣，裼衣之上有襲衣，襲衣之上有正服。裘之必裼，以見美爲敬。故君在則裼，惟尸居尊位，無所敬於下，故不裼而襲；執玉執龜，敬在寶瑞，故不裼而襲。苟無事則必裼，蓋臣之於君不敢自充其美，必以著見其美，爲事上之敬也。用鄭氏、方氏補。

笏，天子以球玉，諸侯以象，大夫以魚須文竹，士竹本象可也。

球，美玉。魚須文竹者，以鮫魚之須文飾其竹。竹本象者，用竹本而象飾之。孔氏。

見於天子，與射，無説笏。入太廟説笏，非古也。小功不説笏，當事免則説之。既搢必盥，雖有執於朝，弗有盥矣。凡有指畫於君前，用笏，造受命於君前，則書於笏。笏，畢用也，因飾焉。說，他活反。免音問。造，七報反。

説，脱去也，吉事無所説笏。免者，喪事以布繞頭，交額前而哭，惟當執事與免之時，則説笏。造君所而受命則書於笏，事事畢用笏，以笏爲重，故因而加飾焉。鄭氏、方氏。

笏度二尺有六寸，其中博三寸，其殺六分而去一。

其中博三寸，明上下二首不博三寸也。君殺其上，大夫、士又殺其下，殺之而其首廣二寸半，以便於搢與指畫。鄭氏、王氏。

而素帶，終辟，大夫素帶，辟垂，士練帶，率下辟，居士錦帶，弟子縞帶，并紐約用組。

辟，婢支反，讀如裨。率音律。并，必政反。紐，女久反。組音祖。

辟，讀如裨冕之裨，謂以繒采飾帶之側也。終辟者，盡其帶皆飾。辟垂者，止於帶之紐及末垂處有飾。率，謂緶緝，率下辟者，止於其末，下有飾。居士，不仕者。用錦帶，尚文。弟子，承學者，用縞帶，尚質。并，並也。紐，帶之交結處也。以物穿紐，約結其帶，並用組爲之也。鄭氏、孔氏。

韠，君朱，大夫素，士爵韋。圜、殺、直：天子直，公侯前後方，大夫前方後挫角，士前後正。韠音必。

韠，蔽膝也，亦名芾、名韍、名韎韐。爵韋者，凡韠皆以韋爲之。士之韠色如爵，於士言韋，總上文也。圜、殺、直三等之制，天子直，無圜殺也。公侯前後方，殺四角使之方，變於天子也。大夫前方後挫角，挫角則圜也。士前後正者，正方直之間，或曰前亦挫角，於是爲正也。韠以下爲前，以上爲後。用孔氏、陸氏補。

韠，下廣二尺，上廣一尺，長三尺，其頸五寸，肩，革帶，博二寸。

頸，中央也，以上下皆大而中特小，如人之頸。肩，兩角也，以其在兩旁，如人之肩。兩角皆上接革帶以繫之，故肩與革帶，其廣同。并言博二寸，大帶用組約，不堪縣繫，故繫於革帶。方氏、孔氏。

大夫大帶四寸。雜帶：君朱緑，大夫玄華，士緇辟二寸，再繚四寸。凡帶，有率，無箴功。繚音了。箴音針。

雜，猶飾。雜帶，即上之帶辟音婢。也。玄華、緇辟，皆帶飾，以等而殺耳，二寸而再繚之，亦四寸也。率，繂也。凡帶謂有司之帶，亦繂之如士帶。無箴功謂不禆之也。鄭氏。

一命緼韍幽衡，再命赤韍幽衡，三命赤韍葱衡。天子素帶朱裏，終辟。緼音温，韍音弗，幽讀如黝。

緼，赤黄之間色。衡，佩玉之衡，蓋瑀也。幽，黑色。葱，青色。

王后褘衣，夫人揄狄。褘音翬，揄音摇，狄讀如翟。

褘，爲翬。揄，爲摇。皆翟也。伊雒而南，素質五色皆備成章曰翬。江淮而南，青質五色皆備成章曰摇。王后之褘衣畫翬，夫人之揄狄畫摇。孔氏。

三寸，長齊于帶。紳長制：士三尺，有司二尺有五寸。子游曰：「參分帶下，紳居二焉。」紳、韠、結三齊。

三寸謂約帶紐組之廣也。長齊于帶，與紳齊也。紳，帶之垂者也。士之紳，其制長三尺。有司謂府史之屬，長止二尺五寸，便於趨走承事也。帶通四尺五寸，尺五寸繞腰，三尺垂前於紳，故曰「三分帶下，紳居二焉」。帶之垂紳，蔽膝之韠，承約組帶之結，三者齊長。用鄭氏、孔氏補。

君命屈狄，再命褘衣，一命襢衣，士褖衣。屈音闕。褘音鞠，山陰陸氏如翬音。襢，張戰反。褖，吐乱反。

屈，《周禮》作闕。狄，翟也，翟即雉，畫雉於衣，命婦之服，故曰君命屈狄。褘，翬也，畫翬於衣。上文云王后褘衣，其制必在屈狄之上，故曰再命褘衣。然褘衣既爲王后之服，卿大夫妻亦再命得之，其制必有少異。猶天子諸侯之同其衮冕也。一命襢衣，襢，展也。

士未命，其妻褖衣，褖或作税。展衣，白褖衣黑。集陸氏、孔氏。

唯世婦命於奠繭，其他則皆從男子。奠音獻，孔如字。

世婦，謂天子二十七世婦以下也。世婦及命婦入助蠶畢獻繭，凡獻物必先奠於地，故曰奠繭。奠繭者，有功於祭服而命之，不專爲夫，其餘非助蠶者，不須奠繭之命，惟從夫之爵，故云皆從男子。本孔氏説。

凡侍於君，紳垂，足如履齊，頤霤，垂拱，視下而聽上。視帶以及袷，聽鄉任左。齊音咨。霤力救反。袷音劫。鄉許亮反。

紳垂，則身磬折也。齊者，裳之下緝。如履齊者，謹於移步也。霤者，屋簷，身俯則垂其頤，如屋霤也。拱，沓手也，身俯則宜手沓而下垂也。視下者，視高則傲，故下矚。聽上者，侍尊宜諦聽，故聽上。視帶及袷者，視尊者之身下不過帶，高不過袷，袷，衣領也。聽鄉任左者，聽之所鄉，以左爲任，左近君也。孔氏。

凡君召以三節，二節以走，一節以趨。在官不俟屨，在外不俟車。

節，以玉爲之，君召臣有一節時，有二節時，故合云三節。急則二節，臣故走。緩則一節，臣故趨。在官不俟屨者，古者官府近列君側，席地而坐，登席解屨，聞召即往，故不俟屨。在外不俟車者，退食於外，徒馭皆散，倉卒未易遽集，故或不容於俟車。孔氏、應氏。

士於大夫不敢拜迎，而拜送。士於尊者先拜進面，答之拜則走。

凡皆不敢以主禮自居也，先拜進面，謂拜竟乃進面，親相見。本孔氏。

士於君所言大夫，没矣則稱謚若字，名士。與大夫言，名士，字大夫。

字名，謂字其名，即稱字也。隱其名而稱其謚與字，所以謹分守，存謙退，亦體其君尊賢悼往之心。應氏。

於大夫所，有公諱，無私諱。凡祭不諱，廟中不諱，教學臨文不諱。

此明有不得而諱者，義各有在也。補。

古之君子必佩玉，右徵角，左宫羽，趨以《采齊》，行以《肆夏》，周還中規，折旋中矩，進則揖之，退則揚之，然後玉鏘鳴也。故君子在車則聞鸞和之聲，行則聞佩玉，是以非辟之心無自入也。齊讀作薺。還音旋。

右徵角，左宫羽，玉聲之所中也。徵爲事，角爲民，可以勞，故在右。宫爲君，羽爲物，宜逸，故在左。《采齊》，路門外之樂節，逸詩。《肆夏》，路門外之樂節，《九夏》之一也。周旋，是直去却回來，其回轉處欲其圓而中規。折旋，是直去復横去，其横轉處欲其方而中矩。鸞在衡，和在式。集鄭氏、及晦菴。

君在不佩玉，左結佩，右設佩。居則設佩，朝則結佩，齊則綪結佩而爵韠。綪，側耕反。

不佩玉，非盡去之也。特結其玉，不使鳴以收斂爲敬耳。左佩，德佩，玉也，故結之。右佩，事佩，木燧大觿之屬，以備使令，故設之綪，則結其佩。又屈上之以齊而思神明，心不在事也。爵韠，祭服。應氏、鄭氏。

凡帶必有佩玉，唯喪否。佩玉有衝牙。君子無故玉不去身，君子於玉比德焉。

佩玉，以聲而節行。衝牙者，佩之所以成聲者也。凡佩上繫於衝，下垂三道，穿以蠙珠，下端之前後縣以璜，其中央下端縣以衝牙，動則衝牙前後觸璜而爲聲，所觸之玉，其形似牙，故曰衝牙。孔氏。

天子佩白玉而玄組綬，公侯佩山玄玉而朱組綬，大夫佩水蒼玉而純組綬，世子佩瑜玉而綦組綬，士佩瓀玟而緼組綬。孔子佩象環五寸而綦組綬。綬音受。純爲緇，則其反。瑜，羊朱反。綦音其。瓀，而兖反。緼音温。玟，武中反。

山玄、水蒼，色所似也。綬者，所以貫佩玉相承受者也。純當爲緇，古文作絲。綦，青黑色。瑜，美玉。瓀玟，石次玉者。緼，赤黄間色。山陰陸氏純與緼皆如字。純以絲爲之，緼以纊爲之，免改本文而義亦明，徑合從之也。孔子象環，豈自爲之制歟？記者傳聞，而説者曲爲之議，似意之耳。

童子之節也，緇布衣，錦緣，錦紳并紐，錦束髮，皆朱錦也。

用錦爲緇布衣之緣，又紳帶及約帶之紐皆用錦，并以錦爲總而束髮，其錦皆用朱色之錦。此童子之飾，其以父母存而尚采歟？用孔氏補。

肆束及帶，勤者有事則收之，走則擁之。肆古音肆，今讀如字。

肆，伸之也。束，所以約帶之組紐也。勤，謂執勤勞之事也。伸束及帶所以爲容，有事則收之，身須趨走則擁抱之於懷。或云此承上文，言童子以朱錦束髮，肆之使至帶。陳氏、陸氏。

此篇自「而素帶終辟」以後，至「走則擁之」，鄭氏謂多錯簡，天台賈蒙依其説，改次前後，今録下方：天子素帶朱裏終辟，而素帶終辟。而衍字，元本無諸侯字，疑脱。大夫素帶辟垂，士練帶率下辟，居士錦帶，弟子縞帶并紐約。用組三寸，長齊于帶，紳長制士三尺，有司二尺有五寸。子游曰：「叅分帶下，紳居二焉。」紳、韠、結三齊。大夫大帶四寸，雜帶，君朱緑，大夫玄華，士緇辟二寸，再繚四寸。凡帶有率無箴功，肆束及帶，勤者有事則收之，走則擁之。

童子不裘不帛，不屨絇，無緦服，聽事不麻。無事則立主人之北，南面。見先生，從人而入。絇，其俱反。

絇屨，頭飾。不裘帛，恐太温也。不屨絇，未成禮也。不服緦，惟聽給事而不服麻。無事則旁立，爲其幼也。從人而入，不敢獨勞長者與爲禮也。用孔氏、陸氏補。

侍食於先生，異爵者，後祭先飯。客祭，主人辭曰：「不足祭也。」客飧，主人辭以疏。主人自置其醬，則客自徹之。一室之人非賓客，一人徹。壹食之人，一人徹。凡燕食，婦人不徹。飯，扶晚反。飧音孫。

先生，尊者也。異爵，貴者也。饌不爲己設，故後人而祭，示爲尊者嘗食，故先人而飯也。客祭，盛主人之饌，客飧，美主人之食，故主人皆辭之。疏言麤也。主人自置醬者，敬客。客自徹者，敬主。一室之人自食，非有賓客，惟使少者一人徹。壹食，謂若同盤而食，亦惟一人徹，不以無賓主而廢禮也。婦人不徹，弱不備禮也。鄭氏、孔氏、方氏、輔氏。

食棗桃李，弗致于核。瓜祭上環，食中，棄所操。凡食果實者，後君子；火孰者，先君子。有慶，非君賜不賀。有憂者。勤者有事則收之，走則擁之。操，七刀反。先、後並去聲。

環，謂瓜外圓中虛，橫斷之形如環。操，謂手所持者。弗致于核，謂懷核不置於地也。食瓜亦祭先，祭以其上環，食其中，棄其手之所操果實，陰陽所成産之味，以先食爲新，故後於君子而食。火孰，調和所成之味，以後食爲謹，故先於君子而食。有慶非君賜不賀。陸氏并下文有憂者釋之云：有憂者有慶，唯君賜然後賀。勤者有事則收之，走則擁之。前章之文重出。鄭氏、孔氏、方氏。

孔子食於季氏，不辭，不食肉而飧。

凡客將食，興辭，而孔子不辭。凡禮，食先胾，次殽，至肩則飽，乃飧。孔子又不食而飧，是季氏失禮而孔子以微意警之，是亦教誨之也。孔氏、輔氏、應氏。

君賜車馬，乘以拜。賜衣服，服以拜。賜，君未有命，弗敢即乘服也。君賜，稽首，據掌，致諸地。酒肉之賜弗再拜。凡賜，君子與小人不同日。

乘服以拜，敬君惠也。非經君命，雖有車馬衣服，不敢輒乘服也。據掌，以左手覆按右手之上。致諸地者，致首於地，恭之至也。酒肉之賜弗再拜，輕也。賜，君子、小人不同日，謹尊卑也。鄭氏、孔氏、陸氏。

凡獻於君，大夫使宰、士親皆再拜稽首送之。膳於君，有葷桃茢，於大夫去茢，於士去葷，皆造於膳宰。大夫不親拜，爲君之答己也。造，七報反。爲，于僞反。

宰，謂膳宰，主飲食官。葷，辛菜。桃，桃枝。茢，菼帚，皆熏祓不祥者。大夫使宰獻，士親獻，皆拜送膳於君所。熏祓其不祥，造詣膳宰而進之，大夫不敢親拜進君者，恐煩君之答己。鄭氏、孔氏。

大夫拜賜而退，士待諾而退，又拜。弗答拜。大夫親賜士，士拜受，又拜於其室。衣服弗服以拜。敵者不在，拜於其室。

大夫拜竟即退，不待報，恐君召進而答己也。士賤，君無答拜之禮。又待小臣傳君之報諾而後退。又拜者，又拜君之諾報也。弗答拜者，君不答士拜也。大夫賜士，士既拜受，又往拜謝於大夫之室，所謂再拜也。衣服弗服以拜者，君之賜則服以是。大夫輕於君，故不服其所賜而拜也。敵己者有賜而不在家，不及拜受，則往拜謝於賜者之室也。本孔氏説。

凡於尊者有獻，而弗敢以聞。士於大夫不承賀，下大夫於上大夫承賀。親在，行禮於

人則稱父。人或賜之，則稱父拜之。

弗敢以聞，恐其瀆也。如《少儀》云：致馬資於有司，及所謂贈從者之屬，皆弗敢以聞也。士卑於大夫，不敢受其賀，下大夫於上大夫尊近，故受賀。父在，行禮與受賜皆稱父，事統於尊也。鄭氏、孔氏、方氏。

禮不盛，服不充，故大裘不裼，乘路車不式。

服襲爲充，美於内，惟盛禮乃然。大裘不裼，是以祀天禮盛也。乘路不式，路車亦以祀天禮盛，無他敬也。

父命呼，唯而不諾，手執業則投之，食在口則吐之，走而不趨。親老，出不易方，復不過時。

唯速於諾，走速於趨。方氏。

親癠，色容不盛，此孝子之疏節也。父没而不能讀父之書，手澤存焉爾。母没而杯圈不能飲焉，口澤之氣存焉爾。癠，才細反。圈，起權反。

疏，粗。圈，屈木所爲，卮匜之屬。手澤，汗之所漬，津之所漬。親病而憂，未爲至孝，親没而觸痛不忍，可以觀其孝矣。補。

君入門，介拂闑，大夫中棖與闑之間，士介拂棖。賓入不中門，不履閾，公事自闑西，私事自闑東。闑，魚列反。棖，直衡反。

闑，門中央所豎短木。棖，門兩旁長木。介，副也。賓之□□。拂，謂衣拂之也。上介近君稍中，故衣拂闑。大夫之介微遠於闑，故中於棖與闑之兩間。士介卑，去闑遠，故拂棖。不中門者，嫌於自尊。不履閾者，嫌於自高。公事謂聘享，爲國而與主君敵，故自闑西，客禮也。私事謂私覿爲己，則從主君而已，故自闑東，不敢以客禮自居也。集鄭氏、孔氏、方氏説。

君與尸行接武，大夫繼武，士中武。徐趨皆用是，疾趨則欲發，而手足毋移。圈豚行，不舉足，齊如流。席上亦然。端行，頤霤如矢。弁行，剡剡起屨。執龜玉，舉前曳踵，蹜蹜如也。圈，舉遠反。豚，大本反。齊音咨。

君，天子諸侯也。尸，祭祀象神之尸也。武，迹也，接武蹈半迹，繼武迹相及，中武迹間容迹。凡徐趨皆用與尸行之節。疾趨屨常欲起，手足猶宜直正，不得邪低摇動。圈，轉。豚，循也。轉足循地而行。不舉足，謂足不離地也。齊，裳下緝也，足既不動則裳下曳地，如水流於地之狀也。端行，謂直行，或謂端冕之行。頤如屋霤之垂，行如矢之直也。弁行，謂急行，或謂戴弁之行。剡剡，鋭利，屨頭起發之狀也。執龜玉則舉前而曳其後。踵，足，蹜蹜如，有循。鄭氏、孔氏、方氏。

凡行，容惕惕，廟中齊齊，朝廷濟濟翔翔。濟，才兮切。翔音洋。

惕惕，直疾貌。齊齊，恭慤貌。濟濟，有威儀矜莊。翔翔，行而張拱。

君子之容舒遲，見所尊者齊遬。足容重，手容恭，目容端，口容止，聲容靜，頭容直。氣容肅，立容德，色容莊，坐如尸，燕居告溫溫。濟音咨。遬音速。

舒遲，德性自然也。齊遬，則見所尊又警而變。遬猶蹙也。足容重，舉欲遲；手容恭，拱而正；目容端，毋淫視；口容止，無妄言；聲容靜，不噦咳；頭容直，不傾顧；氣容肅，似不息；立容德，中立不倚，儼然有德之氣象；色容莊，勃如戰色。坐如尸，不動也。告謂教使，燕居時告教人。溫溫然，匪怒伊教也。鄭氏、孔氏、應氏。

凡祭，容貌顏色如見所祭者。

如覩其人在此。鄭氏。

喪容纍纍，色容顛顛，視容瞿瞿梅梅，言容繭繭。顛音田，又丁年切。瞿，紀具反。

喪容，總言之。其下分言之，皆喪容也。纍纍，羸憊貌；顛顛，摧落貌；瞿瞿，驚遽貌；梅梅，曖昧貌；繭繭，聲氣卑微也。鄭氏、孔氏補。

戎容暨暨，言容詻詻，色容厲肅，視容清明，立容辨卑，毋讇，頭頸必中。山立，時行，盛氣顛實揚休，玉色。詻，五恪反。辨古音貶，今讀如字。顛音田。

戎容，總言之。其下分言之，皆戎容也。暨暨，果毅貌；詻詻，教令嚴。立容辨卑、毋讇，古通爲一句，謂雖自貶卑而無諂媚。山陰黃氏各三字爲句，立容明辨，雖卑遜而毋失之諂媚也。山立，如山不動也。時行，時而即行也。盛氣顛實，戰勇之氣，顛實於中也。

揚休，揚其休美。玉色，粹美瑩徹也。用鄭氏、孔氏補。

凡自稱，天子曰「予一人」，伯曰「天子之力臣」。諸侯之於天子，曰「某土之守臣某」；其在邊邑，曰「某屏之臣某」；其於敵以下，曰「寡人」。小國之君曰「孤」，擯者亦曰「孤」。上大夫曰「下臣」，擯者曰「寡君之老」。下大夫自名，擯者曰「寡大夫」。世子自名，擯者曰「寡君之適」。公子曰「臣孽」。士曰「傳遽之臣」，於大夫曰「外私」。大夫私事使，私人擯則稱名，公士擯則曰「寡大夫」、「寡君之老」。大夫有所往，必與公士爲賓也。適音的。使，色吏反。賓，必刃反。

屏，謂屏衛中國。擯，相也。公子，庶子也，故自稱孽。傳遽，以車馬給使，士自稱職之卑也。士臣於大夫曰私人。此士既不與大夫爲臣，故對大夫稱曰「外私」。公士擯者，謂正聘用公家之士賓介也。鄭氏、孔氏。

明堂位第十四

昔者周公朝諸侯於明堂之位，天子負斧依，南鄉而立。三公，中階之前，北面，東上。諸侯之位，阼階之東，西面，北上。諸伯之國，西階之西，東面，北上。諸子之國，門東，北面，東上。諸男之國，門西，北面，東上。九夷之國，東門之外，西面，北上。八蠻之國，南門之外，北面，東上。六戎之國，西門之外，東面，南上。五狄之國，北門之外，南面，東上。

九采之國，應門之外，北面，東上。四塞，世告至。此周公明堂之位也。塞，先代反。

斧即黼，依即扆，爲屏風畫斧形，在户牖間。負者，背之而立也。九采，九州之牧；四塞，謂夷服在四方爲蔽塞者。周公相成王，漢儒以爲代之朝諸侯，傳聞既不審矣，鄭康成又竟指天子爲周公，何過耶？有周朝諸侯之位，見於《康王之誥》，亦不過東西二伯帥之。此書五等諸侯與四夷各班，又以九州之牧次於四夷之外，皆未安。補。

明堂也者，明諸侯之尊卑也。昔殷紂亂天下，脯鬼侯以饗諸侯，是以周公相武王以伐紂。武王崩，成王幼弱，周公踐天子之位以治天下。六年，朝諸侯於明堂，制禮作樂，頒度量，而天下大服。七年，致政於成王。成王以周公爲有勳勞於天下，是以封周公於曲阜，地方七百里，革車千乘，命魯公世世祀周公以天子之禮樂。是以魯君孟春乘大路，載弧韣，旂十有二旒，日月之章，祀帝于郊，配以后稷，天子之禮也。弧音胡。韣音獨。

弧，旌旗所以張幅者。韣，則韜弧之衣。明堂，布政之堂，明取嚮明之義，今曰明諸侯之尊卑，是特釋位之爲義耳。然諸侯之班爵素定，其尊卑不待此而後明也。成王幼，周公以冢宰聽其政令，曰踐天子之位。周公無此事也。周室班爵之制，諸侯不過百里，今曰地方七百里，周室無此制也。魯惠公始請郊於東周，至僖公然後用郊。《春秋》書之以著其非。今曰成王命魯公祀帝于郊，成王亦未嘗有此舉也。封爵當以《孟子》爲正，魯郊當以《吕覽》爲正。蓋皆周末先秦之書也。《明堂位》作於漢儒，漢儒多出於魯，魯之僭大始於春秋，遂有矯飾之説，傳流至漢，漢儒因而述之，弗考爾。補。

季夏六月，以禘禮祀周公於大廟，牲用白牡，尊用犧、象、山罍，鬱尊用黄目，灌用玉瓚大圭，薦用玉豆雕篹，爵用玉琖仍雕，加以璧散璧角，俎用梡嶡。升歌《清廟》，下管《象》，朱干玉戚，冕而舞《大武》，皮弁素積，裼而舞《大夏》。《昧》，東夷之樂也。《任》，南蠻之樂也。納夷蠻之樂於大廟，言廣魯於天下也。犧，古素何反，今如字。篹，息緩，又祖管反。琖，側眼反。散，先旦反。嶡，居衛反。梡，苦管反。任，而林反。

禘，大祭。白牡，殷牲。犧尊畫犧，象尊畫象。罍，貯酒而給於尊者，爲之雷文以示戒，故曰罍。山，謂刻山雲爲罍也。鬱尊者，盛鬱鬯之尊。黄目，黄彝也，鏤金爲龜目，故曰黄目。灌，謂酌鬱尊以獻。瓚，形如槃，容五升，以大圭爲柄是謂圭瓚。玉豆以玉飾豆。篹，籩屬，以竹爲之。雕者，刻飾其柄。爵者，酌酒獻尸之柸。琖，夏后氏爵名，飾之以玉。仍雕者，因爵之形而爲之飾也。加者，加爵。琖則爵而已。一升曰爵，四升曰角，五升曰散，皆爵之大者。璧者，以璧飾其口。俎，盛肉者。虞俎名梡，直而有脚。夏俎名嶡，脚中央添横木。下管《象》者，堂下吹管以播《象》、《武》之詩。朱干，干盾也，以朱飾其背。玉戚，戚，斧也，以玉飾其柄。《大武》，周舞。《大夏》，夏舞。素積者，素衣，其衣積疊。《昧》，東夷樂名。《任》南蠻樂名。凡皆侈言魯用天子禮樂，且自釋其義以爲廣魯於天下。然天下周之有，而云欲廣魯於天下，將何爲耶？補。

君卷冕立于阼，夫人副褘立于房中。君肉袒迎牲于門，夫人薦豆籩，卿大夫贊君，命婦贊夫人，各揚其職。百官廢職服大刑，而天下大服。是故夏礿，秋嘗，冬烝，春社、秋省而遂大蜡，天子之祭也。卷音衮，褘音輝。

卷冕，龍衮而冕。副，首飾。褘，翬也，衣之所畫。凡亦侈言魯用天子禮樂，然於祭祀而云，百官廢職服大刑，則三代之王，未聞有承祀者不職而加之極刑者也。若云姑爲是法而已，則天下何從而大服。夫四罪而天下服，舜實見之行事，然後天下服爾。若爲之法而天下服，何速耶？補。

大廟，天子明堂。庫門，天子皋門。雉門，天子應門。振木鐸於朝，天子之政也。

魯之大廟，即天子之明堂也。魯之庫門，即天子之皋門也。魯之雉門，即天子之應門也。魯以木鐸振於朝，是亦天子之布政也。每事以天子誇魯之盛，而不知此魯之失也。補。

山節、藻棁、復廟、重檐、刮楹、達鄉、反坫、出尊、崇坫、康圭、疏屏，天子之廟飾也。棁，專悦反。鄉，許亮反。康，苦浪反，舉也。馬氏讀如字，安也。

節，今屋梁之斗拱。山節，刻山爲文也。棁，今梁上之短柱。藻棁，畫藻爲飾也。復廟，重屋也。凡前殿曰廟，後殿曰寢，摠而名之皆曰廟也。重檐者，就外簷下壁復安板檐，以避風與雨之灑壁也。刮楹者，刮之使淨，楹者，柱也。達鄉者，達之使明，鄉者，牖屬。

反坫者，鄉外之坫。出尊者，謂置酒尊而出於坫之上也。崇坫者，崇高之坫。康圭者，謂受賓圭而安於坫之上也。凡坫皆以土築之。屏者今浮思，謂城隅缺上爲屋，以覆屏牆之小樓。疏者，刻爲雲氣蟲獸。凡亦侈言魯之用於廟，皆天子之廟飾也。補。

鸞車，有虞氏之路也。鉤車，夏后氏之路也。大路，殷路也。乘路，周路也。有虞氏之旂，夏后氏之綏，殷之大白，周之大赤。夏后氏駱馬黑鬣，殷人白馬黑首，周人黄馬蕃鬣。夏后氏牲尚黑，殷白牡，周騂剛。泰，有虞氏之尊也。山罍，夏后氏之尊也，著，殷尊也。犧象，周尊也。爵，夏后氏以琖，殷以斝，周以爵。灌尊，夏后氏以雞夷，殷以斝，周以黄目。其勺，夏后氏以龍勺，殷以疏勺，周以蒲勺。土鼓、蕢桴、葦籥，伊耆氏之樂也。拊搏、玉磬、揩擊、大琴大瑟、中琴小瑟，四代之樂器也。鬣，力輒反。蕃音煩。着，直略反。斝音嫁。勺，市灼反。蕢讀爲由，苦對反，與塊同。桴音浮。葦，于鬼反。揩，居八反。

鸞車，車有鸞和爲行節也。鉤車，鉤曲也，謂車有曲輿，蓋曲其前闌也。大路、木路、乘路、玉路，此四代車路之别。旂之制始於舜。《子華子》云「舜建太常」。綏者，旂旒之係於繩而垂者也。殷尚白，周尚赤，此四代旂常之别。白馬黑鬣曰駱，馬以毛物爲主，而鬣又毛之長者，故以鬣言。夏尚黑，故用黑鬣。駱，白黑相間也。蕃，赤也。凡言馬，夏黑，殷白，周騂剛赤色，此三代牛牲之别。泰，瓦尊。山罍，畫爲山雲之形。著者，尊無足而底着地。犧象者，畫犧與象爲尊之飾。此四代尊之别。琖，鍾之小者，謂卑淺若琖然，故名琖。斝，稼也，畫爲禾稼。爵，象雀，有足而尾，此三代爵之別。灌尊，灌鬯之尊也。雞夷即雞彝，刻木爲雞形而畫雞於彝。斝，畫禾稼。黄目，鏤目而飾以金。勺，灌尊，所用以酌酒者也。龍勺，勺爲龍頭。疏勺，謂通刻勺頭爲雉頭也。蒲勺，謂刻勺爲鳧頭，其口微開如蒲草，本合而末微開。此三代灌尊及勺之別。土鼓，築土爲鼓。蕢桴，以凷塊同。爲桴。葦籥，截葦爲籥，籥者如笛而三孔。伊耆氏，古之本始禮樂者。拊，取聲淺。搏，取聲深。揩，猶戛，謂戛柷。擊，謂擊敔。皆所以節樂者。此四代之樂之別。又推其始於伊耆氏者也。車也、旂也、牲也、尊也、爵也、勺也、樂也，皆前代帝王之制，魯兼用之。記者侈言之，施之周公之廟，猶曰報功。施之魯國，難乎免於僭矣！用陳氏補。

魯公之廟，文世室也。武公之廟，武世室也。米廩，有虞氏之庠也。序，夏后氏之序也。瞽宗，殷學也。頖宮，周學也。崇鼎、貫鼎、大璜，封父龜，天子之器也。越棘，大弓，天子之戎器也。夏后氏之鼓足，殷楹鼓，周縣鼓。垂之和鍾，叔之離磬，女媧之笙簧。夏后氏之龍簨虡，殷之崇牙，周之璧翣。有虞氏之兩敦，夏后氏之四璉，殷之六瑚，周之八簋。俎，有虞氏以梡，夏后氏以嶡，殷以椇，周以房俎。夏后氏以楬豆，殷玉豆，周獻豆。有虞氏服韍，夏后氏山，殷火，周龍章。有虞氏祭首，夏后氏祭心，殷祭肝，周祭肺。夏后氏尚明水，殷尚醴，周尚酒。有虞氏官五十，夏后氏官百，殷二百，周三百。有虞氏之綏，夏后氏之綢練，殷之崇牙，周之璧翣。凡四代之服、器、官，魯兼用之。是故魯，王禮也，天

下傳之久矣，君臣未嘗相弑也，禮樂、刑法、政俗未嘗相變也。天下以爲有道之國，是故天下資禮樂焉。敦音對，又都雷切。椇，俱甫切。揭，苦瞎切。綢，叨刀切。

魯公，伯禽。武公，伯禽之玄孫，名敖。以魯此二廟比周文、武之廟。世室，言不毀也。米廩，魯學謂即虞之庠，皆言養也，與序、瞽宗、頖宮，總言魯兼四代之學也。崇、貫、封父、越皆國名。棘即戟。大弓，武王之弓。此言魯有天子之器也。鼓足，鼓有四足也。楹鼓，以柱貫中，縣則在上。垂、叔、女媧皆古人名。和鍾，編鍾。離磬，特磬。笙簧，笙中作簧。簨虡，所以縣鍾磬，横曰簨，植曰虡，龍其飾也。崇牙謂於簨之上刻木爲崇牙之形，以挂鍾磬。璧翣者，畫繒爲扇，戴小璧於其上。此言魯前代之樂器也。敦、璉、瑚、簋皆黍稷器。梡，斷木爲四足。嶡，添横距。椇，曲撓之如枳椇樹枝。房俎，下横闊如房。楬豆，以木爲柄，獻謂疏刻之。此言魯兼前代之禮器也。韍，即蔽膝之韠。山、火、龍章，所畫之文。此言魯兼前代之祭服也。祭首、心、肝、肺。此言魯兼前代之祭禮也。尚明水、醴、酒。此言魯兼前代之獻酒也。官五十至三百。此言魯兼前代之官制也。綏，謂旌旗之緌，綢練，謂綢杠以練，杠，旌竿。崇牙，刻繒爲崇牙之形，以飾旌旗之側。翣如扇形以障柩車，戴之以璧。此言魯兼前代之葬儀也。凡四代帝王之服、器、官，魯果兼用之，非特分之所不當，亦恐力之所不及。春秋時魯弑三君，又公廟立於私家，自三桓始。夫人之不命於天子，自魯昭公始。士之有誄，由魯莊公始。婦人之髽而弔，自臺駘始。玄冠紫緌，自魯桓公始。朝服之以縞，自季康子始。今云君臣未嘗相弑，政俗未嘗相變，亦近誣矣。雖曰隱惡，不若不言之愈也。用鄭氏及慶源輔氏補。

喪服小記第十五

斬衰：括髮以麻，爲母括髮以麻，免而以布。齊衰：惡笄以終喪。衰，七雷反。爲，于爲反。免音汶。

斬衰，父服，始死括髮以麻，若爲母，始雖亦以麻，至儐尸出堂後又哭，則改而免以布。免者，以布爲卷幘，以約四垂短髮，自項而前交於額也。齊衰，惡笄以終喪者，婦人質於喪，有除無變。鄭氏。

男子冠而婦人笄，男子免而婦人髽。其義：爲男子則免，爲婦人則髽。免音汶。

男子吉有冠，喪則玄冠而免。婦人吉有笄，喪則去笄而髽。補。

苴杖，竹也。削杖，桐也。

杖之别。

祖父卒，而后爲祖母後者三年。

承重。

爲父、母、長子稽顙。大夫弔之，雖緦必稽顙。婦人爲夫與長子稽顙，其餘則否。

婦人既嫁，則所重在夫。補。

男主必使同姓，婦主必使異姓。

異姓，謂同宗之婦。鄭氏。

爲父後者，爲出母無服。

重在父。

親親以三爲五，以五爲九。上殺、下殺、旁殺而親畢矣。殺，色界反。

三者：己與父及子三世也。以三爲五者，上因父而及祖，下因子而及孫，則爲五。以五爲九者，上因祖而又及高祖，下因孫而又及玄孫，爲九也。上殺者，祖以上服漸輕；下殺者，孫以下服漸輕；旁殺者，高祖以下之旁從服亦漸輕，而至於盡矣。用鄭氏補。

王者禘其祖之所自出，以其祖配之。而立四廟。庶子王亦如之。

庶子立爲王，與適子爲王者，其奉先廟制同。補。

別子爲祖，繼別爲宗，繼禰者爲小宗。有五世而遷之宗，其繼高祖者也。

別子者，諸侯之庶子，別爲後世之始祖。繼別者，別子之世，長子爲其族之宗，所謂百世不遷之大宗也。繼禰者，別子庶子之長子，爲其昆弟之宗，所謂五世則遷之小宗也。小宗有四：或繼高宗，或繼曾祖，或繼禰，皆至五世而遷。特舉繼高祖者言之耳。鄭氏。

是故祖遷於上，宗易於下。尊祖故敬宗，敬宗所以尊祖禰也。

祖遷於上，謂高祖之父，以次而祧也。宗易於下，謂繼高祖而下，三從族父以次而疎也。因尊祖，故敬宗，宗者，祖禰之正體，故敬宗所以尊己之祖禰也。孔氏。

庶子不祭祖者，明其宗也。庶子不爲長子斬，不繼祖與禰故也。

斬，謂斬衰。

庶子不祭殤與無後者，殤與無後者從祖祔食。庶子不祭禰者，明其宗也。

殤與無後者皆祔於祖，祖與禰皆宗子祭。補。

親親，尊尊，長長，男女之有別，人道之大者也。

言服之所以隆殺。鄭氏。

從服者，所從亡則已。屬從者，所從雖没也服。妾從女君而出，則不爲女君之子服。

從服，謂於己無服，於己所從之人有服，己所從之人既没則已。謂若君母之父母、昆弟，若妾爲女君之黨，君母與女君既没，不必爲之服也。屬者，骨血連屬以爲親。屬從，則非於己非親而徒從人爲服者，比如子從母而服母之黨，夫從妻而服妻之黨。母與妻雖没，猶爲其黨服也。妾爲女君之黨，服故爲女君之子服，若妾與女君俱出，女君雖猶爲其子服朞，而妾則義絶無服矣。用鄭氏説補。

禮，不王不禘。

禘者，禘其祖之所自出，惟王爲然。諸侯以下及始祖耳。補。

世子不降妻之父母，其爲妻也，與大夫之適子同。 爲于，僞反。適，丁歷反。

妻父母不降服，爲妻故親之也。爲妻齊衰而不杖，父爲主，子不得伸也。鄭氏、孔氏。

父爲士，子爲天子諸侯，則祭以天子諸侯，其尸服以士服。父爲天子諸侯，子爲士，祭以士，其尸服以士服。

尸服，以父之爵；祭食，以子之爵。然父爲士，而子爲天子，與父爲天子，而子爲士，乃後世事。人情所不忍言，而漢人言之。若以義例明禮，似不若父爲大，夫子爲士之説安也。補。

婦當喪而出，則除之。爲父母喪，未練而出則三年，既練而出則已。未練而反則期，既練而反則遂之。

當喪，當舅姑喪。女嫁則恩隆於夫家，被出則恩復隆於父母，得反，則恩復隆於夫家。方氏。

再期之喪，三年也。期之喪，二年也。九月七月之喪，三時也。五月之喪，二時也。三月之喪，一時也。故期而祭，禮也。期而除喪，道也。祭不爲除喪也。三年而后葬者必再祭，其祭之間不同時而除喪。

再期云三年，期云二年，皆占禫言之也。言喪節應歲時之氣。喪祭與除喪不同時。再祭謂祥與練。鄭氏。

大功者主人之喪，有三年者則必爲之再祭，朋友虞祔而已。

身有大功，九月喪而主同姓。三年之喪，則必爲之再祭，以盡三年喪之禮。若爲朋友主，則既葬後虞祭，祔廟而止。補。

士妾有子而爲之緦，無子則已。

妾以有子爲恩。補。

生不及祖父母、諸父、昆弟，而父税喪，已則否。税，他活反。又他外反。

税者，日月已過始聞喪而追服。此謂父在他邦生己，己不及識祖父、祖母、諸父、昆弟，聞其死已過時，而父追服，己無追服。本鄭氏説。

爲君之父、母、妻、長子，君已除喪而后聞喪，則不税。降而在緦、小功者則税之。

卿大夫出聘，君諸親之喪已除，則不必追服。蓋從服者，其情輕也。緦、小功不税，則是遠兄弟，終無服，故必追服之。蓋屬從者，其情重也。遠兄弟輕服。皆自父祖之親降殺而及之，故云降而在緦、小功。補。

近臣，君服斯服矣。其餘從而服，不從而税。君雖未知喪，臣服已。

此言君出朝聘未反，而君之諸親有喪者，從行卑近之臣則隨君而服，不問服限之已除未除也。其餘爲臣之貴者，君親服限未除，則從之服。若已除，不從之追服。若在國之臣，君雖在外，未知諸親之喪，其臣先已喪服矣。用孔氏補。

虞杖不入於室，祔杖不升於堂。此論哀殺去杖之節。孔氏。

爲君母後者，君母卒，則不爲君母之黨服。爲君母後，謂無嫡立庶爲後也。君母卒，則不爲君母之黨服，異於適也。適爲屬從，母没亦服母之黨。用孔氏補。

絰殺五分而去一，杖大如絰。殺，色界反。首絰大一搤，搤謂拇指與第二指一圍也。要絰較小，杖大如要絰。晦菴及鄭氏説。

妾爲君之長子，與女君同。重正統也。鄭氏説。

除喪者先重者，易服者易輕者。除喪謂練。男子除乎首，婦人除乎帶。易服謂先遭重喪後遭輕喪。男子易乎帶，婦人易乎首。男重首絰，女重要絰也。鄭氏、孔氏。

無事不辟廟門，哭皆於其次。辟，婢亦反。廟，殯宫。辟，開也。次謂倚廬。鬼神尚幽，廟宜閉。鄭氏説補。

復與書銘，自天子達於士，其辭一也。男子稱名，婦人書姓與伯仲，如不知姓，則書氏。

復，招魂。銘，明旌。《周禮》天子復曰「皐」，天子復則不稱名。取妻亦無不知姓者。先儒遂以此爲殷禮。集鄭氏、孔氏。

斬衰之葛與齊衰之麻同，齊衰之葛與大功之麻同，麻同皆兼服之。

初服麻，既虞變葛，斬衰之葛，齊衰之麻，絰皆五寸七分之一，帶五寸二十五分寸之十九。齊衰之葛，大功之麻，絰皆五寸二十五分寸之十九，帶四寸百二十五分之七十六。兼服之者，謂若斬衰卒哭，男子變要絰以葛，若又遭齊衰之麻，易葛帶，其首絰猶是斬衰之麻，是兼之也。下放此。鄭氏及山陰陸氏。

報葬者報虞，三月而后卒哭。報，鄭音赴，陸氏如字。

報，鄭讀爲赴疾之赴，云「不及期而葬」，訓急疾也。山陰陸氏謂不及期而葬者，報而後知之。故云報葬，即及期則有會而無報。急葬者，急虞祭，安神宜急也。凡虞祭畢即卒哭。今卒哭必待三月，己之哀痛，則奪之不忍急也。合孔氏、陸氏説。

父母之喪偕，先葬者不虞祔，待後事。其葬，服斬衰。

偕，俱也，謂父母同月若同日死。先葬者，母也。先輕，葬服斬衰從重，雖葬母，亦以父之服，父未葬，不得變服也。鄭氏、孔氏。

大夫降其庶子，其孫不降其父。大夫不主士之喪。

大夫降其庶子者，父於子本朞服。今大夫尊而庶子賤，故降服大功也。其孫不降其父者，孫謂庶子之子。大夫於庶子之服雖降，於庶子之子不降，重繼世也。不降其父，謂亦服大功如於庶子也。孔氏、方氏皆謂庶子之子不降其父，猶爲三年，卑不可以降尊也。亦通。恐子無降父服之理，不必立此言耳。大夫不主士之喪，謂不以尊攝卑。補。

爲慈母之父母無服。

慈母，撫己者也。父雖命爲母子，本非骨肉，故止爲慈母服，不爲慈母之父母服，異於生己之母也。用孔氏補。

夫爲人後者，其妻爲舅姑大功。

夫爲本生父母期，其妻降一等，不貳隆也。合熊氏、鄭氏説。

士祔於大夫則易牲。

祖爲大夫孫爲士，孫死祔祖，用大夫牲少牢，不敢以卑牲祭尊也。鄭氏、孔氏。

繼父不同居也者，必嘗同居，皆無主後，同財而祭其祖禰爲同居。有主後者爲異居。

繼父謂母後嫁之夫。母嫁子不隨，固無繼父之名，自無服。此言夫死，妻稚子幼，無大功之親隨母嫁後夫。後夫亦無大功之親，彼此同財而祭其祖禰，是爲同居，其服期。有主後而異財，爲異居，其服三月。鄭氏、孔氏。

哭朋友者於門外之右，南面。

變於有親者也。門外，寢門外。右，西邊賓也。南面，嚮南以答弔客。鄭氏、孔氏。

祔葬者不筮宅。士、大夫不得祔於諸侯，祔於諸祖父之爲士、大夫者。其妻祔於諸祖姑，妾祔於妾祖姑，亡則中一以上而祔，祔必以其昭穆。諸侯不得祔於天子。天子、諸侯、大夫可以祔於士。

宅，葬地。中一以上，謂超越一位，各隨昭穆。前人已葬者，不再筮，祔則隨其爵，卑不得祔尊，尊得祔卑。孔氏。

爲母之君母，母卒則不服。

母之君母，外祖適母也。母在而爲之服，已則從之服。母若亡則不復爲之服，所謂從服者，所從亡則已。用鄭氏、孔氏補。

宗子母在爲妻禫。

父在，適子爲妻不杖，不杖則不禫。父没母存，則爲妻得杖且禫矣。此嫌宗子尊，疑厭其妻，故特言之。謂雖宗子母在，亦爲妻禫，蓋宗子尊，則其妻亦尊，不得以母在爲厭也。本賀氏説。

爲慈母後者，爲庶母可也，爲祖庶母可也。

妾子無母者，父命他妾養之，名慈母，有服。記因觸類，既爲慈母服，亦可爲庶母、庶祖母服。庶母父妾嘗生子者，祖庶母、祖之妾嘗生子者。

爲父、母、妻、長子禫。

四者皆重，故爲之禫。補。

慈母與妾母，不世祭也。以其非正，於子祭，於孫止。鄭氏。

丈夫冠而不爲殤，婦人笄而不爲殤。爲殤後者，以其服服之。冠、笄則成人矣，凡殤皆未成人而死者也。未成人無爲父之道，苟爲其後，惟以本親之服服之。本鄭氏説。

久而不葬者，唯主喪者不除，其餘以麻終月數者，除喪則已。未葬不除喪，其餘旁親大功以下，以麻終月數者，喪限既滿，則除之，不待主人之既葬也。用鄭氏補。

箭笄終喪三年。箭笄，以箭爲笄，此言女爲父服。

齊衰三月與大功同者，繩屨。齊衰三月，爲尊者服，大功九月，爲卑者服，故雖月數不同，而同以繩爲屨。用孔氏補。

練，筮日、筮尸、視濯，皆要絰、杖、繩屨，有司告具而后去杖。筮日、筮尸，有司告事畢而后杖，拜送賓。大祥吉服而筮尸。練，期年之祭。大祥，再期之祭。濯謂溉祭器。臨事去杖，事畢而杖以拜送賓，皆敬也。大祥吉服，不以凶臨吉也。鄭氏。

庶子在父之室，則爲其母不禫。庶子不以杖即位。父不主庶子之喪，則孫以杖即位可也。父在，庶子爲妻，以杖即位可也。

庶子爲母不禫，爲父在厭也。不以杖即位，下適子也。位，朝夕哭，位也。孫以杖即位，祖不厭孫，孫得伸也。父在，庶子爲妻，以杖即位，父不主妾喪，故亦不主庶婦，而子得伸也。鄭氏。

諸侯弔於異國之臣，則其君爲主。諸侯弔，必皮弁錫衰。所弔雖已葬，主人必免。主人未喪服，則君亦不錫衰。免音問。

錫，麻之滑易者。諸侯弔其臣，其君代之主禮，敵也。必皮弁錫衰，諸侯之弔服也。雖已葬，必免。後時而主從其客也。未服喪，亦不錫衰。先時而客從其主也。補。

養有疾者不喪服，遂以主其喪。非養者，入主人之喪，則不易己之喪服。養尊者必易服，養卑者否。

養有疾者不喪服，求生主吉，惡其凶也。遂以主其喪，謂疾者死，無主後，此養者爲之主。養時既去其服，及爲主時，還與素無服同也。非養者入主人之喪，則不易己之喪服，謂疾時既不去服爲之養，死後亦不必易服而爲之喪。惟服其服而來也。養尊者必易服，養卑者否。謂養尊者疾有忌，卑於我者無忌也。合鄭、孔氏。

妾無妾祖姑者，易牲而祔於女君可也。女君，適祖姑也。易牲而祔，若女君少牢，妾則特豚，下一等也。鄭氏、孔氏。

婦之喪，虞，卒哭，其夫若子主之，祔則舅主之。士不攝大夫，士攝大夫唯宗子。主人未除喪，有兄弟自他國至，則主人不免而爲主。免音問。

虞、卒哭，私室之哀自主之。若祔於祖廟，則尊者宜主之也。惟宗子可以士攝大夫，宗子，尊也，不免而爲主親質，不崇敬也。本鄭氏説。

陳器之道，多陳之而省納之可也，省陳之而盡納之可也。省，所領反。

陳器之道，如其陳之數而納之，正也。即雖多陳之而少納之，省陳之而盡納之，禮亦不禁，是之謂可。山陰陸氏。

奔兄弟之喪，先之墓而後之家，爲位而哭。所知之喪，則哭於宫而后之墓。

骨肉自然之親，不特由主人，故先之墓。若所知由主人而後致哀，故先哭於其宫。然皆爲已葬者言也。孔氏。

父不爲衆子次於外。

於庶子略，故惟居寢。孔氏。

與諸侯爲兄弟者，服斬。

兄弟期喪而服斬衰者，以其爲君也。方氏。

下殤小功，帶澡麻不絶本，詘而反以報之。

謂本期親在下殤，降爲小功者，澡治其麻使白以爲帶。不斷絶其麻之根，屈而上至要中，合而糾之明親重也。報，猶合。凡殤之帶散垂。鄭氏、孔氏、方氏。

婦祔於祖姑。祖姑有三人，則祔於親者。其妻，爲大夫而卒，而后其夫不爲大夫而祔於其妻，則不易牲。妻卒而后夫爲大夫，而祔於其妻，則以大夫牲。

親祖姑謂舅所生，不易牲以士牲。

爲父後者，爲出母無服。無服也者，喪者不祭故也。

適子當祭，不敢爲私喪廢祖父之祭，故不爲出母服。應氏。

婦人不爲主而杖者，姑在爲夫杖。母爲長子削杖。女子子在室，爲父母，其主喪者不杖，則子一人杖。

姑在爲夫杖，姑不厭婦也。母爲長子削杖，不可重於子之爲己也。女子子在室，無男昆弟，使同姓爲攝主不杖，則子一人杖，謂長女也。鄭氏。

緦、小功，虞、卒哭則免。既葬而不報虞，則雖主人皆冠，及虞則皆免。爲兄弟，既除喪已，及其葬也，反服其服。報虞，卒哭則免，如不報虞則除之。遠葬者，比反哭者皆冠，及郊而后免，反哭。免音問。報音赴，陸如字讀。

報，古注以爲急疾。山陰陸氏以爲告報之報。免者以布繞項，交前額而哭也。禮葬日即虞，虞則免。既葬而未虞，則雖主人且皆冠。及虞，則皆免。兄弟既除喪而後葬，報虞則免，否則除之。夫虞者，虞度之義，既葬而反祭於室，虞度其神之所在而安之，故以是日葬，即以是日虞。今乃有既葬而不報祭者，豈葬之地去其室遠，非於同日可虞者耶？山陰陸氏謂過時而葬者，禮使後其虞，以責子道。未知然否。補。

君弔，雖不當免時也，主人必免，不散麻。雖異國之君免也，親者皆免。

君過時而弔，亦免，爲君變也。本鄭説。

除殤之喪者，其祭也必玄。除成喪者，其祭也朝服縞冠。

除殤之喪異成人。成人除喪後禫，祭方玄端。

奔父之喪，括髮於堂上，袒、降、踊，襲絰于東方。奔母之喪，不括髮，袒於堂上，降、踊，襲免于東方。絰即位，成踊，出門哭止，三日而五哭，三袒。

堂上，殯宫堂上。出門哭止者，出殯宫門就於廬哭者止，聞喪已久，異於初死時。在家者哭踊無節也。三日五哭者，始至訖夕哭，明日與又明日之朝夕哭，凡五也。三袒者，始至袒，明日又明日之朝袒，凡三也。然哀痛之情，恐不若是拘。鄭氏、孔氏補。

適婦不爲舅後者，則姑爲之小功。

謂夫有廢疾他故，若死而無子，不受重者，故不爲舅後。適婦大功，以不爲後降小功。小功，庶婦服也。本鄭氏説。

大傳第十六

禮，不王不禘。王者禘其祖之所自出，以其祖配之。諸侯及其大祖。大夫、士有大事，省於其君，于祫及其高祖。

王者禘其祖之自出，而以其祖配，如周禘帝嚳而以后稷配。諸侯祫祭則及其始封之祖。大夫、士必有大事，勳勞見省録於其君而後得，及其高祖謂之于祫，于上達也。用王氏葉氏説。

牧之野，武王之大事也。既事而退，柴於上帝，祈於社，設奠於牧室。遂率天下諸侯執豆籩[二]**，逡奔走，追王大王亶父、王季歷、文王昌，不以卑臨尊也。**逡，息俊反。追王之王去聲。

牧室，牧野之室。逡，疾也。不以卑臨尊，此漢儒之説，而非追王之本意。大王、王季、文王，乃武王之祖父，豈待追王而後尊？雖未追王，而以祖父下臨其子孫，亦豈得謂之卑臨尊？蓋三王皆肇基之主而追王之，且尊歸於祖父，亦理當然耳。用東萊補。

上治祖禰，尊尊也。下治子孫，親親也。旁治昆弟，合族以食，序以昭繆，別之以禮義，人道竭矣。繆音穆。

治，正也。繆與穆同。竭，盡也。鄭氏。

【二】豆籩　原作「籩豆」，據《禮記·大傳》乙。

聖人南面而聽天下，所且先者五，民不與焉：一曰治親；二曰報功；三曰舉賢；四曰使能；五曰存愛。五者一得於天下，民無不足，無不贍者。五者一物紕繆，民莫得其死。聖人南面而治天下，必自人道始矣。繆音謬。

紕，猶錯也。李氏云：物被飾而不周曰紕，物被飾而過實曰繆。五事得則民足，一事失則民不得其死。故治民莫先於人道，人道謂此五事。鄭氏。

立權、度、量，考文章，改正朔，易服色，殊徽號，異器械，別衣服。此其所得與民變革者也。其不可得變革者則有矣。親親也，尊尊也，長長也，男女有別。此其不可得與民變革者也。

權，稱錘。度，丈尺。量，斗斛。文章，禮法。服色，車馬。徽號，號，旌旗之名。器械，禮樂器及兵甲。衣服，吉凶之制。此借制度之可變，以形人道之不可變，主人道言也。補。

同姓從宗，合族屬。異姓主名，治際會。名著而男女有別。

同姓，父族。從宗謂從大小宗。合族屬謂合之於宗子之家，序昭穆也。異姓，謂來嫁者。主名，謂夫爲父行則主母名，夫爲子行則主婦名。治際會，謂治其昏禮交接之會，各有分別，不亂也。鄭氏、孔氏。

其夫屬乎父道者，妻皆母道也；其夫屬乎子道者，妻皆婦道也。謂弟之妻婦者，是

嫂亦可謂之母乎？名者，人治之大者也，可無慎乎？

昭穆各係其夫，兄弟之妻，止同一行。補。

四世而緦，服之窮也。五世祖免，殺同姓也。六世親屬竭矣。免音問。

四世，共高祖而緦麻服盡。五世共高祖之父服，祖免而無正服。殺同姓也。六世共高祖之祖，不復祖免，止同姓而已，故親屬竭。鄭氏、孔氏。

其庶姓別於上，而戚單於下，昏姻可以通乎？繫之以姓而弗別，綴之以食而弗殊。雖百世而昏姻不通者，周道然也。

庶，衆也。始祖爲正姓，高祖爲庶姓，戚，親也。單，盡也。庶姓別於上，謂自高祖各爲氏族矣。戚單於下，謂至四從兄弟而親屬盡矣。問可以通昏姻否乎？答謂連繫之以本出之姓，而不分別。綴屬以飲食之禮，而不殊異，族人雖相去百世，不通婚姻。周道然也。此記者自爲問答，以明其義。用孔氏説。

服術有六：一曰親親；二曰尊尊；三曰名；四曰出入；五曰長幼；六曰從服。

術，猶道也。親親之服，父母爲首。尊尊，君爲首。名謂世母、叔母之屬。出入，謂女子子嫁者，及在室者，或謂出妻之子爲母朞，爲人後者爲其父母朞。婦當喪而出，則除之。未練而反，則朞之類也。長幼，謂成人及殤。從服，若夫，爲妻之父母，妻爲夫黨。本鄭氏説。

從服有六：有屬從；有徒從；有從有服而無服；有從無服而有服；有從重而輕；有從輕而重。

屬從，如子於母之黨，以親而從服爲屬從。徒從，如臣爲君之黨，本非親而從服爲徒從。從有服而無服，如公子爲其妻之父母。從無服而有服，如公子之妻爲公子之外兄弟。從重而輕，夫爲妻之父母。從輕而重，公子妻爲其皇姑。鄭氏。

自仁率親，等而上之至于祖，名曰輕；自義率祖，順而下之至于禰，名曰重。一輕一重，其義然也。

用恩則父母重而祖輕，用義則祖重而父母輕。鄭氏。

君有合族之道，族人不得以其戚。戚君位也。

君當親其族，族不當自以爲親而褻君。補。

庶子不祭，明其宗也。庶子不得爲長子三年，不繼祖也。

庶子上不敢瀆其祖，下不敢重其嗣，尊歸於宗也。陳氏。

別子爲祖，繼別爲宗，繼禰者爲小宗。有百世不遷之宗，有五世則遷之宗。百世不遷者，別子之後也。宗其繼別子之所自出者，百世不遷者也。宗其繼高祖者，五世則遷者也。尊祖故敬宗。敬宗，尊祖之義也。

別子，謂諸侯第二子以下悉不得禰先君，別自爲後世之始祖。繼別，謂別子之世適，族人皆宗之，是爲大宗，百世不遷。繼禰則父之適子兄弟宗之，是爲小宗，傳至五世，服盡則遞遷。用孔氏説。

有小宗而無大宗者，有大宗而無小宗者，有無宗亦莫之宗者，公子是也。

別子之諸子祭別子，別子雖是祖，於諸子實則禰也。繼禰者爲小宗，是爲有小宗而無大宗；別子之適子即繼父爲大宗，是爲有大宗而無小宗；別子爲祖，上不敢宗諸侯，下亦無他公子來宗已，是爲有無宗亦莫之宗。此三者唯公子有，故結曰公子是也。孔氏、伊川。

公子有宗道。公子之公，爲其士大夫之庶者，宗其士大夫之適者，公子之宗道也。

公子之公者，公君也。公子非宗而有宗道焉，謂君復命其次庶代已爲宗。以宗主士、大夫、群庶之在位者，此公子之宗道也。通典。

絶族無移服，親者屬也。移，以豉反。

絶族無移服，謂四從兄弟無服，在旁而及曰移。言不遷移及之也。有親者各以其屬爲服，故曰親者屬也。合東萊、孔氏説。

自仁率親，等而上之至于祖；自義率祖，順而下之至于禰。是故人道親親也。親親故尊祖，尊祖故敬宗，敬宗故收族，收族故宗廟嚴，宗廟嚴故重社稷，重社稷故愛百姓，愛

百姓故刑罰中，刑罰中故庶民安，庶民安故財用足，財用足故百志成，百志成故禮俗刑，禮俗刑然後樂。《詩》云「不顯不承，無斁於人斯」，此之謂也。斁，音亦。

刑，猶成也。斁，厭也。率親而上至于祖，則始乎親親；率祖而下至于禰，則終乎親親。故人道親親而已。推親親之極，至於禮俗成，而人樂之不厭。合方氏、孔氏。

少儀第十七

聞始見君子者，辭曰：「某固願聞名於將命者。」不得階。主敵者曰：「某固願見。」罕見曰「聞名」，亟見曰「朝夕」。瞽曰「聞名」。始見之見，賢遍反。亟，去冀反。

不得階者，自謙，不得其階而進也。古注乃以不得階主爲句，諸家費辭不可曉。主敵，謂主人敵體者也。亟謂數見。補。

適有喪者曰「比」，童子曰「聽事」。適公卿之喪，則曰「聽役於司徒」。

比，方氏去聲讀，願比於執事者，俱執事也。凡適於有喪者之家，以助事爲主。補。

君將適他，臣如致金玉貨貝於君，則曰：「致馬資於有司。」敵者曰：「贈從者。」

適他，謂出朝會。臣致貨以助，謙曰「馬資」，謂芻秣。補。

臣致襚於君，則曰：「致廢衣於賈人。」敵者曰襚，親者兄弟不以襚進。

以衣遺死者曰襚。襚君謙曰「廢衣」，不敢必其以斂也。於賈人，以其知物善惡也。

《周禮・玉府》有賈人，掌受獻，敵體則直曰「襚」，若親者相襚，則直陳之，不執以將命曰「進」也。本鄭氏說。

臣爲君喪，納貨貝於君，則曰：「納甸於有司。」

甸，謂田野之物，此臣爲君喪進物之辭。

賵馬入廟門。賻馬與其幣，大白兵車，不入廟門。賵，芳仲反。

以馬送死曰賵。大白，兵車革路之旗，爲送喪之從車。賵馬送死，故入廟門。賻馬幣以下，助主人喪用，故不入廟門。孔氏。

賻者既致命，坐委之。擯者舉之，主人無親受也。

凡饋者，拜受。有喪者不得拜受，故賻者委之地，擯者舉而取之。孔氏說。

受立，授立，不坐。性之直者，則有之矣。

受授皆立，則不坐。人性有不能委曲如禮者，雖坐，君子不責也。性之直，猶所謂直情徑行者歟。本山陰陸氏及晦菴說。

始入而辭，曰「辭矣。」即席，曰「可矣。」排闔說屨於户内者，一人而已矣。有尊長在，則否。說，吐活反。

闔，謂門扉。排，謂推之使開。在，在内也。始入門，主人辭謝於賓。擯者告主人曰：「辭謝賓矣。」謂辭謝賓。今先入，至賓主升堂，各就席。擯者恐賓主辭讓即席，故云曰「可矣」，言止不須辭也。賓主登席，衆入户内，雖尊卑相敵猶推一人爲尊，得脱屨於户内，餘皆於户外。然其内若先有尊者在，則亦不敢於户内脱屨。本孔氏説。

問品味曰：「子亟食於某乎？」問道藝曰：「子習於某乎？子善於某乎？」

問於人，各婉其辭。補。

不疑在躬，不度民械，不願於大家，不訾重器。

訾，計度也。重，寶也。械，古作兵械，慶源輔氏作機械。不疑在躬者，有諸己之謂信。不度民械者，不逆詐。居室以苟完爲善，用器以粗足爲給，故不願慕人之大家，不訾計人之寶器也。集補。

氾埽曰埽，埽席前曰拚。拚席不用鬣，執箕膺擖。氾，芳劒反。埽，悉報反。拚，弗運反。擖音葉。

氾，廣也。鬣，帚之末如鬣也。膺，胷前。擖，箕之舌也。内外俱滌蕩曰氾埽。埽除席前之穢曰拚。席上不用鬣，以其常用埽地而不潔也。持箕舌自嚮胸前，不敢嚮尊者。孔氏説。

不貳問。問卜筮，曰：「義與？志與？」義則可問，志則否。

不貳問，謂卜筮當正心。義，公理。志，私意。義志爲貳。用孔氏補。

尊長於己踰等，不敢問其年，燕見不將命。遇於道，見則面，不請所之。喪俟事，不犆

弔。侍坐弗使，不執琴瑟，不畫地，手無容，不翣也。寢則坐而將命。燕見之見，賢遍反。畫，胡麥反。

踰等，父兄黨也。燕見不將命，就其燕居而見，若子弟然，不敢用賓主禮也。遇於道，可避則避，不敢煩動也。不請其所往，恐或有私便也。事謂朝夕哭奠之時，弔喪必俟其行事，不敢非時獨往弔，亦不敢故煩動之也。侍坐非使之不敢執琴瑟，不因畫地指説，斂手不爲容，雖暑不揮扇，尊長寢則坐而將命，不敢下臨之也。合鄭氏、孔氏説。

侍射則約矢，侍投則擁矢。勝則洗而以請，客亦如之。不角，不擢馬。

矢，箭也。射者先設箭中庭，上耦下耦更進取箭，各得四箭而升堂。若侍尊長，則不敢與更迭。一時并取四矢爲約矢。投者，投壺。其矢則投壺之箭，以柘與棘爲之，非竹箭之箭。投壺則委矢於地，坐而一一取之，侍則不敢委之地，而以手并抱爲擁矢。勝則洗爵而以請，謂不敢使他子弟酌酒以罰。尊者必自洗爵而請行觴。客若勝，亦洗爵而請自飲。角謂罰爵之觥。馬者，投壺立算爲馬。馬有威武，射者所尚。每一勝，立一馬，至三馬而成勝。不角者，不敢用巨觥爲罰。不擢馬者，不敢拔擢我馬在他馬之上，皆敬讓尊上也。集孔氏、晦菴補。

執君之乘車則坐。僕者右帶劒，負良綏，申之面，拖諸幦，以散綏升，執轡然後步。拖，徒可反。幦音覓。

執，執轡也。良綏，君所執以登車之綏也。散綏，御者所執以登車之綏也。幦，軾上之覆苓也。執君之乘車則坐，謂守君之車者。君不在車，故坐以示不行也。僕者，御車之臣，時君未登車，御者帶劍於腰之右邊，負君之良綏於背，申之於面前，拖於式上之幦，已則別執散綏以升車，執六轡在手，然後試車，行五步而立。此言爲君駕車，君猶未登車也。用晦菴說。

請見不請退。朝廷曰退，燕游曰歸，師役曰罷。見，賢遍反。罷音皮。

請見者，慕德不請。退者，嫌於簡賢。朝廷曰退，嫌於貪進。燕游曰歸，嫌於忘返。罷者，休止之名。《易》曰「或鼓或罷」，師役既事，則休息之也。用東氏補。

侍坐於君子，君子欠伸，運笏，澤劍首，還屨，問日之蚤莫〔三〕，雖請退可也。欠，起劍反。還音旋。蚤音早。莫音暮。

志倦則欠，體疲則伸，運以手動，澤以手摩，還以手轉之。凡皆倦怠之狀，長者如此，侍者請退可矣。鄭氏、孔氏。

事君者，量而后入，不入而后量。凡乞假於人、爲人從事者亦然。然，故上無怨，而下遠罪也。乞如字，又音氣。

量，謂度己之才與君之德。乞假、從事，皆當量其可。劉氏說。

不窺密，不旁狎，不道舊故，不戲色。

〔三〕問日之蚤莫　「莫」原作「暮」，從《禮記·少儀》改。

不窺密，嫌伺人私。不旁狎，不泛與人狎習。不道舊，故恐揚人宿過取怨。不戲色，當莊重。鄭氏、晦菴。

爲人臣下者，有諫而無訕，有亡而無疾，頌而無讇，諫而無驕，怠則張而相之，廢則埽而更之，謂之社稷之役。

亡，去也。疾，怨也。驕，恃諫，行而慢也。怠與廢，皆指政言。鄭、孔。

毋拔來，毋報往，毋瀆神，毋循枉，毋測未至。士依於德，游於藝。工依於法，游於説。毋訾衣服成器，毋身質言語。拔，蒲末反。報，古音赴，今如字。説如字，又始鋭反。

毋拔來者，事來則應，毋拔而致之。毋報往者，事往則已，毋追而報之。毋瀆神當敬。毋循枉，當改。毋測未至，當聽其自然。藝，射御之屬也。説，時變之制也。衣服成器，毋訾毁其不然，疑事則毋質。講義及孔氏、方氏。

言語之美，穆穆皇皇；朝廷之美，濟濟翔翔；祭祀之美，齊齊皇皇；車馬之美，匪匪翼翼；鸞和之美，肅肅雍雍。齊，如字。齊皇之皇音往。匪音騑。

與賓客言語形狀，穆穆皇皇然。或曰言行相顧，齊齊皇皇，讀如歸往之往。美，鄭云當讀作儀。

問國君之子長幼，長則曰「能從社稷之事矣」；幼則曰「能御」，「未能御」。問大夫之子長幼，長則曰「能從樂人之事矣」；幼則曰「能正於樂人」，「未能正於樂人」。問士之子

長幼，長則曰「能耕矣」；幼則曰「能負薪，未能負薪」。

大夫之子常習學於樂，故長則曰能從樂人之事，幼則曰已能受政令於樂人。

執玉，執龜筴不趨，堂上不趨，城上不趨。武車不式，介者不拜。

於重器、於近尊。於迫狹無容兵車，不以容禮下人。鄭氏。

婦人吉事，雖有君賜，肅拜。爲尸坐則不手拜，肅拜。爲喪主則不手拜。

肅拜，俯其首而肅之也。手拜，手至地也。爲尸，爲祖姑之尸也。婦人以肅拜爲正，雖君賜及爲尸而或答拜，皆不手拜，而但肅拜。爲喪主則不手拜者，爲夫與長子當稽顙。鄭氏、陳氏。

葛絰而麻帶。

絰，首絰。婦人所貴在要帶。鄭氏。

取俎進俎，不坐。

以俎有足，立而進取便。孔氏。

執虚如執盈，入虚如有人。

重慎。鄭氏。

凡祭於室中，堂上無跣，燕則有之。

祭不跣，主敬。燕有跣，爲歡。鄭氏。

未嘗不食新。

人子不忍先食。

僕於君子，君子升下則授綏，始乘則式；君子下行，然後還立。乘貳車則式，佐車則否。貳車者，諸侯七乘，上大夫五乘，下大夫三乘。

君子升降，皆僕授綏。君子下車而行，然後僕還立其處。朝祀之副車曰貳。尚敬故式，田獵之副車曰佐，尚武故不式。集鄭氏、孔氏說。

有貳車者之乘馬、服車不齒。觀君子之衣服，服劒乘馬弗賈。

不齒，不敢次論其年。弗賈，弗敢評議其價。孔氏。

其以乘壺酒、束脩、一犬賜人。若獻人，則陳酒執脩以將命，亦曰「乘壺酒、束脩、一犬」。其以鼎肉，則執以將命。其禽加於一雙，則執一雙以將命，委其餘。

乘壺，四壺也。於卑者曰賜，於尊曰獻。加，多也。多於一雙者，止執一雙，而委陳其餘。孔氏。

犬則執緤，守犬、田犬則授擯者，既受，乃問犬名。牛則執紖。馬則執靮，皆右之，臣則左之。緤，息列反。守，手又反，又如字。紖，丈引反。靮，丁曆反。

緤，牽犬繩。守犬，守禦宅舍。田犬，田獵所用。紖，牛繩。靮，馬韁。臣所獲，臣虜。犬、牛、馬右之，惟臣虜則左之者，右手防其不測。用孔氏說。

車則説綏，執以將命。甲若有以前之，則執以將命；無以前之，則袒櫜奉胄。器則執蓋，弓則以左手屈韣執拊。劍則啓櫝，蓋襲之，加夫撓與劍焉。說，吐活反。奉，芳勇反。韣音獨。拊，芳武反。櫝音獨。夫音扶。撓，如遥反。

綏，執以登車者。櫜，甲衣。胄，兜鍪。韣，弓衣。拊，弓把。櫝，劍函。夫撓，劍衣。獻車者脱綏而執之以將命。《曲禮》云：「獻車馬者，執策綏。」甲若他有摯幣，則執之；無則袒櫜見甲，奉其胄以將命。《曲禮》云：「獻甲者執胄。」器，則執器之蓋。弓，則左手屈卷，其弓衣而以弓拊將命。《曲禮》云：「右手承簫，左手承拊。」劍，則先開劍函之蓋，襲之者以蓋却合於函下，加函氐於上，而重合之，故云襲。加夫襓與劍者，又加劍衣於函中，而以劍置劍衣上。鄭氏、孔氏。

笏、書、脩、苞苴、弓、茵、席、枕、几、熲、杖、琴、瑟、戈有刃者櫝、筴、籥，其執之皆尚左手。刀却刃授潁，削授拊。凡有刺刃者，以授人則辟刃。熲，京領反。削音笑音避。

苞苴，編萑葦，裹魚肉。熲，警枕也。筴，耆也。籥，如笛三孔。却刃授潁之潁，謂刀柄之末，以其有鐶，鄭注作鐶。笏也、書也、脩脯也、苞苴也、弓也、茵也、席也、枕也、几也、熲也、杖也、琴也、瑟也、戈之有刃者櫝也、筴也、籥也，凡十六物，其執之皆尚左手。刀則却刃而授，潁刀之有削，不露刃，則亦授以其把。凡有刺刃者，皆不以正鄉人。用孔氏、鄭氏補。

乘兵車，出先刃，入後刃。軍尚左，卒尚右。

出先刃向敵，入後刃不以向國。軍尚左，將主生；卒尚右，士主殺。鄭氏説。

賓客主恭，祭祀主敬，喪事主哀，會同主詡。軍旅思險，隱情以虞。

詡，長樂劉氏謂煦也，援經云：德發揚，詡萬物，人君法天地，作會同。慶源輔氏曰：軍旅思險者，臨事而懼；隱情以虞者，好謀而成。集。

燕侍食於君子，則先飯而後已。毋放飯，毋流歠，小飯而亟之。數噍，毋爲口容。客自徹，辭焉則止。飯，扶晚反。亟，紀力反。數，色角反。噍，子笑反。

先飯，若嘗食然；後已，若勸食然。小飯，小口而飯。亟，謂疾速而咽。數噍，謂數數嚼之，無得弄口。食訖自徹，主辭則止。孔氏。

客爵居左，其飲居右。介爵、酢爵、僎爵皆居右。僎音遵。

客爵謂主人酬賓之爵，賓不舉，奠觶于薦東，是客爵居左。旅酬之時，一人舉觶于賓，賓奠于薦西，至旅酬，賓取薦西之觶以酬主人，是其飲居右。介者，賓之輔也。酢者，賓所以酢主人也。僎者，鄉人爲卿大夫來觀禮者也。主人獻介，介飲獻賓，賓酢主人，主人既飲，獻僎是介爵、酢爵、僎爵皆飲爵，故並居右。孔氏。

羞濡魚者進尾，冬右腴，夏右鰭，祭膴。鰭音祈。膴，火吳反。

腴，魚腹。鰭，魚脊。膴，刳魚腹大臠。祭，祭先也。進尾者擗補麥反。之，由後腴肉

而辭，然後以授人。執燭、不讓、不辭、不歌。道音導。燋，側角，又子約反，或在遥反。

以告者，以夜暗不見。燋謂未然之炬。不讓、不辭、不歌，皆爲夜飲殺禮。孔氏。

洗盥執食飲者勿氣。有問焉，則辟咡而對。辟，匹亦反。咡，而志反。

爲尊長洗爵，盥手執飲食，勿以口氣及尊長，謂屏氣也。辟咡而對者，口旁曰咡，辟咡者，辟之也。孔氏、方氏。

爲人祭曰致福，爲己祭而致膳於君子曰膳，祔練曰告。凡膳告於君子，主人展之，以授使者于阼階之南，南面，再拜稽首送；反命，主人又再拜稽首。其禮，大牢則以牛左肩，臂臑折九个，少牢則以羊左肩七个，犆豕則以豕左肩五个。臑，奴報反。

曰致福、曰膳、曰告，此皆致祭祀之餘，於君子之辭。自祭言膳，謙辭也。祔練言告，不敢以爲福膳也。主人展之，展，省具也。送與反命皆拜，敬之至也。折斷分之，皆用左者，右以祭也。九个者，取肩自上斷折之至蹄爲九段，以獻之也。鄭氏、孔氏、方氏。

國家靡敝，則車不雕幾，甲不組縢，食器不刻鏤，君子不履絲屨，馬不常秣。幾，其衣反。

雕幾，雕畫漆飾。幾，微也，以微爲工。組縢，甲飾。縢，約也。

肺之法，刌離而不絕心，心謂肺中央少許，提，猶絕也。湇，汁也，有湇者不再以鹽梅齊和，